AF536789

Der kommende Bankencrash

Wichtige Vorbemerkungen des Autors:
Ich weise darauf hin, dass ich keine Finanzberatung oder Ähnliches ausübe und sich jeder Leser individuell informieren und seine Entscheidungen eigenverantwortlich treffen sollte.

Die Angaben in diesem Buch beruhen auf sorgfältigen Recherchen. Einschätzungen, Prognosen und Tipps sind als persönliche Meinungsäußerung und als unverbindliche Informationen anzusehen. Es gilt jedoch zu beachten, dass diese Angaben Änderungen unterliegen. Verlag und Autor können daher keine Haftung für Vollständigkeit und Richtigkeit der Angaben in diesem Buch oder daraus abgeleitete Aktionen übernehmen. Wenden Sie sich für rechtlich verbindliche Empfehlungen an lizenzierte Finanzberater oder andere Institutionen.

Die Aussagen in diesem Buch entsprechen meiner freien Meinung und sind allein meine Ansichten. Meine Werturteile stellen daher eine bloße Meinungsäußerung dar. Fremdbehauptungen werden durch Quellen belegt. Diese sind im Anhang wiedergegeben und können jederzeit überprüft werden.

1. Auflage Mai 2024

Lektorat: Swantje Christow
Satz und Layout: Mohn Media Mohndruck GmbH, Gütersloh
Umschlaggestaltung: Nicole Lechner

ISBN: 978-3-98992-002-6

Gerne senden wir Ihnen unser Verlagsverzeichnis
Kopp Verlag
Bertha-Benz-Straße 10
72108 Rottenburg
E-Mail: info@kopp-verlag.de
Tel.: (0 74 72) 98 06-10
Fax: (0 74 72) 98 06-11

Unser Buchprogramm finden Sie auch im Internet unter:
www.kopp-verlag.de

Michael Grandt

Der kommende Bankencrash

... und wie Sie sich davor schützen können

Mit vielen sofort umsetzbaren Praxistipps!

KOPP VERLAG

Para Maria: minha vida

»Nach der Krise ist vor der Krise.«
Börsenweisheit

»Die Bank ist eine Institution, die regelmäßig weniger zu halten braucht, als sie verspricht, und daher davon lebt, dass sie regelmäßig mehr verspricht, als sie im Ernstfalle halten kann.«[1]
Wilhelm Röpke, Ökonom

»Mehr als 1000 Euro Bargeld pro Kopf gibt das gesamte Bankensystem nicht her.«[2]
Daniel Haase und Gerd Ewert, Fachjournalisten

»Wenn es dann wirklich brenzlig wird, dann übernimmt am Schluss der Steuerzahler die Rechnung.«[3]
Hans-Werner Sinn, Ökonom

»In gewisser Weise frustriert es mich, dass genau das Gleiche wie 2008 passiert.«[4]
Achim Wiechert, Anleihenexperte

Inhaltsverzeichnis

Teil 3 – Die Bankenlandschaft in Deutschland 92

Teil 4 – Das Pleitegespenst kehrt zurück 122

Teil 7 – Wichtige Infos für Bankkunden 198

Teil 8 – Warum Banken unsicher sind (Zusammenfassung) 266

Teil 9 – So schützen Sie sich vor dem Bankencrash 272

Vorwort

Sehr geehrte Leser,

ich möchte ohne große Umschweife auf den Punkt kommen: Wir befinden uns aktuell in einer Welt multipler Krisen, deren Auswirkungen noch einschneidender werden können als die der Weltwirtschafts- und Finanzkrise, die im Jahr 2008 ihren Anfang nahm. Auch wenn es für Sie zunächst unglaubwürdig klingen mag, aber unser Finanz- und Bankensystem ist in noch größerer Gefahr als damals. Den Beweis dafür werde ich in diesem Buch erbringen.

I.

Bankenschließungen, Kapitalverkehrskontrollen und Zwangsabgaben haben gezeigt, was das Halten von Ersparnissen für jeden Einzelnen bedeuten kann. Egal, wie die Politbürokraten beruhigen und was sie sagen: Ähnliches kann jedem Kontoinhaber angeschlagener Banken widerfahren. Die Büchse der Pandora wurde in Griechenland und Zypern geöffnet. Die Finanzkrise 2008 hat uns vor Augen geführt, dass der Staat keinerlei Skrupel hat, sich an »seinem« Volk zu bedienen, wenn es um die Rettung der Banken geht.

Ich führe minutiös auf, welche Zwangsmaßnahmen es für Sparer gibt und in welchen Ländern diese bereits durchexerziert wurden. Außerdem schlummern in vielen Verträgen Enteignungsklauseln, die nicht öffentlich kommuniziert, sondern, ganz im Gegenteil, verschwiegen werden. Ich lege das alles schonungslos offen. Eines dürfte nämlich klar sein: Für den Sparer und Bankkunden wird es nie wieder so sein wie vor 2008.

II.

Sie als Bankkunde dürfen nicht erwarten, dass Sie vor der Enteignung durch eine Zwangsabgabe gewarnt werden. Erst wenn Sie vor der verschlossenen Tür Ihrer

Bankfiliale stehen, Ihre Kreditkarten nicht mehr funktionieren und Sie nicht mehr an Ihr Schließfach kommen, werden Sie wissen, was die Stunde geschlagen hat. Fakt ist: Wenn Sie Geldvermögen auf Bankkonten haben, kann es der Staat jederzeit wegnehmen oder beschneiden. Jegliche Bankeinlagen sind dem Zugriff der Regierungen ausgeliefert. Das hat die Finanz- und Weltwirtschaftskrise für Hunderttausende schmerzhaft bewiesen.

III.

Bankencrashs sind keine Verschwörungstheorie. Erfahren haben das Tausende von Menschen, die »ihren« Banken blind vertraut haben und dann – von einem Tag auf den anderen – vor vollendete Tatsachen gestellt wurden. Seit 2017 gingen insgesamt acht deutsche Banken pleite, von sehr großen bis hin zu kleinen Neo-Banken. Das europäische Finanzsystem ist zwischenzeitlich so fragil, dass eine Bankenunion angestrebt wird, damit das Ganze nicht zusammenfällt wie ein Kartenhaus oder von innen heraus implodiert. Ein weiteres Warnsignal: Wer hatte schon geglaubt, dass das vermeintlich sicherste Bankensystem der Welt, namentlich das der Schweiz, jemals in tödliche Schieflage geraten oder in den USA ein neues Bankensterben einsetzen würde? Wohl niemand. Und doch war genau das Anfang 2023 der Fall. Sicher ist nur: nichts ist mehr sicher.

Ich decke auf,

- weshalb die vermeintlich »sichere« EZB in Wahrheit die größte Risikobank der Welt ist;
- wie die EZB vor allem die deutschen Steuerzahler austrickst;
- wie sträflich die Bundesregierung ihre Aufsichtspflicht versäumt und Finanzrisiken billigend in Kauf nimmt;
- weshalb die Kursverlustbombe die Deutsche Bundesbank in den Abgrund reißen kann;
- warum sogar der Europäische Rechnungshof Alarm schlägt;
- weshalb die Lage viel schlimmer ist als offiziell zugegeben und warum Banken beaufsichtigt und kontrolliert werden müssen;

- weshalb Banken ihre Risikovorsorge zum Teil drastisch erhöhen müssen.
- weshalb in Bankbilanzen schlummernde Anleihen zur Immobilienfinanzierung und Target2-Bomben jederzeit hochgehen und eine weltweite Finanzkatastrophe auslösen können;
- weshalb Deutschland in der Billionen-Falle sitzt, aus der es kein Entrinnen mehr gibt;
- welche Enteignungsklauseln Ihnen absichtlich verschwiegen werden;
- warum die Gewerbeimmobilienbombe jederzeit hochgehen kann.

Außerdem erfahren Sie,

- welche deutschen Bankaktien massiv an Wert verloren haben;
- warum die Risiken der Banken aktuell größer sind als jemals zuvor;
- weshalb viele Banken immer noch in akuter Schieflage sind, und das trotz jahrelanger milliardenschwerer Rettungspakete;
- welches die größten Herausforderungen im Jahr 2024 sein werden;
- warum die Einlagensicherung alles andere als sicher ist;
- warum die Deutsche Bundesbank ihre Risikovorsorge um sage und schreibe 1000 Prozent erhöhen musste;
- weshalb das Jahr 2028 zum Entscheidungsjahr für die Banken werden wird;
- wie verzweifelt Experten versuchen, eine Neuauflage der Finanzkrise von 2008 zu verhindern;
- warum in der Deutschen Bank eine 42-Billionen-Euro-Derivatebombe tickt;
- weshalb deutsche Banken niemals gerettet werden können;
- warum das Gesetz zur Enteignung von Sparkonten geheim gehalten wird;
- weshalb Bankeinlagen keine gesetzlichen Zahlungsmittel sind;
- mit welchen Tricks die EZB den digitalen Euro durchdrücken will und was das für jeden Einzelnen bedeuten wird;
- wie sich die EZB zum Handlanger rot-grüner Ökosozialisten macht;
- wie subtil Banken das Geldabheben erschweren;
- was eine Bankenpleite für den Sparer bedeutet.

Aber keine Sorge, ich lasse Sie als Boten schlechter Nachrichten nicht im Regen stehen und gebe Ihnen viele wichtige Informationen sowie sofort umsetzbare Strategien an die Hand, zum Beispiel:

- Woran Sie erkennen können, wie sicher Ihre Bank ist.
- In welchen Ländern Sie Ihr Geld noch guten Gewissens anlegen können.
- Was Sie tun können, wenn Ihr Konto unangekündigt gesperrt wird.
- Ob es sinnvoll ist, ein Konto im Ausland zu eröffnen.
- Weshalb Sie unbedingt einen eigenen Tresor brauchen.
- Warum Sachwerte sicherer sind als Digital- und Papiergeld.
- Welche Aktien Kriege, Krisen und Pandemien in der Vergangenheit am besten überstanden haben.
- Warum Edelmetalle für die Crash-Absicherung so wichtig sind.
- Weshalb Immobilieninvestments gegenwärtig nicht sinnvoll sind.
- Welche Sachwertalternativen es gibt, an die viele Anleger gar nicht denken.
- Wie Ihr Bankencrash- und Krisenschutzportfolio aussehen kann und vieles mehr.

IV.

Obrigkeitsgläubige haben bei jedem Staatsbankrott, bei jeder Währungsreform und bei vielen Bankenpleiten den größten Teil ihres Vermögens verloren, weil sie bis zuletzt und unerschütterlich an die Märchen der Politelite geglaubt haben. Die Menschen in Griechenland, Portugal, Irland, Island und auf Zypern haben das schmerzvoll erfahren müssen. Machen Sie diesen Fehler nicht. Seien Sie jederzeit skeptisch und hinterfragen Sie alles.

Fakt ist: Bankenpleiten hat es schon immer gegeben, und es wird sie auch in Zukunft geben. Seien Sie deshalb gut vorbereitet. Mein Buch liefert Ihnen wichtige Hintergrundinformationen und nützliche, schnell umsetzbare Praxistipps.

Ihr
Michael Grandt

Statt einer Einleitung

Sie glauben, Ihr Erspartes ist auf einer Bank sicher? Sie glauben, Sie können jederzeit über Ihr Vermögen verfügen? Sie glauben, deutsche Banken können nicht pleitegehen?

Dann muss ich Sie leider enttäuschen. Anstatt einer seitenlangen theoretischen Erklärung, warum das nicht so ist, möchte ich auch hier gleich auf den Punkt kommen, und zwar mit der Aufzählung deutscher Bankenpleiten. Das soll jenen, die meinem Buch »Panikmache« oder gar »Verschwörungstheorie« vorwerfen (so wie es gerade bei jedem unbequemen Anti-Mainstream-Thema Mode ist), den Wind aus den Segeln nehmen. Das Kritiker-Totschlagargument »Die Bankenlandschaft hat sich doch verändert« kann ich sogar bestätigen: **Stimmt! – sie ist noch *schlimmer* geworden!**

Liste deutscher Bankenpleiten seit 1950[5]

1950	▪ Handels- und Verkehrsbank AG, Hamburg ▪ Jüdische Industrie- und Handelsbank GmbH, Frankfurt a. M.
1951	▪ Bankgeschäft Heinz Henschel, Berlin ▪ Bankgeschäft Heinz Sieber & Co, Weißenburg
1952	▪ Bankhaus Cüppers & Co, Frankfurt a. M.
1953	▪ Kreis-Hypothekenbank Lörrach, Lörrach
1955	▪ Julius Klingel K.-G. Bankgeschäft, Karlsruhe ▪ Bankhaus Lunk & Co KG, Hagen ▪ Württembergische-Hohenzollerische Privatbank A.-G., Tübingen
1959	▪ Berliner Import- und Export-Bank AG, Berlin ▪ Max Klaiber, Bankgeschäft, Stuttgart

1961	▪ Ba-Tei-Bank, Bank für Teilzahlungsfinanzierung Dr. Schmitz KG, Düsseldorf ▪ Vereinsbank & Spargesellschaft für Stadt- und Landgemeinden AG, Heidelberg ▪ Bankgeschäft Dr. Wiedemann & Co, Bank für Festbesoldete, Hamburg ▪ August-Thyssen-Bank AG, Düsseldorf
1962	▪ Allgemeine Wirtschaftsbank AG, Berlin
1963	▪ FINA BANK Gesellschaft für Absatzfinanzierungen mbH, Saarbrücken ▪ Bankhaus Hagen & Co, München ▪ Reiser KG Teilzahlungskreditinstitut, Neustadt ▪ Teilzahlungsbank GmbH, Karlsruhe ▪ Westdeutsche Warenkreditbank Dr. Schmidt KG, Bonn
1964	▪ Effekten- und Kreditbank AG, Düsseldorf/München
1965	▪ Grundbesitz- und Handelsbank AG, Berlin
1966	▪ Bankhaus Mertins & Co. KG, Köln ▪ Hugo Oppenheim & Sohn Nachf. Berliner Privatbank AG, Berlin ▪ Bankhaus Mertins & Co KG, Köln
1967	▪ Bankhaus Günter Horbach AG, Düsseldorf ▪ Bankhaus Neubauer & Co, Lüchow ▪ Niederelbe Privatbank Georg Hohenstein, Stade
1968	▪ Bankhaus Schlett KG, Essen ▪ Bankhaus Märklin & Co, Frankfurt a. M. ▪ Oberhessische Bank AG, Friedberg ▪ Bankhaus Weiss & Co, Triberg
1970	▪ Bankhaus Ott KG, Stuttgart
1971	▪ Bankhaus Mühling AG, Düsseldorf ▪ Volksbank Oberkirch

1972	▪ Wilhelm Flohr Bank AG, Hamburg ▪ Bankhaus Bansa KG, München
1973	▪ Europa Bank, Kredit- und Sparbank AG, Saarbrücken ▪ Bayerische Wirtschaftsbank AG, München ▪ Bau-Kredit-Bank AG, Düsseldorf ▪ Neue Bank AG, Oldenburg ▪ Friedrich W. Seiler Bank für Absatzkredit KG, München
1974	▪ Frankfurter Handelsbank AG, Frankfurt a. M. ▪ Bankgeschäft Mertz & Co., Hamburg ▪ RTB Regensburger Teilzahlungsbank Ottmar Dirrigl KG, Regensburg ▪ Saar-Industriebank AG, Neunkirchen ▪ Herstatt-Bank, Köln
1975	▪ Allgemeine Kredit- und Finanzierungsgesellschaft mbH Teilzahlungsbank, Regensburg ▪ Handelsfinanz-Bank GmbH, München ▪ Bankgeschäft Karl Meinhardt, Frankfurt a. M. ▪ Bankhaus Carl Chr. Gossenberg & Co, Essen ▪ Orbis Bank GmbH, München ▪ Bankhaus Nicolai & Co, Hannover ▪ Selmi-Bank AG, Frankfurt a. M.
1976	▪ Pfalz-Kredit-Bank GmbH & Co, Kaiserslautern ▪ Bankhaus J. M. Bickelmann & Co, Saarlouis ▪ Finanzierungsbank Esslingen eG, Esslingen ▪ Bankhaus Otto Dierks & Co KG, München
1977	▪ Bayerische Bauvereinsbank eG, München ▪ Spar- und Leihkasse Ulrichstein GmbH, Ulrichstein
1978	▪ Verwa-Bank Verbraucher-Warenkredit Albert Speidel GmbH & Cie, Stuttgart
1979	▪ Spar- und Kreditbank GmbH, Stuttgart ▪ Bankhaus Hassel & Cie gegr. 1924, Frankfurt a. M. ▪ Teilzahlungsbank Pfeifer, Inh. Horst Pfeifer, Rendsburg

1980	▪ HKB Handelskreditbank AG, Frankfurt a. M. ▪ Poensgenbank GmbH, Düsseldorf
1981	▪ Bankhaus Werner & Frese, Hamburg
1982	▪ Askanische Bank Trautwein & Co, Berlin ▪ Pister Bank für Finanzierungen GmbH, Mannheim
1983	▪ Bank Robert Meyerding, Hamburg ▪ Herms Bank KG, Hamburg ▪ Hensel Kreditbank GmbH, Darmstadt ▪ Jan Weymar & Co KG Teilzahlungsbank, Hamburg ▪ Schröder Münchmeyer Hengst & Co. (SMH), Hamburg
1984	▪ Hammer Bank bzw. Hammer Bank Spadaka e.G., Hamm
1988	▪ Bankhaus Steinhart KG, Pforzheim
1989	▪ Bankhaus Sinzinger KG, München
1990	▪ Heinrich Röttger Bank für Finanzierungen GmbH & Co KG, Osnabrück
1991	▪ Bank of Credit and Commerce International S.A., Zweigniederlassungen Frankfurt a. M. und Hamburg (BCCI) (Sitz Luxemburg)
1992	▪ Benedikt Baudrexel Bankgeschäft, Kempten
1994	▪ Deutsch-Schweizerische Bank AG, Frankfurt a. M. ▪ Meridien BIAO Bank GmbH, Hamburg ▪ Mody Privatbank in Hamburg AG, Hamburg
1995	▪ Bankhaus J. A. Krebs i. K., Freiburg ▪ Bankhaus Fischer & Co, Hamburg
1997	▪ Nicolaus Stark Bank AG, Abensberg ▪ BVH Bank für Vermögensanlagen und Handel AG, Düsseldorf
2000	▪ Sparkasse Mannheim
2001	▪ Systracom Bank AG, Berlin ▪ Bankhaus Partin GmbH & Co KGaA, Bad Mergentheim ▪ Bankgesellschaft Berlin

2002	▪ AHAG Wertpapierhandelsbank AG, Dortmund ▪ BkmU Bank AG, Berlin ▪ Gontard & MetallBank, Frankfurt a. M. ▪ A & A Actienbank AG, Frankfurt a. M.
2003	▪ BFI Bank AG, Dresden
2004	▪ Sparkasse Schifferstadt (Fusion)
2006	▪ Privatbank Reithinger, Singen
2007	▪ IKB, Deutsche Industriebank, Düsseldorf
2008	▪ Weserbank AG, Frankfurt a. M. ▪ Lehmann Brothers Bankhaus AG, Frankfurt a. M. ▪ Hypo Real Estate, München ▪ Dresdner Bank (Fusion), Frankfurt a. M.
2009	▪ Concord Investmentbank AG, Frankfurt a. M. ▪ NCS mobile payment Bank GmbH, Willich
2010	▪ Berliner Bürgschaftsbank AG, Berlin ▪ noa bank GmbH & Co. KG, Düsseldorf
2012	▪ FXdirekt Bank AG, Oberhausen ▪ WestLB, Düsseldorf
2014	▪ Bankhaus Wölbern & Co., Hamburg
2016	▪ Maple Bank GmbH, Frankfurt a. M. ▪ Bremer Landesbank, Bremen
2017	▪ Süddeutsche Aktienbank AG, Stuttgart
2018	▪ DERO Bank AG, München ▪ HSH Nordbank, Hamburg
2021	▪ Greensill Bank AG, Bremen
2022	▪ Wirecard Bank AG, Aschheim
2023	▪ Neobank Ruuky, Hamburg ▪ North Channel Bank GmbH & Co. KG, Mainz[6] ▪ Insha Bank, Berlin[7]

Glauben Sie immer noch, dass es Bankenpleiten in Deutschland **heute** nicht geben kann und dass dies nur eine »Verschwörungstheorie« ist? All den Banken auf meiner Bankrott-Liste haben Menschen vertraut. All diesen Banken hatten Menschen ihre Ersparnisse anvertraut – und zwar bis zum bitteren Ende.

TEIL 1

Bankencrashs sind keine Verschwörungstheorie

Bankenpleiten in Wirtschaftskrisen

»Wenn wir nicht aus den Problemen der Vergangenheit lernen, werden wir in der Zukunft Verlierer sein.«

Das ist mein Motto. So ist das auch bei diesem hochsensiblen Thema, bei dem es um Vermögen und – im wahrsten Sinne des Wortes – auch um Existenzen geht. Wir **müssen** uns mit der Vergangenheit beschäftigen, um zu verstehen, dass Bankenpleiten wahrlich keine Verschwörungstheorie sind, wie manche Beschöniger und Schwurbler uns weismachen wollen. Glauben Sie mir, die Geschichte ist Zeuge. Dabei möchte ich nicht einmal in die 1920er-Jahre zurück, zur Hyperinflation oder zum Zusammenbruch des Deutschen Reiches, sondern nur die letzten 15 Jahre beleuchten. Denn die hatten es in sich. Die verfaulten Früchte der globalen Wirtschafts- und Finanzkrise, die 2008 ihren katastrophalen Anfang nahm, schlummern nämlich noch heute in vielen Bankenbilanzen. Doch von Anfang an.

I. Die Jahrhundertkrise (USA 2008)

Im Jahr 2008 wurden die USA und später der gesamte Globus von einer »Jahrhundertkrise« heimgesucht, die bis heute Auswirkungen auf unsere Volkswirtschaften und auf unsere Bankensysteme hat.

Richard Fuld, der ehemalige Vorstandsvorsitzende der Lehman-Bank, wurde und wird von Kritikern bis heute als einer der Hauptverantwortlichen für den Ausbruch dieser Krise angesehen. Denn der Zusammenbruch *seines* US-Investmentgiganten Lehman Brothers löste das Finanzbeben letztendlich aus.

Richard Fuld liebte riskante Geschäfte, um immer höhere Renditen zu erwirtschaften. Da er ganz nach oben wollte, lieh er sich immer mehr Geld, spornte seine Mitarbeiter an und bezahlte sie fürstlich: Einen Bonus von einer Million Dollar habe er in einem guten Jahr erzielt, berichtet Larry McDonald, ein ehemaliger Investmentbanker bei Lehman, doch in diesem Zeitraum habe er auch zum Vorteil seiner Bank zu einem Geschäftsergebnis von rund 30 Millionen Dollar beigetragen. Die besten Händler seien auf Boni von 10 Millionen Dollar gekommen – die ob des vermeintlichen geschäftlichen Erfolgs nie jemand hinterfragte.[8]

Fuld und seine Bank liehen sich immer mehr Geld. Schließlich kamen auf *einen* Dollar Eigenkapital 44 Dollar, die geliehen waren. Der große Fehler war, dass die Manager langfristige Projekte mit kurzfristigem Geld finanzierten. Zum Schluss hatte die Bank 630 Milliarden Dollar Schulden. Die Aktien, die einmal 85 Dollar wert gewesen waren, fielen auf nur noch 3 Cent.[9]

Fuld verspekulierte sich ein letztes Mal, denn nach der Absage der englischen Barclays-Bank, sich an Lehman zu beteiligen, stellte auch US-Finanzminister Henry Paulson keine weitere Unterstützung bereit. Die Folge: 30 000 Mitarbeiter in sechzig Filialen rund um den Globus waren arbeitslos und die Welt stürzte in ein Finanz- und Wirtschaftschaos.[10] Am 14. September 2008, am Tag nach der Lehman-Pleite, wurden 700 Milliarden Dollar an den Börsen vernichtet – an einem *einzigen Tag!*

Wer ist Richard Fuld?

Richard Severin Fuld Jr. wurde am 26. April 1946 in New York City geboren. Er ist verheiratet und hat drei Kinder. Bereits 1969 stieg Fuld bei Lehman Brothers als Wertpapierhändler ein. Seit 1994 war er der Vorsitzende und Chief Executive Officer. Er hielt seine Position bis zum Konkurs des Unternehmens am 15. September 2008. Fuld machte 1969 seinen Abschluss an der Universität von Colorado in Boulder, und 1973 erwarb er den MBA an der New York University's Stern School of Business. Seine Karriere als Pilot der amerikanischen Luftwaffe fand wegen eines Faustkampfes mit seinem Vorgesetzten ein Ende.

Seine Vergütungen in den Jahren 1993–2007 werden auf insgesamt 500 Millionen US-Dollar geschätzt. Außerdem sollen sich zum Zeitpunkt der Insolvenz 10,9 Millionen Lehman-Aktien, mit einem Wert von einer Milliarde US-Dollar, in seinem Besitz befunden haben.[11]

Richard Fuld gilt bis heute als egoistisch und machtbesessen. Er trat als Feldherr auf, der Globus war sein Schlachtfeld, Gefangene wurden nicht gemacht. Sein Spitzname lautete »Gorilla«, den er wegen seines Spruches »Ich bin der einzige Banker, dessen Arme bis zum Boden reichen« und weil er ein ausgestopftes Gorilla-Exemplar in seinem Büro ausgestellt hatte, bekommen hatte.

In einem Firmenvideo gab Fuld noch im Juni 2008, also ein paar Wochen vor der Finanzkatastrophe, Kampfparolen aus, wie: »Es gilt, unsere Gegner zu zermalmen.« An anderer Stelle sagte er, dass er seinen Gegnern das Herz herausreißen und es verspeisen wolle, bevor sie sterben.

Wie rasant umfallende Dominosteine nahm die von der Lehman Bank ausgelöste Krise immer größere Ausmaße an. Banken rund um den Globus gerieten in Schieflage, die auch einige Staaten mitreißen sollte. Panikartig druckten die Zentralbanken deshalb immer mehr Geld, um sich der Megafinanzkatastrophe entgegenzustellen (siehe dazu das Kapitel »Eine kurze Geschichte des Fiat Money«).

Die Geldmengen, die die Zentralbanken in Umlauf brachten, stiegen beim US-Dollar um 138 Prozent und beim Euro um 35 Prozent.[12] Anfang 2002 waren Euro-Geldscheine im Wert von 225 Milliarden im Umlauf, am 6. November 2009 zirkulierten bereits Euroscheine im Wert von 773 Milliarden.[13] In den USA verloren rund 15 Millionen Menschen aufgrund der Weltbankenkrise ihre Arbeit,[14] in Europa waren es rund 6 Millionen.[15] Die US-Banken schrieben 451 Milliarden Dollar ab, in Europa waren es rund 320 Milliarden und in Asien knapp 30 Milliarden Dollar.[16]

Allein in Deutschland verloren die privaten Haushalte rund 50 Milliarden Euro an Vermögen.[17]

Durch die weltweite Börsenkapitalisierung wurden insgesamt 17,4 Billionen Dollar »vernichtet«.[18] Die internationalen Aktienmärkte verzeichneten an ihrem Tiefpunkt einen Verlust von mehr als 50 Prozent.[19] Die Wertverluste bei Wohnimmobilien in den USA und Großbritannien, also Ländern, die am stärksten von der Immobilienkrise betroffen waren, betrugen 4,65 Billionen (!) Dollar. Die Industrieproduktion brach weltweit um über 10 Prozent ein.[20] Allein im Jahr 2009 mussten 140 US-Banken schließen.[21] Die Banken nahmen weltweit 1,3 Billionen Dollar an frischem Kapital auf.[22] Währungsspekulationen übertrafen den Handel um das Zwanzigfache.[23] Der Wert aller Zinsderivate stieg auf 400 Billionen Dollar (1995: 18 Billionen Dollar).[24]

Dazu kamen katastrophale Nachwirkungen: Experten schätzen, dass 500 Milliarden Euro in Form von toxischen Wertpapieren in den Bilanzen deutscher Banken schlummerten.[25] Katastrophal, was eine *einzige* Bankeninsolvenz weltweit auslösen konnte.

II. Im Abwärtsstrudel der Banken (Island 2008)

Anfang der 2000er-Jahre ging es den meisten Isländern augenscheinlich noch sehr gut: Großinvestoren hofften auf hohe Renditen und legten im »Steuerparadies« viel Geld an. Die Einheimischen waren zufrieden, der Wohlstand wuchs. Immer mehr Isländer hegten den Wunsch nach einem eigenen Haus oder einer eigenen Wohnung. Der Immobiliensektor boomte. Die Insulaner verschuldeten sich immer höher und die nimmersatten Banken gaben mehr und mehr und immer mehr: Im Durchschnitt war jeder der 320000 isländischen Bürger mit rund 200 Prozent seines Jahreseinkommens in der Kreide. Das war damals die höchste Privatverschuldung der Welt.

Die Banken überschätzten sich und gingen in großem Umfang risikoreiche Geschäfte ein. Sie investierten massiv in Unternehmenszukäufe im Ausland, die großteils aus Fremdwährungskrediten finanziert wurden.

Die Finanzkrise 2008, die von den USA ausgegangen war, traf die Isländer dann bis ins Mark, vor allem den Finanzsektor: Viele Geldinstitute konnten ihre Kredite nicht mehr rechtzeitig bedienen. Um einen totalen Zusammenbruch zu verhindern, mussten die größten Banken im Land verstaatlicht werden.[26] Allein die drei größten Geldinstitute standen mit dem neunfachen Bruttoinlandsprodukt in der Kreide – über 120 Milliarden Euro. Ein gigantischer Betrag für so ein kleines Land.

Die Verstaatlichung der Banken war der einzige Weg, das Land noch zu retten. Aber das hatte einen hohen Preis: Sie hinterließ Island einen Schuldenberg vom Zehnfachen der bis dahin jährlichen Wirtschaftsleistung.[27]

Eines der hauptverantwortlichen Finanzinstitute war die Kaupthing-Bank, die noch kurz vor der Krise riesige Kredite, teilweise ohne Sicherheiten, an eigene Großaktionäre sowie deren Geschäftsfreunde ausgezahlt haben soll. Wie die Zeitung *Fréttablaðið* berichtete, erhielten allein die fünf wichtigsten Kreditnehmer aus dieser Bankengruppe umgerechnet 5 Milliarden Euro, was damals dem kompletten Staatshaushalt Islands entsprach.[28]

Für die Isländer, die um ihre Vermögen bangten, kam es noch schlimmer. Denn ihre Alterssicherung wurde stark in Mitleidenschaft gezogen, weil Islands Pensionsfonds den Banken eine Millionenbeihilfe anbieten mussten. Der damalige Ministerpräsident Geir Haarde prophezeite, dass »viele Menschen sehr viel Geld verlieren werden«[29]. Die Situation wurde noch dramatischer: Bis September 2008 stieg die Inflation von knapp unter 4 Prozent auf 14 Prozent. Der isländische Leitzins lag im Mai 2008 bei satten 15,5 Prozent.

Am 16. Oktober 2008 gab die isländische Regierung schließlich an, eine fällige Anleihe der verstaatlichten Glitnir-Bank in Höhe von 750 Millionen US-Dollar nicht zurückzahlen zu können. Damit war das Land de facto zahlungsunfähig. Ein formaler Staatsbankrott bestand jedoch nicht, da die Anleihe nicht von Island selbst emittiert wurde.

Aber wären die Banken nicht verstaatlicht worden, hätte nach Angaben der isländischen Regierung tatsächlich ein Bankrott des Landes gedroht. Ministerpräsident Haarde warnte in einer TV-Ansprache: »Es besteht die Gefahr, dass die isländische Wirtschaft im schlimmsten Fall in den Abwärtsstrudel der Banken gerät und das Ergebnis ein Bankrott des Landes sein könnte.«[30]

Schließlich griff der Internationale Währungsfonds (IWF) ein. Am 19. November 2008 genehmigte er einen 2,1-Milliarden-Dollar-Kredit. Diese finanzielle Unterstützung wurde sogar noch um mehr als 3 Milliarden US-Dollar in Form von Darlehen aus Russland und Polen ergänzt und um etwa 5 Milliarden US-Dollar von Großbritannien, den Niederlanden und Deutschland. Das gesamte Paket umfasste demnach einen Wert von rund 10 Milliarden Dollar. Das Land benötigte das Geld dringend zur Stabilisierung seiner Landeswährung.

Da die Banken sich verzockt hatten, verlor die Isländische Krone im Jahr 2008 rund 75 Prozent ihres Werts gegenüber dem Euro. Eine Katastrophe für die Bürger und die Sparer.

Die Regierung in Reykjavík fixierte daraufhin den Wechselkurs und setzte zeitweise den Handel mit sämtlichen Finanzwerten aus. Mithin stufte die Ratingagentur Standard & Poor's Islands Bonität um zwei Stufen herunter,[31] Fitch folgte im Januar 2010.[32]

Der »theoretische« Staatsbankrott hatte Folgen: Die Regierungskoalition aus Unabhängigkeitspartei und sozialdemokratischer Allianz unter Premierminister Geir Haarde brach auseinander.[33] Eine Übergangsregierung aus Allianz und links-grüner Bewegung wurde gebildet und diese bei vorgezogenen Neuwahlen im April 2009 bestätigt.

Doch auch die neue Regierung kam um harte Maßnahmen nicht herum. 9 Monate nach dem Kollaps des isländischen Finanzsektors bekamen die Bürger mit dem »Stabilitätspaket« schließlich die Quittung für die Risikobereitschaft ihrer Banken präsentiert.

So wurden die Isländer von ihrer Regierung zur Kasse gebeten:

- Deutlich höhere Steuern auf Genussmittel, Alkohol und Tabak.
- Anhebung der Beiträge zur Arbeitslosenversicherung.
- Senkung staatlicher Sozialleistungen.
- Weniger Geld für Krankenhäuser und Schulen.
- Ausgabenkürzungen der verschiedenen Ministerien von 10 Prozent.
- Leistungen für Mutter- oder Vaterschaftsperioden sowie für Rentner mit Nebenerwerbstätigkeit wurden gekürzt.
- Erhöhung der Steuern auf höhere Einkommen um 8 Prozent sowie auf Kapitaleinkommen um 10 Prozent.[34]

III. Skrupellos gegen die eigenen Bürger (Griechenland 2009–2013)

Ausufernde Staatsschulden, die globale Finanzkrise und eine Regierung, die die Vorgaben der Europäischen Kommission zum Abbau der Defizite nicht beachtet hatte, brachten auch Griechenland Ende 2009 immer mehr in Bedrängnis.

Doch die Regierung in Athen wusste: Das Land gehört zur EU und konnte sich darauf verlassen, dass die anderen europäischen Staaten es nicht bankrottgehen lassen. So stiegen die Zinsen für griechische Staatsanleihen immer weiter, und Käufer vertrauten darauf, dass die EU haften würde. Zwei Ratingagenturen stuften im Dezember 2009 das Rating Griechenlands zurück.[35] Damit hatte Griechenland das mit Abstand schlechteste Rating unter allen Ländern der Eurozone.

Der damalige Ministerpräsident Giorgos Papandreou versicherte eilig, die Regierung wolle die Glaubwürdigkeit schon deshalb schnell wiederherstellen, weil sonst »sogar die Souveränität des Landes Gefahren ausgesetzt« wäre.[36] Das beruhigte die Investoren jedoch nicht. Die Herabstufung löste eine Flucht der Anleger aus griechischen Staatsanleihen aus, und an der Athener Börse brach der Leitindex um mehr als 5 Prozent ein.

So begann die Europäische Zentralbank (EZB) ihre erste Todsünde: Denn mit der Herabstufung auf »BBB+« unterschritten die griechischen Anleihen die bis dahin geltende Mindestanforderung der EZB, die bis Oktober 2008 mindestens eine Bonität von »A-« für bei ihr als Sicherheit hinterlegte Papiere verlangte. Wegen der Finanzkrise hatte sie diese Grenze auf »BBB-« gesenkt[37] (zum Länderrating siehe Kapitel »Wie sicher ist die Einlagensicherung?«). Das war verheerend für alle europäischen Steuerzahler! Aber auch der griechische Bankensektor war in akuter Gefahr. Wegen der Finanzkrise hatten die Institute rund 47 Milliarden Euro bei der EZB zu Sonderkonditionen ausgeliehen. Zudem hielten die griechischen Banken rund 45 Prozent griechischer Staatsanleihen und waren somit der größte Gläubiger des Landes.[38]

Doch die Regierung in Athen vertraute weiterhin auf die EU, dort aber schwand langsam die Geduld. Die *Süddeutsche Zeitung* schrieb damals: »Dass laut EU-Kommission ›kein Vertrauen‹ mehr besteht, liegt auch daran, dass sich Griechenland nicht zum ersten Mal mit wichtigen Daten vertan hat. Das Land wurde einst aufgrund geschönter Zahlen in die Währungsunion aufgenommen. Seither hat es immer wieder rekordverdächtige Schuldenberge angehäuft.«[39]

Anfang 2010 war die Verschuldung Griechenlands dann so gigantisch, dass ein Bankrott vieler europäischer Banken, die griechische Staatsanleihen hielten, die EU destabilisiert hätte und eine weitere allgemeine Finanzmarktkrise die Folge gewesen wäre.[40]

Die Finanzdienstleistungsaufsicht BaFin hatte das Finanzministerium schon vorab in einem internen Vermerk vor den Auswirkungen eines Staatsbankrotts Griechenlands für deutsche Banken gewarnt: Dieser könnte auch auf andere schwache EU-Staaten wie Portugal, Italien, Irland oder Spanien (PIIGS-Staaten) übergreifen und verheerende Konsequenzen nach sich ziehen. Von »katastrophalen Folgen« war in dem Papier die Rede und: »Das Hauptrisiko für den deutschen Finanzsektor besteht in den kollektiven Schwierigkeiten der PIIGS-Staaten. Griechenland könnte hierfür möglicherweise der Auslöser sein.«[41]

Das Risiko eines Crashs war groß. Aber nicht nur für die deutschen Gläubiger, denn Griechenland hatte sich in ganz Europa verschuldet. Im Mai 2010 wurde deshalb in einer Krisensitzung ein Notfallplan erstellt, um Griechenland vor dem Staatsbankrott zu retten: Die EU-Staaten und der IWF stellten Athen Notkredite über 110 Milliarden Euro mit einem Zinssatz von 5,5 Prozent in Aussicht. Deutschlands Anteil hiervon betrug rund 22 Milliarden Euro. Die Gelder sollten in insgesamt zwölf Tranchen bis März 2013 ausgezahlt werden. Nach 3 tilgungsfreien Jahren sollte der Hilfskredit dann in acht vierteljährlichen Raten zurückgezahlt werden.[42] Doch das stellte sich bald darauf als frommer Wunsch heraus.

Trotz monatelanger Dementis und Verschleierungstaktiken der Staats- und Regierungschefs wurde mit der Finanzhilfe der Maastricht-Vertrag, der den Bürgern als Garantie für die Stabilität des Euro versprochen wurde, gebrochen.

Die Eurozone wurde zu einer *Haftungs-* oder *Transfergemeinschaft,* bei der hauptsächlich der deutsche Steuerzahler die Zeche zahlen muss, da der Anteil und somit auch die Haftung Deutschlands an der EZB der höchste unter allen EU-Ländern ist (siehe unten).

Doch nur 4 Monate nach den vollmundig angekündigten Griechenlandhilfen zeigten sich Experten darüber besorgt, ob Athen seine Kredite überhaupt jemals zurückzahlen könne.[43]

So kam es, wie es kommen musste: Bereits Ende November 2010 sprangen die Euro-Finanzminister schon wieder für das immer höher verschuldete Griechenland ein: Athen konnte sich mit der Tilgung der Hilfskredite 4½ Jahre länger Zeit nehmen als ursprünglich vereinbart.[44] Mit dieser Entscheidung wollte man den absehbaren Staatsbankrott des Landes ein zweites Mal hinausschieben.[45]

Am 21. Juli 2011 beschloss ein Sondergipfel der EU-Staaten dann das zweite Hilfspaket für Griechenland. Es hatte ein Volumen von 109 Milliarden Euro.

Im Oktober 2011 enthüllte der Bericht der Troika, dass Griechenland noch weitaus mehr Geld benötigen werde als bis dato geschätzt: bis zu 444 Milliarden Euro.

Am 27. Oktober 2011 einigte sich der Euro-Gipfel dann mit den Banken auf einen freiwilligen Schuldenerlass für Griechenland in Höhe von 50 Prozent. Auch private Gläubiger sollten zur Kasse gebeten werden. Dies sollte aus einem »freiwilligen« Verzicht auf 53,5 Prozent der Forderungen bestehen und in Form eines Tausches von Staatsanleihen gegen neue Papiere mit längerer Laufzeit und niedriger Verzinsung ablaufen. De facto war dies ein Schuldenschnitt.[46]

Im Sommer 2012 muckte dann schließlich auch der deutsche Steuerzahler – immerhin der Hauptlasttragende – langsam auf. Der Bundesregierung fiel es nämlich zunehmend schwerer, ihrem Volk die Notwendigkeit immer höherer Finanzspritzen ins ferne Athen *plausibel* zu erklären, so wie es aktuell schwerer wird, immer neue Milliardenhilfen deutscher Steuergelder in die Ukraine zu pumpen. Damals stellte sich die Frage: Warum sollten deutsche Rentner für die Altschulden der Griechen büßen? Warum sollten deutsche Arbeitnehmer für die Verschwendungssucht griechischer Politiker haften? Warum sollten die deutschen Sparer ihre Vermögen für griechische Korruptionsmechanismen riskieren?

Die Regierung in Athen wusste, dass es immer schwieriger wurde, Geld von der EU zu bekommen, und überlegte sich einen perfiden Trick, wie man die europäischen Steuerzahler doch noch zur Kasse bitten konnte – und zwar von hinten durch die Brust ins Auge.

Der »Griechen-Trick«

- Die Regierung in Athen stand Mitte 2012 – trotz Hilfspaketen – immer noch unmittelbar vor dem Staatsbankrott und brauchte schnellstens 4 Milliarden Euro.
- Doch die EU verzögerte die Auszahlung der nächsten Tranche, bis der neue Troika-Bericht vorlag. Doch so lange konnte Athen nicht mehr warten.
- So begab Griechenland Schuldenpapiere mit einer Laufzeit von nur wenigen Monaten.
- Die Papiere wollte aber niemand haben, da das Land kurz vor der Pleite stand. Doch das war Kalkül.
- Griechische Banken kauften deshalb die Staatsanleihen ihrer eigenen Regierung.
- Die Banken hatten dafür aber kein Geld, da sie sich auf den Märkten nicht mehr selbst finanzieren konnten, also quasi ebenfalls insolvent waren.
- Darum liehen sich die Institute das Geld dafür als »Nothilfe« bei der griechischen Notenbank. Als Sicherheit hinterlegten sie die kurz zuvor gezeichneten Anleihen, die aber praktisch wertlos waren.
- Die griechische Notenbank erhielt wiederum Nothilfekredite von der EZB.
- Für die EZB haften die nationalen Notenbanken.
- Für die nationalen Notenbanken haften die nationalen Regierungen.
- Für die nationalen Regierungen haften die Bürger.
- So wurde das Hauptrisiko auf den deutschen Steuerzahler übertragen – und zwar ohne lästige Bundestagszustimmung.[47]

Diese betrügerische »Zwischenfinanzierung« zeigte Folgendes:

- Die Probleme des griechischen Staates und der griechischen Banken wurden einfach auf die EZB abgeladen.
- Rettungsschirme wurden so umgangen.
- Die EZB verlor mehr und mehr ihre »Unabhängigkeit«.

- Die EZB verstieß gegen ihre eigenen Statuten. Diese verbieten nämlich eine Finanzierung von Staaten.
- Die EZB beteiligte sich an der Konkursverschleppung Griechenlands.
- Das Volk sollte für dumm verkauft werden.

Für mich war das damals wie heute vorsätzlicher Betrug!

Im Oktober/November 2012 halfen dann weder die staatlichen noch alle anderen Bankentricks noch etwas. Jetzt wurde die eigene Bevölkerung *massiv* zur Kasse gebeten. Die Liste nachfolgend durchgeführter Einschnitte zeigt, dass der Staat absolut keine Skrupel hat, sich an »seinem« Volk zu bedienen, wenn er mit dem Rücken zur Wand steht.

So wurden die Griechen von ihrer Regierung zur Kasse gebeten:

- Mitarbeiter des öffentlichen Dienstes und Freiberufler wurden mit einem Solidaritätsbeitrag zur Kasse gebeten.
- Zuschläge wurden ersatzlos gestrichen, die meisten frei werdenden Stellen nicht wiederbesetzt, und jede zweite befristete Stelle wurde nicht verlängert.
- In Staatsunternehmen wurden massive Entlassungen vorgenommen.
- Abfindungen für entlassene Arbeitnehmer wurden drastisch gesenkt.
- Bei Staatsbediensteten wurden sowohl Weihnachtsgeld als auch Urlaubsgeld gestrichen.
- Löhne und Gehälter wurden zwischen 6 und 20 Prozent verringert.
- Die Arbeitszeit wurde von 37,5 auf 40 Wochenstunden verlängert.
- Die Mehrwertsteuer wurde um 3 Prozent angehoben.

→

- Die Steuern auf Tabak, Spirituosen, Zigaretten, Heizöl, Erdgas und Kraftstoff stiegen.
- Die Kfz-Steuer wurde erhöht.
- Eine Finanztransaktionssteuer wurde eingeführt.
- Kranke sollten sich beim Kauf von Medikamenten beteiligen.
- Bei einem Krankenhausaufenthalt sollten 15 Prozent selbst übernommen werden.
- Die Vermögenssteuer stieg.
- Der Steuerfreibetrag wurde von jährlich 8000 auf 5000 Euro gesenkt.
- Die Grundsteuer, die jeder Haus- oder Wohnungsbesitzer bezahlen musste, wurde mit der Stromrechnung eingezogen. Wer nicht bezahlte, dem wurde einfach der Strom abgestellt.
- Alle Renten von 1000 Euro aufwärts wurden um 5–15 Prozent gekürzt.
- Das Rentenalter wurde von 65 auf 67 Jahre angehoben.
- Familien, die mehr als 18 000 Euro im Jahr verdienten, hatten keinen Anspruch mehr auf Kindergeld.
- Jeder Arbeitslose bekam nur noch für ein Jahr eine Unterstützung von rund 470 Euro im Monat – unabhängig vom vorherigen Einkommen.[48]

Trotz alledem kam Griechenland die nächsten Jahre nicht mehr auf die Beine und benötigte immer neue Hilfen. Auch die Privatverschuldung wurde immer größer. Der Anteil der notleidenden Kredite explodierte: 2008 hatte die Quote der Darlehen, die seit 90 Tagen nicht mehr bedient werden, bei rund 5 Prozent gelegen, Ende 2012 schon bei 24,6 Prozent. Bei den Verbraucherkrediten und Kreditkarten sah es noch viel schlimmer aus: Hier wurden fast 50 Prozent der Darlehen nicht mehr bedient. Bei den Immobilienkrediten waren es über 20 Prozent. Fatal: Die Banken hatten die drohenden Ausfälle nur zu 48,1 Prozent durch Rückstellungen gedeckt.[49] Im März 2012 kam es dann zum ersten Schuldenschnitt. Banken und Versicherungen mussten auf Forderungen im Umfang von rund 100 Milliarden Euro verzichten.

Der Schuldenschnitt traf die Bürger besonders hart

Der Schuldenschnitt und das daraufhin erlassene Gesetz brachte den Gläubigern *rückwirkend* einen Verlust von bis zu 70 Prozent ihrer Forderungen ein. Aber noch viel schlimmer: **54 Prozent der Vermögen der Rentenkassen waren mit einem Schlag ausgelöscht.** Nicht anders erging es den Lebensversicherungen, die viele Griechen als private Altersvorsorge angespart hatten. Denn auch die Lebensversicherer legten ihr Geld zu großen Teilen in griechischen Staatsanleihen an. Auch andere Kapital- und Rentenfonds, die beispielsweise Sparkassen und Banken ihren Kunden empfohlen und verkauft hatten, waren massiv betroffen.[50]

Doch der erste Schuldenschnitt half wenig. Ende Oktober 2012 erwog die Troika einen weiteren Schuldenschnitt für Griechenland – diesmal sollten vor allem öffentliche Gläubiger auf ihre Forderungen verzichten.[51]

Mitte Februar 2013 zog selbst der griechische Finanzminister einen erneuten Schuldenschnitt in Erwägung. Auch der IWF drängte auf einen weiteren Schuldenerlass, der dann auch öffentliche Geldgeber wie die Euro-Staaten, die EZB, die nationalen Notenbanken und den IWF betreffen sollte.[52] Dieser käme uns Deutschen aber teuer zu stehen. Denn dieses Mal wären die öffentlichen Gläubiger, sprich Staaten, an der Reihe gewesen. Die bisher vergebenen deutschen Hilfen summierten sich bereits auf 45 Milliarden Euro,[53] viel Geld, das der deutsche Steuerzahler nie wiedersehen würde.

Am 12. Juni 2013 dann der nächste Paukenschlag: Griechenland verlor den Status eines Industriestaates und wurde zum Schwellenland herabgestuft. Es war damit die erste industriell entwickelte Nation, die wieder auf den Status eines Schwellenländermarktes zurückgestuft wurde.[54]

Griechenland erwies sich als ein Fass ohne Boden und konnte erst im Laufe der nächsten 10 Jahre durch weitere Hilfsmaßnahmen einigermaßen »stabilisiert« werden.

Auch heute ist Griechenland noch das mit Abstand am höchsten verschuldete Land der Währungsunion, mit einer Staatsverschuldung von 171 Prozent des Bruttoinlandsproduktes (BIP).[55] Doch trotz des Schuldenrekords gelten die griechischen Staatsschulden laut EU-Kommission als »tragfähig«. Grund: Mehr als zwei Drittel der Verbindlichkeiten liegen bei öffentlichen Gläubigern wie dem Euro-Stabilitätsfonds ESM und seinem Vorgänger EFSF. Die Vorgabe des EU-Stabilitätspaktes, die eine Staatsschuldenquote von maximal 60 Prozent des BIP vorsieht, wird Griechenland nach der jüngsten Prognose der Europäischen Kommission frühestens Anfang der 2050er-Jahre erreichen.[56]

Der aktuelle griechische Präsident Kyriakos Mitsotakis sieht das positiv. Er sagte Ende Dezember 2023 in einem *Bild*-Interview: »Wir haben das Blatt gewendet. Griechenland ist nicht mehr das Problem, sondern ein Teil der Lösung. Wir sind die positive Geschichte der Eurozone. Wir sind zurück!«[57]

Die *Bild* – wen wundert's – fiel natürlich in die Lobeshymne ein und titelte: »Das Griechenland-Wunder«.[58] Doch das »Wunder« sieht bei näherer Betrachtung und fernab des Populismus des griechischen Präsidenten ganz anders aus:

- Die Staatsschuldenquote ist immer noch auf Rekordhoch: 171 Prozent des BIP (Deutschland: 66 Prozent).[59]
- Die Arbeitslosigkeit beträgt immer noch 10,4 Prozent (Deutschland: 6,0 Prozent).[60]
- Laut EU-Statistiken leiden die Griechen unter den höchsten Preisen für Alltagswaren und Dienstleistungen und haben gleichzeitig mit die geringste Kaufkraft.[61]
- Haushalte mit geringen Einkommen leiden unter hohen Lebensmittelpreisen. Griechenland hat die höchsten Preise für Milch, Käse und Eier (38,9 Prozent über EU-Schnitt).[62]
- Hohe Steuerhinterziehung: Zentralbankchef Giannis Stournaras schätzte die Höhe der hinterzogenen Steuern auf 60 Milliarden Euro – das entspricht der Hälfte der Staatsausgaben. Deshalb sind Bargeldgeschäfte über 500 Euro verboten.[63]

Lassen Sie sich also von der *Bild* und dem Geschwätz des griechischen Präsidenten nicht blenden: Griechenland und seine Banken sind nach wie vor gefährliche finanzielle Atombomben für die EU und vor allem für Sie als deutsche Steuerzahler. Denn, obwohl es 27 EU-Mitgliedsstaaten gibt, beläuft sich der Anteil der Bundesbank auf rund 21 Prozent am gezeichneten und 26 Prozent am eingezahlten Kapital der EZB.[64]

IV. »Merkel, stirb!« (Zypern 2013)

Nach Irland und Portugal (siehe dazu ausführlich mein Buch *Deutschland vor dem Kollaps*) war der nächste Pleitekandidat Zypern. Und auch hier waren die Banken wieder die Auslöser.

Bis Mitte März 2013 hatte die Mainstream-Presse den kleinen Inselstaat im Mittelmeer weitgehend ignoriert. Zypern wurde erst im Jahr 2008 in die Europäische Währungsunion aufgenommen, und das, obwohl das Wirtschaftswachstum und die Finanzstabilität stark von der Entwicklung in Griechenland abhingen. Der Nachbarstaat nahm immerhin 22 Prozent der zyprischen Exporte ab und war somit der größte Handelspartner. Steigende Defizite, immer höhere Schulden und die enge Verflechtung der zyprischen Wirtschaft mit dem maroden Griechenland waren dann aber das Todesurteil für den kleinen Inselstaat. Die zyprischen Banken waren mit hohen Risiken konfrontiert, weil sie sich in der Vergangenheit zu sehr in Griechenland engagiert hatten. Die Beteiligung der zyprischen Geldinstitute entsprach immerhin dem 2,5-Fachen (!) der Wirtschaftsleistung.

Die Bilanzsumme der zyprischen Banken war sogar 7,2-mal größer als das Bruttoinlandsprodukt (129 Milliarden Euro zu 18 Milliarden Euro). Im Vergleich: In Deutschland betrug die Bankenbilanzsumme damals »nur« das 3,2-Fache des Bruttoinlandsprodukts (8440 Milliarden zu 2659 Milliarden Euro).

Die größten zyprischen Banken, die Bank of Cyprus, die Marfin Popular Bank und die Hellenic Bank, hatten sich auf dem griechischen Markt konsequent eingerichtet. Zyprische Banken hatten rund 40 Prozent ihrer Kredite an Griechenland vergeben und kämpften dann mit zunehmenden Kreditausfällen, weil Griechenland den Bach runterging. Aber nicht nur die Kreditvergabe stellte für die zyprischen Banken ein Risiko dar, sondern auch das Engagement in griechischen Staatsanleihen, die Bonds im Volumen von rund 5 Milliarden Euro hielten.[65] Um das Schicksal, wie es Griechenland getroffen hatte, abzuwenden, beantragte Zypern im Juni 2012 EU-Hilfskredite. Sprich: die Rettung vor dem Staatsbankrott.[66]

Zypern hatte bis zu diesem Zeitpunkt mit nur 10 Prozent die niedrigste Körperschaftsteuer der gesamten EU. Die Vorteile des extrem niedrigen Satzes wurden bis dahin von jeder Regierung verteidigt, um das Land konkurrenzfähig zu halten, was auch über viele Jahre hinweg funktionierte: Der niedrige Steuersatz, kombiniert mit Regelungen, die Holdings praktisch von der Steuer befreiten, lockten massenhaft Firmen auf die Insel. 19 000 Unternehmen waren es jährlich. Doch die Gier nach immer neuen Investoren führte direkt in den Abgrund. Der niedrige Steuersatz führte zu hohen Zuflüssen an Einlagen in den heimischen Banken. Diese sahen sich mit dem vielen Geld »genötigt«, ihre Engagements in Griechenland zu erhöhen. Ein tödlicher Fehler, wie sich herausstellte.

Durch den steigenden Geldfluss aus dem Ausland wurden Kredite in einer Höhe von 24 Milliarden Euro vergeben. Das entsprach 133 Prozent des Bruttoinlandsproduktes des Landes. Hinzu kam der Schuldenschnitt auf griechischen Staatsanleihen, der die zyprischen Banken rund 4 Milliarden Euro kostete.[67] Und so kam, wie es kommen musste. Das Zypern-Drama nahm im Frühling 2013 immer katastrophalere Formen an. Die Situation war so schlimm, dass die zyprische Regierung *schnell* an das Vermögen seiner Bürger kommen musste.

Die Regierung beschloss, dass Anleger, die Kapital auf zyprischen Banken bunkerten, zwangsweise eine sogenannte »Stabilitätsabgabe« bezahlen sollten. Alle Anleger sollten davon betroffen sein. **Bis zu** 100 000 Euro sollte die **Zwangsabgabe** 6,75 Prozent, **darüber** 9,9 Prozent betragen. Das galt für in- und ausländische Kontoinhaber.

Jörg Asmussen, damaliges Direktoriumsmitglied bei der Europäischen Zentralbank (EZB), hatte bereits vorab auf *tageschau.de* erklärt, wie der staatliche »Raub« vor sich gehen könnte: »So eine Finanz-Solidaritätsabgabe kann durch Parlamentsbeschluss eingeführt werden.«[68]

Daraufhin versuchten Mitte März 2013 viele verzweifelte Menschen ihre Konten zu räumen. Die Regierung war schneller. Folgende staatliche Eingriffe wurden durchgesetzt, um zu verhindern, dass die Menschen an ihr eigenes Geld kommen konnten:

- Die Menschen wurden darüber informiert, dass das Onlinesystem außer Betrieb gesetzt sei.
- Aufgrund des Ansturms schlossen die Filialen.
- An den Geldautomaten, die noch nicht leer waren, gab es nur noch höchstens 200 Euro. Mehr konnte nicht abgehoben werden.
- In der Nacht von Freitag, 15. März, auf Samstag, 16. März 2013, wurden die entsprechenden Beträge der Zwangsabgabe einfach eingefroren. Das bedeutete, dass bei künftigen Auszahlungen die Sonderabgabe abgezogen würde. Doch während der Bankenschließung flossen riesige Summen über Schlupflöcher ins Ausland. Die reichen russischen Oligarchen zogen ebenso ihre Millionen ab wie britische Anlagefonds und betuchte zyprische Politiker.
- Der Zahlungsverkehr sollte weitgehend stillstehen, damit es zu keinem Run auf die Banken kommen konnte. Kleinsparer und Rentner waren wütend. Eine Abgabe von knapp 7 Prozent war für sie, nach Jahren mühevollen Sparens, nicht hinnehmbar.[69]

Aufgrund der zunehmenden Proteste und wohl aus Angst vor inneren Unruhen lehnte das Parlament in Nikosia die EU-Bedingungen für die Bankenhilfe ab und nahm die schon eingeleiteten Maßnahmen zum Teil zurück. Mit 36 Stimmen gegen das Verhandlungspaket und 19 Enthaltungen gab es keine einzige Dafür-Stimme. Der Enteignungsdeal zur Rettung des Euro in Zypern war abgelehnt. In Brüssel fielen die Kinnladen baumelnd auf Kniehöhe herunter. Blankes Entsetzen und Ratlosigkeit in den Gesichtern. Damit hatte keiner gerechnet.[70]

Aus Brüssel ließ man die Zyprer wissen, dass die Banken erst wieder geöffnet werden dürften, wenn ein Ergebnis erzielt werde. Vorher kam keiner an sein Geld. Doch angesichts des Massenprotests wollte man »Gnade vor Recht« ergehen lassen und nur Sparer mit einem Guthaben von *mehr* als 100 000 Euro zur Kasse bitten, die aber dann gründlich.[71]

Zypern kochte. Die Zyprer waren wütend. Tausende Studenten marschierten zum Parlament und skandierten »Eure Fehler … Unsere Zukunft!«, »Hitler, Merkel – dieselbe Scheiße« und »Merkel, stirb!«. (Zypern 2023)[72]

So wurden die Zyprer von ihrer Regierung zur Kasse gebeten:

- Staatsbedienstete bekamen 6,5 und 12,5 Prozent weniger Gehalt.
- Renten wurden um 3 Prozent gekürzt.
- Die Unternehmensteuer stieg von 10 auf 12,5 Prozent.
- Tabak, Alkohol und Treibstoffe wurden teurer.
- Die Mehrwertsteuer wurde von 17 auf 19 Prozent angehoben.[73]
- Auslandsüberweisungen und Zahlungen mit Kreditkarten im Ausland wurden auf 5000 Euro pro Person und Monat begrenzt.
- Die Bargeldabhebung wurde auf 300 Euro pro Tag beschränkt.
- Festgeldanlagen konnten nicht mehr vorzeitig gekündigt werden.
- Für Schecks gab es kein Bargeld mehr, sondern nur noch Kontogutschriften.[74]
- Kreditkarten, Kontokarten und Schecks wurden nirgendwo mehr angenommen.
- Nur noch Bargeld (und unter der Hand Edelmetalle) zählten.[75]

Die Folgen: Mieten, Strom, Wasser etc. blieben unbezahlt. Der Zahlungsverkehr bracht komplett zusammen.

Die zweitgrößte Bank, die Laiki Bank (Volksbank), wurde in eine gesunde und sogenannte »Bad Bank« aufgespalten und abgewickelt. Geldeinlagen von über 100 000 Euro wurden vorerst nicht ausgezahlt. Versicherer und Wohltätigkeitsorganisationen sollten ebenfalls eine Zwangsabgabe von 27,5 Prozent auf ihre Spareinlagen bei der Bank of Cyprus leisten müssen.[76] Die Kunden dieser größten zyprischen Bank verloren 37,5 Prozent ihrer Guthaben. Weitere 22,5 Prozent der Ersparnisse über 100 000 Euro blieben vorerst eingefroren.[77]

Mitte März 2013 verständigte sich die Eurogruppe aufgrund der ungeheuerlichen Sanktionen gegen die Menschen auf ein Hilfspaket von bis zu 10 Milliarden Euro für Zypern.[78]

Die Folgen des »Zypern-Dramas«

Europäische **Sparer** sollen sich zukünftig ebenfalls an europäischen Bankenrettungen beteiligen. Die Euro-Finanzminister hatten sich nämlich auf neue Regeln verständigt:[79]

- Zuerst sollen Aktionäre und Gläubiger der jeweiligen maroden Bank zur Kasse gebeten werden.
- Dann werden die unbesicherten »Einlagen von natürlichen Personen, Kleinstunternehmen sowie mittelständischen Unternehmen«, die bei **über** 100 000 Euro liegen, herangezogen.
- Die Sparer mit Vermögen über 100 000 Euro werden mit einer Zwangsabgabe von 8 Prozent belegt, wenn eine Bank gerettet werden muss.[80]

Ende Juni 2013 dann ein erneuter Notruf aus Zypern: Präsident Nikos Anastasiadis bat die EU um Hilfe, weil dem größten Kreditinstitut, der Bank of Cyprus, der endgültige Zusammenbruch drohte.[81] Denn trotz Kapitalkontrollen floss immer mehr Geld aus dem Bankensystem des Landes ab. Die Einlagen bei den zyprischen Banken schrumpften im Sommer 2013 gegenüber dem Vorjahr um 23 Prozent. Das Bankensystem steuerte auf einen neuen Crash zu.[82]

Durch die Maßnahmen der EU und des zyprischen Staates konnte die Bank of Cyprus gerettet werden, die Laiki Bank wurde zerschlagen. Sparer erhielten für die Abgaben ihrer Bankeinlagen bis heute keine Entschädigung.[83] Das sorgte in ganz Europa für einen Vertrauensverlust in Banken und die Einlagensicherung. Zuvor war es für die meisten Menschen fast unvorstellbar, dass ihr Geld bei den Banken nicht sicher sein könnte.[84]

V. Die schlimmsten Krisenbanken in der Wirtschafts- und Finanzkrise (2008)

Das US-Fachmagazin *Fortune* veröffentlichte die größten Finanzverlierer aus dem Krisenjahr 2008. Hier sind die Finanzinstitute und ihre Verluste in Dollar:

▪ Fannie Mae (US-Hypothekenbank)	58,7 Mrd.
▪ Royal Bank of Scotland (schottische Großbank)	43,2 Mrd.
▪ Citigroup (US-Finanzkonzern)	27,7 Mrd.
▪ UBS (Schweizer Großbank)	19,3 Mrd.
▪ HBOS (britische Bank)	13,8 Mrd.
▪ HRE (deutsche Hypothekenbank)	8 Mrd.
▪ Credit Suisse (Schweizer Großbank)	7,6 Mrd.
▪ Bayerische Landesbank	7,4 Mrd.
▪ Mizuho (japanische Großbank)	5,8 Mrd.
▪ Deutsche Bank	5,6 Mrd.
▪ Dexia-Gruppe (belgische Bank)	4,9 Mrd.
▪ KfW (Kreditanstalt für Wiederaufbau)	3,8 Mrd.
▪ Allianz (deutsche Versicherung)	3,5 Mrd.
▪ Landesbank Baden-Württemberg (LBBW)	2,9 Mrd.

▪ Deutsche Post	2,4 Mrd.
▪ DZ-Bank (deutsches Kreditinstitut)	1,7 Mrd.[85]

VI. Diese Banken gerieten in akute Pleitegefahr (2008–2010)

Oft hatten Profitgier und Machtstreben dazu geführt, dass sich Banken über ihre Verhältnisse hinaus verschuldeten. Sie kauften »faule Kredite« auf (siehe unten), ohne zu wissen, was in den Verbriefungen eigentlich enthalten war. Blind vertrauten sie den Ratingagenturen, die für ihre »guten« Bewertungen von ihren Auftraggebern auch »gut« bezahlt wurden. Ausfallgefährdete Kredite wurden in großem Stil von Banken in komplizierte Wertpapiere verpackt. Unter den Kürzeln »ABS« (Asset-backed securities) oder »CDO« (Collateralized Debt Obligations) wurden sie dann weiterverkauft.

Doch die »Sicherheiten«, die hinter den Wertpapieren standen, fielen immer öfter aus. So sank der Wert der Papiere. Häufig wollte sie dann niemand mehr kaufen, und seither schlummern sie in den Bankbilanzen.

Was sind »faule Kredite«?

Geld zu verleihen, also Kredite zu geben, gehört zum Kerngeschäft der Banken. In der Regel verleihen Banken aber nur Gelder, wenn sie Sicherheiten haben und/oder erwarten, dass der Schuldner seine Schulden auch termingerecht zurückbezahlt. Doch manchmal kommt es vor, dass ein Kreditnehmer seine Schulden aus unterschiedlichen Gründen nicht tilgen kann. Es kann auch sein, dass die Bank dessen finanzielle Verhältnisse nicht genau geprüft hat, vielleicht sogar getäuscht wurde. →

Kredite, die nicht wie vereinbart zurückgezahlt werden, sind »faule Kredite«. Hat eine Bank sehr viele dieser faulen Kredite in der Bilanz, kann sie selbst Probleme bekommen und sogar pleitegehen, denn das Geld fehlt, um die Kredite, die sie selbst bei anderen Banken aufgenommen hat, zurückzubezahlen. Gibt es viele Banken mit faulen Krediten, kann die ganze Wirtschaft eines Landes in Mitleidenschaft gezogen werden.[86]
In der Wirtschafts- und Finanzkrise wurden riesige Pakete von faulen Krediten, die Ratingagenturen zuvor **positiv** bewertet hatten, von Banken untereinander aufgekauft und liegen als Finanzbomben in manchen Instituten bis heute in den Bilanzen.

Nachfolgend führe ich die Banken auf, die am schlimmsten betroffen waren. Fast alle »Global Player« der Bankenwelt waren darunter.

Deutschland

- **Hypo Real Estate (HRE):** Deutschlands damals wohl »kaputteste« Bank (siehe Kapitel »Deutschlands Pleitebanken«). Mit der HRE war die Finanzkrise endgültig nach Deutschland geschwappt. Das Institut war mit fast 10 Milliarden Euro Finanzhilfen und staatlichen Bürgschaften in Höhe von 124 Milliarden Euro gerettet und als erstes Finanzinstitut in der Geschichte der Bundesrepublik zwangsverstaatlicht worden.[87]
- **Commerzbank/Dresdner Bank:** Die Dresdner Bank wurde letztendlich von der Commerzbank übernommen. Beide Banken gemeinsam kamen auf Belastungen von 20 Milliarden Dollar. Die Investmentbanking-Sparte wurde massiv umgebaut, weswegen ein massiver Stellenabbau erfolgte.
- **Deutsche Bank:** Das Finanzinstitut verbuchte aufgrund der Finanzkrise Belastungen in Höhe von 18 Milliarden Dollar.
- **IKB:** Die Belastungen der Düsseldorfer Bank beliefen sich auf 14,7 Milliarden Dollar. Seit Herbst 2008 gehört d ie Mehrheit an der IKB dem Finanzinvestor Lone Star. 10 Milliarden Euro steckten die vorherigen Haupteigentümer KfW (Kreditanstalt für Wiederaufbau), der Bund und die Bankenverbände als Rettungssumme in das Geldhaus.

- **BayernLB:** Das Münchner Kreditinstitut hatte Belastungen von umgerechnet 9,1 Milliarden Dollar.[88]

USA

- **Citigroup:** Die einst größte Bank der Welt führte Belastungen von 104,4 Milliarden Dollar mit sich. Nur Staatshilfen in Höhe von 45 Milliarden Dollar retteten die Citigroup vor der Pleite.
- **Wachovia:** Die Bank hatte Belastungen von 77,4 Milliarden Dollar und wurde im Januar 2009 von der US-Großbank Wells Fargo geschluckt.
- **Merrill Lynch:** Auch diese Bank mit Belastungen von 63,7 Milliarden Dollar konnte sich nicht mehr selbstständig retten und wurde im Dezember 2008 von der Bank of America übernommen.
- **Bank of America:** Der einstige Branchenprimus führte durch die Finanzkrise Belastungen in Höhe von 48,2 Milliarden Dollar auf.
- **Washington Mutual:** Diese Bank musste Belastungen in Höhe von 41,8 Milliarden Dollar hinnehmen, Tausende von Mitarbeiter verloren ihre Stellen.
- **Freddie Mac:** Der zweitgrößte US-Hypothekenfinanzierer hatte Belastungen von 36,7 Milliarden Dollar in seinen Büchern. Die staatlichen Hilfen summierten sich bis 2010 auf mehr als 50 Milliarden Dollar.[89]
- **Fannie Mae:** Die »große Schwester« von Freddie Mac hatte Belastungen von 38,8 Milliarden Dollar. 2008 erwirtschaftete der US-Hypothekenfinanzierer einen Rekordverlust von 50 Milliarden Dollar und erhielt 45 Milliarden Dollar Staatshilfe. Um den Immobilienmarkt zu stabilisieren, sicherte die US-Regierung Anfang Januar 2010 Fannie Mae und Freddie Mac eine »uneingeschränkte Verlustübernahme« bis zum Jahr 2012 zu.[90]
- **Lehman Brothers:** Die Bank, mit der alles begann. Die Investmentbank mit Belastungen von 26,5 Milliarden Dollar ging am 15. September 2008 pleite. Zum Schluss hatte sie 630 Milliarden (!) Dollar an Schulden angehäuft. Da Lehman Brothers **nicht** von der US-Regierung gerettet wurde, brach die Weltwirtschaftskrise aus (siehe Kapitel »Die Jahrhundertkrise«).[91]
- **Morgan Stanley:** Die Bank wurde durch die Finanzkrise mit über 21 Milliarden Dollar belastet.

- **National City:** Die Finanzkrise belastete die Bank mit 14 Milliarden Dollar.
- **Wells Fargo:** Mit Belastungen in Höhe von 12,7 Milliarden Dollar kam die Bank noch recht »glimpflich« davon.[92]

Großbritannien

- **HSBC:** Sie ist die größte Bank Europas. Ihre Belastungen lagen bei 54,4 Milliarden Dollar.
- **Lloyds Bank:** Die britische Regierung hielt einen Anteil von 43 Prozent an der Bank, deren Belastungen sich auf 35,7 Milliarden Dollar beliefen. Innerhalb eines Jahres hatte sie 75 Prozent ihres Börsenwertes verloren.
- **Barclays:** Trotz Belastungen in Höhe von 30,7 Milliarden Dollar übernahm die Bank große Teile des US-Geschäfts der kollabierten Investmentbank Lehman Brothers.[93]

Schottland

- **Royal Bank of Scotland (RBS):** Ein stolzes Institut mit großer Tradition, das Belastungen von 38,5 Milliarden Euro aufwies. 70 Prozent der Aktien gehörten aufgrund der Krise dann dem Staat.[94]

Spanien

- **Banco Santander:** Die spanische Großbank wurde aufgrund der Krise mit 16,2 Milliarden Dollar belastet.
- **Banco Bilbao Vizcaya Argentaria (BBVA):** Der spanische Riese, die zweitgrößte Bank im Land, hatte Schulden von 8,1 Milliarden Dollar.[95]

Frankreich

- **BNP Paribas:** Die größte Bank Frankreichs hatte Belastungen von 12,9 Milliarden Dollar.
- **Crédit Agricole:** Mit Schulden von 8,6 Milliarden Dollar kam die Großbank gerade noch so davon.
- **Société Générale:** Laut eigenen Angaben wurde die Bank mit 6,9 Milliarden Dollar belastet.[96]

Italien

- **Intesa Sanpaolo:** Das italienische Institut musste Belastungen in Höhe von 7,1 Milliarden Dollar verkraften.[97]

Niederlande

- **ING:** Diese Bank wurde durch die Finanzkrise ebenfalls milliardenschwer belastet und gab daraufhin bekannt, das niederländische Versicherungsgeschäft umbauen zu wollen.[98]

Schweiz

- **UBS:** Die Schweizer Großbank hatte sich mit riskanten Wetten im Investmentbanking ebenfalls übernommen und wurde mit Belastungen in Höhe von 54,2 Milliarden Dollar dafür bestraft.
- **Credit Suisse:** Diese Bank kam besser durch die Krise als ihr Konkurrent UBS, wies aber trotzdem Belastungen in Höhe von 16,9 Milliarden Dollar auf[99] (siehe dazu auch das Kapitel »Die Bankenkrise in der Schweiz«).

Wie schon beschrieben, trieben Gier, Unvorsichtigkeit und das blinde Vertrauen an die Ratingagenturen die Banken zu immer risikoreicheren Geschäften und weiteten die Finanzkrise damit immer weiter aus. Heute sieht es in der europäischen Bankenlandschaft wie folgt aus:

Die zwanzig größten Banken Europas nach ihrer Marktkapitalisierung[100] (2023 in Milliarden US-Dollar):

1. HSBC (Großbritannien)	154,07
2. BNB Paribas (Frankreich)	86,29
3. UBS (Schweiz)	68,56

4. Banco Santander (Spanien)	67,98
5. Intesa Sanpaolo (Italien)	53,27
6. ING Groep (Niederlande)	51,69
7. Nordea Bank (Finnland)	47,39
8. BBVA (Spanien)	47,24
9. Lloyds Banking Group (Großbritannien)	42,50
10. UniCredit (Italien)	40,28
11. Crédit Agricole (Frankreich)	37,88
12. NatWest Group (Großbritannien)	34,44
13. Barclays (Großbritannien)	33,32
14. CaixaBank (Spanien)	33,11
15. Standard Chartered (Großbritannien)	27,81
16. Skanidnaviska Enskilda Banken (Schweden)	26,33
17. Deutsche Bank (Deutschland)	25,37
18. Société Générale (Frankreich)	23,39
19. Swedbank (Schweden)	23,04
20. Svenska Handelsbanken (Schweden)	20,21[101]

VII. Die Staatsverschuldungen sind so hoch wie nie zuvor (2024)

Anfang 2024 schockte eine Nachricht die internationale Finanzwelt, über die deutsche Medien erwartungsgemäß so gut wie gar nicht berichteten: Die Gesamtverschuldung der USA hatte zum ersten Mal seit 225 Jahren die gigantische Zahl von 34 Billionen (!) US-Dollar erreicht und lag damit doppelt so hoch wie die von China.[102] In den Schulden waren rund 113 Milliarden Dollar zur Unterstützung für die Ukraine enthalten, die Washington bis dato an Kiew überwiesen hatte.[103]

Die Peter G. Peterson Foundation, eine überparteiliche finanzpolitische Gruppe in New York, stellte fest, dass die Gesamtverschuldung der USA in etwa der gesamten Wirtschaftsleistung von China, Deutschland, Japan, Indien und dem Vereinigten Königreich entspreche.[104]

Staatsschulden ausgesuchter Länder in Prozent am BIP:

Land	Prozent
▪ Japan	255
▪ Griechenland	171
▪ Italien	146
▪ USA	123
▪ Frankreich	112[105]
▪ China	83[106]
▪ Deutschland	66

Die Zinskosten für die US-Schulden stiegen im letzten Haushaltsjahr auf 659 Milliarden US-Dollar. Das war doppelt so viel wie der gesamte russische Staatshaushalt. Die Zinszahlungen der USA werden sich 2024 auf schätzungsweise gigantische 750 Milliarden US-Dollar belaufen – 2 Milliarden US-Dollar pro Tag.[107]

Diese riesige Verschuldung der größten Volkswirtschaft der Welt lässt auch für den Bankensektor in Zukunft Schlimmes befürchten. Noch vertrauen viele Anleger der Solvenz der USA und kaufen massenweise deren Staatsanleihen – noch. Doch die verheerende Politik Bidens wird sich früher oder später auch auf die Kreditwürdigkeit seines Landes auswirken.

Aber auch in der EU droht 2024 Ungemach, und zwar angesichts steigender Schuldenstände in mehreren Mitgliedsländern. Frankreich und Italien führen die Liste der Länder mit den höchsten Schulden an. Mit einer Staatsverschuldung von rund 3,05 Billionen Euro liegt Frankreich an der Spitze. Italien folgt dicht dahinter mit etwa 2,85 Billionen Euro.[108]

Russian Market schreibt dazu: »Die aktuellen Schuldenstände und die begrenzten Handlungsmöglichkeiten einiger Länder, diese durch herkömmliche Maßnahmen wie Steuererhöhungen oder Ausgabenkürzungen zu bewältigen, schüren die Sorge vor einer tickenden Zeitbombe im Jahr 2024. Die Europäische Union befindet sich angesichts ihres besorgniserregenden Schuldenproblems in einer äußerst prekären Lage.«[109]

Die Zinsbelastung durch die ausufernden Schulden werden zu einem immer größeren Problem. Die Zinsbelastung für Deutschland könnte bis zum Jahr 2028 von 1 Prozent (2020) auf 2,1 Prozent steigen, in Frankreich könnten sogar 5,2 Prozent der Staatseinnahmen nur für Zinszahlungen aufgewendet werden und in Italien sogar 8,2 Prozent. Die Skepsis der Finanzmärkte gegenüber Italien verschärft sich zudem, was sich in einem Anstieg der Risikoprämie für italienische Staatsanleihen widerspiegelt.[110]

Russian Market kommentiert die prekäre Lage wie folgt: »Es wird deutlich, dass eine mögliche Erhöhung der Zinsen erhebliche Auswirkungen auf die finanzielle Stabilität der Europäischen Union haben könnte. Insbesondere die Frage, wer letztendlich für die Zinsen aufkommt, wirft Bedenken auf, da der deutsche Steuerzahler bereits jetzt erhebliche Belastungen trägt. Der Spielraum für die Regierungen des Euroraums, notwendige Haushaltsreformen umzusetzen, könnte langfristig schrumpfen; die Zeitbombe der Schulden tickt.«[111]

So wird sich 2024 zeigen, ob die EU tatsächlich eine neue Schuldenkrise bewältigen muss. Dieses Mal aber könnte diese die Union jedoch sprengen. Europas Finanzminister haben kein Konzept, wie sie die Schulden senken können, denn diese liegen in den meisten EU-Ländern deutlich über der im Stabilitäts- und Wachstumspakt festgelegten Höchstgrenze von 60 Prozent des BIP. Die Schuldenkrise, kombiniert mit politischer Uneinigkeit und wirtschaftlichen Unsicherheiten, kann zu einer ernsthaften Belastungsprobe für die Zukunft der Europäischen Union werden.[112]

Ökonomen erwarten zudem, dass die hohen Zinssätze, mögliche Turbulenzen auf dem Energiemarkt und geopolitische Instabilitäten zu einer tieferen Rezession in der EU führen werden. Auch die mögliche Wahl von Donald Trump zum US-Präsidenten zusammen mit der Möglichkeit, dass die Ukraine den militärischen Konflikt mit Russland verliere, könne den gemeinsamen Währungsblock in eine Phase noch schwächeren Wachstums führen.[113]

Der ungarische Präsident Viktor Orbán sagte im November 2023 sogar das Ende der EU voraus. Er begründete seine Annahme wie folgt:

- Die Brüsseler Politik führe Europa in ein drohendes Chaos.
- Innerhalb der EU gebe es immer weniger Menschen, die arbeiten, und immer mehr, die dem Staat auf der Tasche liegen möchten.
- Die innere Ordnung werde von Tag zu Tag schwächer.
- Die unkontrollierte Migration habe bereits ungewollte Folgen.
- Die Finanzverschuldung Europas wachse stetig.
- Die Kapitalflucht in die USA und die asiatischen Länder nehme zu, was den Tod der europäischen Industrie bedeute.
- Brüssel verfolge eine Politik des Isolationismus statt echter Diplomatie.
- Jede abweichende Meinung werde unterdrückt.
- Im Jahr 2030 werde Deutschland nur noch die zehntgrößte Volkswirtschaft der Welt sein, und das Vereinigte Königreich und Frankreich werden noch weiter zurückfallen.[114]

Es wird sich zeigen, ob Viktor Orbán recht hat.

TEIL 2

Nach der Krise: So sollten Banken wieder sicher gemacht werden

I. Nach der Krise ist vor der Krise

Als Einleitung zu diesem Teil zitiere ich aus dem Abschlussbericht des G-20-Treffens 2010 in Seoul: »Das globale Finanzsystem kam 2008 zu einem plötzlichen Stillstand, und zwar infolge der von Banken und anderen Finanzinstitutionen in rücksichtsloser und verantwortungsloser Weise eingegangenen Risiken.«[115] In Bezug auf die Bankenregulierung stellten die G-20-Staaten ein Jahr zuvor in Pittsburgh »weitgehendes Versagen der Regulierungs- und Aufsichtsbehörden« fest.[116]

Als Reaktion darauf initiiert die G-20 Reformen der Finanzmarktregulierung. Diese sollen die Stabilität einzelner Institute stärken und die Finanzstabilität insgesamt erhöhen.

Dieser Prozess wurde auf internationaler Ebene von der G-20 beschlossen und hatte als ein Ergebnis die Überarbeitung des sogenannten *Baseler Rahmenwerks* zur Regulierung von Banken zur Folge. Das angepasste Baseler Rahmenwerk ist in der Europäischen Union mittlerweile zu weiten Teilen in eine einheitliche europäische Bankenregulierung überführt worden. Die »Capital Requirements Regulation« (CRR) und die »Capital Requirements Directive« (CRD IV) wurden umgesetzt. Die Reformen wurden von weiteren europäischen und nationalen Politikmaßnahmen begleitet, um eine angemessene und risikoadäquate Regulierung der Finanzmärkte zu erreichen.[117]

Finanzstabilität

Der Begriff bezeichnet einen Zustand, in dem das Finanzsystem seine volkswirtschaftlichen Funktionen erfüllt. Dies insbesondere im Hinblick auf unvorhersehbare Ereignisse, in Stresssituationen sowie in strukturellen Umbruchphasen.[118]

Zumindest in der Theorie umfassen die zentralen Funktionen sowohl die Allokation (Zuordnung, Aufteilung oder Verteilung) der finanziellen Mittel und Risiken als auch die Abwicklung des Zahlungsverkehrs. Denn nur ein stabiles Finanzsystem kann seine volkswirtschaftlichen Funktionen erfüllen und dadurch zu einem nachhaltigen Wirtschaftswachstum beitragen. Damit bezieht sich das Konzept der Finanzstabilität auf das gesamte Finanzsystem und ist noch umfassender als die Stabilität einzelner Akteure wie beispielsweise Banken und Versicherer.[119]

In der Praxis wird die Stabilität des Finanzsystems hingegen immer wieder erschüttert, und Sparer müssen allenthalben um ihr Geld zittern, Theorie hin oder her.

Außerdem wurden vielfältige Änderungen im Bereich der aufsichtsrechtlichen Eigenkapitalanforderungen eingeleitet, die in zukünftigen Krisen die Belastungen des Steuerzahlers und Verluste von Bankgläubigern vermeiden sollen. »Die Reformen haben insbesondere die risikogewichteten Eigenkapitalanforderungen der

Baseler Säule 1 verstärkt und zusätzliche Eigenkapitalanforderungen im Rahmen der Neugestaltung der Säule 2 mit sich gebracht.«[120] (Siehe die Kapitel »Die Säulen der Bankenunion« und »Wie viel Eigenkapital MÜSSEN Banken vorhalten?«) Mit dem Europäischen Stresstest (siehe unten) und der Verschuldungsquote wurden zusätzliche neue Anforderungen eingeführt. Infolgedessen wurde eine neue Klasse von verlustabsorbierendem Fremdkapital eingeführt (»Non-preferred-Senior-Debt«), das nachrangig gegenüber anderen Verbindlichkeiten bedient wird und dadurch das Verlustrisiko der höherrangigen Verbindlichkeiten verringern soll.[121]

Im Zuge der Baseler Reformen wurden erstmalig international geltende Anforderungen an die Liquidität der Kreditinstitute formuliert. Dazu wurden zwei neue Kennziffern eingeführt, die »Liquidity Coverage Ratio« (LCR)[122] und die »Net Stable Funding Ratio« (NSFR).[123] In Deutschland ersetzen sie die bereits vor der Finanzmarktkrise geltenden »Liquiditätsgrundsätze II und III«, die seit 2006 in Form der Liquiditätsverordnung eine Mindestausstattung der Banken mit liquiden Mitteln sicherstellen sollen. Zudem zielen Veränderungen im Bankenabwicklungsrecht darauf ab, die »Too Big to Fail«-Problematik (»Too Big to Fail« – zu Deutsch: »Zu groß zum Scheitern«) zu lösen und dazu ein Instrumentarium für den Umgang mit Schieflagen großer, systemrelevanter Banken zu schaffen. Zentrales Ziel ist dabei der Schutz der Steuerzahler. **Anfallende Verluste sollen primär von Kapitalgebern und Investoren getragen werden.** Dazu verfügen Abwicklungsbehörden sowohl präventiv als auch in Krisensituationen über umfassende Befugnisse.[124]

Auch die »Gier« einzelner Banker soll bekämpft werden, denn »Fehlanreize« in der Vergütungsstruktur von Bankmitarbeitern können eine übermäßige Risikoübernahme im Bankensektor und den Ausfall einzelner Finanzinstitute in einer Krise verursachen. Genau das haben wir bei der Lehman-Pleite gesehen. Aus diesem Grund hat die G-20 nach der Finanzkrise beschlossen, unangemessene Vergütungsstrukturen in Finanzinstituten zu unterbinden. Mit dem Gesetz über die aufsichtsrechtlichen Anforderungen an die Vergütungssysteme von Instituten und Versicherungsunternehmen (VergAnfG) sowie dem Erlass der Institutsvergütungsverordnung wurden verschärfte Vorgaben für die Vergütungspolitik in Deutschland umgesetzt.[125]

Zu den wichtigsten Beschlüssen der G-20 gehören (laut Informationen aus dem SAFE Policy Report No. 1)[126]:

Eigenkapitalvorschriften

Die Qualität, Quantität und internationale Konsistenz der Eigenkapitalbasis sollten gestärkt werden. Dazu gehören insbesondere auch:

- die Einführung eines antizyklischen Kapitalpuffers,
- höhere aufsichtsrechtliche Anforderungen für systemrelevante Finanzinstitute (Systemically Important Financial Institutions – SIFI),
- höherer Kapitalanforderungen für riskante Produkte und außerbilanzielle Geschäfte sowie die Überarbeitung der Regelungen für das Handelsbuch,
- die Verringerung der Abhängigkeit von externen Ratings in den Regulierungsvorschriften.[127]

Liquiditätsvorschriften

Neu einzuführende Liquiditätsrisikoanforderungen sollten die Gefahr von Liquiditätsengpässen und die Notwendigkeit von staatlichen Liquiditätshilfen vermeiden.[128]

Verschuldungsbegrenzung

Eine maximale Verschuldungsquote sollte als ergänzende Maßnahme zusätzlich zu den risikobasierten Baseler Eigenkapitalvorschriften eingeführt werden, um als zweiter Sicherheitsmechanismus (»Backstop«) die Übernahme von Risiken durch Banken zu begrenzen. Durch die Verschuldungsobergrenze sollte erreicht werden, dass Banken eine Mindestmenge an Eigenkapital auch dann vorhalten müssen, wenn die risikobasierten Vorschriften eine weitere Minderung erlauben würden.[129]

Vergütungspolitik

Eine Reform der Vergütungspolitik und der Vergütungspraxis sollte die Übernahme exzessiver Risiken eindämmen. Die G-20 forderte insbesondere folgende Charakteristika für Vergütungssysteme:

- Vermeidung von über mehrere Jahre hinweg garantierten Boni.
- Anbindung eines signifikanten Bonus-Bestandteils an die langfristige Kursentwicklung.
- Klare Widerspiegelung der wirtschaftlichen Lage des Instituts in den Vergütungssummen.
- Transparenz.
- Begrenzung der variablen Vergütung.
- Unabhängige Überwachungsstrukturen der Vergütungspolitik.[130]

OTC-Derivate

Der Markt für außerbörsliche Derivate sollte reformiert werden: Alle standardisierten außerbörslich (»over the counter«, OTC) gehandelten Derivateverträge sollten an Börsen oder auf elektronischen Handelsplattformen gehandelt und über einen zentralen Kontrahenten abgerechnet werden. Die Transparenz über OTC-Derivate sollte gestärkt werden, indem außerbörslich gehandelte Derivatverträge an Datensammelstellen gemeldet werden.[131]

Derivate

Die Webseite PostFinance erklärt das Finanzinstrument sehr gut. Hier Auszüge:

»Ein Derivat ist ein Finanzinstrument. Es funktioniert wie ein Vertrag zwischen zwei Parteien, der festlegt, dass ein bestimmter Basiswert[132] zu einem bestimmten Zeitpunkt zu einem im Voraus vereinbarten Preis gekauft werden kann oder muss.

Ein Basiswert kann zum Beispiel eine Aktie oder ein Rohstoff sein. Der Vertrag kann auch für mehrere Basiswerte abgeschlossen werden. Mit einem Derivat erhält man somit die Option, auf den steigenden oder fallenden Preis des Basiswertes zu wetten.

Zum Beispiel: Peter ist überzeugt, dass der Goldkurs im nächsten Herbst steigt. Anna hingegen glaubt, dass der Goldkurs bis dann sinkt. Peter kauft sich deshalb das Recht, von Anna am 3. September 1 kg Gold für CHF 40 000[133] erwerben zu können – auch wenn 1 kg Gold dann vielleicht CHF 50 000 wert ist. Für dieses Recht bezahlt Peter Anna eine Prämie. Ob er im September die Option einlösen oder verfallen lassen möchte, ist ihm überlassen.

Ursprünglich waren Derivate dafür gedacht, dass Bauern im Voraus ihre Ernte absichern konnten. Ein Bauer konnte also zum Beispiel einen Händler im Januar dazu verpflichten, seine Ernte von 2 t Kartoffeln im Oktober für den vorher vereinbarten Preis von CHF 1000 zu kaufen, auch wenn diese dann vielleicht nur CHF 800 wert war. Solche Termingeschäfte gibt es bereits seit 1750 v. Chr. [...].«[134]

Und weiter:

»Die andere Möglichkeit ist die Spekulation. Anleger spekulieren auf künftige Preisentwicklungen der Basiswerte, ohne den Basiswert selber zu kaufen oder zu verkaufen. Mittels Derivaten setzen sie darauf, dass sich ein bestimmter Basiswert während eines bestimmten Zeitraumes in eine bestimmte Richtung entwickeln wird. Mit sogenannten Hebelprodukten können Anleger beispielsweise bereits mit kleinen Investitionsbeiträgen übermäßig von geringen Kursschwankungen profitieren.«

Derivate lassen sich in drei Kategorien einteilen:

»1. Termingeschäfte: Beide Parteien verpflichten sich in diesem Fall, ihre Abmachung zu erfüllen. Wenn wir beim Beispiel von Anna und Peter bleiben, müsste Peter das Kilogramm Gold am 3. September für CHF 40 000 kaufen – auch wenn der Goldpreis dann vielleicht bei CHF 35 000 pro Kilo liegt. Diese unbedingten Termingeschäfte nennt man **Futures,** wenn sie an der Börse getätigt werden. Wenn sie nicht über die Börse abgewickelt werden, heißen sie **Forwards.**

→

2. Optionsgeschäfte: Hier erwirbt der Käufer das Recht, Basiswerte zu kaufen **(Call-Option)** oder zu verkaufen **(Put-Option),** wie im ersten Beispiel mit Anna und Peter erklärt. Der Käufer hat die Wahl, ob er von diesem Recht dann auch tatsächlich Gebrauch machen möchte. Anders ist es beim Verkäufer der Option. Dieser muss den Basiswert zwingend liefern, wenn der Käufer dies verlangt. Es handelt sich somit um eine einseitige Option, für die der Verkäufer mit einer Prämie entschädigt wird.

3. Swaps: Während Termingeschäfte und Optionsgeschäfte auf verschiedenste Basiswerte lauten können, haben Swaps Zahlungsströme als Basis. Swaps sind also eine Art Termingeschäfte auf Kredite, Devisen, Zinsen und ähnliche Zahlungsströme. Wie der Name Swap (englischer Begriff für ›Tausch‹) schon sagt, werden bei einem Swap Forderungen oder Verbindlichkeiten getauscht. Ein Swap kann also z. B. der regelmäßige Austausch eines festen Zinssatzes, beispielsweise 1 Prozent, und eines variablen Zinssatzes, beispielsweise 3-Monats-LIBOR[135], sein.«[136]

Achtung: Derivate sind äußerst komplex und vielfältig. Das Angebot ist für Laien und Anfänger nur schwer zu durchschauen.

Bankenabwicklung

Es sollte ein Bankenabwicklungsregime geschaffen werden, damit auch die Abwicklung von großen und grenzüberschreitend tätigen Banken möglich wird. Dazu sollten Befugnisse und Instrumente geschaffen werden, mit denen in Krisenzeiten sämtliche Finanzinstitute restrukturiert oder abgewickelt werden können. Risiken für den Steuerzahler sollten dabei durch die »richtige« Zuordnung von Verlusten vermieden werden.

Das neu zu schaffende Abwicklungsregime sollte über Glaubwürdigkeit am Markt verfügen. Im Wege einer detaillierten Vorausplanung sollten sich Banken und Aufsichtsbehörden auf den Fall einer notwendigen Abwicklung vorbereiten. Durch die Schaffung neuer aufsichtsrechtlicher Instrumente wie bedingtem Kapital und Bail-in-Optionen (siehe Kapitel »Die Voraussetzungen für die

Abwicklung einer Bank«) soll gewährleistet werden, dass systemrelevante Banken ohne Rückgriff auf den Steuerzahler restrukturiert werden können. Die G-20 befürwortet in diesem Zusammenhang die von einigen Ländern geplante Bankenabgabe zur Finanzierung von Bankenabwicklungen.[137]

Infrastruktur Finanzmärkte

Durch verbesserte Transparenz und Aufsicht soll die Infrastruktur der Finanzmärkte in kritischen Bereichen gestärkt werden. Dazu zählen insbesondere:

- Hedgefonds[138],
- Ratingagenturen,
- außerbörslich gehandelte Derivate.[139]

Rechnungslegungsvorschriften

Im Wege der Schaffung eines einheitlichen, qualitativ hochwertigen, weltweit gültigen Systems von Rechnungslegungsvorschriften sollte durch verstärkte Bildung von Rückstellungen die Krisenanfälligkeit von Banken vermindert werden. Dazu sollten das (für Europa relevante) International Accounting Standards Board (IASB) und das (für die USA zuständige) Financial Accounting Standards Board (FASB) eine Konvergenz der Rechnungslegungsstandards erreichen.[140]

Rat für Finanzmarktstabilität zur Überwachung makroprudenzieller[141] Risiken

Der neu zu gründende Rat für Finanzmarktstabilität (FSB) sollte Gefährdungspotenziale bewerten, die das gesamte Finanzsystem betreffen, und zu ihrer Bekämpfung erforderliche Maßnahmen formulieren und überwachen. Die auf einzelne Banken fokussierte mikroprudenzielle Aufsicht (über einzelne Banken)[142] wird ergänzt um eine makroprudenzielle Aufsicht, die die Risiken des gesamten Finanzsystems im Auge behält.[143]

Stresstests

Allgemeines:

Seit 2011 führen die Europäische Bankenaufsichtsbehörde (EBA), die Europäische Zentralbank (EZB) und die nationalen Aufsichtsbehörden regelmäßig sogenannte »Stresstests« durch. Durch sie wird unter anderem geprüft, ob systemrelevante Großbanken (siehe Kapitel »Als global systemrelevant eingestufte Banken«) auch im Fall einer schweren Rezession noch genügend Eigenkapital aufweisen. Banken, die dies nicht nachweisen können, gelten als »durchgefallen« und werden aufgefordert, ihr Eigenkapital zu erhöhen.[144]

Stresstest 2023:

Die Europäische Bankenaufsichtsbehörde (EBA) veröffentlichte am 28. Juli 2023 die Ergebnisse des bisher letzten EU-weiten Stresstests 2023.[145] Ins Visier geraten waren 57 Institute aus Ländern der Europäischen Union mit EUR-Währung (davon vierzehn deutsche Institute), zwölf Institute aus EU-Ländern mit Nicht-EUR-Währung sowie ein Institut des Europäischen Wirtschaftsraums. Die Auswahl der EBA repräsentierte dabei ca. 75 Prozent der Gesamtaktiva (2021: ca. 70 Prozent) aller EU-Banken.[146]
Die Ergebnisse des Stresstests zeigen, dass die deutschen Banken bei dem angenommenen Szenario im Jahr 2025 über eine durchschnittliche CET1-Quote in Höhe von 9,6 Prozent verfügen.[147] »CET1« bezeichnet das harte Kernkapital, die reinste Form des Eigenkapitals. Die deutschen Banken haben den Stresstest bestanden.[148]

Verzehr der CET1-Quote (Prozent) je deutschem Institut im Szenario zwischen Dezember 2022 und Dezember 2025:

HASPA Finanzholding	2,94
Volkswagen Bank GmbH	3,50
Commerzbank AG	4,64
Deutsche Apotheker- und Ärztebank	5,21
Deutsche Bank AG	5,28

Landesbank Baden-Württemberg	5,47
Landesbank Hessen-Thüringen Girozentrale	5,61
J.P. Morgan SE	5,87
DZ Bank AG Deutsche Zentral-Genossenschaftsbank	6,52
Goldman Sachs Europe SE	7,12
Norddeutsche Landesbank Girozentrale	7,47
Bayerische Landesbank	7,86
Citigroup Global Markets Europe AG	8,60
Morgan Stanley Europe Holding AG	8,77

Quelle EBA[149]

Anmerkung: Für mich sind diese Stresstests keine echten »Tests unter Stress«, denn wichtige Indikatoren werden nach wie vor ausgeklammert:

- Zinswende,
- Inflation,
- Auswirkungen des Ukrainekrieges und der Konflikte im Nahen Osten,
- Auswirkungen der Niedrigzinsphase.[150]

Da diese elementaren Faktoren nicht berücksichtigt wurden, wird das Ergebnis signifikant beschönigt. Dass Stresstests nicht viel taugen, kritisierte auch Sheila Bair, die ehemalige Vorsitzende des Einlagensicherungsfonds der amerikanischen Banken, in der **Washington Post:** »Diese Tests sind zum öffentlichkeitswirksamen Schaulauf verkommen.«[151] Und weiter: »Ich traue diesen Methoden kaum noch über den Weg«, das gelte vor allem, seit die Anforderungen beträchtlich gelockert worden seien. Bair kritisierte wiederholt, die amerikanische Zentralbank habe den Finanzinstituten des Landes vor der Pandemie die Ausschüttung hoher Summen erlaubt, die sie während der wirtschaftlichen Verwerfungen gut hätten gebrauchen können. Zudem ließen die Stresstests die Herausforderungen aufgrund höherer Zinsen auf »magische Weise« verschwinden, indem sie davon ausgingen, dass die Zinssätze im Falle eines wirtschaftlichen Abschwungs relativ schnell auf null zurückkehren und die Renditekurven innerhalb kürzester Zeit positiv würden.[152] Sie erkennen: Auch hier ist alles nur Schall und Rauch.
Übrigens: Für 2024 ist zusätzlich ein Cyberstresstest geplant.[153]

Bankenaufsicht

Die Mittelausstattung, das Mandat und die Tätigkeit der Bankenaufsicht sollte erweitert beziehungsweise verstärkt werden. Die verstärkte Aufsicht zielt insbesondere auch darauf ab, Verbesserungen der Unternehmensführung und des Risikomanagements von Finanzunternehmen zu bewirken.

In den Beschlüssen der G-20 werden diverse Ziele genannt, die mit den Reformen verfolgt werden. Dazu gehören zunächst Ziele in Bezug auf die Risiken des Finanzsektors:

- Verminderung der vom Finanzsystem ausgehenden Risiken.
- Vermeidung von Risiken für den Steuerzahler.
- Vermeidung von Moral Hazard[154] und die Vermeidung der Übernahme exzessiver Risiken durch Banken.
- Gewährleistung der Sicherheit der den Banken anvertrauten Spargelder und anderer Einlagen.
- Vermeidung von Ansteckungseffekten und systemischen Risiken.

Daneben werden als weitere wichtige Ziele genannt:

- Sicherstellung der Fortführung entscheidender Finanzdienstleistungen in Krisenzeiten.
- Aufrechterhaltung der Kreditversorgung in guten wie in schlechten Zeiten.
- Förderung von Marktdisziplin.
- Schaffung gleicher Wettbewerbsbedingungen.
- Abschwächung prozyklischer Effekte der Bankenregulierung.
- Förderung von Markteffizienz, Transparenz und Integrität der Finanzmärkte.

Auf europäischer Ebene wurden die G-20-Beschlüsse anhand verschiedener regulatorischer Maßnahmen in europäisches Recht überführt. Weiterhin wurden auf europäischer Ebene Maßnahmen zur Verbesserung der Funktionsweise der Wirtschafts- und Währungsunion im Euroraum sowie Maßnahmen zur Schaffung eines stabilen, verantwortungsvollen und effizienten Finanzsektors, der der Realwirtschaft dient und zum Wirtschaftswachstum in Europa beiträgt, getroffen (siehe unten).[155]

II. Die europäische Bankenunion (2012–2024)

Allgemeines

Mit der Bankenunion soll sichergestellt werden, dass der Bankensektor im Euroraum und in der EU insgesamt stabil, sicher und zuverlässig wird und zur Finanzstabilität beiträgt. Die Bankenunion wurde 2012 als ein Schlüsselelement der Wirtschafts- und Währungsunion der EU geschaffen, als Folge der Finanzkrise 2008 und der sich daran anschließenden Staatsschuldenkrise. Sie soll gewährleisten, dass

- Banken solide sind und künftigen Finanzkrisen standhalten können,
- die Abwicklung insolvenzgefährdeter Banken nicht zulasten des Steuerzahlers (dafür des Aktionärs) geht und möglichst geringe Auswirkungen auf die Realwirtschaft hat,
- die Marktfragmentierung durch harmonisierte Regeln für den Finanzsektor abgebaut wird.

Der Europäische Rat über die Schaffung der Bankenunion: »Ziel war es, dazu beizutragen, dass die europäischen Banken robuster werden und das Vertrauen von Unternehmen, Investoren sowie Bürgerinnen und Bürgern in das europäische Finanzsystem gestärkt wird.«[156] So fragil ist die Bankenlandschaft also in der EU – ein Eingeständnis.

Alle Mitgliedsstaaten des Euroraums sind Teil der Bankenunion. Kroatien und Bulgarien sind die letzten Länder, die am 1. Oktober 2020 den Euro eingeführt haben. Die nicht dem Euroraum angehörenden Mitgliedsstaaten können der Bankenunion beitreten, indem sie eine enge Zusammenarbeit mit der Europäischen Zentralbank eingehen.[157]

Das einheitliche Regelwerk

Um den Finanzsektor für den Binnenmarkt sicherer zu machen, wurde das »einheitliche Regelwerk« als Grundlage der Bankenunion und der Regulierung des Finanzsektors in der EU geschaffen. Es besteht aus einer Reihe von Gesetzestexten, die alle Finanzinstitute in der EU einhalten müssen, um gleiche Wettbewerbsbedingungen in der gesamten EU zu garantieren.

Die wichtigsten Ziele:

- Beseitigung rechtlicher Unterschiede zwischen den Mitgliedsstaaten.
- Gewährleistung eines einheitlichen Verbraucherschutzniveaus.
- Gewährleistung gleicher Wettbewerbsbedingungen für Banken in der gesamten EU, um rechtliche Unterschiede zwischen den Mitgliedsstaaten zu beseitigen und ein einheitliches Verbraucherschutzniveau zu schaffen. Gleichzeitig handelt es sich um einen Schritt auf dem Weg zur Vollendung des Binnenmarktes für Finanzdienstleistungen.
- Verbesserung der Fähigkeit des Bankensektors der EU, wirtschaftlichen Schocks standzuhalten.
- Verbesserung des Risikomanagements.
- Gewährleistung einer normalen Kreditvergabe in Wirtschaftsflauten.[158]

Das einheitliche Regelwerk sorgt unter anderem für Folgendes:

- Festlegung der Eigenkapitalanforderungen für Banken.
- Sicherstellung eines besseren Einlegerschutzes.
- Regulierung der Verhütung und Bewältigung von Bankausfällen.[159]

Die Eckpfeiler des einheitlichen Regelwerkes und die wichtigsten Rechtsakte der Bankenunion sind:

- Die Eigenmittelrichtlinie (CRD IV und V)[160] und die Eigenmittelverordnung (CRR I und II).[161]
- Die geänderte Richtlinie zu Einlagensicherungssystemen.
- Die Richtlinie über die Sanierung und Abwicklung von Kreditinstituten (BRRD I und II).[162]

Eigenkapitalanforderungen für den Bankensektor

Die Vorschriften der EU über Eigenkapitalanforderungen sollen dazu dienen, die Fähigkeit des Bankensektors der EU, wirtschaftlichen Schocks standzuhalten, zu stärken, sein Risikomanagement zu verbessern und in Wirtschaftsflauten eine normale Kreditvergabe zu gewährleisten.

Diese Vorschriften dienen außerdem der Umsetzung der **Basel-III-Vereinbarung** – den international vereinbarten Eigenkapitalstandards für Banken – in Rechtsvorschriften der EU. Die Verhandlungsführer des Rates und des Parlaments haben am 26. Juni 2023 eine vorläufige Einigung über Änderungen der Eigenmittelverordnung und der Eigenmittelrichtlinie erzielt. Die neuen Vorschriften zielen darauf ab, die **Widerstandsfähigkeit der in der EU tätigen Banken** zu stärken und die Bankenaufsicht und das Risikomanagement der Banken zu verbessern. Mit der Reform wird die Umsetzung der internationalen Basel-III-Vereinbarungen in EU-Recht abgeschlossen.[163]

Die wichtigsten Ziele:

- Vereinheitlichung des Einlegerschutzes in der gesamten EU.
- Verhinderung des panikartigen Abziehens von Einlagen (oder eines Ansturms auf die Banken, »Bank Run«) bei drohender Insolvenz einer Bank (siehe Kapitel »Was geschieht bei einem ›Bank Run‹?«).
- Beitrag zur allgemeinen Finanzstabilität im Binnenmarkt.[164]

Einlagensicherungssysteme

In jedem EU-Mitgliedsstaat ist ein Einlagensicherungssystem vorgesehen, mit dem Einleger (bis zu einem festgelegten Betrag) entschädigt werden, wenn ihre Bank insolvent wird und die Einlagen nicht verfügbar sind (siehe dazu das Kapitel »Wie sicher ist die Einlagensicherung?«). Alle Banken müssen sich einem solchen System anschließen.[165]

Das Sicherungssystem sammelt die Beiträge in einem Fonds. Wird eine Bank insolvent, und sind die Einlagen nicht verfügbar, so muss das Sicherungssystem in der Lage sein, die Einleger für jede Art von durch die Richtlinie geschützte Einlagen zu entschädigen.

Die wichtigsten Änderungen:

- Verkürzung der Auszahlungsfrist bis 2024 auf 7 Tage.
- Verbesserung der Informationen für Einleger.
- Einführung von Ex-ante-Beiträgen (die jährlich einbezahlt werden müssen),[166] die im Allgemeinen auf 0,8 Prozent der gedeckten Einlagen festgesetzt sind.
- Sicherstellung der Finanzierung der Sicherungssysteme durch den Bankensektor.[167]

Die wichtigsten Ziele:

- Größere Finanzstabilität.
- Mehr Vertrauen in die Banken.
- Besserer Einlegerschutz.
- Besserer Schutz öffentlicher Finanzmittel.
- Ein reibungslos funktionierender Binnenmarkt.[168]

Im Kapitel »Pläne der Europäischen Kommission für eine europäische Einlagensicherung« gehe ich noch einmal ausführlich auf dieses Thema ein.

Die Sanierung und Abwicklung von Kreditinstituten

Auch über die Abwicklung und Sanierung von Kreditinstituten gibt es EU-weit geltende Vorschriften. Sie sollen neue Bankenkrisen verhindern und die ordnungsgemäße Abwicklung von ausfallenden Banken mit möglichst geringen Auswirkungen auf die Realwirtschaft und die öffentlichen Finanzen gewährleisten.[169] Die Richtlinie zählt zu den Eckpfeilern des einheitlichen Regelwerks.

Die Vorschriften sehen **einheitliche Instrumente und Befugnisse für die nationalen Behörden** vor, sodass mit landesweit oder grenzübergreifend tätigen Banken, die von einem Ausfall betroffen oder bedroht sind, effizient verfahren wird. → Sie sorgen dafür, dass bei einem Bankenausfall die Auswirkungen auf die Steuerzahler möglichst gering bleiben (durch Einführung der **Gläubigerbeteiligung**. Sie sehen die Einrichtung von **Abwicklungsfonds** vor, die vom Bankensektor finanziert werden, damit ausfallende Banken bei Bedarf unterstützt werden können.[170]

Die Aktualisierung des Rahmens für die Bankenabwicklung

Mit der jüngsten Aktualisierung des Rahmens für die Bankenabwicklung – der sogenannten **Verordnung über den Beteiligungsketten-Ansatz (»Daisy Chain«)** – werden gezielte Anpassungen eingeführt, denen eine **wesentliche Rolle bei der Verbesserung der Abwicklungsfähigkeit eines Instituts** zukommen wird. Der überarbeitete Bankenabwicklungsrahmen soll stärker dafür Sorge tragen, dass die Verlustabsorption und Rekapitalisierung von Banken, die finanziell nicht mehr tragfähig sind und daraufhin abgewickelt werden müssen, durch **private** Mittel erfolgt.[171]

Die wichtigsten Änderungen:

- **Aufnahme einer speziellen Behandlung** für die indirekte Zeichnung von iMREL-fähigen Instrumenten (iMREL= interne Mindestanforderung an Eigenmittel und berücksichtigungsfähige Verbindlichkeiten).
- **Weitere Angleichung der Behandlung** global systemrelevanter Institutsgruppen (GSRI-Gruppen) mit einer multiplen Abwicklungsstrategie (Multiple Point of Entry – MPE).
- **Präzisierung der Berücksichtigungsfähigkeit von Instrumenten** im +Kontext der internen TLAC.[172]

TLAC

TLAC ist die Abkürzung für »Total Loss-Absorbing Capacity« und beschreibt die Verlustabsorptionsfähigkeit einer systemrelevanten Bank (G-SIBs). Grundsätzlich wurden alle G-SIBs verpflichtet, seit dem Jahr 2019 (2022) mindestens 16 Prozent (18 Prozent) TLAC-Kapital in Relation zu den risikogewichteten Aktiva und mindestens 6 Prozent (6,75 Prozent) TLAC-Kapital in Relation zu den ungewichteten Aktiva (Leverage Ratio) vorzuhalten.[173]

Die Kapitalanforderungen hängen von den Geschäftsmodellen der systemrelevanten Banken, ihren Risikoprofilen und Organisationsstrukturen ab. Die TLAC setzt sich aus Eigenkapital und anderen Elementen zusammen, die sich von der Bank in haftendes Eigenkapital wandeln lassen (etwa Anleihen).[174]

Im April 2022 haben der Rat und das Europäische Parlament eine vorläufige Einigung über den Vorschlag zum Beteiligungsketten-Ansatz erzielt.[175] Am 4. Oktober 2022 hat der Rat den überarbeiteten Bankenabwicklungsrahmen angenommen, der am 25. Oktober 2022 im Amtsblatt veröffentlicht wurde.[176]

Die Säulen der Bankenunion

Die Bankenunion stützt sich derzeit auf zwei Säulen. Sie gelten für die Länder des Euroraums und können von denen, die diesem nicht angehören, auf freiwilliger Basis angewendet werden. Die beiden Säulen sind:

1. Säule: Der einheitliche Aufsichtsmechanismus (Single Supervisory Mechanism – SSM)

Der einheitliche Aufsichtsmechanismus ist das staatenübergreifende Bankenaufsichtsgremium der EU. Die Europäische Zentralbank ist in enger Zusammenarbeit mit den nationalen Aufsichtsbehörden für die Beaufsichtigung der Kreditinstitute zuständig.

Der Hauptzweck des Mechanismus besteht darin, durch regelmäßige und gründliche Überprüfungen der Verfassung der Banken, die Solidität des europäischen Finanzsektors zu gewährleisten. Die Überprüfungen werden in allen EU-Ländern nach denselben Regeln durchgeführt.[177]

2. Säule: Der einheitliche Abwicklungsmechanismus (Single Resolution Mechanism – SRM)

Die zweite Säule der Bankenunion ist der einheitliche Abwicklungsmechanismus. Er ist ein System für die wirksame und effiziente Abwicklung insolvenzgefährdeter Kreditinstitute. Es setzt sich zusammen aus

- dem Einheitlichen Abwicklungsausschuss und
- einem einheitlichen Abwicklungsfonds.

Der Fonds soll bei Bankausfällen zum Einsatz kommen und wird vollständig durch den europäischen Bankensektor finanziert. Im November 2020 haben sich die Mitgliedsstaaten des Euroraums auf die Reform des Vertrages über den Europäischen Stabilitätsmechanismus (ESM) geeinigt. Nach der Ratifizierung wird damit der ESM zur Letztsicherung für den einheitlichen Abwicklungsfonds (SRF).[178]

Die Funktionsweise des einheitlichen Abwicklungsmechanismus bei der Abwicklung ausfallender Banken

Ausfallende oder wahrscheinlich ausfallende Bank

↓

Präsidiumssitzung der EZB und des einheitlichen Abwicklungsausschusses

↓

Suche nach einer Lösung

↓

Präsidiumssitzung der europäischen Abwicklungsbehörde Single Resolution Board (SRB):

Ist eine Lösung im privaten Sektor möglich?

Besteht ein öffentliches Interesse an der Abwicklung?

»Nein« → Liquidation der Bank

»Ja« → Abwicklungskonzept der SRB

Festlegung des Abwicklungskonzepts und Bestimmung der Abwicklungsinstrumente:

Kann der einheitliche Abwicklungsfonds (SRF) in Anspruch genommen werden? Wenn ja, in welcher Höhe?

Die Bank wird abgewickelt.

↓

Max. 24 Stunden, um grünes Licht zu geben

↓

Die Europäische Kommission entscheidet

Option 1:

Das Konzept wird gebilligt und tritt dann in Kraft.

Option 2:

Die Kommission erhebt Einwände gegen Aspekte des Konzepts, bei denen Ermessensspielraum besteht. Der SRB hat 8 Stunden Zeit, um das Konzept zu ändern und zu billigen. Das Abwicklungskonzept tritt in Kraft.

Option 3:

Die Kommission erhebt Einwände gegen die Inanspruchnahme des SRF oder den Beschluss in Bezug auf das öffentliche Interesse (innerhalb von 12 Stunden). Der Fall wird dem Rat der Europäischen Union zur Entscheidung vorgelegt.

Der Rat beschließt:

1. den Einwand abzulehnen, das heißt das Abwicklungskonzept tritt in Kraft, oder
2. den Einwand gegen die Inanspruchnahme des SRF zu akzeptieren, das heißt der SRB hat 8 Stunden Zeit, um das Konzept zu ändern und zu billigen, danach tritt das Abwicklungskonzept in Kraft, oder
3. den Einwand gegen den Beschluss in Bezug auf das öffentliche Interesse zu akzeptieren, das heißt das Abwicklungskonzept wird nicht gebilligt, und die Bank wird abgewickelt.[179]

Wann ist die Bankenunion vollendet?

Im **Juni 2016** hat der Europäische Rat einen Fahrplan zur Vollendung der Bankenunion vereinbart. Die Eurogruppe hat im **Juni 2022** eine Erklärung zur Zukunft der Bankenunion abgegeben. Darin hob die Eurogruppe die Schaffung der Bankenunion als wirkungsvolle Reaktion auf die Finanzkrise hervor, stellte jedoch fest, dass sie immer noch unvollendet ist. Im **April 2023** hat die EU-Kommission einen Vorschlag für eine Reform des CMDI-Rahmens [(CMDI = Bestimmungen zum Krisenmanagement und zur Einlagensicherung (Crisis Management and Deposit Insurance)] vorgelegt, bei dem der Schwerpunkt auf mittlere und kleinere Banken gelegt wurde.[180]

Doch die Bankenunion, die zur Rettung scheiternder Banken in der EU schon **2012** auf den Weg gebracht worden war, ist auch 12 Jahre später noch nicht in allen Teilen vollendet. Der Abwicklungsfonds (Single Resolution Mechanism), der Gelder von Bank-Anteilseignern sammelt, hat ein Volumen von derzeit 66 Milliarden Euro. Er wird vom Bankensektor gefüllt und von der EU-Behörde verwaltet.[181] Eine lächerlich geringe Summe, wenn man bedenkt, wie viele Billionen in der Finanzkrise 2008 vernichtet wurden.

Die Kreditinstitute werden von einer Aufsicht, die bei der EZB in Frankfurt angesiedelt ist, geprüft und überwacht. Erst ganz zum Schluss dieser Kette sollen bei einer Bankenpleite dann Anleger und Sparer zur Kasse gebeten werden. Die Einlagen unter 100 000 Euro sind grundsätzlich geschützt. Doch die Einlagensicherung für Bankkunden ist in den 27 EU-Mitgliedsstaaten noch völlig unterschiedlich und in ost- und südeuropäischen Staaten deutlich schwächer. Erst **Mitte 2024** sollen die Sicherungssysteme angeglichen sein.[182]

Die EU-Finanzkommissarin schlug vor, dass die Bankenabwicklung durch die EU-Bankenaufsicht und den Auflösungsfonds nicht nur bei großen »systemrelevanten« Geldhäusern greifen solle, sondern auch bei mittleren und kleinen Banken, wenn das im öffentlichen Interesse sei. Die Bankenaufsicht solle außerdem mehr Kompetenzen und mehr Durchgriffsrechte bekommen. Zwischenzeitlich setzte die EU um, dass der einheitliche Abwicklungsmechanismus nun auch auf kleine und mittlere Banken erweitert wurde.[183]

Sebastian Mack vom Jacques-Delors-Institut sagte: »Verschiedene Versuche, die Einlagensicherung europäisch zu regeln, scheiterten wegen der festgefahrenen Positionen der Mitgliedsstaaten bei der Balance zwischen Risikoreduzierung und Risikoteilung.«[184] Die Reduzierung der Risiken, also zu vieler fauler Kredite oder schwacher Staatsanleihen in den Bilanzen der Banken, müsse Hand in Hand mit einer Vergemeinschaftung der Einlagensicherung durch gesündere Banken gehen.[185]

Die Mitgliedsstaaten der Europäischen Union und das Europäische Parlament müssen weiterverhandeln, um eine Lösung zu finden. Wie lange sie dafür brauchen, ist auch im ersten Quartal **Anfang 2024** schwer abzuschätzen. Ein EU-Beamter, der mit der Finanzgesetzgebung vertraut ist, sagte: »Hoffentlich sind sie vor der nächsten ernsten Bankenkrise fertig.«[186] EU-Handelskommissar Valdis Dombrovskis ergänzte: »Es geht um den Schutz der Finanzstabilität, um den Schutz der Steuergelder und um das Vertrauen der Anleger.«[187]

Finanzminister Christian Lindner (FDP) hat allerdings die Befürchtung, dass diese Vollendung der europäischen Bankenunion auch zulasten der deutschen Sparer gehen könnte. Nicht nur er glaubt, dass in den Bilanzen südeuropäischer Banken noch erhebliche Risiken lauern könnten. Die deutschen Geldhäuser hoffen, dass Deutschland keiner Haftungsgemeinschaft bei der Einlagensicherung zustimmt. Vor allem Sparkassen oder Volks- und Raiffeisenbanken, die bisher jeweils gemeinschaftlich haften, wenn eine von ihnen in Turbulenzen gerät, fürchten, dass ansonsten ihr Sicherungssystem untergraben wird und sie im Krisenfall noch stärker zur Kasse gebeten werden.[188]

Das alles zeigt, dass das europäische Bankensystem nicht so stabil ist, wie man uns verkaufen will.

Lektion für den Sparer:

Eine gemeinschaftliche Sicherung auf EU-Ebene gibt es **noch** nicht. Die Finanzminister aus Spanien, Italien oder Griechenland, also jenen Ländern, die infolge der Finanz- und Schuldenkrise de facto bankrott waren (siehe Kapitel »Bankenpleiten in Wirtschaftskrisen«), wollen unbedingt erreichen, dass alle Länder sich »solidarisch« an der Finanzierung einer EU-weiten Einlagensicherung beteiligen.[189] Der deutsche Steuerzahler wäre wieder einmal der Dumme.

EXKURS:

Die EZB ist die größte Risikobank der Welt!

Die EZB ist selbst eine Risikobank geworden und trickst vor allem die deutschen Steuerzahler aus, die sich – obwohl es 27 EU-Mitgliedsstaaten gibt[190] – zu 26,12 Prozent (!)[191] am eingezahlten Kapital in die EZB beteiligen müssen. Das folgende Schaubild verdeutlicht dies:

So haften die Länder der Eurozone für die EZB-Politik

Errechnet aus Anteil des eingezahlten Kapitals des jeweiligen Landes am gesamten Eigenkapital der EZB

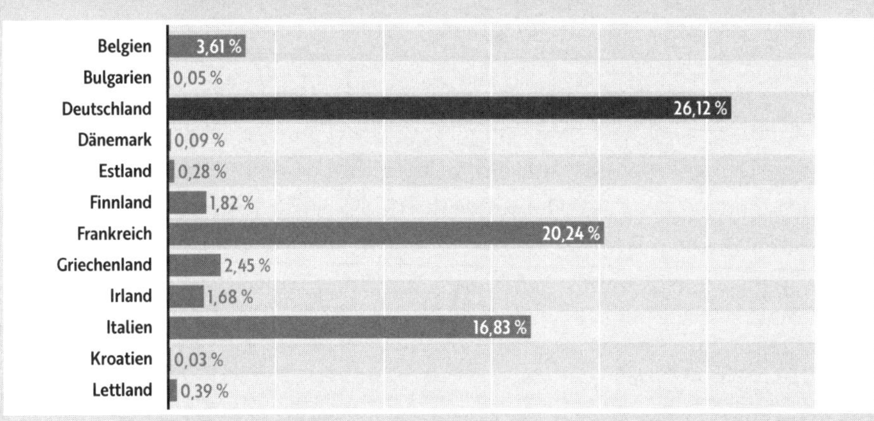

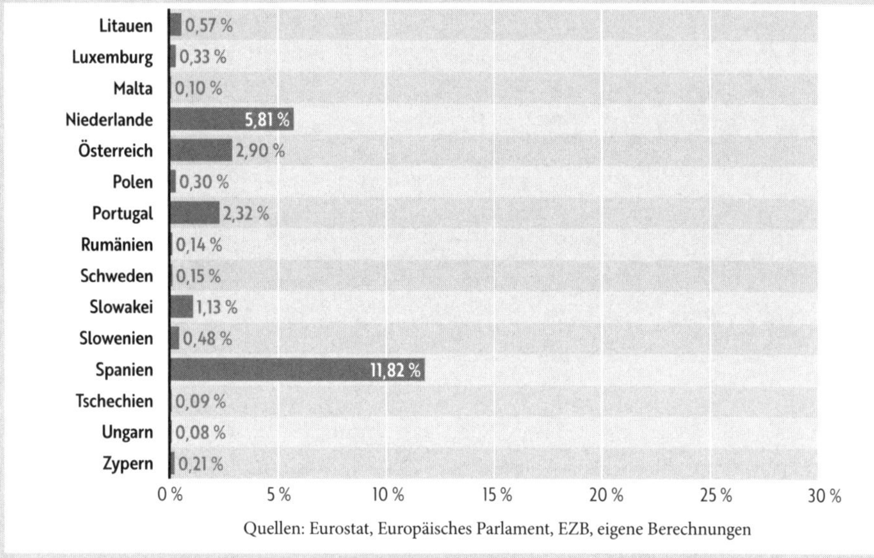

Quelle/Screenshot (Bildzitat): Eurostat, Europäisches Parlament, EZB, *tagesgeldvergleich.net*[192]

Die EZB trickst vor allem die Deutschen aus!

Das »Steuerzahler-Tricksen« möchte ich Ihnen an einem Beispiel verständlich machen:

- Die Regierung eines gefährdeten und fast bankrotten Landes überlässt seinen Banken Staatsanleihen.[193] Sie kann davon so viel auflegen, wie sie möchte.
- Die Europäische Zentralbank nimmt diese Bonds dann – obwohl das ausgebende Land so gut wie bankrott ist – als Sicherheit und leiht den maroden Banken dafür Geld.
- Der deutsche Steuerzahler haftet dann mit einem Viertel. Clever, oder?

Unvorstellbare Summen, unvorstellbare Risiken

Genau das macht die EZB seit 2015: Sie kauft im Rahmen des Public Sector Purchase Programme (PSPP) Anleihen von EU-Staaten auf. Im Zuge der Coronapandemie kam mit dem Pandemic Emergency Purchase Programme (PEPP) ein zeitlich befristetes Ankaufprogramm für Anleihen öffentlicher und privater Schuldner hinzu.[194]

Die Deutsche Bundesbank resümierte: »Der Umfang betrug ursprünglich 750 Milliarden Euro. Am 4. Juni 2020 erhöhte der EZB-Rat das Volumen um 600 Milliarden Euro, am 10. Dezember 2020 erneut um 500 Milliarden Euro auf insgesamt 1850 Milliarden Euro.«[195]

Bis Ende 2022[196] erreichten die Nettokäufe in beiden Programmen ein Gesamtvolumen von 4,41 Billionen Euro.[197] Mit den Zusatzprogrammen Transmission Protection Instrument (TPI) und Outright Monetary Transactions (OMT) sind es sogar rund **5 Billionen** (!) Euro.[198]

Wie das Leibniz-Zentrum für Europäische Wirtschaftsforschung Mannheim (ZEW) baut die EZB die Bestände im PSPP aber nur mit einem durchschnittlichen Tempo von 15 Milliarden Euro pro Monat ab: »Bei dieser Geschwindigkeit dauert ein vollständiger Abbau bis zum Jahr 2042 und selbst bei einer Verdoppelung der Geschwindigkeit noch bis 2032.«[199] Zudem halte das Eurosystem einen Anteil der gesamten Staatsschuld der Eurostaaten von über 30 Prozent.[200] Gigantische Risiken, die für mich die EZB zur größten Risikobank der Welt machen!

Co-Studienautor Friedrich Heinemann, Leiter des ZEW-Forschungsbereichs Unternehmensbesteuerung und Öffentliche Finanzwirtschaft, sagte: »Die Netto-Ankäufe waren bei hoher Deflationsgefahr weit aggressiver als die Netto-Verkäufe bei hoher Inflation. Hier entsteht der Eindruck einer asymmetrischen Geldpolitik, die eine zu hohe Inflation weniger entschlossen bekämpft als eine zu niedrige.«[201] Und weiter: Obwohl der Pandemieschock überwunden sei, weiche die EZB weiterhin von ihrem Kapitalschlüssel ab und habe zuletzt sogar noch die Übergewichtung Italiens und Spaniens im Rahmen von PEPP verstärkt.[202]

Studienautor und ZEW-Ökonom Carlo Birkholz hat noch andere Gefahren ausgemacht: »Die zum Ende der Netto-Ankäufe bestehende Übergewichtung Italiens von 1,5 Prozentpunkten gemessen am EZB-Kapitalschlüssel hat sich über die Periode der vollständigen Reinvestitionen noch verstärkt. Italien und Spanien werden nunmehr bereits in einer Größenordnung von zwei Prozent ihres jährlichen Bruttoinlandsproduktes gestützt.«[203]

Das kommt nicht von ungefähr, denn zumindest im Falle Italiens zwitschern es bereits die Spatzen von den Dächern, dass es zu einer neuen Finanzkrise kommen könnte, da die Reformen, die Italien im Rahmen eines gigantischen EU-Hilfsprogramms umsetzen muss, ausbleiben. Gleichzeitig aber steigt die Last zur Bedienung der Schulden, und so steigt auch die Nervosität. Italien hat immerhin einen Schuldenstand von rund 2,85 Billionen Euro (146 Prozent vom BIP) und gehört damit zu den am höchsten verschuldeten Industrieländern der Welt[204] (siehe dazu auch das Kapitel »Die Staatsverschuldungen sind so hoch wie nie zuvor«).

Die *Deutschen Wirtschaftsnachrichten* schreiben: »Doch bliebe die jüngste Entwicklung in Italien ohne entschiedene Gegenmaßnahmen, hätte sie das Zeug dazu, die Stabilität der gesamten Eurozone zu gefährden. Italien ist die drittgrößte Wirtschaft der Eurozone, und ein wichtiger Markt mit rund 60 Millionen Bürgern. Zudem ist die deutsche Industrie wie beispielsweise die Autoindustrie eng mit der italienischen verwoben.«[205]

Und weiter: »Doch wäre eine Krise in Italien auch eine ernsthafte Bedrohung für das europäische Finanzsystem. Gerade deutsche und besonders französische Banken haben in Italien große Investments. Doch in der Folge einer Krise wäre mit einer Verkaufswelle von italienischen Staatspapieren und fallenden Kursen zu rechnen. Nicht nur italienische Banken, sondern auch Finanzinstitute in anderen Euro-Staaten würden in Mitleidenschaft gezogen, da sie Abschreibungen auf ihren Bestand italienischer Anleihen vornehmen müssten. Die Folgen wären für das europäische Finanzsystem kaum absehbar.«[206] Dass diese Gefahr durchaus real ist, habe ich im Kapitel »Die Staatsverschuldungen sind so hoch wie nie zuvor« gezeigt.

Die Bundesregierung versäumt ihre Aufsichtspflicht

Doch allen Expertenwarnungen und auch den Bedenken der Bundesbank zum Trotz, trickst die EZB munter weiter. Auch der Bundesrechnungshof mischte sich ein und kritisierte, die Bundesregierung habe der EZB beim Kauf von Staatsanleihen nicht auf die Finger geschaut. Da der Rechnungshof der Bundesregierung aber keine Weisungen erteilen kann, gingen die Politiker nach Vorlage der brisanten Berichte einfach zur Tagesordnung über,[207] frei nach dem Motto »Was kümmert mich schon das Geld der deutschen Steuerzahler?«.

Doch so einfach ist es nicht, denn im Mai 2020 hatte das Bundesverfassungsgericht in seinem Urteil über den Ankauf von Staatsanleihen durch die EZB kritisiert, die Bundesregierung und der Bundestag hätten ihre Integrationsverantwortung nicht ausreichend wahrgenommen. Diese verpflichtet die Regierung und das Parlament, die Entscheidungen der EZB auf deren Rechtmäßigkeit und deren Folgen für den Bundeshaushalt zu bewerten und bedeutsamen Kompetenzüberschreitungen der EZB aktiv entgegenzuwirken. Kläger sahen in den Anleihekäufen der EZB das Verbot der monetären Staatsfinanzierung verletzt.[208]

Schon zuvor hatte der Europäische Gerichtshof (EuGH) in einem Urteil Kriterien für die Anleihekäufe der EZB aufgestellt, die sicherstellen sollen, dass es sich dabei nicht um monetäre Staatsfinanzierung handelt:

- Die EZB darf nicht mehr als 33 Prozent der Anleiheemission eines Landes erwerben.
- Bei der Länder-Zusammensetzung ihrer Käufe muss sie sich am Anteil der Länder am EZB-Kapital orientieren.
- Die EZB muss die Anleihen wieder abstoßen, sobald der Grund für die Käufe (das Unterschreiten des Inflationsziels) entfällt.[209]

Der Bundesrechnungshof kam in seinem Bericht zu dem Ergebnis, dass das Finanzministerium die Hände in den Schoß gelegt hat, statt der Aufforderung der Verfassungsrichter nachzukommen, die Entscheidungen der EZB kritisch zu analysieren. Das BMF verfüge noch nicht einmal über Informationen darüber, ob die EZB die vom EuGH aufgestellte Obergrenze von 33 Prozent für den Kauf einer Emission einhalte. Auch das Ausmaß, in dem das Eurosystem Anleihen einzelner Emissionen halte, sei dem BMF nicht bekannt, monierten die Rechnungsprüfer.[210] Blamabel!

Die EZB trickst munter weiter (2024)

Mittlerweile hat die EZB die Nettokäufe sowohl beim PSPP als auch beim PEPP zwar eingestellt, aber es wird weiter getrickst: Beim PEPP ersetzt sie mindestens bis Ende 2024 auslaufende Papiere durch den Kauf von neuen. Die trickreiche Begründung lautet: Dadurch soll den »pandemiebedingten Risiken für den geldpolitischen Transmissionsmechanismus« entgegengewirkt werden. Das ist fadenscheinig, denn jetzt, im ersten Quartal 2024, ist von der Pandemie nicht mehr viel zu spüren. Dennoch soll die Trickserei noch bis mindestens Ende des Jahres weitergehen – und vielleicht fällt der EZB bis dann noch ein neuer Grund ein, Staatsanleihen auf Kosten der Steuerzahler aufzukaufen, um de facto bankrotte Staaten vor der Pleite zu retten.

Die Kursverlustbombe: Gefahr für EZB und Bundesbank (2024)

Doch damit nicht genug. Seit Jahren schon gibt es die EZB-Strategie vom Erwerb von Staatsanleihen mit dem Ziel, die Zinsen auf ein Niveau zu drücken, bei dem die überschuldeten Länder der Eurozone (vor allem die Südländer) nicht zahlungsunfähig werden können.[211]

Dazu kaufte man mit frisch gedruckten Euros so lange Staatsanleihen auf, bis die künstliche Nachfrage zu einer Kurserhöhung bei festverzinslichen Wertpapieren an den Fixed-Income-Märkten führte, und senkte so die effektive Verzinsung der Papiere. Um dem Vorwurf verbotener Staatsfinanzierung zu umgehen, wurden die Papiere nicht direkt bei den Staaten, sondern als Pakete bei Finanzmarktintermediären, wie BlackRock oder anderen, gekauft. Diese Staatsanleihen schlummern seither in Massen in den Bilanzen der EZB, der Bundesbank und der anderen Mitgliedsländer des Eurosystems – insgesamt rund 4,5 Billionen Euro, die an Wert verlieren.[212]

Volkswirt und Ex-Mitglied der Geschäftsleitung der Degussa Goldhandel GmbH, Dr. Markus Krall, erläutert die Gründe für den Wertverlust: »Wenn die Zinsen steigen, dann passiert mit den festverzinslichen Papieren das Gegenteil von dem, was passiert, wenn die Zinsen sinken. Sie verlieren an Marktwert.«[213]

Krall weiter: »Man kann die Folgen der ›Zinswende‹ am Beispiel einer 10-jährigen Anleihe mit einem Zins von 0,5 Prozent und einem Anstieg der Marktzinsen auf 5 Prozent leicht demonstrieren: Die Anleihe über zum Beispiel 1.000,– Euro erwirtschaftet mit 0,5 Prozent eine Verzinsung von 5 Euro pro Jahr. Über die gesamte Laufzeit von 10 Jahren beträgt der kumulierte Zins 50,– Euro. Steigt der Zins für 10-jährige Anleihen am Kapitalmarkt auf 5 Prozent, so erhält der Käufer einer neuen Anleihe über 1.000,– Euro schon 50,– Euro pro Jahr, also insgesamt 500,– Euro. Die Differenz von 450 Euro macht die alte Anleihe im Handel unattraktiv, es sei denn ihr Preis sinkt weit genug, um den Käufer für den entgangenen Zins zu kompensieren. Der Preisverfall entspricht der Differenz der abgezinsten Barwerte beider Cash-Flows, in diesem Fall etwa 340 Euro. Die Anleihe verliert also 340 Euro oder 34 Prozent an Wert. Man kann leicht erkennen, dass der Effekt umso größer ist, je länger die Restlaufzeit einer Anleihe noch ist und je mehr die Zinsen steigen.«[214]

Kralls verheerendes Fazit (Hervorhebungen durch mich): »Die Zinswende von praktisch 0 Prozent über die gesamte Laufzeit in Dollar und Euro auf jetzt 4 bis 5 Prozent führt also zu entsprechend großen **Kursverlusten** in der Größenordnung von insgesamt **15 bis 20 Billionen US-Dollar** auf dem Weltanleihemarkt.«[215]

Von den rund 4,5 Billionen, die die EZB in den Büchern hat, hält die Bundesbank 666 Milliarden, so Krall, die selbst aber nur über ein Eigenkapital von 6 Milliarden Euro verfüge. Beträgt der Wertverlust (analog des Finanzmarktes) 10 Prozent des Nominalwertes, so ginge das Eigenkapital der deutschen

Zentralbank auf minus 60 Milliarden Euro runter. Die Bundesbank wäre also gefährlich verschuldet.[216]

Am 23. Februar 2024 vermeldete die Bundesbank 22 Milliarden (!) Euro Verlust durch das Zinsänderungsrisiko. Ihre Rückstellungen wurden dadurch komplett aufgelöst.[217] Das *Handelsblatt* schrieb zum Thema Zinsänderungsrisiko: »Natürlich gibt es Unterschiede zur großen Finanzkrise des Jahres 2008. Dieses Mal sind es nicht hochspekulative, toxische Subprime-Papiere, mit denen amerikanische Investmentbanken das Weltfinanzsystem vergiften. Dieses Mal geht die Gefahr von der Staatsanleihe aus, dem wichtigsten Vehikel des globalen Finanzsystems, weil die Zinswende zu einem Wertverlust jener Bonds führt, die in großer Dimension in den Bilanzen der Banken stecken.«[218]

Die Zinswende und die dadurch einhergehenden Kursverluste können also für die EZB und die Deutsche Bundesbank gefährlich werden. Dass dieses Szenario nicht nur theoretisch ist, sondern eine aktuelle Gefahr, beleuchte ich im Kapitel »Die Silicon Valley Bank und der ›kleine‹ Bankencrash«.

III. Als global systemrelevant eingestufte Banken (2023)

Sicher haben Sie den Satz »Too Big to Fail« (auf Deutsch: »Zu groß, um zu scheitern«) schon öfter gehört. Dieses geflügelte ökonomische Schlagwort beschreibt die Vorstellung, dass Unternehmen ab einer bestimmten Größe und allein aufgrund ihrer Größe vom Staat davor geschützt werden müssten, insolvent zu gehen, um nicht die gesamte Volks- oder gar Weltwirtschaft zu gefährden.

Eine Bank gilt als »global systemrelevant« (»global systemically important bank«, G-SIB), wenn durch bei ihr auftretende Schwierigkeiten beziehungsweise ihren Zusammenbruch das Funktionieren des weltweiten Finanzsystems und der Realwirtschaft gravierend beeinträchtigt werden würde.[219]

Derzeit stuft der Finanzstabilitätsrat (Financial Stability Board, FSB) die größten Banken anhand bestimmter Kriterien (u. a. Banken mit einer Bilanzsumme von mehr als 30 Milliarden Euro oder Banken, deren Bilanzsumme mehr als 20 Prozent des nationalen Bruttoinlandsprodukts entspricht) als global systemrelevant ein. Die Einstufung wird jährlich überprüft. Für diese G-SIBs gelten unter anderem strengere Eigenkapitalvorschriften. So sollen etwaige Verluste besser aufgefangen werden können.[220]

In Deutschland ist »systemrelevant« aufsichtsrechtlich definiert. Die Einstufung erfolgt einvernehmlich zwischen der Bankenaufsicht BaFin und der Bundesbank. Danach sind Institute systemrelevant, deren Bestandsgefährdung aufgrund ihrer Größe, der Intensität ihrer Interbankenbeziehungen und ihrer engen Verflechtung mit dem Ausland erhebliche negative Folgeeffekte bei anderen Kreditinstituten auslösen und zu einer Instabilität des Finanzsystems führen könnten.[221]

Global systemrelevante Banken (2023)

- Wells Fargo Bank
- Toronto-Dominion Bank
- Sumitomo Mitsui Financial Group
- State Street Corp.
- Standard Chartered Bank
- Société Générale
- Santander
- Royal Bank of Canada
- Morgan Stanley
- Mizuho Financial Group
- ING
- Groupe Crédit Agricole
- Groupe BPCE
- Bank of New York Mellon
- Bank of Communications (BoCom)
- Agricultural Bank of China
- Bank of China
- Barclays
- BNP Paribas
- China Construction Bank
- **Deutsche Bank**
- Goldman Sachs
- Industrial and Commercial Bank of China
- Mitsubishi UFJ Financial Group
- UBS
- Bank of America
- Citigroup
- HSBC
- JPMorgan Chase[222]

Aus der verheerenden Finanz- und Wirtschaftskrise, die 2008 ihren Ursprung nahm, können, ja müssen Sparer heute ihre Schlüsse ziehen und folgende Lektionen lernen:

Lektion für den Sparer:

Das, was in Island, Griechenland, Portugal, Irland und auf Zypern geschehen ist, kann jederzeit auch bei uns passieren. Vertrauen Sie deshalb nicht »blind« Ihrer Bank.

Wir befinden uns nämlich AKTUELL in einer Welt multipler Krisen, deren Auswirkungen noch einschneidender sein können als die der Wirtschafts- und Finanzkrise 2008!
Die drakonischen Bankenschließungen, Kapitalverkehrskontrollen und Zwangsabgaben haben gezeigt, welche Risiken das Halten von Ersparnissen innerhalb des Bankensystems für den Einzelnen birgt. Egal, wie die Politbürokraten uns beruhigen und was sie sagen, Ähnliches kann jedem Kontoinhaber angeschlagener Banken in Europa widerfahren. Das Tabu ist gebrochen, und es wird nie wieder so sein wie zuvor.

Das heißt für Sie: Sämtliche Bankeinlagen sind unsicher und dem willkürlichen Zugriff der Regierungen ausgeliefert – auch Ihre!
Hier sind die drei wichtigsten Lektionen, die Sie unbedingt wissen sollten:
1. Viele europäische Banken sind immer noch in Schieflage – trotz jahrelanger milliardenschwerer Rettungspakete. Wenn die einzelnen Notenbanken mehr Geld benötigen, um die Pleiten dieser Banken abzuwenden, wird die EZB auch mehr Geld drucken. Euro-Geldvermögen werden dann durch eine steigende Inflation dezimiert.
2. Sie als Bankkunde dürfen nicht erwarten, dass Sie vor der Enteignung durch eine Zwangsabgabe gewarnt werden. Erst wenn Sie vor der verschlossenen Tür Ihrer Bankfiliale stehen und Ihre Kreditkarten nicht mehr funktionieren, werden Sie wissen, was die Stunde geschlagen hat. Wenn Sie Geldvermögen auf Bankkoten haben, kann es der Staat jederzeit wegnehmen oder beschneiden. Auch ein Schließfach ist nicht mehr sicher.
3. Fühlen Sie sich nicht zu sicher! Bankenschließungen und Zwangsabgaben können jederzeit auch in Deutschland geschehen. Geld auf der Bank ist nur Guthaben auf Abruf. Schon morgen können die Banken schließen, und das hart erarbeitete Geld ist weg.

Obrigkeitsgläubige haben bei jedem Staatsbankrott, bei jeder Währungsreform und bei vielen Bankenpleiten den größten Teil ihres Vermögens verloren, weil sie bis zuletzt und unerschütterlich an die Märchen der Politelite geglaubt haben. Machen Sie diesen Fehler nicht. Seien Sie jederzeit skeptisch, und hinterfragen Sie alles!

TEIL 3

Die Bankenlandschaft in Deutschland

I. Banken in Deutschland

Allgemeines

Die deutsche Bankenbranche ist nach dem Kreditwesengesetz (KWG) geregelt. Sie basiert auf drei Säulen:

1. Private Geschäftsbanken

2. Öffentlich-rechtliche Kreditinstitute

3. Genossenschaftsbanken[223]

Gemessen am Geschäftsvolumen stellen die öffentlich-rechtlichen Institute wie die Sparkassen und Landesbanken eine der wichtigsten Bankengruppen in Deutschland dar. Sie befinden sich ganz oder überwiegend in öffentlicher Hand.[224] Im internationalen Vergleich erscheint die Vielfalt der Bankenlandschaft in Deutschland mit den drei oben genannten Säulen ausgewogener.

Der Genossenschaftssektor bleibt mit 50,8 Prozent die größte Bankengruppe nach Anzahl der Institute, gefolgt vom Sparkassensektor mit 24,8 Prozent.[225]

Die Bankenaufsicht obliegt der Bundesanstalt für Finanzdienstleistungen (BaFin) zusammen mit der Deutschen Bundesbank. Diese ist als Zentralbank der Bundesrepublik Deutschland für die Geldpolitik des Eurosystems mitverantwortlich.

Gemessen an der Bilanzsumme ist die Deutsche Bank das größte Kreditinstitut Deutschlands. Sie wird der Gruppe der privaten Geschäftsbanken beziehungsweise der Kreditbanken zugeordnet.[226]

Anzahl der Banken in Deutschland

Zum Ende des Jahres 2021 gab es in Deutschland 1519 Kreditinstitute, 2023 waren es noch 1458. Die Anzahl der Banken ist innerhalb der vergangenen Jahre kontinuierlich zurückgegangen.[227]

Aber lassen Sie sich nicht täuschen. Auch wenn die Zahl der Banken offiziell nicht deutlich geringer wurde, gab es, häufig abseits der Öffentlichkeit, erhebliche Veränderungen. So wurden bekannte kleinere Privatbanken von Investoren übernommen. Auf diese Weise wurde die Bank Hauck & Aufhäuser aufgekauft, die mittlerweile selbst das Bankhaus Lampe übernommen hat. Eine weitere Übernahme – und zwar in ganz großem Stil – stellte die Übernahme der Postbank durch die Deutsche Bank dar. Der Eingliederungsprozess zieht sich inzwischen über Jahre hin. Aber auch bei Genossenschaftsbanken und Sparkassen waren in den letzten Jahren diverse Fusionen zu verzeichnen. Oft schlossen sich auf regionaler Ebene zwei, manchmal sogar drei kleinere Institute zusammen oder wurden von einem größeren Verbundinstitut aufgenommen.[228]

Auch die Zahl der Bankfilialen nimmt ab. Laut Zahlen der Bundesbank gab es im Jahr 2010 noch über 40 000 Zweigstellen in Deutschland. Im Jahr 2021 war mit gut 22 000 Filialen noch etwa die Hälfte übrig, aktuell sind es nur noch rund 20 500.[229]

Zahlen, die ebenfalls nachdenklich stimmen müssen: Gab es im Jahr 2012 noch 423 Sparkassen, waren es 2023 nur noch 354 mit rund 11 000 Geschäftsstellen.[230] Dagegen schrumpften die Genossenschaftsbanken von 1102 im Jahr 2012 auf 737 im Jahr 2023 mit 7512 Geschäftsstellen.[231]

Die größten Herausforderungen für die Banken 2024

Die deutsche Bankenlandschaft ist auch in diesem Jahr mit vielfältigen Herausforderungen konfrontiert. Dazu gehören unter anderem:

Höhere regulatorische Anforderungen

Banken sind mit sich stetig ändernden regulatorischen Anforderungen der EU konfrontiert. Hierzu zählen vor allem das angepasste Baseler Rahmenwerk (Basel IV), das sich mit dem Umgang mit Eigenkapital und Liquidität befasst, sowie die Capital Requirements Regulation (CRR) und die Capital Requirements Directive (CRD IV)[232], Verordnungen, die weitere Umstrukturierungen der Finanzstabilität aufnehmen.[233] Diesen Regularien kann sich keine Bank entziehen, sie müssen deshalb immer mehr Ressourcen in deren Erfüllung stecken[234] (siehe Kapitel »Nach der Krise: So sollten Banken wieder sicher gemacht werden«).

Basel IV

Basel III ist ein internationales Regelwerk für Banken als Reaktion auf die Finanzkrise von 2007/08. Es enthält verschiedene Vorschriften zu den Kapital- und Liquiditätsanforderungen.[235] Die Reformen von 2017, »Basel IV« genannt, ergänzen Basel III. Basel IV wurde am 7. Dezember 2017 (14. Januar 2019 für die Anpassung an den Marktrisikorahmen) verabschiedet und musste bis 2023 von den nationalen Behörden umgesetzt werden.[236] Die Reformen sollten ursprünglich im Januar 2022 in Kraft treten. Dieser Termin wurde jedoch wegen der Covid-19-Pandemie auf 2023 verschoben.[237]

Der Output Floor[238] der einzelnen Banken soll über einen mehrjährigen Zeitraum eingeführt werden. Er soll zunächst bei 50 Prozent liegen und dann jährlich um 5 Prozent steigen. Ab dem 1. Januar 2028 soll er dann 72,5 Prozent betragen. Dadurch werden deutlich steigende Kapitalanforderungen für die Banken erwartet.[239]

Am 27. Juni 2023 konnte eine vorläufige Einigung zwischen EU-Kommission, EU-Parlament und EU-Rat im sogenannten Trilogverfahren erreicht werden. Damit steht der EU-Umsetzung von Basel IV nichts mehr im Wege. Für Kreditinstitute der EU gelten voraussichtlich ab Januar 2025 umfassende neue Vorschriften zur Ermittlung der risikogewichteten Aktiva. Nun folgt die technische Ausarbeitung der Rechtstexte zu den gefundenen Kompromisslösungen. Parallel dazu erfolgt eine Übersetzung in die 23 EU-Amtssprachen. Nach Annahme der finalen Fassung des EU-Bankenpakets durch EU-Kommission, EU-Parlament und EU-Rat erfolgt die Veröffentlichung im EU-Amtsblatt und das Inkrafttreten erwartungsgemäß 20 Tage nach Veröffentlichung. Dies soll in den ersten Monaten 2024 geschehen.[240]

Basel IV führt unter anderem neue Standards ein, nach denen die Banken ihre Kapitalanforderungen berechnen müssen:

- Eine höhere Risikosensitivität der Standardansätze, insbesondere für Kreditrisiken.
- Eine standardisierte Untergrenze der risikogewichteten Aktiva (Risk-Weighted Assets, RWA), sodass die Kapitalanforderung immer mindestens 72,5 Prozent der Anforderung des Standardansatzes (Output Floor) betragen wird.
- Wegfall der Möglichkeit, interne Modelle für die Kapitalunterlegung von operationellen Risiken zu verwenden.
- Eine höhere Leveragequote (= Eigenkapital im Verhältnis zur gesamten Bilanzsumme)[241] für »Too Big to Fail«-Banken (siehe Kapitel »Als global systemrelevant eingestufte Banken«), wobei die Erhöhung 50 Prozent der risikobereinigten Kapitalquote entspricht.
- Detailliertere Offenlegung der Reserven und anderer Finanzstatistiken.[242]

Vorgänger der Basel-IV-Regularien waren Basel I (Juli 1988), Basel II (Juni 2004) und Basel III (Dezember 2010).

Digitalisierung

Die Digitalisierung und der technologische Wandel stellen eine Zeitenwende in der Bankenlandschaft dar. Stichwörter sind dabei das Onlinebanking, digitale Zahlungsmöglichkeiten und Neo-Banken, Neo-Broker und FinTechs (Unternehmen, die IT-basierte Finanzdienstleistungen anbieten).[243]

Was für den einen eine Chance ist, ist für die klassischen Banken eine Gefährdung. Um ihrerseits überleben zu können, sind sie geradezu gezwungen, ihre Geschäftsmodelle weiterzuentwickeln und technologische Fortschritte sinnvoll in ihre Geschäftsprozesse zu integrieren. In diesen Marktentwicklungen stecken auch viele Chancen, aber nur dann, wenn sie rechtzeitig erkannt werden.[244]

Die Nachwehen der langen Niedrigzinsphase

Die lange Niedrigzinsphase erstreckte sich von 2008, dem Höhepunkt der Finanzkrise, bis zum Juli 2022. In dieser Zeit senkte die EZB den Leitzins schrittweise von 4,25 Prozent auf 0 Prozent und zeitweise sogar in den negativen Bereich. Dies wirkte sich auch negativ auf Sparer aus, denn die Banken mussten dadurch ihre Zinssätze für Tages- und Festgeldkonten senken, um ihre Zinsmarge ansatzweise zu stabilisieren. Auf der anderen Seite konnten die Geldinstitute ihren Kunden zinsgünstige Darlehen für Konsum- oder Investitionszwecke zur Verfügung stellen. Genau das entsprach auch dem Ziel der Notenbanken, nämlich die Investitionen und damit das volkswirtschaftliche Wachstum anzukurbeln. Doch die Zinsmargen der Banken sanken, und so waren diese gezwungen, sich andere Einnahmequellen zu erschließen.[245]

Dann kam die Inflation. Seit 2022 haben unsere Wirtschaft und die Verbraucher mit einer historisch hohen Inflation zu kämpfen, die sogar einen Höchststand von über 10 Prozent erreicht hat. Die EZB reagierte, indem sie den Leitzins, genauer gesagt den Hauptrefinanzierungssatz und den Einlagezins, seit Juli 2022 innerhalb weniger Monate schrittweise – fast panikartig – erhöhte.

Die Geldsteuerung durch den Leitzins

Ein wichtiges Ziel der EZB ist die Wahrung der Preisstabilität, im Klartext: die Werterhaltung des Euro. Die Steuerung der Preisstabilität wird durch die Geldpolitik betrieben. Die EZB versucht dazu die Inflation in der EU niedrig zu halten. Das wichtigste Steuerungsinstrument hierfür sind die Leitzinsen (auf Englisch: ECB interest rate). Die Zentralbank versucht mit den Leitzinsen die Inflation mittelfristig bei ca. 2 Prozent zu halten, was ihr aber – wie jeder von uns am eigenen Leib spürt, wenn er einkaufen geht – nicht gelingt. Umgangssprachlich wird von »Leitzins« gesprochen, gemeint ist damit aber der »Hauptrefinanzierungssatz«. Die Leitzinsen werden auf den EZB-Sitzungen festgelegt[246] (siehe unten).

Jahr	EZB-Leitzins in Prozent
Januar 2022	0,00
Februar	0,00
März	0,00
April	0,00
Mai	0,00
Juni	0,00
Juli	0,50
August	0,50
September	1,25
Oktober	1,25
November	2,00
Dezember	2,50
Januar 2023	2,50
Februar	3,00
März	3,50
Mai	3,75
Juni	4,00
Juli	4,25
September	4,50
Januar 2024	4,50

Die EZB-Leitzinserhöhungen kommen nicht von ungefähr. Man will damit auch die Banken stabilisieren. Denn sie erhalten damit mehr Spielraum. Sie können bei der Kreditvergabe höhere Zinssätze verlangen und in der Folge ihren Kunden höhere Zinsen auf deren Tagesgeld- oder Festgeldkonten anbieten.[247]

Die drei Leitzinssätze der Notenbank

Die EZB steuert die Geldpolitik mit drei verschiedenen Leitzinssätzen:

1. **Hauptrefinanzierungssatz** (»Leitzins«, interest rate on the main refinancing operations (MRO): Es ist der Zinssatz, den Banken für besichertes Zentralbankgeld ab 1 Woche Laufzeit an die EZB zahlen (»Wochentender«), also der Zins, den Banken für mittelfristig von der EZB aufgenommene Kredite bezahlen.

2. Zinssatz für die **Spitzenrefinanzierungsfazilität** (rate on the deposit facility): Dies ist der Zinssatz, den Banken für Übernacht*einlagen* von der EZB erhalten, also der Zins, den Banken für über Nacht bei der EZB geparktes Geld bekommen.

3. Zinssatz für die **Einlagefazilität** (rate on the marginal lending facility): Dies ist der Zinssatz, den Banken für Übernacht*kredite* von der EZB erhalten.[248]

Die vielfältigen Herausforderungen der finanziellen und wirtschaftlichen Auswirkungen des Ukrainekrieges und des Gazakonflikts

Der anhaltende Ukrainekrieg und die **Entwicklungen in Israel und Palästina** haben unverkennbar wirtschaftliche und finanzielle Auswirkungen auf viele andere Länder. Inwieweit diese zu echten Problemen für einzelne Banken oder sogar für das EU-Bankensystem führen können, ist derzeit noch nicht abzusehen, da diese langfristiger Natur sein können (siehe dazu auch das Kapitel »Die Risiken der Banken«).

II. Wo steht das deutsche Bankensystem im Jahr 2024?

Von den rund 1450 deutschen Banken werden, einer Studie zufolge, in wenigen Jahren nur noch 150 Institute übrig bleiben. Seit 2004 mussten bereits 500 Banken dem Wettbewerbsdruck weichen. Durch Kostensenkungen, Fusionen, Gewinnstreben und den unaufhaltsamen digitalen Fortschritt soll die deutsche Bankenlandschaft in wenigen Jahren bis auf 150, maximal 300 Häuser dezimiert werden.[249]

Über viele Jahrzehnte hinweg war es für Sparkassen und Volksbanken kein Problem, mit ausreichender Liquidität ihren gesetzlichen Auftrag der finanziellen Grundversorgung zu erfüllen. Damit unterschied sich das deutsche Bankenwesen von dem in vielen anderen Nationen. Hierzulande kontrollieren die großen Geldhäuser nur 15 Prozent des Marktes, bei unseren Nachbarn und in den Vereinigten Staaten sind es hingegen 80 Prozent und mehr.[250]

Doch auch in Deutschland nehmen Bestrebungen zu, deutsche Bankhäuser miteinander und mit ausländischen Banken zu fusionieren, um aus dem deutschen Markt einen europäischen und letztendlich einen globalen Bankenmarkt zu machen.[251] Setzt sich der Trend fest, wird von rein deutschen Banken nicht mehr viel übrig bleiben, da diese nur noch auf dem Papier deutsche Unternehmen sein werden, aber mit ausländischen Eigentümern.[252]

III. Deutschlands Pleitebanken (Auszug)

Ich möchte noch einmal auf die insolventen Banken in Deutschland eingehen und damit illustrieren, dass Pleiten jederzeit und auch hierzulande eintreten können. Außerdem möchte ich dokumentieren, wie gigantische Milliardenbeträge aufgrund ausufernder Gier und Habsucht der Banken, aber auch wegen fehlender Kontrollen, dem deutschen Steuerzahler aufgebürdet wurden – und zwar teilweise bis heute.

2008: Düsseldorfer Hypothekenbank (Düsseldorf)

Im April 2008 gab der Bundesverband deutscher Banken (BdB) bekannt, sein Einlagensicherungsfonds habe die Düsseldorfer Hypothekenbank (DHB) mit einer Bilanzsumme von 27 Milliarden Euro übernommen. Das Kreditinstitut vergab vor allem Kredite an Kommunen und refinanzierte sich über Pfandbriefe. Offiziell machte der BdB klar, dies sei geschehen, um einer »geordneten Zuführung an einen neuen Eigentümer« zu dienen. In Wahrheit handelte es sich jedoch um einen Notverkauf in aller Eile, wie die *Zeit* damals schrieb. Es ist anzunehmen, dass man dadurch die Reputation des Pfandbriefs retten wollte.[253]

Im März drohte der Hypo Group Alpe Adria (HGAA) im Zuge der Krise erneut die Bankenpleite der Düsseldorfer Hypothekenbank. Das Milliardenloch bei der Kärntner Krisenbank stürzte weitere Geldhäuser ins Chaos. Die Düsseldorfer Hypothekenbank hatte Ende 2013 rund 350 Millionen Euro bei den Österreichern investiert. Doch zu holen gab es nichts mehr. Da die Hypothekenbank aber nur über ein Kernkapital von 258 Millionen Euro verfügte, sahen Beobachter einen »aufsichtsrechtlichen Notfall«.[254]

Obwohl die Düsseldorfer Hypothekenbank mit einer Bilanzsumme von 12 Milliarden Euro zu den kleinen Instituten in Deutschland gehörte, drohten bei der Bankenpleite weitreichende Folgen, denn die Bank refinanzierte sich über Pfandbriefe und gehörte damit der deutschen Einlagensicherung an. Pfandbriefe gelten als eines der wichtigsten Refinanzierungsinstrumente deutscher Banken, und das Credo der deutschen Finanzbranche lautet, dass kein Pfandbrief ausfallen darf.[255]

Brutto-Absatz Pfandbriefe 2022 (in Mrd. Euro)

Jahr	Hypotheken-pfandbriefe	Öffentliche Pfandbriefe	Gesamtabsatz
2018	43,2	7,2	50,4
2019	43,7	11,2	54,9
2020	40,6	17,8	58,4
2021	44,2	18,0	62,2
2022	71,5	13,7	85,2

Quelle/Screenshot (Bildzitat): BaFin[256]

Doch der Düsseldorfer Hypothekenbank drohte die Insolvenz. Am 15. März 2015 teilte der Bundesverband deutscher Banken schließlich mit, dass der Einlagensicherungsfonds der privaten Banken eine Garantie für die sogenannten Heta-Anleihen[257] stellte, um die akuten Risiken zu beseitigen. Im September 2018 wurde die Bank vom Bundesverband Deutscher Banken an die Aareal Bank AG veräußert. Nachfolgend erfolgte am 2. Januar 2019 der Abschluss eines Beherrschungs- und Gewinnabführungsvertrags mit dem neuen Mutterunternehmen.

Seit dem 24. Juni 2019 lautet die Firma der (vormals) Düsseldorfer Hypothekenbank AG nun DHB Verwaltungs AG. Dies vor dem Hintergrund, dass auf Grundlage eines zwischen der Aareal Bank AG, Wiesbaden, und der DHB abgeschlossenen Abspaltungs- und Übernahmevertrages die dem Bankgeschäft der DHB zuzuordnenden Aktiva und Passiva in die Aareal Bank überführt wurden. Ferner gingen alle dem übertragenen Vermögen zugeordneten Rechte und Pflichten aus Vertragsverhältnissen der DHB mit Dritten im Wege der Gesamtrechtsnachfolge auf die Aareal Bank über.[258] Die Düsseldorfer Hypothekenbank hatte aufgehört zu existieren.

2008: Commerzbank (Frankfurt a. M.)

Die Commerzbank AG ist eine deutsche Universalbank mit Sitz in Frankfurt a. M. Im Geschäftsjahr 2018 war sie nach der Bilanzsumme die viertgrößte Bank Deutschlands. Doch auch sie geriet im Sog der Weltwirtschafts- und Finanzkrise in ordentliche Schieflage.

Am 31. August 2008, wenige Wochen vor dem Ausbruch der weltweiten Bankenkatastrophe, gab die Commerzbank die Übernahme der Dresdner Bank bekannt. In der Pressemitteilung hieß es:

»Allianz SE und Commerzbank AG haben sich auf den Verkauf der Dresdner Bank AG an die Commerzbank für 9,8 Milliarden Euro einschließlich eines Beitrags für einen Trust zur Risikoabdeckung spezieller ABS-Anlagen der Dresdner Bank von bis zu 975 Millionen Euro geeinigt und schaffen damit die führende Privat- und Firmenkundenbank in Deutschland. […] Gemeinsam werden die beiden Häuser mit 11 Millionen Privatkunden in Deutschland und dem mit Abstand dichtesten Filialnetz aller Privatbanken das führende deutsche Institut sein. Mit insgesamt 1 200 Filialen wird die Bank künftig für Privat- und Geschäftskunden noch besser erreichbar sein. […] Insgesamt wird das neue Institut mehr als 100 000 Firmenkunden und institutionelle Kunden betreuen.«[259] Es war der größte Zusammenschluss zweier Kreditinstitute in Deutschland.[260] Doch dann brach die globale Katastrophe herein.

Wegen der Ende 2008 offensichtlich gewordenen höheren Kreditrisiken der Dresdner Bank musste auch die Commerzbank den staatlichen Sonderfonds Finanzmarktstabilisierung (SoFFin) um Hilfe bitten.[261] Die Bundesregierung einigte sich daraufhin mit der Europäischen Kommission und handelte aus, dass die Commerzbank eine stille Beteiligung von 8,2 Milliarden Euro aus dem Fonds erhielt.[262] Doch schon zum Jahreswechsel 2008/9 benötigte die Bank weitere Staatshilfen.[263] Daraufhin erwarb die Bundesrepublik Deutschland 25 Prozent der Commerzbank plus 1 Aktie, das Kreditinstitut wurde also teilverstaatlicht.[264] Die stille Beteiligung der SoFFin stieg deswegen auf 16,4 Milliarden Euro an Steuergeldern.[265]

Die Commerzbank bildete Ende März 2009 eine interne Bad Bank, in die sie toxische und nicht strategische Wertpapiere vor allem aus den Bereichen gewerbliche Immobilien- und Schiffsfinanzierung in Höhe von rund 55 Milliarden Euro auslagerte.[266]

Doch nach der Krise ist vor der Krise: Der de facto griechische Staatsbankrott (siehe Kapitel »Skrupellos gegen die eigenen Bürger (Griechenland 2009–2013)«) belastete die Rentabilität der Commerzbank unerwartet stark. Der Gewinn gegenüber dem Vorjahr brach um satte 55 Prozent (!) ein. Daraufhin kündigte die Bank einen radikalen Sparkurs an und stellte die Vergabe neuer Kredite mit Ausnahme von Deutschland und Polen temporär ein.[267]

Der Kurs war nicht verkehrt. Ab April 2011 begann die Commerzbank die stillen Einlagen des SoFFin zurückzubezahlen. Dieser beteiligte sich seinerseits an den Kapitalerhöhungen der Bank, um seinen Anteil von 25 Prozent plus 1 Aktie zu erhalten.[268] 2013 überwies die Commerzbank alle noch geschuldeten Gelder an den SoFFin zurück. Der Aktienanteil des Bundes sank von 25 auf 17 Prozent des Grundkapitals; der Staat hatte also keine Sperrminorität mehr, blieb aber trotzdem größter Aktionär der Bank.[269]

Doch damit nicht genug. Im Januar 2021 kündigte die Bank an, insgesamt 10 000 Arbeitsplätze abzubauen und fast jede zweite der verbliebenen 790 Filialen in Deutschland zu schließen. Das entspricht einem Wegfall von rund 30 Prozent der Arbeitsplätze, wodurch die Commerzbank bis Ende 2024 gegenüber 2020 jährlich 1,4 Milliarden Euro einsparen will.[270] Seit Einführung der Europäischen Bankenaufsicht im Jahr 2011 wird die Commerzbank von der EZB überwacht[271] (siehe Kapitel »Die EZB muss Banken beaufsichtigen«).

2009: Hypo Real Estate (München)

Die Hypo Real Estate Holding wurde 2003 gegründet und kam im Oktober 2003 an die Börse. Mit einem Immobilienfinanzierungsvolumen von etwa 63 Milliarden Euro war sie einer der größten Finanziers von gewerblichen Immobilienkunden in Deutschland und damit eines der größten Immobilienfinanzierungsinstitute in Europa. Das Emissionsvolumen betrug laut Geschäftsbericht 2007 rund 146 Milliarden Euro und damit war sie auch ein bedeutender Emittent von Pfandbriefen.[272]

Die HRE war zudem eine der ersten Banken in Deutschland, die in großem Umfang Portfolios sogenannter notleidender oder »fauler« Kredite (Nonperforming loans) verkaufte, um ihre Bilanzen zu entlasten. So wurden 2004 Kredite mit einem Volumen in Höhe von 3,6 Milliarden Dollar an Lone Star und weitere 394 Millionen Dollar an Morgan Stanley und die Citigroup veräußert.[273]

Nur ein paar Jahre später war die HRE Deutschlands »kaputteste«[274] Bank, der *Stern* bezeichnete sie sogar als »Drecksbank«[275] sowie als ein Paradebeispiel für Größenwahn und Gier. Die Schwierigkeiten, in denen sich die Bank befand, waren zum großen Teil selbst verschuldet.

Im ersten Quartal 2009 schrieb der Münchner Konzern vor Steuern einen Verlust von 406 Millionen Euro nach einem Gewinn von 190 Millionen Euro im Vorjahreszeitraum.[276]

Im Mai 2009 gelangte ein Brief der staatseigenen Förderbank KfW an ihren Verwaltungsrat an die Öffentlichkeit, wonach das »Kreditmanagement der KfW bei der HRE-Gruppe insgesamt 661,1 Millionen Euro« betrage. Darüber hinaus halte die KfW »zusätzlich 531,2 Millionen Euro gedeckte Wertpapiere (Pfandbriefe) und 243 Millionen ungedeckte Wertpapiere der HRE-Gruppe«.[277] Eine Insolvenz würde die KfW also empfindlich treffen, zudem gehörte die HRE, wie schon angedeutet, zu den größten Anbietern im Pfandbriefgeschäft. Die Pfandbriefe lagerten bei fast allen deutschen Banken, Sparkassen und Versicherungen.[278]

Am »Milliardengrab« Hypo Real Estate hingen auch Lebensversicherungen. Die Bank gab Bankanleihen und Pfandbriefe heraus, in die die Versicherer investierten. Der Zusammenbruch der HRE wäre deshalb ein SUPERGAU für die privaten Renten gewesen.

Der Gesamtverband der deutschen Versicherungswirtschaft e. V. (GDV) wiegelte zwar ab, dass nur ein kleiner Teil der Versichertengelder in Aktien stecken würde, das meiste sei in Pfandbriefen und Bankanleihen angelegt, und die seien unproblematisch. Begründung: »Bankanleihen sind aus Sicht der Versicherungen sicher. Die Bundesregierung hat im Herbst 2008 einen Rettungsfonds über 480 Milliarden Euro zur Verfügung gestellt.«[279] So »sicher«, dass die Regierung einen Rettungsfonds auflegen musste?

Das Fernsehmagazin *Monitor* kritisierte dies in der Sendung am 6. April 2009 ebenfalls: »Also nur weil der Staat die Banken stützt, sind die Anlagen der Versicherer sicher? Für den Steuerzahler ein teures Geschäft. Erst haben die Versicherten die Riester-Rente mit Beiträgen und staatlichen Zuschüssen finanziert. Jetzt kann so manche Versicherung die versprochenen Renten möglicherweise nur noch garantieren, weil ihre Bankanleihen über den Rettungsschirm abgesichert sind. Der Versicherte wird eigentlich dreimal zur Kasse gebeten. Einmal als Beitragszahler, einmal als Steuerzahler für die staatlichen Zuschüsse, und jetzt haftet er mit seinen Steuergeldern auch noch für den Rettungsschirm und damit für die private Vorsorge.«[280]

Die HRE mit einer Bilanzsumme von 400 Milliarden Euro war eine »systemrelevante« Bank in Deutschland. Bankenexperte Wolfgang Gerke warnte: »Es sind eben auch die riesigen Vermögen der Pensionskassen. Das geht hin bis zu Versorgungseinrichtungen von Zahnärzten, von anderen Berufsgruppen, und es sind die Lebensversicherer.«[281]

Anlageberater Thomas J. Neumann, Geschäftsführer der bestadvice (Institut für Vermögenssicherung und Vermögensnachfolge GmbH) in München ergänzte, es gehe um 55 Milliarden Euro, die Versicherungen der Bank geliehen hatten, **ohne** Sicherheiten dafür zu bekommen: »Denn die 55 Milliarden sind ja auch zum großen Teil im Deckungsstock der Überschussbeteiligungen, und das hätte dann auch dramatische Auswirkungen für jeden Einzelnen. Er muss mit weiter sinkenden Überschüssen rechnen, für seine Altersversorgung oder für seinen Immobilientilgungssatz.«[282]

Insgesamt hatten Bürger und Versicherungen rund 100 Milliarden Euro an Pfandbriefen bei der HRE angelegt. Louis Hagen, der Hauptgeschäftsführer vom Verband der deutschen Pfandbriefbanken, hielt diese jedoch für sicher, weil der Pfandbriefanleger als Sicherheit seiner Forderung die im Deckungsregister eingetragenen Grundschulden hatte. Das hörte sich in der Theorie für den Laien tatsächlich »sicher« an.

Ganz anderer Meinung war hingegen der Bankenrechtler Klaus Kratzer, der die HRE verklagte, weil der von ihr festgestellte Beleihungswert über 100 Prozent zu hoch war. Im Falle einer Insolvenz hätte das dramatische Auswirkungen, meinte Kratzer: »Da machen wir uns in der Tat große Sorgen, denn die Erfahrungen aus den Verwertungen der letzten 10 Jahre, insbesondere der Immobilien in den östlichen Bundesländern, zeigt eben, dass hier im Durchschnitt nur circa ein Viertel bis ein Fünftel des ursprünglichen Wertes realisiert werden können. Das heißt, bis zu 80 Prozent der jeweiligen Hypothek sind wertlos. Das bedeutet, dass die Erlöse hier keinesfalls ausreichen würden, um Pfandbriefgläubiger zu befriedigen.«[283]

So konnten sich weder der Staat noch die Bürger eine Pleite der HRE leisten, denn wie schon erwähnt, wäre die Altersvorsorge von Millionen von Sparern gefährdet gewesen, ebenso konnte der Finanzmarkt zusammenbrechen und einige Versicherungen in Zahlungsschwierigkeiten bringen.

Doch die HRE erwies sich als Fass ohne Boden: Knapp 100 Milliarden Euro flossen zunächst an »Liquiditätshilfen«, wie es verharmlosend hieß, denn eigentlich handelte es sich um Steuergeld, mit dem der Bankrott verhindert werden konnte.[284] Diese Summe war so gigantisch, dass der Staat zum ersten Mal in der Geschichte der Bundesrepublik eine Bank vollends »zwangsverstaatlichte«.

Am 8. Juni 2009 gab die Krisenbank schließlich öffentlich bekannt, dass der Finanzmarktstabilisierungsfonds SoFFin nun 90 Prozent der HRE-Aktien hielt. Doch damit nicht genug. Der Vorstandsvorsitzende der HRE, Dr. Axel Wieandt, sagte, dass die HRE »weitere Kapitalunterstützung« benötige: »Wir gehen mindestens für die Geschäftsjahre 2009 und 2010 von einer Verlustsituation aus.« Auch die Zukunft der vom Steuerzahler geretteten Bank sah Wieandt nicht gerade positiv: »Die Entwicklungen im Bereich gewerbliche Immobilien verfolgen wir mit großer Sorge.«[285]

Nach der Zwangsverstaatlichung war der Finanzmarktstabilisierungsfonds[286], der für die Bundesrepublik steht, zu 100 Prozent Eigentümer der HRE. Die Bank wurde in Deutsche Pfandbriefbank umbenannt. Riskante Papiere in einem Volumen von über 170 Milliarden Euro wurden in eine Bad Bank ausgelagert. Über 130 Milliarden Euro an Garantien und Hilfen wurden zugesagt beziehungsweise beansprucht. Für 2011 machte die Bad Bank einen zusätzlichen Verlust von knapp 10 Milliarden Euro, der den Bundeshaushalt 2012 belastete.[287]

Die Hypo Real Estate Holding Group gibt es heute noch mit Sitz in München. Ihre Aufgabe laut Selbstbeschreibung: »Gegenstand des Unternehmens ist die Verwaltung eigenen Vermögens«[288] einschließlich »des Haltens und Verwaltens von Beteiligungen, insbesondere im Banken- und Finanzsektor.«[289]

Die Holding verfügt derzeit über eine Beteiligung in Höhe von 20 Prozent an der Deutschen Pfandbriefbank AG[290] und beschäftigt zehn Mitarbeiter, die sich streng an eine Verpflichtungserklärung halten müssen. Darin heißt es unter anderem: »Die Holding verpflichtet sich sicherzustellen, dass sie eine umsichtige, solide und an dem Prinzip der Nachhaltigkeit ausgerichtete Geschäftspolitik betreibt und sämtliche gesetzlichen Anforderungen einhält. Bei der Anlage liquider Mittel verfolgt die Holding eine nachhaltige, ausgewogene Anlagestrategie mit dem Ziel, stetige Erträge zu erzielen.«[291] Die Tochterunternehmen der HRE sind:

Depfa Bank plc:

Die HRE übernahm im Jahr 2007 im Wege eines Aktientausches die Depfa Bank plc. Die Hypo Real Estate Group finanzierte die Transaktion durch einen Mix aus neuen Aktien und Barmitteln.[292] Das Tochterunternehmen der Depfa Bank, die Depfa Deutsche Pfandbriefbank AG, wurde Ende 2007 zu einer direkten Tochter der Hypo Real Estate Holding AG.[293] Doch der Untergang der HRE riss auch die Depfa mit sich: Mit Wirkung zum 19. Dezember 2014 übernahm die bundeseigene Abwicklungsanstalt FMS Wertemanagement die Depfa Bank plc in Dublin und deren Tochtergesellschaften von der Hypo Real Estate Holding AG und verkaufte sie am 19. November 2021 an die österreichische BAWAG Bank für Arbeit und Wirtschaft Aktiengesellschaft.

Deutsche Pfandbriefbank AG (»pbb direkt«):

Diese Bank ging Mitte 2009 aus dem Zusammenschluss der Hypo Real Estate Bank AG und der Depfa Deutschen Pfandbriefbank AG hervor. Die Zusammenlegung fand Mitte 2009 statt. Die Hypo Real Estate Holding bezeichnete die neue Pfandbriefbank als »strategische Kernbank des Konzerns«. Unter der Marke »pbb direkt« wurden Privatkunden im Einlagengeschäft (Tagesgeld, Festgeld) bedient, der Vertrieb erfolgte online.[294] Am 16. Juli 2015 fand der Börsengang der Deutschen Pfandbriefbank AG statt. Ab diesem Zeitpunkt war die Hypo Real Estate Holding nur noch zu 20 Prozent beteiligt.[295] Dieser Anteil wurde im Mai 2018 auf 3,5 Prozent verringert.[296] Am 12. August 2021 gab die Finanzagentur GmbH bekannt, dass der restlich verbliebene Aktienanteil des Bundes in Höhe von 3,5 Prozent kursschonend verkauft werde.[297]

2012: WestLB (Düsseldorf)

Die Historie der Vorgängerinstitute der WestLB geht bis ins Jahr 1832 zurück. Der Name Westdeutsche Landesbank Girozentrale (WestLB) entstand 1969 durch die Fusion mit anderen Banken. Durch jahrelange expansive Wachstumspolitik war die WestLB im Jahr 1995 (gemessen an der Bilanzsumme) zur drittgrößten Bank in Deutschland aufgestiegen:

Kreditinstitut	Bilanzsumme 1995 (in Mrd. DM):
▪ Deutsche Bank AG	721,6
▪ Dresdner Bank AG	484,4
▪ WestLB	428,6
▪ Commerzbank AG	404,1
▪ Bayerische Vereinsbank AG	359,5[298]

Zum 30. August 2002 wurde die Westdeutsche Landesbank Girozentrale (bisherige WestLB) in die Landesbank NRW (heute: NRW.Bank) und in die WestLB AG aufgespalten.[299]
Auch hier begann der Untergang mit dem Ausbruch der weltweiten Finanzkrise: Im Februar 2008 beschlossen die Eigentümer der Bank (die NRW.Bank, der Rheinische Sparkassen- und Giroverband, der Sparkassenverband Westfalen-Lippe und das Land Nordrhein-Westfalen)[300] umfangreiche Rettungsmaßnahmen, um der immer größer werdenden Schieflage Einhalt zu gebieten. Die WestLB gliederte risikobehaftete Wertpapiere im Wert von 23 Milliarden Euro in eine neu gegründete Zweckgesellschaft (»Phoenix«) außerhalb der Bank aus, deren Finanzierung durch Garantien der Eigentümer in Höhe von 5 Milliarden Euro getragen wurde.[301]

Doch das Geld reichte nicht aus, um die Bank zu retten. Am 13. Dezember 2008 wurde bekannt, dass die WestLB über staatliche Garantien mit der BaFin verhandelte.[302] Im November 2009 war die WestLB die erste deutsche Bank, die aufgrund des Finanzmarktstabilisierungsgesetzes risikoreiche Wertpapiere in eine sogenannte »Bad Bank« mit dem Namen Erste Abwicklungsanstalt (EAA) übertrug. Wertpapiere im Volumen von 77 Milliarden Euro (zusammen mit dem Phoenix-Portfolio aus 2008) wurden zum Bilanzstichtag 31. Dezember 2009 transferiert.

Was ist eine Bad Bank?

Der Begriff »Bad Bank« kommt aus dem Englischen »bad debt Bank« (zu Deutsch: »Bank für schlechte Verpflichtungen«). Eine Bad Bank wird hierzulande auch verharmlosender als »Abwicklungsbank«, »Abwicklungsanstalt« oder »Auffangbank« bezeichnet. Sie übernimmt notleidende (»faule«) Kredite anderer Banken und wickelt sie ab.

Die Bad Bank kauft aus dem Gesamtportfolio also die notleidenden Kredite, und die in Schieflage geratene Bank tritt hierfür ihre Kreditforderungen ab. Diese erhält, soweit die Kredite nicht ganz wertlos sind, einen Kaufpreis, der dem Nominal- oder Nennwert der Kredite abzüglich der erwarteten Verluste entspricht. Das Risiko trägt dann die Bad Bank, und die in Schieflage geratene Bank wird von der Haftung für dieses Portfolio befreit und muss für das an die Bad Bank verkaufte Kreditportfolio kein Eigenkapital mehr vorhalten.

Für das übernommene Kreditportfolio übernimmt entweder der Staat mit seiner Zentralbank, ein Einlagensicherungsfonds oder eine Bankengruppe die Haftung, um eine akute Insolvenz abzuwenden.[303]

Einzelheiten der Umsetzung werden in Deutschland durch das Gesetz zur Fortentwicklung der Finanzmarktstabilisierung geregelt.[304]

Im Juni 2010 beauftragte der Bankenrettungsfonds SoFFin den jetzigen CDU-Vorsitzenden und Rechtsanwalt Friedrich Merz, einen Verkaufsprozess der WestLB an einen privaten Käufer einzuleiten.[305] Doch entsprechende Gespräche mit der BayernLB scheiterten.[306]

Am 22. März 2012 wurde ein Restrukturierungsplan verkündet, in dessen Umsetzung die Aufspaltung der WestLB zum 30. Juni 2012 in drei Teile erfolgte:

- 1. Die Portigon AG als Rechtsnachfolgerin der WestLB. Gemäß EU-Auflagen musste das Unternehmen spätestens Ende 2016 verkauft oder abgewickelt werden.

- **2.** Die Bad Bank mit dem Namen Erste Abwicklungsanstalt (EAA) wurde im Dezember 2009 gegründet. Sie übernahm Aktiva und Passiva der WestLB AG und wird sich bis 2027 um die möglichst wertschonende Abwicklung dieser Positionen bemühen.
- **3.** Eine sogenannte Verbundbank NRW führt unter dem Dach der Frankfurter Helaba das Geschäft mit den nordrhein-westfälischen Sparkassen, mittelständischen Firmenkunden und Kommunen fort. Die Übertragung der Verbundbank NRW auf die Helaba wurde am 17. September 2012 vollzogen. Insgesamt übernahm die Helaba ein Geschäftsvolumen von über 40 Milliarden Euro von der früheren WestLB.[307]

Auch die WestLB war ein Milliardengrab für den Steuerzahler. Die Hilfen der Eigentümer und des Bundes im Zeitraum von 2002 bis 2012 summierten sich auf 21 Milliarden Euro.[308]

Am 29. September 2021 urteilte das Landgericht Frankfurt, dass die Bad Bank der WestLB, die Erste Abwicklungsanstalt (EAA), Steuerschulden von rund einer Milliarde Euro aus Cum-ex-Geschäften der früheren WestLB übernehmen muss. Das Urteil ist noch nicht rechtskräftig (Aktenzeichen 2-27 O 328/20).[309] Auch 2024 sind weitere Ermittlungen gegen ehemalige Organe der früheren WestLB im Cum-ex-Skandal anhängig.[310]

2018: HSH Nordbank (Hamburg)

Durch die Fusion der Hamburgischen Landesbank und der Landesbank Schleswig-Holstein am 2. Juni 2003 entstand die HSH Nordbank. Sie gehörte zu 35 Prozent dem Land Hamburg, zu 20 Prozent Schleswig-Holstein, zu 18 Prozent den Sparkassen in Schleswig-Holstein und zu 27 Prozent der WestLB.[311]

Auch hier schlug die Finanzkrise ein paar Jahre später unbarmherzig zu: Die HSH Nordbank musste Wertberichtigungen durchführen und im September 2008 ganze 1,1 Milliarden Euro abschreiben. In ihren Büchern schlummerten damit Belastungen von 2,4 Milliarden Euro.[312] Am 24. Oktober 2008 musste die

Bank ebenfalls den Finanzmarktstabilisierungsfonds (SoFFin) in Anspruch nehmen,[313] um nicht in die Pleite zu schlittern. Eine Liquiditätshilfe in Form von Garantien für die Emission neuer Schuldtitel in Höhe von insgesamt 30 Milliarden Euro wurde beantragt und von der SoFFin schließlich gewährt.[314]

Die HSH Nordbank war keine kleine Bank: Am 31. Dezember 2008 hatte sie eine Bilanzsumme von 208 Milliarden Euro sowie risikogewichtete Vermögenswerte im Wert von 112 Milliarden Euro und beschäftigte rund 4300 Mitarbeiter.[315]

Am 24. Februar 2009 beschlossen die Landesregierungen von Schleswig-Holstein und Hamburg dann ein Rettungspaket, das eine Kapitalzufuhr in Höhe von 3 Milliarden Euro (je 1,5 Milliarden pro Bundesland) und eine Zweitverlust-Risikoabschirmung in Höhe von 10 Milliarden Euro auf einen großen Teil der Bilanz vorsah, was ein paar Wochen später von der EU-Kommission auch genehmigt wurde.[316]

Doch das nützte nichts: Am 1. September 2009 meldete Deutschland bei der EU-Kommission einen von der Bank ausgearbeiteten Umstrukturierungsplan an. Dieser sollte die langfristige Rentabilität wiederherstellen und sah die Auslagerung von rund 40–60 Prozent aller Vermögenswerte der HSH auf eine interne Bad Bank vor.

Auf die internen Fehler, die von Managern und dem Vorstand gemacht wurden, gehe ich an dieser Stelle nicht ein. Nur so viel: Jürgen Weber (SPD), der Obmann des Parlamentarischen Untersuchungsausschusses, sagte zum Gebaren der HSH Nordbank, es gebe keinen einzelnen Schuldigen, sondern eine Mitschuld von Bankmanagern, Aufsichtsrat, Ratingagenturen, der Bankenaufsicht und der Landespolitik.[317] Die Deutsche Prüfstelle für Rechnungslegung (DPR) stellte fest, dass die von der Prüfungsgesellschaft KPMG testierten Konzernabschlüsse der HSH Nordbank AG zu den Abschlussstichtagen 31. Dezember 2008 und 31. Dezember 2009 fehlerhaft waren.[318]

Versagt hatten also alle, auf jeder Ebene, aber der Steuerzahler war wieder einmal der Dumme!

2013 räumte die HSH Nordbank ein, ihren Kunden zwischen 2008 und 2011 mit Cum-ex-Deals dabei geholfen zu haben, insgesamt an die 112 Millionen Euro Kapitalertragssteuern möglicherweise unbegründet zurückerstattet zu bekommen (siehe Kapitel »So funktionieren Cum-ex-Geschäfte«). Für diese legalen illegalen Vorgänge hatte die Bank im Jahresabschluss 2013 eine Steuerrückstellung in Höhe von 127 Millionen Euro gebildet.[319] Die *Zeit* kommentierte, dass die Geschäfte zum Nachteil des Staates in genau dem Zeitraum begannen, als der Staat die Bank aus der Krise rettete, und schrieb sogar vom »größten Steuerraub in der deutschen Geschichte«.[320]

Im Jahr 2014 zahlte die Bank dann 126 Millionen Euro an die Staatskasse.[321] Mitte des Jahres 2015 einigte sich die HSH Nordbank mit der Staatsanwaltschaft Köln dann auf eine Zahlung eines Bußgeldes von mehr als 22 Millionen Euro, damit ein Verfahren zur Steuerhinterziehung gegen die Bank eingestellt wurde. Der Hintergrund: Die Bank hatte ab dem Jahr 2005 reichen Kunden geholfen, Vermögen über eine Tochterfirma in Luxemburg in Briefkastenfirmen in Panama zu verschieben.[322]

Im Oktober 2015 einigten sich die Bundesländer Hamburg und Schleswig-Holstein dann mit der EU-Kommission auf den Umbau der HSH Nordbank.[323] Am 9. Dezember 2015 bewilligte die Hamburgische Bürgerschaft zur Rettung der angeschlagenen Bank Kredite von über 16,2 Milliarden Euro.[324] Die Bedingung dafür war, dass die Bank nach einer Vorgabe der EU bis März 2018 verkauft oder abgewickelt werden musste. Am 28. Februar 2018 wurde bekannt, dass die Bank für rund eine Milliarde Euro an eine amerikanische Investorengruppe unter Führung des US-Hedgefonds Cerberus verkauft werden sollte.[325] Die Käufer waren Cerberus, Flowers, Golden Tree, Centaurus Capital und die österreichische Bawag-Bank.[326]

2016 wurde zur Entlastung der HSH Nordbank als Anstalt des öffentlichen Rechts (im Besitz der Länder Schleswig-Holstein und Hamburg) die hsh portfoliomanagement AöR gegründet. Sie soll die notleidenden Kredite, die die Bürger übernehmen mussten, »wertschonend« abbauen – unter »größtmöglicher Wahrung der Vermögensinteressen der Länder«. Die Geschichte der HSH Nordbank kostete den Steuerzahler insgesamt rund 13 Milliarden Euro.[327]

2021: Greensill Bank AG (Bremen)

Eine andere Bank aus Deutschland, die pleitegegangen ist, war die Greensill Bank AG mit Sitz in Bremen, die erst im Jahr 2013 gegründet wurde. Sie war Teil der britisch-australischen Greensill-Capital-Gruppe, die Finanzdienstleistungen im Bereich der Supply Chain Finance (Lieferkettenfinanzierung) anbietet.[328]

Das Geschäftsmodell der Bank: Finanzierung von Lieferketten durch den Ankauf von Forderungen von Lieferanten gegenüber ihren Abnehmern. Dabei trat sie als Finanzierungs- und Zahlungsabwicklungsplattform auf. Die Greensill Bank war eng mit der Greensill-Capital-Gruppe verflochten, da diese die Forderungen ihrer Kunden an die Bank verkaufte.

Nachdem der größte Kunde der Bank, die GFG Alliance des britischen Geschäftsmannes Sanjeev Gupta, 2021 zahlungsunfähig wurde, geriet die Greensill Bank selbst in finanzielle Schwierigkeiten. Die BaFin entzog der Bank daraufhin die Lizenz und ordnete die Abwicklung an. Zu diesem Zeitpunkt hatte die Greensill Bank eine Bilanzsumme von rund 3,5 Milliarden Euro und beschäftigte etwa 130 Mitarbeiter.

Nach der Insolvenz der Bank im März 2021 wurden die Einlagen der Kunden der Bank bis zu einer Höhe von 100 000 Euro pro Kunde von der Entschädigungseinrichtung deutscher Banken (EdB) gesichert. Allerdings waren einige Kunden von der Entschädigung ausgenommen, da sie als professionelle Anleger oder institutionelle Investoren galten und somit nicht vom Einlagenschutz der EdB profitierten[329] (siehe Kapitel »Wie sicher ist die Einlagensicherung?«).

2022: Wirecard Bank AG (Aschheim)

Das Material über den Skandal um den Zahlungsabwickler und Finanzdienstleister Wirecard ist so umfangreich, dass dies ein separates Buch füllen würde, weswegen ich mein Augenmerk in dieser Publikation auf die medial weniger beachtete Wirecard Bank AG und **nicht** auf den Finanzdienstleister Wirecard richte.[330]

Die Wirecard Bank war seit Januar 2006 Teil der Wirecard-Unternehmensgruppe. Sie verfügte über eine deutsche Banklizenz, hatte Verträge mit mehreren Kartenorganisationen und konnte für deren Kredit- und Debitkartenmarken[331] Kartenakzeptanzverträge (Acquiring) abschließen. Die Wirecard Bank war außerdem Mitglied im Bundesverband deutscher Banken und gehörte somit dem Einlagensicherungsfonds an.

Nach der Insolvenz von Wirecard im Juni 2020[332] wurden **Teile** des Geschäfts der Wirecard Bank an die spanische Großbank Banco Santander verkauft.[333] Der Verkauf der ganzen Bank gelang nicht. Die *Süddeutsche Zeitung* schrieb dazu: »Der Insolvenzverwalter hatte versucht, auch die Wirecard Bank zu verkaufen. Dass dies nicht gelungen ist, dürfte auch an Altlasten gelegen haben. Wirtschaftsprüfer hatten bereits bei der Sichtung der Bank-Bilanzen 2017 und 2018 auf teils gravierende Mängel hingewiesen. Die Wirecard Bank war von der Muttergesellschaft Wirecard AG für zweifelhafte Kreditvergaben genutzt worden.«[334]

Die Bank soll in enger Abstimmung mit der Finanzaufsicht BaFin schrittweise abgewickelt werden.[335] Die Banklizenz der Wirecard Bank wurde zum 9. Dezember 2021 zurückgegeben und der Name in *WDB Abwicklungs AG* geändert. Auf der dortigen Homepage ist zu lesen:

»Die Wirecard Bank AG hat auf ihre Bankerlaubnis mit Ablauf des 09.12.2021 (24.00 Uhr) verzichtet und den rechtlichen Bestimmungen folgend, ihre Firma in ›WDB Abwicklungs AG‹ geändert. Mit Beginn ihrer gesellschaftsrechtlichen Abwicklung am 01.07.2022 (0.00 Uhr) lautet ihre Bezeichnung wie folgt: WDB Abwicklungs AG i.L. Die WDB Abwicklungs AG i.L. geht keine Bankgeschäfte mehr ein und wickelt ihr Bestandsgeschäft ab.«[336]

2023: Neobank Ruuky (Hamburg)

Auch im Jahr 2023 gab es Bankenpleiten in Deutschland. Gleich am 4. Januar musste das Hamburger Fintech Ruuky, ehemals Pockid, Antrag auf Eröffnung eines Insolvenzverfahrens stellen.[337]

Der Start-up war 3 Jahre zuvor als Neobank für Teenager erfolgt. »Neobanken« sind Kreditinstitute, die sich auf die Verbindung zwischen mobiler App und dazugehöriger Geldkarte spezialisiert haben. Neben einer eigenen App bot Ruuky auch eine Debit-Mastercard an.[338] Investoren hatten insgesamt rund 4 Millionen Euro investiert. Die Bewertung laut Handelsregister lag bei rund 16 Millionen Euro.[339]

Doch schon ein Jahr nach dem Start hatte Pockid seinen Kurs geändert und sich Ruuky genannt. Es richtete sich jetzt verstärkt mit »Social Interactive Banking« an junge Erwachsene, Studienanfänger und Berufseinsteiger bis 24 Jahre.[340] Das Unternehmen verzeichnete rund 250 000 App-Anmeldungen. Das durchschnittliche Alter der Nutzer lag bei 16 Jahren.[341]

Aber der interaktiven Bank gelang es nicht, zeitnah neues Kapital aufzutreiben, weshalb sie in akute Notlage geriet und letztlich Insolvenz anmelden musste.[342] Zunächst hieß es, dass der Betrieb weiterlaufe, es seien aber keine neuen Kontoanmeldungen mehr möglich.[343] Im März 2023 kam dann das endgültige Aus, und im April 2023 stellte die Bank den Betrieb komplett ein. Die 250 000 Kunden wurden dazu aufgefordert, ihre Konten bis zum 30. April 2023 aufzulösen, das heißt ihr komplettes Geld abzuheben oder auf das Konto einer anderen Bank zu überweisen. Ruuky kündigte an, dass die Bank nach dem Stichtag alle verbleibenden Verträge und Konten kündigen werde. Auch Bank- und Kreditkarten verlören dann ihre Funktion und Überweisungen seien dann nicht mehr möglich.[344]

2023: North Channel Bank (Mainz)

Der zum Zeitpunkt der Drucklegung dieses Buches aktuellste Fall einer Bankenpleite in Deutschland ist die der North Channel Bank. Die Bank wurde im Jahr 1924 als Bankhaus Oswald Kruber GmbH & Co. KG in Berlin gegründet. Als 2009 US-Investoren einstiegen, benannten sie das Geldhaus in North Channel Bank um und verlegten den Sitz nach Mainz.

Medien spekulierten, dass die sogenannten Cum-ex-Deals Anlass für das Aus der Bank gewesen seien, denn North Channel sieht sich hohen Schadensersatzforderungen der dänischen und belgischen Steuerbehörden gegenüber. Die BaFin geht nicht davon aus, dass die Bank diese Forderungen stemmen kann.[345] Die Bilanzsumme der Bank belief sich Ende 2021 auf 173 Millionen Euro.[346]

So funktionieren Cum-ex-Geschäfte

Das *Handelsblatt* hat den Ablauf dieser dubiosen Geschäfte in einem Artikel sehr gut beschrieben.[347] Ich nehme ihn als Grundlage meiner folgenden Erläuterungen:

1. Aktienkauf *vor* der Zahlung der Dividende (»cum«)

Beispiel: Es gibt drei Investoren mit den Namen Alex, Berta und Cäsar.

- Alex besitzt Aktien im Wert von 10 Millionen Euro von der Energie AG.
- Kurz vor dem Tag, an dem die Dividende fällig wird, kauft Berta ebenfalls Aktien von der Energie AG im Wert von 10 Millionen.

Das nennt man »cum Dividende«, ein Aktienkauf *vor* der Dividendenzahlung.

→

2. Leerverkäufe

- Berta kauft das Aktienpaket jedoch nicht bei Alex, sondern bei Cäsar.
- Cäsar besitzt aber zum jetzigen Zeitpunkt noch gar keine Aktien von der Energie AG.
- Cäsar und Berta vereinbaren, dass Cäsar die Aktien erst zu einem späteren Termin an Berta liefern muss.

Das nennt man einen »Leerverkauf« und funktioniert etwa so, als würde man etwas im Internet bestellen, sofort bezahlen, die Ware aber erst später geliefert bekommen.

3. Dividendenzahlung

- Der Tag der Gewinnausschüttung (»Dividendenstichtag«) ist gekommen.
- Die Energie AG zahlt ihren Aktionären eine Dividende von 5 Prozent.
- Investor Alex hat Anspruch auf 500 000 Euro. Die Energie AG überweist ihm aber nur 375 000 Euro, denn 25 Prozent Kapitalertragssteuer gehen direkt an das Finanzamt.
- Für diese 125 000 Euro bekommt Alex von seiner Bank eine Bescheinigung, mit der er sich bei der nächsten Steuererklärung unter bestimmten Bedingungen das Geld vom Finanzamt zurückerstatten lassen kann.

4. Aktienkauf nach der Dividende (»ex«)

- Investor Alex verkauft seine Aktien an Investor Cäsar, der sie ja braucht, um Berta zu beliefern.
- Cäsar zahlt an Alex aber nicht 10 Millionen Euro, sondern nur 9,5 Millionen, denn die Aktien sind nun weniger Wert, da die Dividende gerade ausgeschüttet wurde – und die hat Alex bereits kassiert.

Das nennt man »ex Dividende«.

5. Das Finanzamt stellt mehrere Steuerbescheinigungen aus

- Cäsar liefert nun die Aktien an Berta.
- Da Berta die Aktien aber schon *vor* der Dividendenausschüttung gekauft und bezahlt hat – und damit auch ein Anrecht auf die Dividende hat – muss Cäsar 375 000 Euro oben drauflegen.
- Über die noch fehlenden 125 000 Euro bekommt Berta eine Bescheinigung von ihrer Bank ausgestellt, mit der auch sie sich die Summe vom Finanzamt erstatten lassen kann.

6. Das Finanzamt erstattet die Steuern mehrmals

- Berta verkauft ihre Aktien wieder an Alex.
- Damit scheint alles wieder wie vor den Verkäufen – doch haben nun offiziell zwei Investoren Anspruch auf Steuererstattung: Alex und Berta.
- Der Staat hat aber nur einmal Steuern kassiert und verliert nicht nur diese 125 000 Euro, sondern zahlt zusätzlich noch weitere 125 000 Euro als Rückerstattung aus.
- Alex, Berta und Cäsar teilen sich die »Beute« von einer Viertelmillion Euro.

Diese Geschäfte haben auch Banken durchgeführt. Steuerprüfer stießen zum Beispiel bei der Hamburger Warburg Bank auf – diplomatisch ausgedrückt – »sonderbare« Cum-ex-Geschäfte. Das Landgericht Bonn urteilte im März 2020, die Geschäfte der Warburg Bank seien illegal gewesen, und ordnete die Einziehung von rund 177 Millionen Euro von der Bank an. Der Bundesgerichtshof bestätigte das Urteil im Juli 2021. In den Skandal ist auch der jetzige Bundeskanzler Olaf Scholz verwickelt. Damals war er noch Bürgermeister in Hamburg, aber das ist eine andere Geschichte. Die Aufarbeitung hält immer noch an.[348]

Im Falle der North Channel Bank verkündete die BaFin: »Die Bundesanstalt für Finanzdienstleistungsaufsicht (BaFin) hat den Entschädigungsfall für die North Channel Bank GmbH & Co. KG (North Channel Bank) festgestellt, da das Institut nicht mehr in der Lage ist, die Einlagen seiner Kunden vollumfänglich zurückzuzahlen.« [...] Bereits am 19. Januar 2023 hatte die BaFin beim Amtsgericht Mainz einen Antrag auf Eröffnung des Insolvenzverfahrens über die North Channel Bank gestellt. Am darauffolgenden Tag wurde durch das Amtsgericht die einstweilige Verwaltung des Vermögens der North Channel Bank angeordnet und ein vorläufiger Insolvenzverwalter bestellt. Am 25. Januar 2023 hat das Amtsgericht Mainz nun auch offiziell das Insolvenzverfahren über das Vermögen der Bank eröffnet.«[349]

Die North Channel Bank bestätigt dies auf ihrer Homepage. Dort heißt es: »Nachdem die BaFin ein Moratorium verhängt hatte, mit dem Ergebnis der Schließung der Bank, hat die Geschäftsleitung parallel eine Insolvenzanzeige an die BaFin mit einer analogen Begründung erstellt. Am 25. Januar 2023 hat das Amtsgericht Mainz offiziell das Insolvenzverfahren über das Vermögen der Bank eröffnet. Der Jurist Dr. Dietmar Haffa von Schultze & Braun wurde zum vorläufigen Insolvenzverwalter bestellt.

Die Bundesanstalt für Finanzdienstleistungsaufsicht (BaFin) hat den Entschädigungsfall gemäß Einlagensicherungsgesetz festgestellt. Die North Channel Bank GmbH & Co. KG ist der Entschädigungseinrichtung deutscher Banken (EdB) zugewiesen und dem freiwilligen Einlagensicherungsfonds des Bundesverbandes deutscher Banken angeschlossen.

Die Einlagen der Kundinnen und Kunden sind im Rahmen des EinSiG von der EdB bis maximal 100 000 Euro pro Einlegerin und Einleger und darüber hinaus vom Einlagensicherungsfonds des Bundesverbandes deutscher Banken bis zur Sicherungsgrenze von 3,268 Millionen Euro pro Einleger geschützt.

Der Einlagensicherungsfonds wird sich auch im Namen der EdB in Kürze mit den Einlegerinnen und Einlegern in Verbindung setzen, um die Entschädigung vorzunehmen. Im Rahmen der gesetzlichen Entschädigung nach dem EinSiG werden die Einlegerinnen und Einleger innerhalb von sieben Arbeitstagen nach der Feststellung des Entschädigungsfalls entschädigt. Auch der Einlagensicherungsfonds entschädigt grundsätzlich freiwillig in dieser Frist.«[350]

Die Einlagen der verbliebenen Kunden sind mit der gesetzlichen und privaten Einlagensicherung abgesichert und werden nach der Feststellung des Entschädigungsfalls entschädigt.[351]

TEIL 4

Das Pleitegespenst kehrt zurück

I. Die EZB muss Banken beaufsichtigen

Seit Herbst 2014 ist die Europäische Zentralbank (EZB) für die Kontrolle der Großbanken in der Eurozone zuständig. In Kooperation mit den nationalen Aufsichtsbehörden (in Deutschland die BaFin) kümmert sich die EZB um die direkte Aufsicht über Banken mit Systemrelevanz, sogenannte bedeutende Banken, aus 21 EU-Ländern. Aktuell sind das 110 Institute. Dieses System wird als »einheitlicher Aufsichtsmechanismus« bezeichnet.

Die von der EZB beaufsichtigten Banken haben ihren Sitz in zwanzig EU-Ländern, die den Euro verwenden, und in Bulgarien. Mehr als 80 Prozent der Bankaktiva in der Europäischen Bankenunion entfallen auf diese Banken.

Der Grund der Beaufsichtigung: Jährlich bewertet die EZB bei diesen Banken verschiedene Risiken, etwa das Kreditrisiko, schlechte Kreditvergabestandards oder Risiken bezüglich der Unternehmensführung, des Geschäftsmodells und der Liquidität. Außerdem wird bewertet, inwieweit die Geldhäuser die Risiken im Griff haben. Wird ein Problem erkannt, kann die EZB den Banken zusätzliche

Eigenkapitalanforderungen auferlegen oder auch Korrekturmaßnahmen zur Risikoverringerung. So soll sichergestellt werden, dass die Banken die EU-Aufsichtsanforderungen erfüllen und vertrauenswürdig sind.[352]

Die EZB veröffentlicht auf ihrer Homepage die Liste aller beaufsichtigten Banken in der EU. Die Namen der deutschen Banken möchte ich nun aufführen.

Deutsche Institute unter Aufsicht der BaFin und der EZB im Rahmen des SSM (Stand: 21.12.2023)

1. Aareal Bank AG
2. Bayerische Landesbank
3. Deutsche Kreditbank AG
4. Citigroup Global Markets Europe AG
5. Commerzbank Aktiengesellschaft, Germany
6. DekaBank Deutsche Girozentrale
7. Deutsche Apotheker- und Ärztebank eG
8. Deutsche Bank AG, Germany
9. BHW Bausparkasse AG, Germany
10. Deutsche Oppenheim Family Office AG
11. norisbank GmbH Germany
12. Deutsche Pfandbriefbank AG
13. DZ Bank AG Deutsche Zentral-Genossenschaftsbank
14. TeamBank AG, Nürnberg, Germany
15. VR Smart Finanz Bank GmbH, Germany
16. Landesbank Berlin AG, Germany
17. Goldman Sachs Bank Europe SE, Germany
18. HASPA Finanzholding, Germany
19. Hamburger Sparkasse AG
20. Hamburg Commercial Bank AG

→

21. J.P. Morgan SE Germany
22. Landesbank Baden-Württemberg
23. Berlin Hyp AG
24. MMV Bank GmbH
25. Landesbank Hessen-Thüringen Girozentrale
26. Frankfurter Bankgesellschaft (Deutschland) AG
27. Frankfurter Sparkasse AdöR
28. Münchener Hypothekenbank eG
29. Morgan Stanley Europe Holding SE, Germany
30. Morgan Stanley Bank AG, Germany
31. Norddeutsche Landesbank -Girozentrale-
32. State Street Bank International GmbH, Germany
33. UBS Europe SE, Germany
34. Volkswagen Bank GmbH[353]

Was jedem Bankkunden zu denken geben muss: Ende 2023 waren also 34 **bedeutende** deutsche Institutsgruppen unter **direkter** Aufsicht der EZB und der BaFin. Auch das lässt Sie als Sparer hoffentlich aufhorchen: Die BaFin hat im Jahr 2022 (die Zahlen für 2023 werden erst im Mai 2024 veröffentlicht) insgesamt 76 (!) Schreiben wegen »gravierender Beanstandungen« an Finanzinstitute verschickt. Darunter waren unter anderem 34 Kreditbanken, 15 aus dem Sparkassensektor und 21 aus dem Genossenschaftssektor.[354] Insgesamt gab es 2022 genau 988 »Aufsichtliche Beanstandungen und Maßnahmen«.[355]

II. Der Europäische Rechnungshof und die Bundesbank schlagen Alarm (2023)

Bereits im Mai 2023 schlug der Europäische Rechnungshof Alarm. Der Vorwurf: Die EZB-Aufseher müssten mehr unternehmen, um sicherzustellen, dass Banken ihre Kreditrisiken auch angemessen steuerten. Das gelte insbesondere in Bezug auf Kreditnehmer, die ihre Kredite nicht zurückzahlen.[356]

Die Experten des Europäischen Rechnungshofes schrieben, dieser Punkt sei entscheidend, da ein schlechtes Risikomanagement die Existenz der Banken und die des gesamten Finanzsystems gefährden könne. Zwar habe die EZB das Kreditrisiko und die Problemkredite der Institute besser im Auge behalten, nutze ihre Instrumente und Aufsichtsbefugnisse jedoch nicht effizient, um sicherzustellen, dass die ermittelten Risiken vollständig durch zusätzliches Kapital gedeckt würden. Auch seien Aufsichtsmaßnahmen nicht stark genug ausgeweitet worden, wenn es bei Banken anhaltende Probleme im Bereich Kreditrisikomanagement gegeben habe:[357] »Die EZB muss mehr tun, um sicherzustellen, dass das Kreditrisiko angemessen gehandhabt und abgedeckt wird von den Banken.«[358] Auf gut Deutsch: Die EZB vernachlässigt ihre Aufsichtspflicht, trotz aller vollmundig vereinbarten Sicherungs- und Kontrollmechanismen.

Im gleichen Zeitraum warnte auch die Bundesbank-Vizepräsidentin Claudia Buch vor einer Unterschätzung von Risiken. Das Finanzsystem sei verwundbarer gegenüber höheren Zinsen und einer sehr hohen internationalen makroökonomischen Unsicherheit geworden.[359]

Wenn schon der Europäische Rechnungshof und die Bundesbank warnen, ist es mehr als nur fünf vor zwölf!

III. Volksbank in Schieflage (2023)

Es kann auch die vermeintlich »sicheren« Volksbanken treffen. Ende November 2023 geriet die VR-Bank Bad Salzungen Schmalkalden in größte Not und benötigt laut dem damaligen Anwalt der Bank voraussichtlich die Hilfe der Sicherungseinrichtung des Bundesverbandes der Volksbanken und Raiffeisenbanken.[360] Im Genossenschaftsverband BVR, der die Sicherungssysteme der Volks- und Raiffeisenbanken verwaltet, herrschte wegen der schwierigen Lage der Bank große Aufregung. Der Grund für die Schieflage: der Verlust von 5 Millionen Euro im Jahr 2022.

Der Verlust ist vor allem durch Wertberichtigungen entstanden, weil zu hoch angesetzte Buchwerte an die tatsächlichen Werte angepasst wurden. Zuvor hatten die BaFin und der Verband der Genossenschaftsbanken die Thüringer Bank aufgefordert, ihre Eigenkapitalquote zu erhöhen.

Schon seit Jahren stand die Volksbank im Fokus der Finanzaufsicht, unter anderem wegen der Finanzierung von Spielertransfers im internationalen Fußball. Ende 2018 hatte die Bank den ehemaligen Profifußballer Stefan Effenberg unter Vertrag genommen. Er sollte Kontakte zu europäischen Fußballklubs knüpfen. Über eine Tochterfirma hält die Bank außerdem eine ganze Reihe von Firmenbeteiligungen unter anderem im Bereich der erneuerbaren Energien und im Gesundheitswesen.[361]

Die BaFin verdonnerte die Bank zur Erhöhung der Eigenkapitalquote von 8 auf 14 Prozent.[362] Zudem sprach sie ein faktisches Kreditverbot aus, ordnete die Rückabwicklung gewisser Immobiliendeals an, verlangte tägliche Liquiditätsberichte und fror die Anteile der Bankgenossen, also der Eigentümer des Instituts, ein.[363] Die BaFin hat außerdem zwei Sonderbeauftragte eingesetzt.[364] Offen ist, was mit der Bilanz 2022 passiert. Allein für das Geschäftsjahr besteht erheblicher Abschreibungsbedarf, wie die Bank einräumt. Insider sprechen von mehr als 70 Millionen Euro – bei einer Bank, die laut Offenlegungsbericht 2021 über ein Kernkapital von 155 Millionen Euro verfügte.[365]

Ende März 2024 wurde bekannt, dass die VR-Bank Bad Salzungen-Schmalkalden von anderen Volks- und Raiffeisenbanken Hilfen in Höhe von rund 280 Millionen

Euro erhält. Ohne diese Garantien wäre der Fortbestand des Südthüringer Geldinstituts akut gefährdet gewesen.[366]

IV. Die Silicon Valley Bank und der »kleine« Bankencrash (2023)

Ungemach drohte Anfang 2023 auch aus den USA. Zwar weisen Finanz- und Bankexperten darauf hin, dass »gut geführte« Großbanken fortlaufend ihre Risiken kalkulieren, sie im Verhältnis zu ihrem Eigenkapital steuern und dann durch Sicherungsgeschäfte ausgleichen,[367] doch bei der Pleite der Silicon Valley Bank (SVB) im März 2023 (mit Einlagen von 42 Milliarden Dollar!) hat das nicht funktioniert. Es war der größte Zusammenbruch einer US-Bank seit der Finanzkrise 2008.[368]

Im Schlepptau des Silicon-Valley-Bank-Kollapses implodierte im April 2023 auch die amerikanische First Republic Bank. In wenigen Tagen zogen Kunden rund 70 Milliarden Dollar ab, was etwa 40 Prozent der gesamten Einlagen der Bank entsprach.[369]

Die First Republic Bank musste mit 30 Milliarden Dollar von anderen Banken gestützt werden. Anfang 2023 wurde sie dann von den Aufsichtsbehörden übernommen und an den Finanzriesen JPMorgan Chase & Co. verkauft.[370]

Weitere Regionalbanken kollabierten, und man sprach bereits von einem »kleinen« Bankencrash.[371] Die vier größten US-Banken verloren in wenigen Tagen insgesamt 47 Milliarden Dollar an der Börse.[372] So schnell kann es gehen!

Und die Gefahr ist noch lange nicht gebannt! Michael Barr, der stellvertretende Vorsitzende der amerikanischen Notenbank sagte vor Abgeordneten des Repräsentantenhauses: »Das Bankensystem benötigt zusätzliches Kapital, um widerstandsfähiger zu werden. Gerade auch weil wir nicht wissen, ob es zu neuartigen Schocks kommen kann, wie sie sich im Rahmen der jüngsten Bankzusammenbrüche gezeigt haben.«[373]

Was geschah mit den Kundengeldern und Aktionärseinlagen?

Die Silicon Valley Bank (SVB) hatte mehr Einlagen, als sie Kredite vergeben hatte. Einen großen Teil dieser überschüssigen Kundengelder legte die Bank in Anleihen, wie etwa Staatsanleihen, an. Doch durch die Zinswende hatten diese Anleihen deutlich an Wert verloren, denn steigende Zinsen ziehen die Kurse für schon im Umlauf befindliche, schlechter verzinste Anleihen nach unten. Das ist kein Problem, wenn die Anleihen bis zum Ende der Laufzeit gehalten werden. Dann wird den Anlegern der Nennwert zurückgezahlt – unabhängig vom aktuellen Kurswert.[374] Da viele Kunden bei der Silicon Valley Bank aber ihre Gelder abhoben, war die Bank gezwungen, ihre Anleihen zu schlechten Kursen und mit Minus zu verkaufen.[375] Der Bank Run war der Anfang vom Ende (siehe Kapitel »Was geschieht bei einem ›Bank Run‹?«).

Die Kunden der Silicon Valley Bank konnten nur die versicherte Summe (250 000 Dollar waren garantiert) zurückerhalten. Um aber Anleger und Bankkunden zu beruhigen und einen Flächenbrand zu verhindern, erklärten das Finanzministerium, die Notenbank und der Einlagensicherungsfonds Federal Deposit Insurance Corporation (FDIC)[376] schnell, dass alle Einlagen bei der SVB geschützt würden. Damit konnten die Kunden auf ihre gesamten Gelder zugreifen. Die Aktionäre verloren allerdings ihren Kapitaleinsatz.[377]

Bei der First Republic Bank kündigten die FDIC und die kalifornischen Aufsichtsbehörden ähnliche Maßnahmen an. Die Bank hatte noch 93,5 Milliarden Dollar, verbliebene Einlagen und Vermögenswerte wie Wertpapiere mit einer Bewertung von 30 Milliarden Dollar und Kredite in Höhe von 173 Milliarden Dollar. Aber auch hier gingen die Aktionäre leer aus.[378]

V. Die Bankenkrise in der Schweiz (2023)

Kein mir bekannter Banker hat es jemals in Betracht gezogen, dass das Schweizer Bankensystem einmal in tödliche Schieflage geraten könnte. Und doch war es im ersten Quartal 2023 so weit. Die zweitgrößte Bank der Schweiz kollabierte.

Die Credit Suisse

Wie ich im Verlauf dieses Buches gezeigt habe, kann das Bankensterben auch die ganz Großen treffen. Die Credit Suisse (CS) war einer der weltgrößten Finanzdienstleister und zählte zu den dreißig systemrelevanten Großbanken.[379]

Doch wie konnte es geschehen, dass so eine große Bank ins Aus schlitterte – und das auch noch am vermeintlich sichersten Finanzplatz der Welt, der Schweiz?

Die Probleme der Credit Suisse waren jahrelange Skandale, öffentliche Rechtsstreitigkeiten, Kundenschwund und steigende Verluste.[380] So kostete beispielsweise die Pleite des US-Hedgefonds Archegos Capital im Jahr 2021 die Bank rund 4,4 Milliarden Schweizer Franken.[381] Kunden und Investoren wurden immer besorgter. Als dann der größte Aktionär, die Saudi National Bank, **ausschloss**, weiteres Geld zu investieren, bat die Credit Suisse die Zentralbank (die Schweizer Nationalbank) um einen Kredit, um das Vertrauen durch die öffentliche Unterstützung wiederherzustellen. Doch auch das reichte nicht aus, um den rasant galoppierenden Prestigeverlust noch zu stoppen.[382]

Als ein internationales Recherchenetzwerk dann auch noch enthüllte, dass die Credit Suisse jahrelang Autokraten, Drogendealer sowie mutmaßliche Kriegsverbrecher und Menschenhändler als Kunden akzeptiert hatte, wurde der Schaden noch größer.[383]

Im Februar 2023 veröffentlichte die Credit Suisse dann ihre Geschäftszahlen für das Vorjahr und damit den höchsten Verlust des Instituts seit der Finanzkrise. Das Minus betrug rund 7,29 Milliarden Euro.[384] Der ohnehin bereits im Sinkflug befindliche Aktienkurs brach noch weiter ein.

In der Folge musste die Schweizer Nationalbank einspringen und die Credit Suisse stützen. Sie stellte knapp 51 Milliarden Euro zur Verfügung.[385] Doch der Druck blieb bestehen. Die Schweizer Regierung trat daraufhin in Verhandlungen mit der konkurrierenden Großbank UBS. An deren Ende stand im März 2023 die Übernahme der Credit Suisse durch die UBS für nur rund 3 Milliarden Schweizer Franken in Aktien.[386] Die Übernahme war nichts anderes als de facto eine Zwangsfusion.[387] Doch es ging um viel. Sehr viel. Denn der Konkurs der Credit Suisse hätte schwerwiegende Folgen für die Schweizer und auch für die internationale Finanzstabilität nach sich gezogen.[388] Es wäre nicht auszudenken gewesen, welch neue Katastrophe über die Welt hereingebrochen wäre.

Die Schweizer Regierung hatte der UBS zuvor eine Garantie von 9 Milliarden Franken für potenzielle Verluste aus dem Deal zugesagt. Finanzministerin Karin Keller-Sutter betonte, jedes andere Szenario hätte mehr Kosten verursacht. Zudem handele es sich **nicht** um eine »staatliche Rettung«. Verluste von bis zu 5 Milliarden Franken wolle die UBS selbst tragen. Außerdem unterstütze auch die Schweizer Nationalbank den Deal mit Liquiditätshilfen in Höhe von 200 Milliarden Franken.[389]

Der Schweizer Bundespräsident Alain Berset sprach davon, dass ein unkontrollierter Absturz der Credit Suisse unkalkulierbare Folgen für das Land und die internationale Finanzwelt hätte: »Wir müssen alles tun, um eine weitreichende Finanzkrise zu vermeiden.«[390]

Nach dem Zusammenschluss entstand eine Schweizer Riesenbank mit einer Bilanzsumme von rund 1,5 Billionen Franken, dem Doppelten des Bruttoinlandsprodukts der Schweiz.[391] Ein wahres Finanzmonster!

Das bedeutete allerdings neue Risiken für die Schweiz. Niemand könnte eine UBS mit ihren weltweit 116 000 Mitarbeitern, davon allein 35 000 in der Schweiz[392], retten, würde auch sie selbst einmal in Schieflage geraten wie die Credit Suisse. Nur noch eine Verstaatlichung[393] wäre dann denkbar, mit ungeahnten Folgen für den gesamten Globus.

Was geschah mit den Aktionärseinlagen?

Die Schweizer Regierung setzte die Aktionärsrechte kurzerhand aus und berief sich auf ein Notrecht. So wurden die Aktionäre der Banken gleich gar nicht befragt.[394]

Die Aktionäre der Credit Suisse bekamen 1 UBS-Aktie pro 22,48 Aktien der Credit Suisse. Die sogenannten Additional-Tier-1-Anleihen (AT1-Bonds oder auch Coco-Bonds), das sind nachrangige Schuldverschreibungen von Banken, im Wert von 16 Milliarden Franken verfielen wertlos. Die Schweizer Aufsichtsbehörde FINMA sagte, damit sei sichergestellt, dass die Anleger die Kosten der Rettung tragen würden.[395]

Der Niedergang der Credit Suisse begann mit einer Kombination aus erheblichen Verlusten bei ihren Anlageprodukten und der Verwicklung in eine Vielzahl von Skandalen. Hierdurch wurde ihre Fähigkeit, in Krisenzeiten angemessen zu handeln, irreparabel geschwächt.[396]

Gemäß dem Motto »Ohne Vertrauen kann keine Bank existieren« war der Exitus der Großbank Credit Suisse, die 167 Jahre lang bestanden hatte,[397] die logische Folge.

Der Top-Ökonom Prof. Hans-Werner Sinn schrieb im *Handelsblatt* dazu (Hervorhebungen durch mich): »Normal ist nichts mehr, seitdem sich die Schweizer Behörden entschieden, die Credit Suisse, eine der 30 systemrelevanten und entsprechend eng beaufsichtigten Großbanken weltweit, mit der UBS zwangszufusionieren – natürlich unter Einsatz gigantischer staatlicher Garantien. Ergebnis der Notoperation: **eine Bank, deren Bilanzsumme mehr als doppelt so groß ist wie die Wirtschaftsleistung der Schweiz,** eine Bank, die nicht nur too big to fail, sondern auch too big to bail ist. Soll heißen: nicht nur zu groß also, als dass man sie fallen lassen könnte, sondern **auch zu groß, als dass der Staat sie retten könnte.** Dass die Schweizer Krisenmanager bei ihrer Rettungsaktion dann auch noch die **Haftungsreihenfolge tauschten und Aktionäre gegenüber Anleihegläubigern bevorzugten,** trug nicht unbedingt zur Vertrauensbildung bei.«[398]

Ich wiederhole: Die Credit Suisse gehörte zu den größten Banken der Welt und wurde dementsprechend streng beaufsichtigt und kontrolliert. Trotzdem schlitterte sie in den Abgrund. Was lernen Sie daraus?

VI. Das Signa-Imperium kann viele Banken in den Abgrund reißen (2024)

Ende 2023 geriet das Signa-Imperium des österreichischen Milliardärs René Benko, zu dem auch Karstadt gehört, ins Wanken. Benko hat sich offenbar mit seinen Firmen finanziell übernommen.[399] Die Schulden belaufen sich auf mehr als 14 Milliarden Euro.[400]

Natürlich hängen viele Banken und Versicherungen wieder einmal in der Finanzierung mit drin und vergaben hohe Kredite. Ob sie das Geld jemals wiedersehen werden, ist aber fraglich.

Hier die Aufzählung deutscher Versicherungen und Banken, bei denen Signa in der Kreide steht:

▪ Munich Re (Münchner Rück)	700 000 000 Euro
▪ Landesbank Hessen-Thüringen	627 772 463
▪ R+V Group	386 035 250
▪ Allianz	300 000 000
▪ LVM	300 000 000
▪ Hamburg Commercial Bank AG	141 950 000
▪ Norddeutsche Landesbank – Girozentrale	135 229 900
▪ BayernLB	100 000 000
▪ Stadtsparkasse München	90 142 421
▪ Wirtschaftsstabilisierungsfonds (BRD-Finanzagentur GmbH)***	88 000 000
▪ DZ Bank (Volksbanken)	80 000 000
▪ SaarLB	71 099 212
▪ Versicherungskammer Bayern	63 918 200
▪ VR-Bank Memmingen eG	60 000 000
▪ Investitionsbank Berlin	39 572 243
▪ Sparkasse Rhein-Nahe	35 000 000
▪ Volksbank Raiffeisenbank Bayern Mitte	22 000 000
▪ Kreissparkasse Groß-Gerau	20 000 000

▪ Volksbank eG	20 000 000
▪ Sparkasse Celle-Gifhorn-Wolfsburg	17 221 825
▪ Nassauische Sparkasse	15 561 843
▪ Volksbank Mittelhessen	15 454 545
▪ HanseMerkur	15 000 000
▪ Raiffeisenbank im Hochtaunus eG	14 800 000
▪ Stuttgarter Lebensversicherung	14 650 000
▪ Sparkasse Heidelberg	13 186 724
▪ Sparkasse Darmstadt	12 500 000
▪ Frankfurter Volksbank	12 363 636
▪ Mainzer Volksbank	11 590 909
▪ Berliner Volksbank	10 045 455
▪ Volksbank Odenwald	7 727 273
▪ Kreissparkasse Göppingen	7 500 000
▪ Sparkasse Göttingen	7 400 000
▪ Sparkasse Kassel	7 400 000
▪ Kreissparkasse Soltau	5 726 869
▪ Volksbank Münsterland Nord eG	5 132 019
▪ Sparkasse Südliche Weinstraße	5 000 000
▪ Sparkasse Südwestpfalz	5 000 000
▪ Taunus Sparkasse	4 532 797
▪ Volksbank eG, Seesen	4 300 000
▪ Oldenburgische Landesbank AG	4 213 418
▪ Sparkasse Leipzig	3 500 000
▪ Stadtsparkasse Düsseldorf	2 985 000
▪ Sparkasse Siegen	2 500 000
▪ Sparkasse Merzig-Wadern	2 000 000
▪ Volksbank in der Hohen Mark eG	2 000 000
▪ Sparkasse Saarbrücken	1 812 140[401]

*** Der Wirtschaftsstabilisierungsfonds (BRD-Finanzagentur GmbH) wurde im März 2020 durch Gesetz ins Leben gerufen, um den wirtschaftlichen und sozialen Auswirkungen der Coronapandemie auf die Volkswirtschaft entgegenzuwirken. Seit November 2022 ist der Zweck des WSF erweitert um die Finanzierung des Maßnahmenpakets zur Abfederung der Folgen der Energiekrise.[402]

Signa nahm für zahlreiche Projekte bei oben genannten Banken zum Teil riesige Kredite auf. Ob diese Schulden jemals zurückbezahlt werden, steht in den Sternen.[403]

Sie erkennen, dass vor allem Landesbanken, Sparkassen und Volksbanken Geld an Benko gegeben haben. Die drohende Pleite des Signa-Imperiums kann kleine und mittlere Banken schnell an den Rand des Bankrotts bringen. Aber wie kann das passieren, wenn die EZB und die BaFin die Banken doch anscheinend so streng kontrollieren?

Aber auch eine altehrwürdige Schweizer Bank ist in den Signa-Sog geraten, die *Julius Bär Bank*. Der Finanzjournalist Christof Leisinger schreibt: »Spätestens nachdem die Spatzen die Probleme von den Dächern gepfiffen hatten und seit René Benko im vergangenen November aus dem Unternehmen gedrängt worden war, wurde klar, dass sich das damalige Management der Bank Julius Bär verschätzt und völlig verrannt hatte. Da der Aktienkurs des Zürcher Instituts unter Druck geriet, sobald das Kreditengagement in Höhe von gut 600 Millionen Franken bekannt geworden war, wurde im Nachklang der Credit-Suisse-Pleite offensichtlich auch die Finanzmarkt-Aufsicht nervös. Auf dieser Basis versuchte man bei Julius Bär einen Befreiungsschlag: Philipp Rickenbacher trat zurück, die Signa-Kredite werden komplett abgeschrieben, und die Boni von wenigen Personen gestrichen. Das ›Private-Debt-Geschäft‹ soll künftig komplett aufgegeben und bestehende Verträge sollen in den kommenden Monaten abgewickelt werden. Das klingt zwar konsequent, ist aber in den Augen kritischer Beobachter noch lange nicht genug. In ihren Augen hat die Schweizer Aufsichtsbehörde nach dem Debakel bei Credit Suisse vor wenigen Monaten angesichts des Klumpenrisikos in der Bär-Bilanz einmal mehr tief geschlafen, und das Risikomanagement des Bankhauses hat fundamental versagt.«[404]

Lee Foulger, bei der Bank of England für Fragen der Finanzstabilität zuständig, fürchtet, »dass die Signa-Pleite nur ein Vorbote plötzlicher Überraschungen negativer Art sein könnte, die in nächster Zeit blühen mögen«.[405]

Robin Wigglesworth von der *Financial Times* formuliert das noch viel Drastischer: Im Verborgenen habe sich »viel dummes Zeug abgespielt, und einige bornierte Anleger werden eine Menge Geld verlieren, nur weil sie in die scheinbar geringe Volatilität und die hohen Renditen an den privaten Märkten vernarrt waren – und viele Kreditgeber werden eine Menge Schwierigkeiten bekommen«.[406] In seinen Augen werden einige der beteiligten Unternehmen genau in dieselbe Vertrauenskrise geraten, in der sich Julius Bär gerade befindet.[407]

Sie sehen also, trotz aller staatlicher Aufsicht und trotz aller Warnungen ist die nächste Schweizer Bank am Trudeln. Vertrauen Sie deshalb niemandem, der Sie mit diesen staatlichen Kontrollmechanismen beruhigen will, sowieso keinem Banker.

Zum Zeitpunkt der Manuskriptabgabe war noch unklar, wie es mit Benko und seinem Signa-Imperium weitergehen wird. Nur eines steht fest: Gläubiger und Finanzamt haben keinen Zugriff auf Benkos Privatvermögen, da dieses durch eine Familienstiftung geschützt ist.[408] Noch Anfang 2023 schätzte Forbes sein Vermögen auf rund 6 Milliarden Dollar.[409] Wie viel davon durch die Stiftung geschützt wird, ist nicht bekannt. Allerdings dürfte Benko, auch wenn sein gesamtes Imperium implodiert und dadurch viele Versicherungen und Banken in Schieflage geraten, trotzdem kein armer Mann werden.

VII. Was geschieht bei einem »Bank Run«?

In der Bankbilanz stehen sich die Einlagen von Sparern und Unternehmen mit Krediten an Unternehmen und Haushalte gegenüber. Kredite einer Bank sind jedoch risikobehaftet. Deshalb refinanzieren Banken Kredite nicht ausschließlich mit Einlagen, sondern auch mit Eigenkapital. Sollte es zu Kreditausfällen kommen und sollten diese nicht durch zuvor gebildete Rückstellungen abgedeckt sein, dient das Bankeneigenkapital als Puffer gegen Verluste.[410]

Das Problem dabei: Banken vergeben ihre Kredite in der Regel langfristig, während Einlagen kurzfristig fällig werden können. Sind Sparer unsicher und vertrauen der Bank nicht mehr, ziehen sie ihre Einlagen von der Bank ab. Dann kommt es zum »Bank Run« (wie in Griechenland, Zypern und anderen bankrotten Ländern geschehen, ebenso in den USA; siehe Kapitel »Bankenpleiten in Wirtschaftskrisen«). Dies wiederum zwingt die Bank dazu, ihre langfristigen Kredite zu kündigen und, da dies in der Regel nicht ohne weitere Kosten möglich ist, es droht ihre Insolvenz, denn keine Bank kann allen Einlegern gleichzeitig die von ihnen geleisteten Einlagen zurückzahlen. Sogar eine solvente Bank wäre zahlungsunfähig, würden alle ihre Einleger zugleich eine Rückzahlung verlangen.[411]

In der Praxis wird die Gefahr eines Bank Run durch eine gesetzliche Einlagensicherung abgefedert, damit Sparer – unabhängig von der Solvenz der Bank – keinen Anreiz haben, ihre Einlagen abzuziehen (siehe Kapitel »Wie sicher ist die Einlagensicherung?«). Das alles hat den Griechen und Zyprern allerdings nicht viel geholfen.[412]

Aber vielen ist nicht bewusst, dass ihre Einlagen de facto Darlehen an ihre Banken darstellen, die dann von der Bank weiterverliehen werden. Nur 1 Prozent (!) der Einlagen muss die Bank für Auszahlungen an Kunden vorhalten.[413]

Außerdem haben Banken durch die Einführung der Einlagensicherung den Anreiz, sich zu einem sehr hohen Anteil mit Fremdkapital zu finanzieren. Der hohe Verschuldungsgrad bei großen internationalen Banken zum Zeitpunkt der letzten Finanzmarktkrise zeigt, wie anfällig die Solvenz dieser Banken aufgrund ihrer dünnen Kapitaldecke war. Deshalb wurde die Eigenkapitalregulierung eingeführt, die das Ziel verfolgt, Banken durch regulatorische Mindestanforderungen an ihre Eigenmittel zu einem Aufbau ausreichender Verlustpuffer zu zwingen.[414]

Es gibt verschiedene mögliche Gründe für einen Ansturm auf die Banken:

- **Hyperinflation**: Wer sein Geld als Erster abhebt, kann für den gleichen Geldbetrag die meisten Güter kaufen, was vermutlich eine Stunde später nicht mehr der Fall ist.
- **Bank- und Vertrauenskrise**: Wenn einer Bank die Insolvenz droht oder wenn darüber in den Medien und in der Öffentlichkeit spekuliert wird, verlieren viele Sparer ihr Vertrauen. Der Anleger muss dann um seine Einlagen fürchten. Das Risiko wächst, je länger er seine Einlagen auf der Bank belässt.

Der Schaltersturm kann dann tatsächlich zur Insolvenz der Bank führen. Deshalb schließen betroffene Banken ihre Filialen, und aus den Geldautomaten kann man nur noch einen bestimmen Betrag abheben (siehe »Bankenpleiten in Wirtschaftskrisen«).

- Eng damit verbunden ist das **Herdenverhalten**: Anleger beobachten, dass viele Menschen ihre Ersparnisse abheben, und vertrauen darauf, dass dies einen bestimmten Grund haben muss.[415]

Lektion für den Sparer:

Im Falle eines drohenden Bank Runs ist es für den Anleger eine optimale Strategie, möglichst früh am Bankensturm teilzunehmen, da damit die Wahrscheinlichkeit, an sein Geld zu kommen, am höchsten ist. Ideal ist es, mehrere Konten auf verschiedenen Banken zu haben, damit die Ersparnisse auf dem Konto der schwächelnden Bank schnell auf das Konto einer anderen Bank überwiesen werden können. Ich komme im Kapitel »Bankendiversifizierung« noch einmal darauf zurück.

Wie ich Ihnen bis zu diesem Zeitpunkt hoffentlich klar gemacht habe: Das Finanzsystem und seine Banken sind momentan so fragil wie seit der katastrophalen Finanzkrise nicht mehr, die 2008 ihren Anfang nahm. Verzweifelt versuchen staatliche Regulierungsbehörden immer mehr Sicherheiten aufzubauen, um Bankencrashs zu verhindern, die Banken zu kontrollieren und zu maßregeln. Doch das alles nützt nur bedingt etwas, denn Bankenpleiten gibt es nach wie vor, und auch das Finanzsystem ist in bedrohlicher Schieflage, was die jüngsten Crashs in der Schweiz und in den USA bewiesen haben. Dazu kommen die vielfältigen Finanz-Atombomben, die noch in den Bankenbilanzen schlummern und bis jetzt noch nicht explodiert sind. Im Kapitel »Deutsche Banken sind nicht mehr sicher« gehe ich ausführlich auf diesen Punkt ein.

TEIL 5

Was Sie unbedingt wissen müssen

I. Was ist »Geld« überhaupt?

Das Wort »Geld« leitet sich vom indogermanischen *ghel* (»Gold«) und dem althochdeutschen *gelt* (»Vergeltung« oder »Wert«) ab.[416]

In der Wissenschaft definiert sich »Geld« durch das, was es in einer Volkswirtschaft leistet: »Geld ist jeder Vermögensgegenstand, der ganz leicht zum Kauf von Gütern und Diensten eingesetzt werden kann.«[417]

»Geld« ist aber nur ein Begriff, eine Vorstellung, die man nicht sehen kann. Scheine und Münzen sind kein Geld, sondern nur ein Symbol dafür, allerdings mit Macht und Einfluss. Geld ist neutral und behandelt alle Menschen gleich, ohne Diskriminierung und ohne Einschränkung.[418]

Der Autor Joshi Frey schreibt: »Geld ist das Fundament der Gesellschaft, eine notwendige Erfindung, ohne die unser heutiges Leben nicht funktionieren würde. Mit Geld sind wir jemand, es definiert den Wert und den Rang unserer Person in der Gesellschaft.«[419]

Geld erleichtert den Handel, erhöht so den Wohlstand, produziert aber selbst nichts. Der schottische Moralphilosoph Adam Smith[420], Begründer der klassischen

Nationalökonomie, verglich Geld mit einem Verkehrsweg, »der alles Heu und Getreide des Landes zu den Märkten bringt, ohne selbst etwas zu produzieren«.[421]

Geld erlaubt ein Leben in Sicherheit, ohne jeden Tag einen Existenzkampf ausfechten zu müssen. Geld erlaubt Annehmlichkeiten, die den Lebensstandard verbessern. Der Erfolgs- und Bestsellerautor Richard Templar hat dazu seine ganz eigene Auffassung: »Ich lernte zu akzeptieren, dass Geld an sich weder etwas Gutes noch etwas Schlechtes ist, weder mein Freund noch mein Feind. Es ist nicht das Übel, für das wir es so oft halten. Ohne Geld würde sich das Leben auflösen. Geld ist das Öl, das dafür sorgt, dass unser Leben reibungslos läuft. Was wir damit tun, ist gut oder schlecht, richtig oder falsch, unser Freund oder unser Feind.«[422]

Formen des Geldes

1. **materiell:** Geldmünzen, Banknoten.
2. **immateriell:** Bankguthaben, Kreditzusagen.

Arten des Geldes

- **Warengeld:** ein Gut, das als Tauschmittel eingesetzt werden kann, zum Beispiel Edelmetalle.
- **Warengestütztes Geld:** Der »Wert« wird durch das Umtauschversprechen in andere wertvolle Güter garantiert.
- **Fiatgeld:** ungedecktes Papiergeld.
- **Befehlsgeld:** wird auf »Befehl« einer Regierung geschaffen.
- **Quasigeld:** besteht aus finanziellen Aktiva und kann zu Bargeld und Sichteinlagen gemacht werden.[423]

Funktionen des Geldes

- Zahlungsmittelfunktion (Tausch- oder Zahlungsmittel).
- Wertaufbewahrungsmittel.
- Wertmaßstab und Recheneinheit (Kaufkraft).

- **Geld im Umlauf** umfasst die Kassenbestände der Nichtbanken.
- **Sichteinlagen** sind Guthaben auf Bankkonten.
- Das **Geldangebot** umfasst alles, was man als Geld betrachtet.[424]

Kennziffern zur Messung des Geldangebots

- **M1**: Bargeld im Umlauf, Reiseschecks und Sichteinlagen.
- **M2**: wie M1 plus Aktiva, die schnell in Bargeld und Sichteinlagen umgewandelt werden können.
- **M3**: wie M2 plus Aktiva, die nicht so schnell in Bargeld und Sichteinlagen umgewandelt werden können.[425]

Geld ist weder mein Freund noch mein Feind;
Geld ist neutral und behandelt alle Menschen gleich.

II. Eine kleine Geschichte des Geldes

Woher kommt das »Geld« überhaupt, und wer hat es »erfunden«? Um diese Frage beantworten zu können, müssen wir weit in die Vergangenheit zurückreisen:

Während die Sumerer in der Frühzeit der Menschheit mit Gold- und Silberbarren bezahlten, geschah dies in der Südsee mit Kaurimuscheln und in Osteuropa mit Fellen. Doch etwa um 700 v. Chr. prägte das Volk der Lydier in Kleinasien (heute Türkei) zum ersten Mal Münzen. Sie taten dies wohl aus reiner Zweckmäßigkeit, da sie zwischen Griechenland, Persien und Mesopotamien besonders viel Handel betrieben.[426] Das Bezahlen mit den Münzen erleichterte ihre Geschäfte enorm, denn nun musste nicht mehr jedes Mal gewogen und abgezählt werden wie beim reinen Warentausch. Die Münzen der Lydier verbreiteten sich im Laufe der Zeit auf der ganzen Welt. China war dann im 11. Jahrhundert das erste Land, das »Papiergeld« erfand, weil Münzen zu knapp geworden waren.[427]

Chronologie des Geldes, der Banken und der Finanzmärkte

- **700 v. Chr.:** Die Lydier prägen erste Münzen. Die Idee verbreitet sich im Laufe der Jahrhunderte auf der ganzen Welt.
- **1100:** In China wird das »Papiergeld« erfunden.
- **1100:** In Oberitalien werden erste Kredit- und Wechselgeschäfte abgeschlossen.
- **1156:** In der Republik Venedig werden zum ersten Mal Anleihen ausgegeben.
- **1276:** Marco Polo entdeckt auf seiner Chinareise als erster Europäer überhaupt, dass Banknoten als Zahlungsmittel verwendet werden.
- **1300:** In Florenz entstehen die ersten Banken.
- **1402:** In Frankfurt am Main wird die erste deutsche Bank gegründet.
- **1409:** In Brügge entsteht die erste europäische Börse.
- **1483:** Die Spanier führen Papiergeld in Europa ein.
- **1494:** Der Italiener Luca Pacioli erfindet die doppelte Buchführung mit Soll und Haben.
- **1543:** Kaiser Karl V. hebt das Zinsverbot für Christen auf.
- **1574:** Staatsanleihen bürgern sich ein.

→

- **1602:** Die Vereenigde Oostindische Compagnie (Ostindien-Handelsgesellschaft) begibt die erste »Volksaktie« der Welt.
- **1605:** Papst Paul V. gründet in Rom die erste europäische Staatsbank.
- **1609:** Die Bank von Amsterdam beginnt als erste Bank der Welt mit der Schaffung von Buchgeld.
- **1637:** Der erste Börsencrash in der Geschichte ereignet sich in Holland (»Tulpencrash«).
- **1661:** Die Bank von Stockholm gibt die ersten offiziellen Banknoten heraus.
- **1694:** Die Bank of England gibt ebenfalls Banknoten heraus.
- **1716:** Papiergeld wird auch in Frankreich eingeführt.
- **1765:** Friedrich der Große gründet die erste deutsche Notenbank.
- **1800:** Frankreichs erste Notenbank entsteht.
- **1849:** Die ersten deutschen Kreditgenossenschaften werden gegründet.
- **1896:** Die New York Stock Exchange (NYSE), die größte Börse der Welt, wird eröffnet.
- **1908:** Bargeldloser Scheckverkehr wird in Deutschland erstmals erlaubt.
- **1909:** Die Deutsche Reichsbank erklärt ihre Banknoten zum gesetzlichen Zahlungsmittel.
- **1922/23:** Hyperinflation.
- **1929:** Größter Börsencrash in der Geschichte in den USA.
- **1944:** In Bretton Woods beraten 44 Staaten über eine neue Weltwährungsordnung; der Internationale Währungsfonds (IWF) entsteht.
- **1948:** Währungsreform in Deutschland.
- **1968:** Das Eurocheque-System entsteht.
- **1979:** Das Europäische Währungssystem wird gegründet.
- **1987:** Einer der größten Kursabstürze seit Jahrzehnten.
- **1990:** Die D-Mark wird auf dem Gebiet der ehemaligen DDR eingeführt.
- **1997:** Börsencrash in Asien.
- **2000:** Globaler Dotcom-Crash.
- **2001:** Der Euro wird eingeführt.
- **2007:** US-Immobilien- und Finanzkrise
- **2008:** Der Zusammenbruch der US-Bank Lehman Brothers löst eine globale Wirtschaftskrise aus.
- **2010–2013:** Aus der globalen Wirtschafts- und Finanzkrise wird eine Euro- und Schuldenkrise.
- **2012:** Die EU-Bankenunion wird gegründet.
- **2018:** Die EZB muss Banken beaufsichtigen.
- **2023:** Der Europäische Rechnungshof und die Bundesbank schlagen Alarm.[428]

III. »Es werde Geld«: Geld entsteht aus Schulden

Wir denken bei Geld meistens an Münzen und Scheine, die wir anfassen und fühlen können, doch in Wirklichkeit gibt es viel mehr virtuelles als physisches Geld. Aber wie entsteht es?

Die Antwort: Geld wird durch Vergabe von Krediten geschaffen, also durch Schulden. Die »wundersame« Geldschöpfung erfolgt durch Kreditaufnahme von Privatpersonen bei Banken, von Unternehmen bei Geschäftsbanken, von Geschäftsbanken bei der Zentralbank und von Geschäftsbanken untereinander (Interbankenkredite). Auch durch den Ankauf von Aktiva (Anlagevermögen, Umlaufvermögen, aktive Rechnungsabgrenzungsposten) durch Kreditinstitute wird Geld geschaffen, bei der Tilgung von Krediten und dem Verkauf der Aktiva wiederum vernichtet.

»Nichts wird aus nichts, nichts wird zu nichts.«[429]

Unterschieden wird dabei zwischen:

- **Zentralbankgeld:** Es wird von der Zentralbank oder dem Staat geschaffen (zum Beispiel Bargeld).
- **Geschäftsbankengeld:** Dazu gehört das Buch- oder Giralgeld, das nur auf Bankkonten besteht und von Zentral- und Geschäftsbanken geschaffen wird (siehe unten).

In Wahrheit verleiht eine »normale« Bank also nur Luft, ein paar Zahlen auf dem Bildschirm. Sie allerdings müssen der Bank das nicht existente »Geld«, das Ihnen »geliehen« wurde, plus Zinsen zurückzahlen. Dieses »Illusionsgeld« wird im Fachjargon »Buch-« oder »Giralgeld« (in den USA »Fiat Money«) genannt, weil es nicht physisch, sondern nur rein virtuell auf Bankkonten existiert. In Form von Schecks, Überweisungen und Kreditkartenabbuchungen wandert es dann von Bank zu Bank, und aus der ursprünglichen Summe der Anleihe wird immer mehr: Jedes Mal, wenn dieses Geld ausgegeben wird und auf einer anderen Bank landet, geht aus ihm ein weiterer Kredit hervor. So ist das Geld im eigentlichen Sinne nichts wert, da es sich genau genommen um Forderungen handelt.

Die Kreditgeldschöpfung (vereinfachtes Beispiel)

Sie wollen sich ein Auto kaufen und nehmen dafür bei der Bank einen Kredit von 30000 Euro auf, den Sie mit Ihrem Haus absichern. Die Bank überweist das Geld direkt auf das Konto des Autohändlers und belastet gleichzeitig Ihr Konto. Kein einziger Cent an Bargeld ist geflossen.[430]

Sie sehen: Die Bank braucht gar keine vorhergehende Einzahlung von gespartem Geld, um einen Kredit an Sie zu vergeben, weil die Einlage für den Kredit bereits mit der Buchung entsteht. Hier spricht man von Geld- oder Kreditschöpfung, da das neue Geld durch einen Kredit entstanden ist. Also noch einmal: Banken erzeugen durch die Kreditvergabe stets zusätzliches Geld, das vorher nicht vorhanden war, und können durch Ankauf werthaltiger Aktiva (zum Beispiel Anleihen) weiteres Geld erzeugen.[431]

Dieses »Phänomen« beschrieb der deutsche Ökonom Wilhelm Röpke[432], einer der »geistigen Väter« der sozialen Marktwirtschaft, so: »Geld und Kredit sind nicht mehr voneinander zu trennen.«[433]

Die Geldschöpfung basiert also vorwiegend auf der Gewährung von Krediten. Es geht aber auch andersherum, dann nämlich, wenn Geld »verbrannt« wird:

So wird Geld »verbrannt« (vereinfachtes Beispiel)

Sie erwerben ein Wertpapier für 250 Euro. Dieses verkaufen Sie dann später an Ihre Bank. Der Wert des Papiers sinkt danach auf 150 Euro. Die dadurch entstandene Differenz von 100 Euro stellt für die Bank einen Verlust dar, der in ihrer Bilanz abgeschrieben wird, sprich: Das fiktive Geld verschwindet dahin, woher es gekommen ist – ins Nichts.[434]

Diese Vorgänge wiederholen sich in unserer Wirtschafts- und Finanzwelt in noch viel größerem Maße. Fast täglich erhalten wir Meldungen darüber, dass Bank X oder Bank Y Millionen oder gar Milliarden »abgeschrieben« hat. Viele Menschen fragen sich: Woher kommt denn das Geld, und wo geht es hin? Die Antwort ist ganz einfach: Es kommt quasi aus dem Nichts, und es geht ins Nichts.[435]

Diese Darstellung ist keinesfalls übertrieben oder gar an den Haaren herbeigezogen. Der Autor Yoshi Frey meint dazu: »Circa 97 Prozent allen in Umlauf befindlichen Geldes ist daher Schuldgeld. […] Die Bank hat ja in Wahrheit niemals Geld ›verliehen‹, sondern nur das Leistungsversprechen, das im Darlehensvertrag gemacht wurde, ›monetarisiert‹, d. h. zu Geld gemacht – und verlangt ›dafür‹ Zinsen und Zinseszinsen. Der ›Darlehensnehmer‹ hat aber in seine Vertragsbedingungen nur deswegen eingewilligt, weil er irrigerweise glaubte, er würde ›wirkliches‹ Geld leihen, das schon vorher im Besitz der Bank war und über welches diese nun nicht mehr verfügen konnte. Dieser Glaube beruht aber auf einer geschickten Sinnestäuschung. Die ›Leihgebühr‹ bestätigt somit auf sehr raffinierte Weise nur die Illusion, tatsächlich ›etwas‹ von Wert von der Bank geliehen zu haben.«[436]

Franz Hörmann, Professor an der Wirtschaftsuniversität Wien, formulierte dies in einem Interview mit dem österreichischen *Standard* noch viel drastischer: »Banken erfinden im Kreditprozess Geld. Wenn man aber Geld aus Luft erfindet und das, was vorher noch nicht existiert hat, verzinst weitergibt und dinglich absichern lässt, dann ist das, wenn das Geschäftsmodell schiefgeht, in Wahrheit ein Enteignungsmodell. Das ist auch der Hintergrund des Bankgeheimnisses. Banken können überhaupt nicht offenlegen, wo beispielsweise die Zinsen für Sparbücher, Bausparverträge oder Sonstiges herkommen. Denn wenn sie das täten, müssten sie zugeben, dass das alles in Wirklichkeit verkettete Pyramidenspiele sind. [...] Die Zusammenhänge sind auch völlig absurd, wenn man sich Folgendes überlegt: Der Staat verschuldet sich bei den Banken, um die Zinsen der Schulden, die er bei den Banken hat, zu begleichen oder um die Banken zu retten, bei denen er selber Schulden hat.«[437]

Beide – Banken und Staaten – sind dadurch so voneinander abhängig wie siamesische Zwillinge.

Der bereits oben erwähnte Ökonom Wilhelm Röpke schrieb: »Die Bank ist eine Institution, die regelmäßig weniger zu halten braucht, als sie verspricht, und daher davon lebt, dass sie regelmäßig mehr verspricht, als sie im Ernstfalle halten kann.«[438]

Früher waren die *staatlichen* Zentralbanken für die Geldschöpfung zuständig. Doch heutzutage geben diese lediglich Bargeld in einem Volumen von 5 bis 20 Prozent der gesamten Geldmenge in Umlauf.[439] Heute sind es die »normalen« Banken, die den Löwenanteil des Geldes schöpfen – und zwar durch Kreditvergabe.[440] Bereits dann, wenn ein Kunde sein Konto überzieht, entsteht neues Geld (»Giralgeld«), so wie oben beschrieben.

Licht und Dunkel der Geldschöpfung

Den Privatbanken beziehungsweise Geschäftsbanken, die nicht dem Allgemeinwohl verpflichtet sind, sondern nur sich selbst, die ordnungspolitisch so wichtige Funktion der Geldschöpfung zu überlassen ist äußerst heikel und hat zu vielen Finanz- und Wirtschaftskrisen geführt, wie ich in »Bankencrashs sind keine Verschwörungstheorie« beschrieben habe. Gleichwohl darf nicht außer Acht gelassen werden, dass es gerade diese Geldschöpfung war, die uns zum Wohlstand geführt hat. Doch jetzt ist zu viel virales Geld im System, das diesen positiven Aspekt negiert. Ich komme darauf noch zurück.

Die Funktion der Banken ermöglicht Zinserträge für den Sparer und Kapitalversorgung für den Kreditnehmer. Eine Bank übernimmt also Risiken, für die sie einen Preis verlangt, nämlich Zinsen. Die klassische Geschäftsgrundlage wird durch die Kreditvergabe auf dem privaten, institutionellen und öffentlichen Sektor sowie die Entgegennahme von Vermögenswerten zur *sicheren* Verwahrung gebildet. Die Banken brauchen solide Anlagemöglichkeiten mit Zinserträgen.

Dieses sinnvolle Konzept wird allerdings missbraucht, wenn zu viele Schulden aufgenommen werden, weil das Geld billig ist und zu viel Kapital in spekulative Anlagen investiert wird, weil zu viel Geld vorhanden ist.[441] Das richtige Maß ist aber wichtig, damit nicht alles aus dem Ruder läuft.

IV. Eine kurze Geschichte des Fiat Money

Wie oben beschrieben entsteht virtuelles Geld (Buch- und Giralgeld, Fiat Money) aus dem Nichts. Deshalb verwundert es nicht, dass Regierungen mit Millionen und Milliarden nur so um sich werfen. Tatsache ist, dass Währungen nicht mehr mit Gold gedeckt sind und auch der Euro an keine Deckungsvorschrift gebunden ist.[442]

Bei diesem »Fiat Money«[443] handelt es sich – wie oben ebenfalls beschrieben – um »stoffwertloses« Geld, bei dem eine Deckung durch reale Vermögenswerte fehlt. Es ist also Geld aus dem »Nichts«, das nur aufgrund von Beschlüssen von gesetzgebenden Organen entsteht.[444] Seine Akzeptanz wird nur durch gesetzliche Vorschriften sichergestellt.[445]

Chronologie des Fiat Money

- **1294:** Das erste »Fiatgeld« entsteht in Persien.[446]
- **1793:** Im Zuge der Französischen Revolution (1789–1799) wird Fiatgeld von der Nationalversammlung »geschaffen«.
- **1803:** Napoleon schafft das Fiatgeld wieder ab und führt den »Franc« als Währung ein.[447]
- **1861:** In den Vereinigten Staaten wird Fiatgeld erstmals während des Amerikanischen Bürgerkrieges (1861–1865) in Umlauf gebracht: Aufgrund eines Beschlusses des US-Kongresses ist es nicht mehr möglich, Dollarnoten in Goldmünzen einzutauschen.[448]
- **1930er-Jahre:** Franklin D. Roosevelt, der 32. Präsident der USA, verfügt, dass die Zentralbank von Bürgern eingereichte US-Dollarnoten nicht mehr in Goldmünzen einlösen muss.[449]
- **1944:** In Bretton Woods (New Hampshire/USA) findet eine Währungs- und Finanzkonferenz der UNO mit 730 Vertretern aus 44 Staaten statt,[450] die Grundlage für eine neue Weltwährungsordnung mit festen Wechselkursen sein wird. Der US-Dollar als Leitwährung steht dabei im Mittelpunkt. Dessen Wert wird gegenüber dem Gold auf 35 US-Dollar je Unze Feingold (1 Unze = 31,104 Gramm) festgelegt. Seitens der US-Zentralbank besteht von nun an die Verpflichtung, Dollar in Gold einzulösen. Die Wechselkurse aller anderen Währungen werden gegenüber dem US-Dollar fixiert und die Zentralbanken der teilnehmenden Länder verpflichtet, durch ihre Geldpolitik die Wechselkurse innerhalb einer Bandbreite von einem Prozent zu stabilisieren.[451] Dadurch sind die USA völlig autonom in Bezug auf ihre Währungs- und Geldpolitik.[452] Die Amerikaner machen damit *alle* Währungen von sich abhängig.
- **1969:** Charles de Gaulle, der französische Staatspräsident, lehnt sich als Erster gegen den »Dollar-Imperialismus«[453] auf und will alle Dollarreserven Frankreichs in Gold einlösen. Doch die Goldreserven der USA reichen nicht einmal aus, um die Forderungen dieses *einen* Landes zu erfüllen.
- **1971:** Die USA kündigen die Verpflichtung, Dollar in Gold einzulösen, einfach auf.
- **1973:** Das Bretton-Woods-System wird außer Kraft gesetzt, und die Wechselkurse werden wieder freigegeben.[454] Die Schleusen für die Währungsinflation sind geöffnet.[455]

- **Seit 1973:** Der Finanzsektor wird von Fiat Money überschwemmt, das Notenbanken zur »Lösung« verschiedener Krisen drucken.
- **2008/2009:** Die USA erhöhen die Geldmenge um über 100 Prozent, die Euroländer um rund 30 Prozent.[456]
- **Bis heute:** Vor allem die US-Notenbank Federal Reserve (Fed) und die Europäische Zentralbank bringen immer mehr Geld in Umlauf.

Fiat Money erlaubt also Geldschöpfung in »beliebiger« Menge und führt zur Inflation, wenn die Geldmenge stärker als die Produktivität steigt. Fiat Money ist aber auch ein wirtschaftspolitisches Lenkungsinstrument.

Demgegenüber bestätigte die russische Regierung Mitte Juli 2023, dass die BRICS-Länder (Brasilien, Russland, Indien, China und Südafrika) eine neue Währung einführen wollen, die durch Gold gedeckt sein soll.[457] Die Entscheidung darüber wurde im August 2023 allerdings auf das BRICS-Treffen im Oktober 2024 in Kasan verschoben.[458]

Das Fiat-Money-Monster ist nicht mehr zu zähmen!

Das ist keine leere Phrase, denn wie Sie gleich sehen werden, ist so viel künstliches, also ungedecktes Geld im Umlauf, wie niemals zuvor in der Geschichte der Menschheit. Wenn man sich folgende Zahlen ansieht, kann man sich vorstellen, was ich damit meine:

Fiat Money versus Güter und Dienstleistungen (in Billionen US-Dollar):

1990	2023	Prozent
Devisengeschäfte (global)		
147	2190[459]	**+1390**

→

Finanzderivate (global)		
2	632	**+31500**
außerbörslich gehandelte Aktien & Bonds (global)		
9	199,8	**+2120**
Wert der produzierten Güter und Dienstleistungen/BIP (global)		
22	104,4	**+375**[460]

Seit 1990, also im Zeitraum von nur einer Generation, haben sich die Devisengeschäfte um 1390 Prozent gesteigert, der Umfang des Handels riskanter Finanzderivate sogar um sage und schreibe 31 500 Prozent erhöht. Die gehandelten Aktien haben sich um 2120 Prozent vervielfacht. Das bedeutet: Rund 3022 **Billionen** Dollar Fiat Money schwirren auf Konten und Bilanzen weltweit umher. Aber nur noch 3,45 Prozent des globalen Geldes sind mit Waren und Dienstleistungen »abgesichert«. Demgegenüber sind 96,65 Prozent des weltweiten Geldes und der Finanzinstrumente künstliches Fiat Money.

Das bedeutet: Der Finanzsektor hat sich von der Güterwirtschaft weitgehend abgekoppelt. Die Haltung zwischen den Finanzmärkten und der Realwirtschaft könnte unterschiedlicher nicht sein: Während in der Wirtschaft *reale* Güter im Vordergrund stehen, werden an den Finanzmärkten *Erwartungen* gehandelt, die mit spekulativen Geschäften abgesichert werden. Doch so schnell wie Geld durch Kreditschöpfung entsteht, kann es auch wieder verschwinden. Dennoch wird es jeden Tag mehr. Kurzum: Das Fiat-Money-Monster und die Banken, die es verbreiten und erschaffen, sind – trotz allen Regularien – nicht mehr zu zähmen.

V. Kritik: »Die zerstörerische Kraft des Zinses«

Ich möchte an dieser Stelle noch einige Worte zum Thema »Zins und Zinseszins« verlieren.

Einer der größten Kritiker des Zinseszins-Systems ist wohl Bernd Senf[461], von 1973 bis 2009 Professor für Volkswirtschaftslehre an der Fachhochschule für Wirtschaft in Berlin. Für ihn ist der Zins der »Krebs des sozialen Organismus«, und die Weltfinanzkrise sei kein Blitz aus heiterem Himmel gewesen, sondern die logische Konsequenz am Ende einer langen Kette, ausgelöst durch die »zerstörerische Kraft des Zinses«: Der Zinseszins lasse die Geldvermögen in beschleunigtem Maße anwachsen. Bei 5 Prozent Zinseszins verdoppele sich ein Geldvermögen jeweils alle 15 Jahre, entsprechend der Folge 1 – 2 – 4 – 8 – 16 – 32 – und so weiter Je höher der Zins, um so kürzer sei der jeweilige Verdoppelungszeitraum. Doch wenn das Geldvermögen wachse, müsse auch die Verschuldung im Gesamtsystem wachsen – und zwar in gleicher Höhe.[462]

Professor Senf konstatiert, dass Geldvermögen demnach nur wachsen können, wenn es Schuldner gibt, die entsprechende Zinsen auf Kredite zahlen. Anders ausgedrückt: Das steigende Geldvermögen der einen wird so zu den Schulden der anderen.[463] Aber genau das bringt verschiedene Tendenzen hervor, die sich immer weiter zuspitzen, so Senf:

- **Wirtschaft:** Die Produktion kann nicht so schnell wachsen, wie das Geldvermögen steigt, da die Ressourcen begrenzt sind. Schwächt sich das Wirtschaftswachstum ab, geraten die verschuldeten Unternehmen immer mehr in die Schuldenklemme.
- **Gesellschaft:** Auch derjenige in der Gesellschaft, der *nicht* verschuldet ist, muss *indirekt* Zinsen zahlen, da die Unternehmen die Belastungen durch aufgenommene Kredite in der Preiskalkulation ihrer Waren und Dienstleistungen berücksichtigen. Der Anteil des Zinses in den Preisen macht bis zu 40 Prozent aus.

- **Staat:** Durch die stetig wachsende Verschuldung und die zu zahlenden Zinsen kommt der Sozialstaat immer mehr in Finanzierungsnöte. Im Extremfall könnte die Regierung sogar zu einer Neuverschuldung gezwungen sein, nur um die Zinsen für die bisherigen Schulden tilgen zu können, wobei die Steuerlast der Bürger immer höher steigt.[464]

Zwar werden diese Probleme nicht *allein* durch den Zins verursacht, so Professor Senf, aber zumindest wesentlich verstärkt. Er ist davon überzeugt, dass die Dynamik des Zinses und des Zinssystems ausreichen werden, um Krisen hervorzurufen. Nur etwa 50 Jahre dauere es, bis die wachsende Verschuldung des Staates, der privaten Unternehmen und der privaten Haushalte den Organismus einer Gesellschaft so stark mit Zinszahlungen belaste, dass ein Zusammenbruch unumgänglich sei.[465]

Die Schlussfolgerung: Finanz- und Weltwirtschaftskrisen werden sich demnach so lange wiederholen, wie das Zinseszins-System besteht.

VI. Auf- und Abwertung einer Währung

Devisen

Zunächst möchte ich erklären, was der Begriff »Devisen« überhaupt bedeutet. Er bezeichnet Buchgeld (Kontoguthaben, Wechsel, Schecks), das auf ausländische Währung lautet. Als »Sorten« hingegen bezeichnet man Fremdwährungen in Form von Bargeld (Münzen, Banknoten).

Die Preise, zu denen die Währungen gehandelt werden, sind die Wechselkurse. In diesem Zusammenhang interessieren die Fragen: Wie viel kostet zum Beispiel ein Dollar in Euro? Oder wie viele Dollar bekommt man für einen Euro?

Das Wechselkursystem

»Wechselkurssystem« hingegen nennt man die Regelung des Umgangs einer Regierung mit ihrem Wechselkurs. Hierbei unterscheidet man in

- **Fester Wechselkurs:** Eine Regierung hält den Wechselkurs gegenüber anderen Währungen genau oder nahe bei einer bestimmten Zielgröße.
- **Flexibler Wechselkurs:** Eine Regierung überlässt den Wechselkurs ohne Eingriffe dem Devisenmarkt. Dieser wird dann durch Angebot und Nachfrage gebildet.
- **Nominaler Wechselkurs:** Ist das Verhältnis, zu dem man die Währung eines Landes gegen eine andere tauschen kann.
- **Realer Wechselkurs:** Ist das Verhältnis, zu dem man Güter und Dienstleistungen aus einem Land gegen Güter und Dienstleistungen eines anderen Landes eintauschen kann.

Auf- und Abwertung einer Währung – was bedeutet das?

Euro, Dollar, Yen und Schweizer Franken. Warum werten manche Währungen auf und die anderen ab? Welche Folgen haben Währungsturbulenzen?

Eine Währung wird aufgewertet, wenn ihr Preis auf dem Devisenmarkt steigt. Von einer Abwertung spricht man dann, wenn ihr Preis auf dem Devisenmarkt sinkt. Als Auf- und Abwertung bezeichnet man zudem wirtschaftspolitisch herbeigeführte Preisänderungen auf dem Devisenmarkt.

Aufwertung

Die Aufwertung einer Währung verteuert die Exporte und verbilligt die Importe des jeweiligen Landes. Dies kann für das Land, das seine Währung aufwertet, einen Verlust der Wettbewerbsfähigkeit im Exportbereich bedeuten. Auf der anderen Seite sorgt eine Aufwertung dafür, dass mehr Geld für Importe ausgegeben wird, was die Gefahr einer hohen Inflation und Arbeitslosigkeit mindert.

Aufwertung (Beispiel):

Eine Erhöhung der Leitzinsen bewirkt eine größere Nachfrage nach Staatsanleihen des betreffenden Landes. Da die Anleihen in der Währung des Landes bezahlt werden müssen, entsteht gleichzeitig auch eine erhöhte Nachfrage nach dieser Währung, und es kommt zu einer Aufwertung.

Abwertung

Die Abwertung einer Währung gegenüber Fremdwährungen führt zu einer Verbilligung der Exporte und einer Verteuerung der Importe des betreffenden Landes. Eine Abwertung der eigenen Währung fördert Inflationstendenzen.

Der Staat beziehungsweise die Notenbank kann also eine **gewollte Abwertung** ihrer eigenen Währung herbeiführen. So können niedrige Zentralbankzinsen die Geldmenge erhöhen.

Durch diese »Politik des billigen Geldes« steigt die Geldmenge schneller als die Gütermenge an, was eine – in diesem Fall – »gewollte« Abwertung der Währung zur Folge hat, was die internationale Konkurrenzfähigkeit der eigenen Industrie verbessert.

Gegenüber anderen Währungen wird die Inflation so importiert: Die Importgüter verteuern sich, um die einheimische Wirtschaft anzukurbeln.

Ziel:

Die Förderung der eigenen Exporte zur Verringerung des Leistungsbilanzdefizits (Zahlungsbilanz). Da eine Abwertung zu einer Verteuerung der Importe und einer Verbilligung der Exporte des abwertenden Landes führt, kann sie zulasten des Auslands zu einer Erhöhung oder Stabilisierung des Volkseinkommens über den Außenbeitrag instrumentalisiert werden.

Folgen:

Importe werden teurer, während inländische Produkte für das Ausland billiger werden.

Vorgehensweise:

- In einem System **fester** Wechselkurse (Wechselkurssystem) erfolgt die Abwertung gewissermaßen amtlich durch Beschluss der Regierungen beziehungsweise der Notenbanken. Der Staat (Zentralbank) legt also den Wechselkurs fest.
- In einem System mit **freien** Wechselkursen kommt es zur Abwertung, wenn die Währung eines Landes stärker angeboten als nachgefragt wird. Will der Staat den Kurs der Währung beeinflussen, muss er als Anbieter oder Nachfrager in den Markt eingreifen. Wenn der Kurs hoch bleiben soll, kann die Zentralbank die eigene Währung aufkaufen. Dazu braucht sie Devisenreserven.
- Bei **flexiblen** Wechselkursen ergibt sich eine Abwertung quasi automatisch durch Änderung von Angebot und Nachfrage am Devisenmarkt.[466]

Wie Sie diesem »Spiel« entgehen können, erfahren Sie in »So schützen Sie sich vor dem Bankencrash.«

VII. Vorsicht bei Bankaktien!

Es gibt in meinem Bekanntenkreis nicht wenige, die auch Bankaktien halten, im Vertrauen darauf, dass eine große Bank »ja nicht so schnell pleitegeht, weil der Staat im Zweifelsfalle hilft«.

Das ist gefährliches Halbwissen. Richtig ist zwar, dass viele große Banken in der Finanz-, Wirtschafts- und Schuldenkrise ab 2008 von Staaten »gerettet« wurden, aber das heißt noch lange nicht, dass Sie als Aktionär dann auch nur einen Cent sehen. An den oben genannten Beispielen der Pleiten von Silicon Valley Bank und Credit Suisse haben Sie gesehen, dass die Aktionäre leer ausgingen.

Erst Ende November 2023 sprach das EU-Gericht in Luxemburg ein bahnbrechendes Urteil zu dieser Thematik.

Die spanische Banco Popular kollabierte im Jahr 2017. Auf Veranlassung der Abwicklungsbehörde war die Bank noch im gleichen Jahr in der Santander-Gruppe aufgegangen, um einen Zusammenbruch der damals sechstgrößten Bank Spaniens zum Schaden von Sparern und Steuerzahlern abzuwenden. Die europäische Abwicklungsbehörde Single Resolution Board (SRB) entschied damals, dass Anteilseignern (Aktionären) und Gläubigern keine Entschädigung zustehe, weil es teurer gewesen wäre, die Bank in Insolvenz gehen zu lassen. Betroffene klagten gegen diese Entscheidung, um Schadensersatz aus dem Abwicklungsfonds SRF zu erhalten. Doch ohne Erfolg.[467]

Im ersten Grundsatzurteil vom Juni 2022 erklärte das EU-Gericht die Abwicklung der Banco Popular per se für rechtens. Das zweite Grundsatzurteil zum Präzedenzfall vom November 2023 bestätigte diese Auffassung. Das letzte Wort ist mit dem Urteil allerdings nicht automatisch gesprochen: Die Kläger haben bis Ende Januar 2024 Zeit, Einspruch einzulegen.[468] **Ein Ergebnis lag bei Druckabgabe dieser Publikation noch nicht vor.**

Ich rate nicht nur aus diesem Grund, sondern auch wegen der vielfältigen Risiken, denen Banken ausgesetzt sind, davon ab, Bankaktien zu kaufen. Zu den vielfältigen Risiken verweise ich auf das Kapitel »Deutsche Banken sind nicht mehr sicher«. Letztendlich müssen Sie aber selbst die Entscheidung treffen.

Bankaktienkurse

Ich möchte anhand von vier großen deutschen Banken darstellen, dass Bankaktien seit der Krise 2008 dramatisch an Wert verloren haben. Ich nehme dazu den Kurs vor der Krise, als die Banken noch vermeintlich »sicher« waren:

Bank	2007[469]	2023[470]	Verlust
Deutsche Bank	69,28 €	11,27 €[471]	-83,7 Prozent
Commerzbank	156,90 €	11,29 €[472]	-92,8 Prozent
ING Group	20,58 €	12,76 €[473]	-38 Prozent
UniCredit	146,22 €	25,29 €[474]	-82,7Prozent

Wehe dem, der vor der Krise diese Bankaktien gekauft hat und sie bis heute hält. Ich kann nur noch einmal beteuern: Seien Sie vorsichtig!

VIII. Kennen Sie die Enteignungsklausel »CAC«?

Diese – für die meisten Menschen unbekannte Klausel – ist eine Enteignungsmaschinerie, die Ihnen von hinten durch die Brust ins Auge präsentiert wird. Um dieses zu illustrieren, muss ich noch einmal auf die Geschehnisse in Griechenland zurückkommen, jenem Land, in dem die CAC-Enteignung begann.

An Griechenland wurde es durchexerziert

In Griechenland kam im Frühjahr 2012 im letzten Moment der Schuldenschnitt zustande (siehe Kapitel »Skrupellos gegen die eigenen Bürger (Griechenland 2009–2013)«). Die griechische Regierung erließ auf Druck der EU-Troika **rückwirkend** ein Gesetz, das die Gläubiger zu einem schmerzhaften Verzicht auf ihre Forderungen zwang. Den Gläubigern wurde folgender Vorschlag gemacht:

- Verzicht auf 53,5 Prozent des ursprünglich investierten Geldes.
- Aufteilung der restlichen 46,5 Prozent auf mehr als zwanzig neue Anleihen mit Laufzeiten zwischen 10 und 30 Jahren. Die letzte läuft erst 2042 aus.[475]

Die größten Gläubiger Griechenlands, Banken, Versicherungen und staatliche Versorgungswerke, konnten dem Druck der EU-Staaten nicht standhalten. Sie mussten letztlich zustimmen. Diese »Erpressung« wurde dann als »freiwillige« Umschuldung tituliert. Allerdings waren nicht alle Gläubiger mit dem Angebot einverstanden. Die Uneinsichtigen wurden aber dann damit »bestraft«, dass ihre bisherigen Anleihen einfach zwangsweise in CAC-Anleihen umgetauscht wurden.[476]

Das waren die bitteren Folgen:

- Die griechischen Pensionskassen hatten die eingezahlten Gelder in vermeintlich »sichere Staatsanleihen« des eigenen Landes angelegt. Das war keine Fehlentscheidung, sondern gesetzliche Vorschrift.
- 54 Prozent der Vermögen der Rentenkassen waren mit einem Schlag ausgelöscht.
- Nicht anders erging es den Lebensversicherungen, die viele Griechen als private Altersvorsorge angespart hatten. Auch die Lebensversicherer legen ihr Geld zu großen Teilen in griechische Staatsanleihen an.
- Auch andere Kapital- und Rentenfonds, die beispielsweise Sparkassen und Banken ihren Kunden empfohlen und verkauft hatten, waren massiv betroffen.
- Die meisten Finanzprodukte und Versicherungen, die zur Bildung einer privaten Altersvorsorge beitragen, enthalten Staatsanleihen – aus »Sicherheitsgründen«. Die griechischen Anleger mussten hilflos zusehen, wie der größte Teil ihrer Ersparnisse in Rauch aufging.[477]

Hintergrund: Die Verantwortlichen der einzelnen Eurostaaten gingen im Januar 2013 offensichtlich davon aus, dass die meisten ihrer Länder früher oder später in Zahlungsschwierigkeiten geraten würden. Oder dass den noch einigermaßen stabilen Mitgliedsstaaten die Mittel fehlen würden, um die zahlungsunfähigen Staaten zu retten. Also beugte man vorausschauend vor und baute von nun an bei allen *neuen* Staatsanleihen im Euroraum eine Klausel ein: Die CAC-Klausel (»Collective Action Clause«, auf Deutsch: »Kollektive Handlungsklausel«).[478]

So funktioniert die Enteignungsklausel CAC:

- Der Anleihen ausgebende Staat kann einen Schuldenschnitt in einer mit den Gläubigern auszuhandelnden Höhe ansetzen, wenn das zwei Drittel der Gläubiger wollen. Beispielsweise können die Gläubiger eine Verlängerung der Anleihelaufzeit beschließen, sie können den Nennwert der Anleihe beschneiden oder sich auf einen niedrigeren Zinssatz einigen.
- Das betrifft die Besitzer von Staatsanleihen, Lebens- und Rentenversicherungen, Rentensparverträgen und auch von konservativ aufgestellten Fonds.
- Es gibt keine juristische Handhabe dagegen. Der Gläubiger kann nicht auf Erfüllung seiner Forderung klagen.
- Damit wird die Enteignung der Gläubiger gerichtsfest gemacht.[479]
- Selbst Deutschland behält sich vor, bei Bundesanleihen einen Schuldenschnitt vorzunehmen.[480]

Alle europäischen Staatsanleihen enthalten ab 2013 diese Klausel. In jeder Lebensversicherung und in jedem Rentensparvertrag stecken diese Papiere.[481] Dadurch können Staaten die Rückzahlung von Schulden verweigern, selbst wenn der einzelne Sparer dem nicht zustimmt. Jeder Besitzer von Staatsanleihen kann somit zukünftig gegen seinen Willen enteignet werden. 2013 wurde die Klausel europäisches Gesetz.[482] Betroffen sind alle Anleihen ab 2013 mit einer Laufzeit von mehr als einem Jahr. Staatsanleihen, die vor diesem Zeitpunkt ins Portfolio genommen wurden, sind davon nicht betroffen.[483]

Sie werden enteignet, ohne dass Sie es merken

Zahlungsausfälle bei Staatsanleihen gehen auch Sie ganz persönlich etwas an, auch wenn viele glauben, davon nicht betroffen zu sein, denn wer besitzt schon Staatsanleihen? Aber es ist Ihr Geld, das durch die CAC-Klausel heimtückisch enteignet wird. Warum das so ist, erkläre ich Ihnen jetzt:

- Auch in Deutschland investieren **Rentenkassen** das eingezahlte Geld entsprechend den gesetzlichen Vorschriften in Staatsanleihen – vornehmlich Deutsche Bundesanleihen. Doch die enthalten seit 2013, also schon seit über 10 Jahren, die CAC-Klausel.
- Auch die Anlagen Ihrer **betrieblichen Altersvorsorge** sind meist eine Mischkalkulation aus Aktien, Pfandbriefen, Unternehmensanleihen und Staatsanleihen quer durch die Eurozone. Pfandbriefe und Unternehmensanleihen sind in Zeiten wirtschaftlicher Krisen und heftiger Auftragseinbrüche keine sichere Bank – und durch CAC sind auch die Staatsanleihen nicht mehr sicher. Auf die betrieblichen Rentenkassen kommen möglicherweise große Ausfälle zu.
- Sie haben mit **Lebensversicherungen** für Ihr Alter vorgesorgt? Die Versicherer sind ebenfalls gesetzlich verpflichtet, das angesparte Geld der Kunden zum großen Teil in »sichere« CAC-Staatsanleihen zu investieren.
- Sie haben in »sichere« **Kapitalfonds** investiert? Haben Sie einmal das Portfolio dieser Finanzprodukte überprüft? Welchen Anteil haben hier Staatsanleihen? Hat man vielleicht auch noch Ihr Geld in südeuropäische Staatsanleihen investiert, weil die mehr Zinsen bringen?
- Auch große **Banken** halten nicht unbeträchtliche Pakete an Staatsanleihen aus der gesamten Eurozone, seit 2013 auch mit der CAC-Klausel.[484]
- Freuen Sie sich auch nicht zu früh, wenn Sie Staatsanleihen ohne CAC-Klausel besitzen, denn Griechenlands Papiere enthielten diese ursprünglich auch nicht. Die Regierung hat sie dann einfach per Gesetz **nachträglich** eingefügt.[485]

Mit der Einführung der CAC-Klausel wurde eine bisher unantastbare Grenze überschritten.

Das Prinzip der CAC-Klausel einfach formuliert:

Man leiht einem Überschuldeten Geld, der im Kreditvertrag festschreibt, dass er im Zweifelsfall nicht oder nur teilweise zahlt, und dann auch noch den Ausschluss des Rechtsweges festschreibt.

Fakt ist: Dass die CAC-Klausel bis heute in Staatsanleihen festgeschrieben werden muss, beweist, dass die Staatsanleihen von EU-Ländern als unsicher beurteilt werden, denn sonst würde man doch darauf verzichten, oder?

Die Internetseite wertpapierdepot.net schreibt: »Die Collective Action Clause erleichtert zwar Staatspleiten, hat aber einen Nachteil: der Staat kann Versicherungen und Pensionsfonds vorschreiben, das Geld ihrer Kunden in Anleihen mit CAC anzulegen. Vor deren Rückzahlung könnte er sich dann leichter drücken als bisher. Da über kurz oder lang alle Staatsanleihen eine Collective Action Clause haben werden, kann es für Sparer bei den als vermeintlich sicher eingeschätzten Papieren durchaus ein böses Erwachen geben.«[486]

Lektion für den Sparer:

Nehmen Sie Ihre Vermögensanlagen kritisch unter die Lupe, und prüfen Sie, wie viele Investitionen in Staatsanleihen Ihre »Partner« (Versicherungen, Banken. Finanzdienstleister etc.) vornehmen. Am besten geht das über Geschäftsberichte der Unternehmen. Sie werden meist im Internet veröffentlicht.

Im Übrigen habe ich die Erfahrung gemacht, dass 90 Prozent der von mir Befragten »Finanzexperten«, die ihren Kunden Produkte »verkaufen« wollen, nichts von der CAC-Klausel wissen und wenn doch, sie nicht richtig erklären können oder diese ganz einfach verschweigen.

TEIL 6

Deutsche Banken sind nicht mehr sicher

I. Die Gewerbeimmobilienbombe: Die Risikovorsorge steigt

Ich habe bereits in »Nach der Krise: So sollten Banken wieder sicher gemacht werden« beschrieben, welche neuen Regelungen nach der verheerenden Immobilien-, Finanz und Weltwirtschaftskrise eingeführt wurden. Doch es bleibt nach wie vor ein Restrisiko – und zwar kein geringes.

Auch in den vergangenen Jahren und sogar noch 2023 gingen deutsche Banken Pleite (siehe Kapitel »Deutschlands Pleitebanken«), und das trotz der vielen neuen oder ergänzenden Vorschriften und Regelungen.

Niemand (außer Staaten mit Zentralregierungen) kann den Markt, der sich täglich verändert, bändigen, weil wir uns in einer freien Marktwirtschaft bewegen. Aufgrund der Verwerfungen im letzten Jahr (siehe Kapitel »Das Pleitegespenst kehrt zurück)« hat so manche Bank Sorge, wenn nicht sogar Panik bekommen und deshalb ihre Risikovorsorge erhöht. Würden sie das tun, wenn alles »gut« wäre?

Risikovorsorge (Definition)

Das *Börsenlexikon* der FAZ erklärt uns, was unter Risikovorsorge gemeint ist: »Die Risikovorsorge ist die Bildung einer Rücklage einer Bank für das Kreditgeschäft. Sie umfasst Wertberichtigungen und Rückstellungen für jedes mögliche und erkennbare Bonitätsrisiko und Länderrisiko. Wenn das betreffende Ereignis eintrifft, so werden die fälligen Beträge aus einer Auflösung der Rückstellungen (Risikovorsorge) entnommen.«[487]

Wieso erhöhen die Banken also ihre Risikovorsorge? Natürlich aus Angst und vor dem Hintergrund der Geschehnisse in den USA und in der Schweiz. Auch die Immobilienkrise ist in vollem Gange, Preise fallen, und hohe Zinsen lähmen die Finanzierung neuer Objekte. Das Kreditzusagevolumen für Gewerbeimmobilien ging um 25 Prozent zurück[488] (siehe dazu auch das Kapitel »BaFin warnt vor Auswirkungen auf deutsche Bankenbranche«).

Der paneuropäische Gewerbeimmobilienpreis ist um bis zu 25 Prozent gefallen

Commercial Property Price Index (CPPI), (c) Greenstreet)

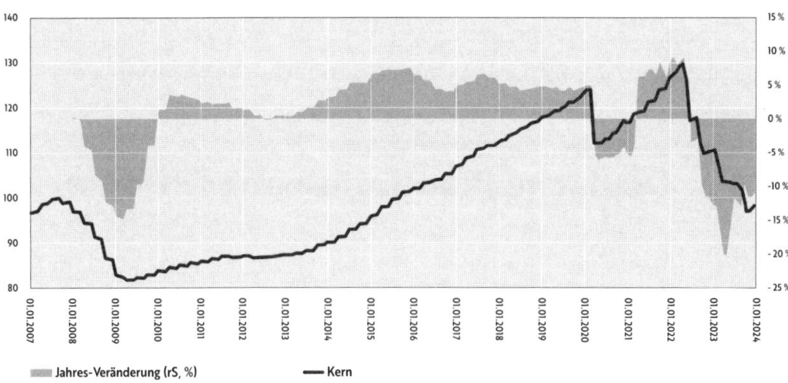

Quelle/Screenshot/Bildzitat: *https://www.infosperber.ch/wirtschaft/kapitalmarkt/nein-auch-julius-baer-hat-das-rad-nicht-neu-erfunden/*[489]

Hier ein paar Beispiele deutscher Banken, die ihre Risikovorsorge erhöht haben:

Münchener Hypothekenbank (MHB)

Aufgrund der angespannten Lage an den Immobilienmärkten hat die MHB ihre Kreditvorsorge bereits Mitte November 2023 signifikant heraufgesetzt. Der zum genossenschaftlichen Verbund gehörende Immobilienfinanzierer erhöhte die Risikovorsorge per saldo deutlich auf 90 Millionen Euro. Das ist fast das Dreifache der Summe zum gleichen Vorjahreszeitraum. Dort waren es »nur« 30,4 Millionen Euro.[490]

Aareal Bank

Der Wiesbadener Immobilienfinanzierer erhöhte ebenfalls zwischen Juli und September 2023 seine Risikovorsorge – und zwar deutlich von 63 Millionen Euro im Vorjahreszeitraum auf nunmehr 102 Millionen Euro.[491] Damit belief sich die Risikovorsorge seit Jahresbeginn 2023 auf 262 Millionen Euro im Vergleich zu 170 Millionen Euro im Vorjahr. Das lag vor allem an den Problemen bei amerikanischen Büroimmobilien.[492]

Mitte Februar 2024 stuften Ratingagenturen die Bank weiter herab. In den letzten 12 Monaten war der Aktienkurs um sage und schreibe 51 Prozent abgestürzt.[493]

Deutsche Pfandbriefbank (PBB)

Die PBB sprach Anfang November 2023 eine Gewinnwarnung aus und musste vor allem wegen der Krise am US-Büromarkt ihre Risikovorsorge erheblich[494], und zwar von 80 Millionen auf 104 Millionen Euro, erhöhen.[495]

Die Aareal Bank und die Pfandbriefbank sind auf die Finanzierung von Gewerbeimmobilien (Büros, Hotels, Einkaufszentren u. a.) spezialisiert. Aufsichtsbehörden warnen schon lange vor Risiken bei gewerblichen Immobiliendarlehen. Der Chef der EZB-Bankenaufsicht, Andrea Enria, drängt europäische Institute deshalb, diese Risiken ausreichend zu berücksichtigen.[496]

Landesbanken

Die Landesbanken hatten in den vergangenen Jahren große Portfolios an gewerblichen Immobilienkrediten aufgebaut. In diesem Bereich summiert sich das Brutto-Kreditvolumen der BayernLB, inklusive Töchtern wie der DKB, auf 67 Milliarden Euro. Die LBBW sprach ihrerseits zuletzt von einem Finanzierungsvolumen von 56 Milliarden Euro, zu dem die zugekaufte Berlin Hyp etwa die Hälfte beisteuere.[497]

Die Immobilienmärkte stehen weltweit wegen der stark gestiegenen Zinsen, die Finanzierungen teurer machen, unter Druck. Die Folge: Die Bewertungen sinken deutlich.[498]

Vor diesem Hintergrund erhöhte auch die BayernLB ihre Risikovorsorge um 127 Millionen Euro. Begründung: Aufgrund des veränderten Marktumfeldes bekämen manche Kunden der Bank Probleme. Bei der LBBW betrug die Risikovorsorge hingegen rund 109 Millionen Euro.[499]

Bei der Landesbank Hessen-Thüringen (Helaba) beliefen sich die Zuführungen zur Risikovorsorge im Segment Immobilien auf 173 Millionen Euro. Die NordLB verbuchte 20 Millionen Euro.[500]

Doch diese rund 430 Millionen Risikorückstellungen der vier Landesbanken sind nur ein Tropfen auf den heißen Stein, denn unterm Strich belaufen sich die Immobilienfinanzierungen der vier großen Landesbanken auf etwa 180 Milliarden (!) Euro.[501] Hier schlummert also eine Immobilienfinanzierungsbombe in den Bilanzen.

Die Deutsche Bundesbank

Die Deutsche Bundesbank in Frankfurt a. M. ist die Zentralbank der Bundesrepublik Deutschland und Teil des Europäischen Systems der Zentralbanken (ESZB) sowie des Eurosystems. Die Bundesbank wirkt dabei mit, das vorrangige Ziel des Eurosystems – Preisstabilität – zu gewährleisten. Darüber hinaus setzt die Bundesbank die Geldpolitik in Deutschland um.[502]

Die Bundesbank hat ihre Risikovorsorge von 1,7 Milliarden Euro im Jahr 2007 auf 19,2 Milliarden Euro im Jahr 2022[503] erhöht.[504] Gründe für die Erhöhung der Risikovorsorge um mehr als 1000 Prozent (!) sind im Zusammenhang mit den Krisenbekämpfungsmaßnahmen der EZB zu sehen. Dazu gehören vor allem die verstärkten Staatsanleihekäufe der EZB oder die erhöhte Kreditvergabe an Finanzinstitute.[505]

Dazu kommt, dass die Euro-Währungshüter zur Ankurbelung der Konjunktur und zur Abmilderung der Folgen der Coronapandemie in den vergangenen Jahren in großem Umfang Staats- und Unternehmensanleihen gekauft haben. Doch viele dieser Papiere werfen jetzt relativ niedrige Zinsen ab, zugleich müssen die Notenbanken ihrerseits inzwischen wieder kräftig gestiegene Zinsen für geparkte Gelder an Geschäftsbanken zahlen[506] (siehe »Exkurs: Die EZB ist die größte Risikobank der Welt!«).

BaFin warnt vor Auswirkungen auf deutsche Bankenbranche

Nicht umsonst warnte die Aufsichtsbehörde BaFin bereits im ersten Quartal 2023 vor Kreditausfällen im Segment Gewerbeimmobilien. Ihren Angaben zufolge wären dann weite Teile der deutschen Bankenbranche betroffen, da Gewerbeimmobiliendarlehen eine hohe Bedeutung für den Sektor hätten und das Kreditvolumen über die vergangenen 7 Jahre kontinuierlich gestiegen sei.[507]

BaFin-Chef Mark Branson sah angesichts sinkender Bewertungen für Gewerbeimmobilien Ungemach auf deutsche Banken zukommen. Insbesondere im Büro- und Einzelhandelsbereich werde der Markt weiterhin unter großem Druck stehen und Verluste für Banken mit sich bringen.[508]

Er verwies darauf, dass Gewerbeimmobilien zu den Vermögenswerten gehörten, die am stärksten von einem raschen Anstieg der Zinssätze betroffen seien. Zum einen aufgrund der steigenden Kreditkosten für Bauträger und zum anderen, da seit der Pandemie viele Menschen vermehrt im Homeoffice arbeiten und deshalb weniger Bürofläche benötigt werde. Laut BaFin-Chef könnten es Banken mit einem höheren Engagement in diesem Sektor schwieriger haben.[509] Helaba-Chef Thomas Groß geht sogar davon aus, dass sich die Immobilienkrise bis 2025 erstrecken könnte.[510]

Eine Gefahr, die nicht zu unterschätzen ist, denn das Engagement der Landesbanken bei Gewerbeimmobilien im In- und Ausland ist im europäischen Vergleich hoch, und die Refinanzierungsrisiken haben aufgrund steigender Zinssätze und sinkender Marktbewertungen zugenommen.[511]

Das globale Maklerunternehmen Jones Lang LaSalle veröffentlichte Mitte Januar 2024 eine Zusammenfassung der Marktentwicklungen, die die verheerende Situation illustriert: Der Rückgang im Jahr 2023 im Vergleich zu 2022 reicht von 56 Prozent weniger Käufen und Verkäufen in München bis hin zu ganzen 90 Prozent bei Büroimmobilien in Frankfurt. Und diese Rückgänge beziehen sich auf bereits niedrige Vorjahreswerte. Ein Gesamtumsatz von 1,9 Milliarden Euro im Immobilienbereich ist der niedrigste Wert seit 18 Jahren. Auch in Berlin lag der Einbruch bei der Nachfrage insbesondere nach Büroflächen bei fast 80 Prozent.[512]

Das wirkliche Problem, so Jones Lang LaSalle, ist, dass Gewerbeimmobilien beliebte Investitionsobjekte für Versicherer und Pensionsfonds sind. Verluste, die aus einem Preisverfall, einem langfristigen Leerstand oder einer Unverkäuflichkeit entstehen, treffen letztlich völlig unbeteiligte Personen. Zudem finanzieren nicht regionale US-Banken diese Immobilien, sondern in Deutschland vor allem Sparkassen.[513]

Genau davor hatte auch die Bundesbank bereits Ende 2022 gewarnt und die Banken zu höherer Risikovorsorge aufgerufen.[514]

Ein weiterer Indikator, dass doch nicht alles »gut« ist, zeigt das folgende Schaubild über die Geldbußen, die die BaFin wohl nicht zu Unrecht verhängt:[515]

Quelle/Screenshot (Bildzitat): BaFin (Jahresberichte/Bloomberg)[516]

Auch die EZB warnte Ende November 2023 vor dem Abschwung der gewerblichen Immobilienmärkte im Euroraum. Der deutliche Wertverfall bringe Eigentümer in Schwierigkeiten, und in deren Schlepptau auch die kreditgebenden Banken. Dies berge eine Gefahr für das Finanzsystem.[517] Die größten börsennotierten Vermieter im Euroraum werden, so die EZB, mit einem Kursabschlag von über 30 Prozent auf den sogenannten Nettoinventarwert (NAV) gehandelt. Der NAV ist ein wichtiges Maß zur Bewertung von Immobilienfirmen. Das sei der größte Abschlag seit 2008.[518]

Ende Januar 2024, also knapp ein Jahr nach seiner ersten Warnung, sagte BaFin-Chef Mark Branson erneut, dass der Preisverfall bei Gewerbeimmobilien einigen Instituten so stark zusetze, dass Kreditausfälle bei Gewerbeimmobilien Institute gefährden könnten, wenn diese nicht ausreichend diversifiziert seien oder in besonders kritische Segmente investiert hätten. Und weiter: Die schwierige Lage bei Gewerbeimmobilien werde die Erträge der dort aktiven Banken voraussichtlich noch für einen längeren Zeitraum belasten und eine höhere Risikovorsorge für ausfallgefährdete Kredite erfordern. Wörtlich: »Stark spezialisierte Geschäftsmodelle oder eine schlechte Auswahl von Objekten durch die Banken könnten sogar einzelne Institute in Schwierigkeiten bringen.«[519]

Die Gewerbeimmobilienbombe tickt und tickt und tickt …

… und geht in China gerade hoch: Ende Januar 2024 urteilte ein Hongkonger Gericht, dass der zweitgrößte chinesische Immobilienkonzern, die China Evergrande Group, der 2020 noch 65 Milliarden Euro Umsatz machte, abgewickelt werden soll. Die Verbindlichkeiten betragen derweil knapp 300 Milliarden Euro. Nach dem Urteil brach der Kurs von Evergrande an der Börse in Schanghai (SSE) um knapp 21 Prozent ein und wurde ausgesetzt. Der Konzern steht im Mittelpunkt der Krise des chinesischen Bausektors[520] und ist aktuell das am höchsten verschuldete Immobilienunternehmen weltweit.[521]

Der Finanzanalyst Simon Lee schätzt, dass die Auflösung von Evergrande China im laufenden Jahr 0,5 Prozent des Bruttoinlandsprodukts kosten könnte.[522] Welche Auswirkungen die Abwicklung in den nächsten Monaten auf das globale Finanzsystem haben wird, bleibt abzuwarten.

II. Eigenkapitalanforderungen der Banken

Eigenkapital ist eine Voraussetzung für einen sicheren Bankensektor. Denn Banken gehen **Risiken** ein und können Verluste erleiden, wenn diese Risiken dann auch eintreten. Banken müssen also in der Lage sein, solche Verluste aufzufangen, um auch in schwierigen Zeiten weiter zu bestehen und die Einlagen ihrer Kunden zu schützen. Dafür wird neben der Risikovorsorge vor allem auch Eigenkapital aufgebaut.[523]

Die Höhe des Eigenkapitals einer Bank hängt von den Risiken ab, die sie eingeht. Eine einfache Formel: Je größer die Risiken sind, desto mehr Eigenkapital sollte eine Bank anhäufen. Deshalb muss eine Bank bestehende Risiken und potenzielle Verluste kontinuierlich bewerten. Diese Bewertungen werden von der Bankenaufsicht geprüft.[524]

Was ist Eigenkapital?

Einfach ausgedrückt: Eigenkapital ist das Geld, das eine Bank von ihren Anteilseignern und anderen Anlegern erhalten hat, plus nicht ausgeschüttete Gewinne.

Möchte eine Bank ihre Eigenkapitalbasis vergrößern, kann sie dies beispielsweise durch die Ausgabe zusätzlicher Anteile erreichen, oder indem sie Gewinne einbehält, anstatt sie in Form von Dividenden an die Anteilseigner auszuschütten.

Eine Bank verfügt über zwei Finanzierungsquellen:

- **1. Eigenkapital**
- **2. Fremdkapital**

Fremdkapital ist das Geld, das die Bank sich von ihren Kreditgebern geliehen hat und zurückzahlen muss. Vereinfacht ausgedrückt, sind das Schulden, die eine Bank hat. Zum Fremdkapital zählen unter anderem Kundeneinlagen, ausgegebene Schuldverschreibungen und von der Bank aufgenommene Kredite.

All die Gelder aus diesen Quellen werden von der Bank auf verschiedene Weise eingesetzt, etwa um Kredite an Kunden zu vergeben oder um andere Investitionen zu tätigen. Zusammen mit den Barmittelbeständen stellen diese Kredite und anderen Investitionen die Aktiva der Bank dar.[525]

Eigenkapital wirkt also wie ein Finanzpolster gegen Verluste. Wenn etwa zahlreiche Kreditnehmer plötzlich nicht mehr in der Lage sind, ihre Kredite zurückzuzahlen oder manche Investitionen der Bank an Wert verlieren, wird die Bank einen Verlust erleiden. Ohne ein Eigenkapitalpolster könnte ihr sogar die Insolvenz drohen.[526] Damit kommen wir zum springenden Punkt:

Wie viel Eigenkapital MÜSSEN Banken vorhalten?

Im Rahmen der europäischen Bankenaufsicht bestehen die Eigenkapitalanforderungen an eine Bank aus drei Hauptelementen:

1. Mindestkapitalanforderungen (Säule-1-Anforderungen):

Die Mindestkapitalanforderungen sind auf gerade mal **8 Prozent der risikogewichteten Aktiva** der Bank festlegt. Dies umfasst die gesamten Aktiva einer Bank, multipliziert mit ihren jeweiligen Risikofaktoren (Risikogewichte).[527] Das bedeutet nichts anderes, als dass eine Bank laut Mindestkapitalanforderungen ***92 Prozent Fremdkapital, sprich Schulden***[528], anhäufen darf.

Was sind Risikofaktoren?

Risikofaktoren geben Auskunft darüber, wie riskant ein Vermögenswert ist. Je weniger riskant ein Vermögenswert ist, desto niedriger ist sein risikogewichteter Betrag und desto weniger Eigenkapital muss eine Bank vorhalten, um das mit dem Vermögenswert verbundene Risiko abzudecken.

Beispiel: Ein durch eine Wohnung oder ein Haus besicherter Hypothekenkredit ist weniger riskant als ein unbesicherter Kredit und hat somit einen niedrigeren Risikofaktor. Infolgedessen muss die Bank für einen solchen Hypothekenkredit weniger Eigenkapital vorhalten als für einen unbesicherten Kredit.[529]

2. Zusätzliche Kapitalanforderung (Säule-2-Anforderungen):

Bei dieser zweiten Säule kommt die europäische Bankenaufsicht ins Spiel. Aufseher der EZB und der Aufsichtsbehörden der teilnehmenden Länder sehen sich einzelne Banken genau an und beurteilen die Risiken, denen diese jeweils ausgesetzt sind. Dies geschieht im Rahmen eines jährlichen aufsichtlichen Überprüfungs- und Bewertungsprozesses (Supervisory Review and Evaluation Process, kurz: SREP). Kommen die Aufseher zu dem Schluss, dass die Risiken einer Bank durch die Mindestkapitalanforderungen nicht ausreichend abgedeckt sind, so wird sie aufgefordert, zusätzliches Eigenkapital vorzuhalten.

Sowohl die Mindest- als auch die zusätzlichen Kapitalanforderungen sind verbindlich, ihre Nichteinhaltung hat rechtliche Konsequenzen: So kann die Aufsichtsbehörde die Bank etwa zur Ausarbeitung eines Plans auffordern, der veranschaulicht, wie die Kapitalanforderungen in Zukunft wieder erfüllt werden sollen. Bei einem sehr schwerwiegenden Verstoß kann die Bank sogar ihre Zulassung verlieren.[530]

3. Kapitalpufferanforderungen:

Gemäß der dritten Kapitalanforderung müssen Banken über zusätzliche Puffer für unterschiedliche Zwecke (für die allgemeine Kapitalerhaltung und zur Absicherung gegen zyklische und nicht zyklische Systemrisiken) verfügen.

Zusätzlich zu diesen drei Arten von Kapitalanforderungen erwarten die Aufseher, dass die Banken Kapital in einer bestimmten Höhe für Stressphasen vorhalten (Säule-2-Empfehlungen). Die Banken sollen zudem selbst bestimmen, wie viel Eigenkapital sie **zusätzlich** zu den von Aufsichts- und Regulierungsbehörden geforderten Beträgen benötigen, um ihre Geschäftsmodelle nachhaltig zu verfolgen.[531] Doch die Risiken sind kaum noch vorhersehbar.

III. Die Risiken der Banken

Trotz aller Sicherungsmaßnahmen nach der verheerenden Finanz- und Schuldenkrise in den Jahren 2008 & Co. (siehe Kapitel »Bankenpleiten in Wirtschaftskrisen«, »Nach der Krise: So sollten Banken wieder sicher gemacht werden« und »Die europäische Bankenunion (2012–2024)«) steht der Bankensektor immer noch auf wackligen Beinen. Bank-Professor Martin Faust von der Frankfurt School of Finance and Management sieht derzeit noch verschiedene Risiken:

Marktrisiken

Ein wesentliches Marktrisiko von Banken ist das Zinsänderungsrisiko. Beispiel: Die amerikanische Silicon Valley Bank hat in der Niedrigzinszeit festverzinsliche Wertpapiere gekauft. Als das Zinsniveau stieg, sank damit auch der Wert der Papiere. Für die Bank waren wesentliche Unternehmenswerte vernichtet, die Bank ging insolvent.

Professor Thomas Heidorn von der Frankfurt School of Finance and Management sagt: »Amerikanische Banken gehen in regelmäßigen Abständen am Zinsänderungsrisiko pleite.«[532]

Liquidität

Banken müssen ihr Geld am Markt arbeiten lassen, weshalb sie nur wenig Interesse daran haben, Kapital in ihren Tresoren zu horten. Doch wenn Kunden und Geschäftspartner das Vertrauen verlieren und massenhaft ihre Einlagen abziehen, steht die Bank vor dem Aus (siehe Kapitel »Was geschieht bei einem ›Bank Run‹?«). In der heutigen Zeit kann man sein Konto innerhalb von Sekunden online leer räumen, was die Regulierungsbehörden völlig unterschätzen.[533]

Bonität

Die finanzielle Zuverlässigkeit und die »Bonität« derer, denen die Bank Geld gibt, ist überlebenswichtig für Geldinstitute. Können massenhaft Kreditnehmer nicht mehr zahlen oder gehen Unternehmen, die der Bank Wertpapiere verkauft haben, pleite, kann das verheerende Folgen haben. Wir dürfen nicht vergessen: Die Bankenkrise 2008 begann, weil US-Banken viele Jahre lang Privathäuser finanziert hatten, ohne die Bonität ihrer Kunden sorgfältig zu prüfen. Als der Wert der Immobilien nicht mehr stieg, sondern sich im Gegenteil sogar verringerte, führte die schlechte Bonität zur weltweiten Bankenkrise.[534]

Staatsanleihen

Die Bankenkrise von 2008 wurde auch dadurch verstärkt, dass Staatsanleihen aus Griechenland und anderen hoch verschuldeten Ländern nicht mehr ordentlich verzinst werden konnten und massiv an Wert verloren. Staatsanleihen stellen also Risiken dar:[535]

- **1.** Das Rating – die Bonität des Staates – kann sich ändern.
- **2.** Bei veränderten Zinsen kann sich der Markt ändern.[536]

Banken, die Staatsanleihen kaufen, müssen sie nicht mit einem Eigenkapitalpuffer sichern. Der irre Grund: In der globalen Krise galt es, von der Pleite bedrohte Staaten zu retten. Hätten deren Anleihen noch mit Eigenkapitalpuffern abgefedert werden müssen, wären sie teurer geworden. *Zu* teuer, und die Finanzierung von Pleitestaaten wäre noch schwerer geworden. Deshalb blieben Staatsanleihen von der Regel verschont, mit Eigenkapital abgesichert zu werden, wenn Banken sie kaufen.[537] Doch es gibt Tausende von Banken und Versicherungen, die Staatsanleihen von – auch heute noch – pleitegefährdeten Staaten in ihren Büchern haben. Ein großes Risiko!

Politische und geostrategische Probleme

Banken sind auch abhängig von politischen und geostrategischen Problemen und Risiken. In diesem Zusammenhang möchte ich

- den Ukrainekonflikt nennen,
- die Entwicklung der Energiepreise,
- die Nachwirkungen der Coronakrise (Insolvenzen),
- die Nachwirkungen des Nahostkonfliktes,
- die Auswirkungen der rot-grünen Bundespolitik u. v. m.,
  (siehe dazu auch das Kapitel »Notleidende Kredite«).

Zinswende und stille Lasten

Die damalige Bundesbank-Vizepräsidentin Claudia Buch, die am 1. Januar 2024 an die Spitze der EZB-Bankenaufsicht wechselte, warnte bereits Ende November 2023, dass die Branche vor steigendem Zinsaufwand stehe und nach hohen Wertverlusten im vergangenen Jahr stille Lasten mit sich herumtrage. Zudem bestehe ein erhöhtes Risiko von sinkenden Marktpreisen und entsprechenden Verlusten.[538] Und weiter: Die Kreditwirtschaft könne die stark gestiegenen Zinsüberschüsse nicht in die Zukunft fortschreiben.[539]

Ein weiterer Schwachpunkt seien die Folgen von Bewertungsverlusten, die sich aus steigenden Zinsen ergeben, warnt die Bundesbank: Die Sparkassen und Kreditgenossenschaften verbuchten 2022 wegen sinkender Marktpreise immerhin Verluste von 13,5 Milliarden Euro. Doch längst noch nicht alle Bewertungsverluste seien in die Gewinn-und-Verlust-Rechnung der Banken eingeflossen. Stattdessen bauten die Institute stille Bewertungsreserven ab, die sich zuvor nach Jahren stetig gefallener Zinsen gebildet hatten. Rund 21 Milliarden Euro betrug der Rückgang dieser Reserven 2022.[540]

Die Lage habe sich zwar 2023 etwas entspannt, doch es drohten Engpässe in Stressphasen.

Die Sorge vor Zinsrisiken treibt auch die Aufsicht um. Rund zwei Drittel der Geldhäuser müssten aus diesem Grund mit einem Zuschlag bei den Kapitalanforderungen leben, wie Buch weiter ausführte. Die Bundesbank bezog sich dabei auf die kleinen und mittelgroßen Geldhäuser, die nicht direkt von der EZB überwacht werden, sondern von BaFin und Bundesbank.[541]

Das Jahr 2028 wird zum Entscheidungsjahr

Wie die Bundesbank mitteilte, hätten viele Privatleute während der Tiefzinsphase für Wohnkredite eine lange Zinsbindung gewählt. Sie profitieren bis heute von niedrigen Zinsen – und sind damit auch eher in der Lage, ihre Kreditraten zu bezahlen. Doch im Jahr 2028 läuft die Zinsbindung vieler Kreditnehmer ab.[542] Die Zinsen sind dann höher. Die Frage ist: Können die Kreditnehmer ihre Schulden dann noch bedienen? Immerhin beträgt die Summe der für den Wohnungsbau an Privathaushalte vergebenen Kredite 1260,1 Milliarden Euro.[543] Das sind rund 1,3 Billionen Euro!

Öko-Vorgaben bei Kapitalregeln (ESG) für Klimarisiken

Die europäische Bankenaufsichtsbehörde (EBA) führte erst kürzlich erste Vorgaben zum Thema »ESG« (Umwelt, Soziales und Unternehmensführung) ein.[544] Grund: Die zunehmende Bedrohung der Finanzstabilität durch Klimawandel und Ungleichheit.[545]

Von den Banken und nationalen Aufsichtsbehörden wird zukünftig Folgendes erwartet:

- Eine **Neubewertung der Sicherheitenwerte,** um sowohl physische Risiken als auch Übergangsrisiken zu berücksichtigen, sowie eine weitere Überwachung dieser Werte während der gesamten Laufzeit der Forderung.
- **Umweltrisiken in die Risikobudgets** des Handelsbuches, die internen Handelslimits und die Entwicklung neuer Produkte **einzubeziehen.**
- Sicherzustellen, dass **externe Kreditbewertungen ökologische und soziale Faktoren** als »Treiber des Kreditrisikos« **einbeziehen.**
- **Anpassung der internen Modelle zur Berechnung der Risiken** aus bestimmten Engagements, **um ökologische und soziale Faktoren** einzubeziehen.
- **Anpassung von Ausfallwahrscheinlichkeiten** und Verlusten bei Ausfällen.[546]

Im Fokus der Banken sollen dabei vor allem besonders anfällige Branchen wie fossile Brennstoffe und Immobilien sein.[547] Die Deutsche Bank legte Mitte Oktober 2023 schon mal das vor, was andere Geldhäuser wohl auch bald umsetzen könnten: Unternehmen, die »keine glaubwürdigen Pläne« haben, um den Anteil der Kraftwerkskohle an ihren Einnahmen bis 2025 auf die Hälfte zu reduzieren, werden von der Finanzierung ausgeschlossen.[548] Aus einem Papier der Deutschen Bank geht zudem hervor: »Aus Branchen, die nicht dekarbonisiert werden können, will die Deutsche Bank schrittweise aussteigen, wie beispielsweise bereits für den Abbau von Kraftwerkskohle kommuniziert. Gleiches gilt für Kunden, bei denen keine Bereitschaft erkennbar ist, sich dem Transitionspfad der Bank anzuschließen.«[549] Die Bank hat außer dem Kohlebergbau noch weitere Branchen im Fokus: Zement, Schifffahrt und die Luftfahrt,[550] deren Unternehmen bald Probleme mit Finanzierungen/Unternehmenskrediten bekommen können, wenn sie sich dem »Transitionsplan« und den »Netto-Null-Zielen für weitere CO_2-intensive Sektoren«[551] nicht unterordnen und nicht kuschen.

Die Bank richtete dafür eigens ein sogenanntes »Netto-Null-Forum« ein, in dem hochrangige Banker aus den Bereichen Nachhaltigkeit, Risiko und Coverage potenzielle Transaktionen von über 25 Millionen Euro bewerten, die die Emissionen in den betreffenden Sektoren um mehr als 1 Prozent erhöhen würden. Bei Nichtgefallen werden die Kunden aufgefordert, weitere Maßnahmen zu ergreifen, bevor Kredite gewährt werden.[552]

Die ING Deutschland treibt die Kunden in dieselbe Richtung: Firmenkunden müssen damit rechnen, dass ihre Kontoverbindung abgelehnt oder sogar beendet wird, wenn sie über keine glaubwürdigen Pläne zur Emissionsreduzierung verfügen. ING-Firmenkundenschef Eddy Henning hatte genau das angekündigt. Wörtlich: »Was für uns nicht funktioniert, ist, wenn die Kunden keine Vorstellung davon haben, wie sie zu einem weniger kohlenstoffintensiven Geschäftsmodell übergehen wollen. Manchmal bedeutet das, dass man sich von einem Kreditnehmer trennen muss.« Gesagt, getan![553]

Henning will seine Kunden bekehren und bevormunden. Er sagte weiter: Wenn ein Kunde gekündigt wird, löse dies häufig »einen Denkprozess« bei dem betreffenden Unternehmen aus: »Wenn ich mir heute Unternehmen anschaue, die wir vor ein paar Jahren abgewiesen haben, dann sind sie inzwischen super bankfähig, sie haben sich also wirklich verändert.«[554]

Experten erwarten, dass eine wachsende Zahl von Bankkunden aufgrund des **Klimarisikos,** dem sie ausgesetzt sind, ihre Versicherungen verlieren. Und das kommt nicht von ungefähr. Eine am 12. Oktober 2023 von der Europäischen Investitionsbank veröffentlichte Umfrage ergab, dass zwei Drittel der Unternehmen in der EU von den durch den Klimawandel verursachten physischen Schäden bedroht sind, aber nur 13 Prozent über eine Versicherung zum Ausgleich von Verlusten verfügen.[555] Dadurch erhöht sich auch das Risiko der Banken.

Environmental, Social und Governance (ESG)

ClimatePartner definiert diese Faktoren wie folgt:

»Die Abkürzung ›ESG‹ steht für Environmental, Social und Governance (zu Deutsch: Umwelt, Soziales und Unternehmensführung) und bezeichnet ein umfassendes Regelwerk zur Bewertung der nachhaltigen und ethischen Praxis von Unternehmen. Diese drei Kriterien sollen sicherstellen, dass Firmen nachhaltig agieren und für ihr Handeln zur Rechenschaft gezogen werden können, was im besten Interesse von Aktionären und potenziellen Investoren ist.«[556]

Environmental (Umwelt):

- Klimaschutz
- Klimawandel
- Wasser- und Meeresressourcen
- Ressourcennutzung und Kreislaufwirtschaft
- Umweltverschmutzung
- Biologische Vielfalt und Ökosysteme

Das Environmental-Kriterium bezieht sich auf die Umweltauswirkungen von Unternehmen und deren Beitrag zum Umweltschutz und umfasst unter anderem folgende Bereiche:

- Abfall- und Umweltmanagement
- Ressourcenmanagement
- Treibhausgas(THG)-Emissionen
- Energieeffizienz
- Entwaldung

Social (Soziales):

- Eigene Belegschaft
- Arbeiter in der Wertschöpfungskette
- Betroffene Communitys
- Verbraucher und Endnutzer

Das Social-Kriterium bewertet, wie ein Unternehmen gegenüber seinen Mitarbeitern, Zulieferern, Kunden und der Öffentlichkeit bezüglich folgender Aspekte agiert:

- Vielfalt, Gleichbehandlung und Inklusion
- Arbeitsbedingungen
- Datenschutz
- Privatsphäre
- Kundenzufriedenheit
- Lokale Gemeinden

Governance (Unternehmensführung):

- Governance
- Risikomanagement und interne Kontrolle
- Geschäftspraktiken

Das Governance-Kriterium rückt Aspekte der Unternehmensführung in den Mittelpunkt:

- Steuerstrategie
- Vorstandsvergütung
- Spenden und Lobbyarbeit
- Korruption und Bestechung
- Vielfalt und Zusammensetzung des Verwaltungsrates[557]

Claudio Kummerfeld von finanzmarktwelt.de kommentiert das so: »Banken, die eigentlich dafür zuständig sind Kreditrisiken einzuschätzen, sollen/müssen also zukünftig immer stärker Klimaschutz oder Klimaschutzmaßnahmen mit einkalkulieren in ihre Entscheidungen. [...] Je mehr ESG-Vorgaben, desto mehr können Regierungen und EZB zukünftig die Banken einspannen in eine Klima-Agenda, die nicht zwingend etwas mit der Kreditwürdigkeit oder Ausfallwahrscheinlichkeit eines Kreditnehmers zu tun haben muss.«[558]

Das Thema nimmt rasant an Fahrt auf. Im Oktober 2023 kündigte die Europäische Bankenaufsichtsbehörde an, dass sie den Rahmen zur Festlegung der Kapitalanforderungen überarbeiten werde, damit die Kreditgeber ökologische und soziale Risiken berücksichtigen können, da ökologische, soziale und Governance-Faktoren das Risikoprofil des Bankensektors verändern würden.[559]

Im November 2023 drohte die EZB Geldhäusern dann *sogar* Strafzinsen an, wenn sie nicht – wie von der Notenbank gewünscht – Umweltvorschriften in der Praxis ihrer Kreditvergabe berücksichtigen. Unter dem Deckmantel der Klimarisiken greift die Europäische Zentralbank dadurch aktiv in die Praxis der Banken ein.[560]

Frank Elderson, ein Direktoriumsmitglied der EZB, sagte, dass sich die Banken zu viel Zeit lassen, um Klima- und Umweltrisiken als eine wesentliche Bedrohung zu behandeln, die sich auf ihre Finanzen auswirken kann. Elderson fügte hinzu, dass Banken, die die Anforderungen der EZB an das Risikomanagement im Bereich Klima und Umwelt nicht erfüllen, »für jeden Tag, an dem die Mängel nicht behoben werden, einen Strafzins zahlen« müssen.[561] Die Anforderung, die in der europäischen Eigenkapitalrichtlinie festgelegt ist, gibt den Banken in der EU bis Ende 2024 Zeit, diese zu erfüllen.[562]

Das Thema »ESG« dürfte Ihnen in erschreckender Deutlichkeit zeigen, wie viele Ökosozialisten bereits in der EZB sitzen und aktiv Klimapolitik betreiben, anstatt sich auf ihre Kernaufgabe, nämlich die der Preisstabilität, zu konzentrieren.[563]

IV. Finanzmarkt-Atombombe: AT1s-Anleihen

Um dem Leser die in der Öffentlichkeit verschwiegenen Risiken unseres Finanzsystems aufzuzeigen, muss ich (leider) etwas tiefer in die Bankenlehre eintauchen. Ich versuche dies jedoch so einfach wie möglich zu erklären. Der Laie mag mir danken, der Fachmann dafür Verständnis haben.

Nach all den bereits beschriebenen Risiken lauern noch einige andere »Atombomben« in unserem Finanzmarkt, die in der breiten Öffentlichkeit nicht diskutiert werden, da sie meist zu komplex und zu schwierig zu verstehen sind und deshalb nur unter Experten besprochen werden. Ein Beispiel dafür sind die »AT1s-Anleihen«, das andere die »Target-Forderungen« der Bundesbank, die ich im nächsten Kapitel beleuchte.

Achim Wiechert, Leiter der externen Finanzierungen beim Versicherungsgiganten Allianz SE, warnt bereits, dass das Kernkapital der Kreditinstitute in Gefahr sei.[564]

Wiechert ist nicht irgendwer. Nach der Bankenkrise im Jahr 2008 bei Lehman Brothers war er einer der Experten, die den Markt für Anleihen und das Bankensystem wieder reparierten. Jetzt arbeiten er und seine Kollegen angesichts der Instabilität der Anleihenkurse daran, es nicht zu einer neuen Bankenkrise kommen zu lassen. Wiechert setzt sich für eine weitreichende Reform des immerhin 235 Milliarden US-Dollar schweren europäischen Marktes für Bankschulden der Kategorie 1 (Kernkapital) ein. Dazu führte er Ende letzten Jahres bereits Gespräche mit politischen Entscheidungsträgern der EZB und der EBA, ebenso mit der Europäischen Kommission. Ziel: eine Neuauflage der Finanzkrise von 2008 zu verhindern.[565]

Auch das kommt nicht von ungefähr, denn Wiechert befürchtet, dass AT1-Anleihen, die einen wichtigen Bestandteil des Kernkapitals der Banken darstellen, die Kreditinstitute nicht vor einer Bankenkrise schützen können, denn Banken müssen die Schuldverschreibungen der Staaten zum Kündigungstermin zurückzahlen, unabhängig davon, ob dies wirtschaftlich sinnvoll ist oder nicht.

Genau das ist der Punkt. Denn in einer Zeit, in der die Banken das Kapital benötigen, um in einer Krise selbst über die Runden zu kommen, müssten sie dann einen Teil ihres Kapitals auszahlen.[566]

AT1s-Anleihen (Additional-Tier-1-Anleihen)

Die Anleihen gehören zu einer Gruppe von Banken begebener Finanzierungsinstrumente, die auch als »Contingent Convertibles« (»CoCo«-Anleihen), also als Pflichtwandelanleihen bekannt sind.

Wandelanleihen können nach Laufzeitende in Eigenkapital (Aktien) umgewandelt oder komplett auf null abgeschrieben werden. »Contingent« (»bedingt«) deshalb, weil die Umwandlung nur unter bestimmten Bedingungen erfolgt. Eine solche Bedingung ist zum Beispiel, dass die Kapitalstärke der emittierenden Bank unter einen vorab festgelegten Schwellenwert fällt.

Der entscheidende Unterschied zwischen AT1s und konventionellen Anleihen ist genau dieser »Verlustabsorptionsmechanismus«. Er führt dazu, dass AT1s meist die Bankanleihen mit der höchsten Rendite darstellen, die Anlegern zur Verfügung stehen, da die Anleiheinhaber eine Entschädigung für das zusätzliche Risiko erwarten.

Nach der Finanzkrise von 2008 erhöhten die Aufsichtsbehörden die Kapitalanforderungen für das Bankensystem. Für die europäischen Behörden waren AT1s ein entscheidender Baustein des neuen Aufsichtsregimes.

Unter dem als »Basel III« bekannten Aufsichtsrahmen werden die Banken verpflichtet, eine harte Kernkapitalquote (»Common Equity Tier 1«, »CET1«) von mindestens 4,5 Prozent sowie eine Gesamtkapitalquote von mindestens 8 Prozent vorzuhalten. Das Kernkapital setzt sich aus Stammaktien plus einbehaltene Gewinne, geteilt durch risikogewichtete Aktiva (RWA) zusammen.

Nationale Aufsichtsbehörden können für jede Bank allerdings individuelle Mindestkapitalanforderungen festlegen, die oftmals erheblich höher ausfallen als die Mindeststandards.[567]

Wiechert spricht Klartext: »In gewisser Weise frustriert es mich, dass genau das Gleiche wie 2008 passiert. Die Idee war, AT1s Anleihen wirklich unbefristet zu machen, damit wir die Finanzkrise von 2008 nicht erneut erleben müssen, nämlich dass Banken Tier-1-Instrumente kündigen und sie dann durch staatliche Hilfszahlungen ersetzen.«[568]

Die Lösung, die Wiechert anzubieten hat, ist meiner Meinung nach allerdings ebenfalls risikoreich: Banken soll die Entscheidung über eine vorzeitige Rückzahlung von AT1-Anleihen entzogen und stattdessen den Marktteilnehmern überlassen werden.[569] Genau darin sehe ich das Problem: Bei einer wie immer gearteten Wirtschafts-, Finanz- oder Schuldenkrise reagieren die Märkte – wie wir in der Vergangenheit gesehen haben – völlig irrational. Irrationalität kann im Bankensektor aber tödlich sein.

Die Risiken von wandelbaren Anleihen

Die größten Risiken von AT1s-Anleihen für Anleger und die Banken hängen mit ihren Eigenschaften zusammen: Verschlechtert sich nämlich die Kapitalposition einer Bank so stark, dass ihre CET1-Quote unter den vorgeschriebenen Schwellenwert fällt, verlieren die Anleiheinhaber entweder ihr Kapital vollständig oder sind dann an einer unterkapitalisierten Bank beteiligt, die im schlimmsten Fall vom Staat (Steuerzahler) gerettet werden muss.[570]

Beispiel Schweiz 2023: Vergessen wir nicht, dass Credit-Suisse-Schuldverschreibungen im Wert von 17 Milliarden US-Dollar bei der von der Regierung vermittelten Übernahme im März 2023 vernichtet wurden (siehe Kapitel »Die Bankenkrise in der Schweiz«). Die Schweizer Aufsichtsbehörde genehmigte im Sommer 2022 den letzten AT1-Ersatz der Credit Suisse, der die jährlichen Kosten um etwa 125 Basispunkte erhöhte. Die UBS Group AG löste im selben Jahr einen Preissprung bei seinen AT1-Anleihen aus, als er eine vorzeitige Rückzahlung dieser Anleihen ankündigte, obwohl es günstiger gewesen wäre, sie zu behalten.[571]

Wiechert analysiert treffend: »Wir haben einen Teufelskreis immer unwirtschaftlicherer Forderungen in den Bankbilanzen in Gang gesetzt.«[572]

Hannes Zipfel von finanzmarktwelt.de schreibt dazu: »AT1-Anleihen wurden geboren und entwickelten sich zu einem riskanten und ertragsstarken Markt im Wert von Hunderten von Milliarden. Kreditgeber in den USA geben zu diesem Zweck Vorzugsaktien aus und rein ökonomische Calls sind dort eine allgemein akzeptierte Praxis. Das Problem besteht darin, dass Anleger außerhalb der USA immer noch eine Rückzahlung erwarten, wenn AT1-Anleihen kündbar werden – unabhängig von den Kosten für die Bank.«[573]

Zipfel ergänzt: »Es gab einen Aufschrei, als die Banco Santander SA im Jahr 2019 einen Kündigungstermin für ihre AT1-Anleihen verstreichen ließ. Während der Pandemiejahre ließen einige andere Banken ihre AT1-Anleihen ebenfalls ausstehend, als die Primärmärkte zum Erliegen kamen und ihnen nur noch wenige Möglichkeiten zur Refinanzierung blieben. Selbst im Jahr 2020 wurden 86 Prozent der Emissionen bei erster Gelegenheit gekündigt.«[574]

Auch hier tickt – von der Öffentlichkeit völlig unbemerkt – eine Zeitbombe, die jederzeit hochgehen kann.

V. Finanzmarkt-Atombombe: Target-Forderungen

Schlesingers Gedanken

Die alten D-Mark-Scheine trugen seine Unterschrift: Helmut Schlesinger war zu D-Mark-Zeiten Bundesbankchef, also ein Mann vom Fach. Er entdeckte Ende 2010, dass die Bundesbank über das Target-System Forderungen von damals über 300 Milliarden Euro gegen andere Notenbanken der Eurozone aufgetürmt hatte. Bis zu diesem Zeitpunkt war das von den politisch Verantwortlichen noch niemandem aufgefallen!

Die Forderungen der Bundesbank gegenüber der Europäischen Zentralbank (EZB) entsprachen zu jenem Zeitpunkt fast dem gesamten Jahreshaushalt

Deutschlands. Und das war damals schon fast das Zwanzigfache dessen, was vor der Finanzkrise als Forderungen gegen andere nationale Notenbanken der EU in den Büchern der Bundesbank stand. Die sogenannten »Target2-Forderungen« sind also versteckte Sprengsätze in der Bilanz der Bundesbank, denen nur Experten Beachtung schenken.[575]

So funktioniert das Target2-System

Target2 ist ein Zahlungsverkehrssystem, über das nationale und grenzüberschreitende Zahlungen in Zentralbankgeld schnell und endgültig abgewickelt werden. Den Zahlungen können unterschiedliche Geschäfte zugrunde liegen, zum Beispiel:

- die Zahlung einer Warenlieferung,
- der Kauf oder Verkauf eines Wertpapiers,
- die Gewährung oder Rückzahlung eines fälligen Darlehens oder
- die Geldanlage bei einer Bank,
- Transaktionen im Rahmen von Offenmarktgeschäften des Eurosystems.[576]

- Fließen einer über die Bundesbank an Target2 teilnehmenden Bank Gelder aus dem Ausland zu, führt dies bei der Bundesbank zu Verbindlichkeiten gegenüber dieser Bank.
- Im Gegenzug entsteht eine Forderung der Bundesbank gegenüber der sendenden nationalen Zentralbank.
- Die nationale Zentralbank wiederum belastet das Konto der sendenden Geschäftsbank.
- Die bei den nationalen Zentralbanken entstehenden Forderungen und Verbindlichkeiten aus einer **über den Tag** anfallenden Vielzahl solcher Transaktionen gleichen sich normalerweise jedoch nicht vollständig aus.

→

- Gemäß eines Abkommens im Eurosystem werden am Ende des Geschäftstages verbleibende Forderungen und Verbindlichkeiten aller an Target2 teilnehmenden nationalen Zentralbanken an die Europäische Zentralbank (EZB) übertragen und dort saldiert.
- Die so entstehenden Target2-(Netto-)Salden sind das Resultat der grenzüberschreitenden Verteilung von Zentralbankgeld innerhalb der dezentralen Struktur des Eurosystems. Die Bundesbank selbst ist an dem Prozess nicht aktiv beteiligt.[577]

Das Target2-System (vereinfachtes Beispiel)

- Ein französisches Unternehmen kauft Waren bei einem deutschen Handelspartner (1) und bezahlt diesen Import.
- Die in Frankreich ansässige Bank des französischen Importeurs belastet zunächst das Konto ihres Kunden (2).
- Gleichzeitig reicht sie bei der französischen Notenbank Banque de France eine Überweisung in Target2 an die in Deutschland beheimatete Bank des deutschen Exporteurs ein (3).
- Daraufhin belastet die Banque de France das Target2-Konto der französischen Geschäftsbank und verbucht gleichzeitig eine Verbindlichkeit gegenüber der Bundesbank (4).
- Spiegelbildlich verbucht die Bundesbank eine Forderung gegenüber der Banque de France (5) und schreibt den Betrag dem Target2-Konto der deutschen Geschäftsbank gut (6).
- Die deutsche Geschäftsbank nimmt schließlich die Gutschrift auf dem Konto des Exporteurs vor (7). Dieser kann nun über dieses Geld verfügen.[578]

Die ganze Abwicklung noch einmal im Schaubild:

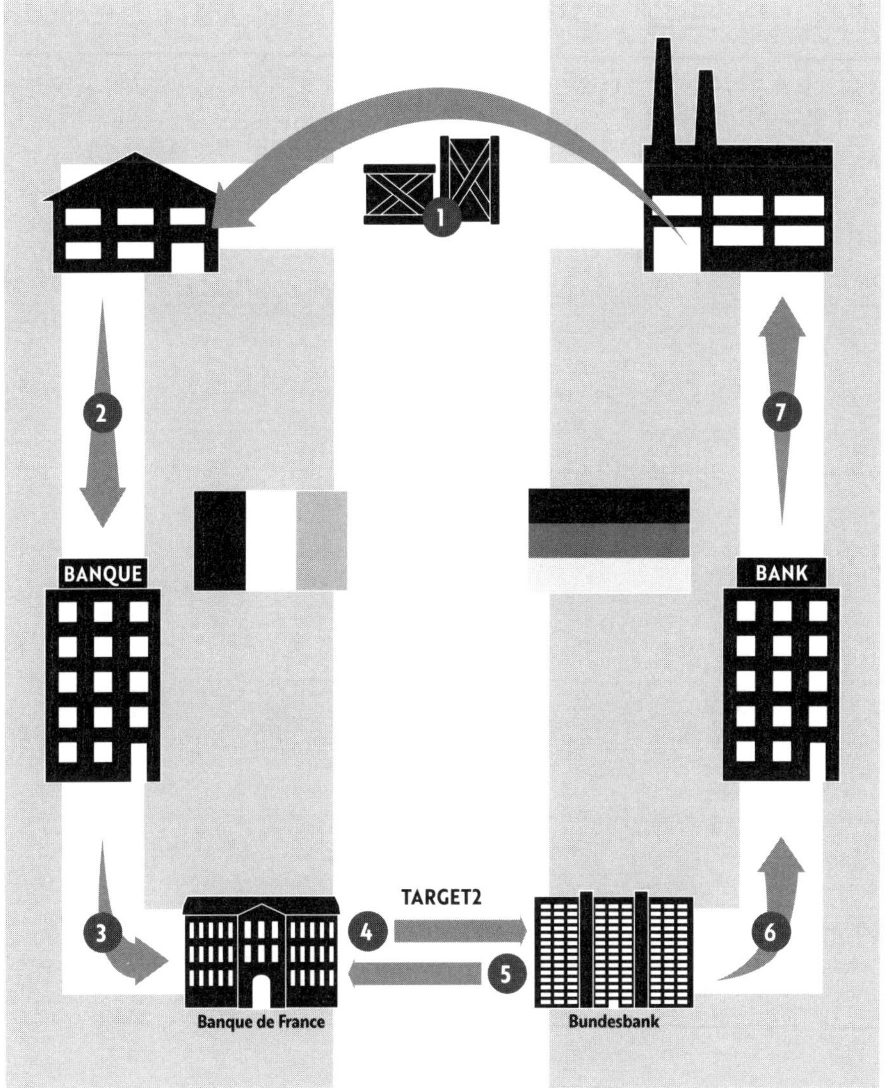

Quelle/Screenshot (Bildzitat): Bundesbank[579]

Deutschland hat über 1 Billion (!) Euro Target-Forderungen an die EZB!

Auf die beschriebene Weise haben sich innerhalb des Zahlungssystems zwischen den Notenbanken der Euroländer erhebliche Schieflagen aufgebaut. Sehen Sie selbst:

Die Target2-Salden der Länder des Eurosystems

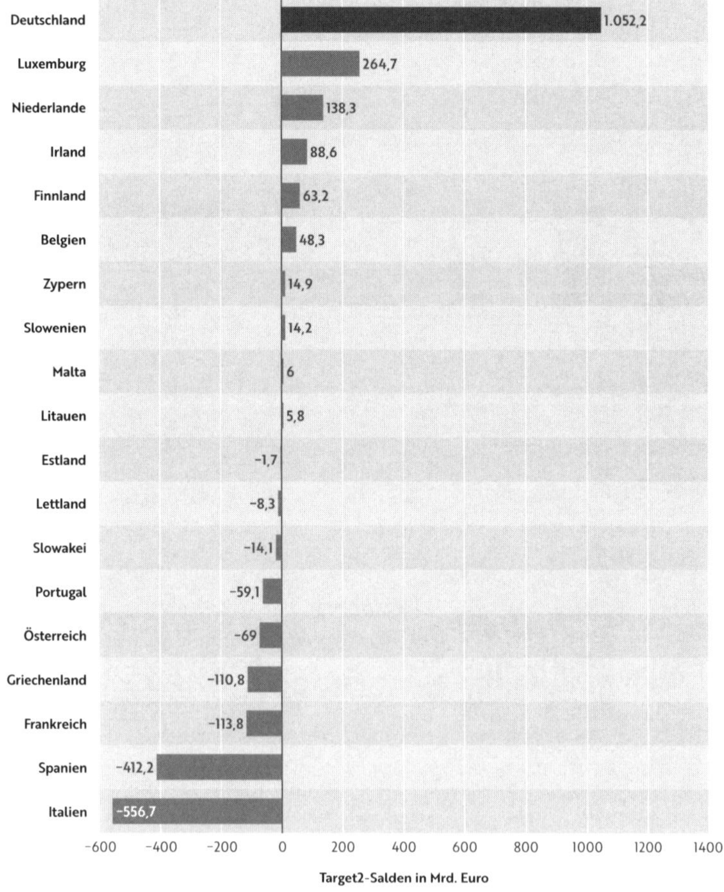

Quellen/Screenshot (Bildzitat): EZB, Statista 2023[580]

Wir erkennen daran, dass Spanien beziehungsweise die Banco de España einen **negativen** Target2-Saldo in Höhe von etwa 412,2 Milliarden Euro hat. Das bedeutet, dass die spanische Notenbank rund 412,2 Milliarden Euro grenzüberschreitende **Verbindlichkeiten** gegenüber den anderen am Target2-System teilnehmenden Zentralbanken hat.[581]

Die Bundesbank hingegen verzeichnete Ende 2023 einen **positiven** Target2-Saldo in Höhe von 1,052 Billionen Euro. Dies bedeutete, dass die Bundesbank etwa 1,052 Billionen Euro grenzüberschreitende **Forderungen** gegenüber den anderen am Target2-System teilnehmenden Zentralbanken hatte.[582] **Der aktuelle Stand zum 1. März 2024: 1 075 510 347 709,98 Euro.**[583]

Deutschland sitzt in der Billionen-Falle

Die Notenbanken der EU-Kernländer, allen voran die Bundesbank, finanzieren auf der Grundlage des Target2-Systems die Banken der defizitären Länder. Das Heimtückische daran: Die Bundesbank kann die Bedingungen für ihre Kredite an diese Banken nicht gestalten. Sie hat nicht einmal ein Mitspracherecht, muss aber das volle Risiko tragen.

Solange keines der Länder aus der Währungsunion ausscheidet, kann das Spiel noch lange weitergehen: Die Bundesbank weist ihre Forderungen an die EZB auf der Habenseite aus, und alle tun so, als würden die auch erfüllt werden. Die Welt ist in Ordnung, vordergründig jedenfalls.

Ist ein EU-Land aber bankrott oder tritt aus dem Euro aus, kann es seine Kredite bei der EZB nicht mehr begleichen. Die EZB muss diesen Verlust dann abschreiben. Die Deutsche Bundesbank, die mit 27 Prozent an der EZB beteiligt ist, hat dann ihren Anteil an den Verlusten zu tragen. Bei jedem weiteren Zahlungsausfall steigt die deutsche Haftung – sprich die Haftung der deutschen Steuerzahler – in gigantische Höhen.[584] Gleichzeitig wären auch die deutschen Target-Forderungen in Gefahr. Eine Billionen-Atombombe!

Die Target-Atombombe

Sollte die Währungsunion zerbrechen, bleibt die Bundesbank auf ihren gesamten Forderungen von gegenwärtig über 1 Billion Euro gegenüber der EZB sitzen.[585] Dieser gigantische Verlust würde ihr Eigenkapital und ihre Neubewertungsreserven ausradieren. Die Bundesbank wäre umgehend bankrott und käme nicht umhin, die deutsche Notenbank zu retten.

Doch Verluste in Höhe von mehr als zwei nationalen Jahreshaushalten[586] wären nicht zu verkraften. Das würde umgehend auch den deutschen Staatsbankrott bedeuten.

Um dieses Szenario zu verhindern, bräuchte der Staat sehr viel Geld. Das heißt im Klartext: Die deutschen Bürger – also Sie – würden dann wieder einmal zur Kasse gebeten werden.

Die brutale Tour: Zwangsabgaben und Zwangshypotheken sowie Steuererhöhungen in allen Bereichen.[587] Sie belasten die Bürger und schöpfen die Früchte der Arbeit bis auf den Grund ab. Die Rentenkassen würden geplündert, Lebensversicherungen hoch besteuert. Das ganze Programm staatlicher Ausplünderung bietet viele Möglichkeiten.

Man könnte auch die »Gelddruckmaschine« anwerfen und das erforderliche Geld einfach selbst drucken. Aber dazu müsste Deutschland erst einmal aus der Währungsunion austreten. Das hätte dann eine Hyperinflation zur Folge, die die staatlichen Verluste und Schulden zwar nominal ausgliche (während Privatschulden mindestens gleich hoch blieben!), aber Privatvermögen zu Staub zerfallen ließe.

Letzte Möglichkeit wäre ein massiver Währungsschnitt oder eine Währungsreform, was den Wert Ihrer Ersparnisse minimiert. Diese würden quasi über Nacht bis auf einen kümmerlichen Rest zusammengestutzt. Ich habe dieses Szenario in meinem Buch *Der Staatsbankrott kommt!* genau beschrieben.[588]

Doch je höher die Target-Salden sich anhäufen, desto weniger kann die Bundesregierung riskieren, den Austritt eines oder mehrerer Krisenländer in Betracht zu ziehen – oder selbst auszutreten. Deutschland ist somit erpressbar geworden, weil es einen Zusammenbruch des Target-Systems gar nicht verkraften

könnte. Wir alle sitzen in der Falle, denn die Forderungen der Bundesbank werden täglich höher.
Auch die Target-Atombombe tickt und tickt.

VI. Notleidende Kredite

Die Gefahren sind noch da!

Wie im Kapitel »Diese Banken gerieten in akute Pleitegefahr (2008–2010)« schon beschrieben, können faule (notleidende oder toxische) Kredite der Sargnagel für jede Bank sein, wenn sie zu viel davon in ihren Büchern hat. Gibt eine Bank also sehr viele Kredite aus, die nicht zurückbezahlt werden können, kommt sie schnell in Schieflage. So geschehen in der Wirtschafts-, Finanz- und Schuldenkrise ab 2008.

Die globale Bankenaufsicht hat viel dafür getan, den Umfang der toxischen Kredite (Non-performing loans, NPL) und damit die Risiken zu minimieren. Doch auch dieses Gespenst irrt immer noch umher.

In der Katastrophen-Krise 2008 hatten die europäischen Banken mehr als 1 Billion (!) Euro an notleidenden Krediten angehäuft.[589]

Und wie sieht es heute aus? Ende 2023 hatten allein deutsche Banken NPL von rund 36 Milliarden Euro in ihren Büchern, im Verlauf des Jahres 2024 sollen es 41,6 Milliarden Euro werden.[590] Alles gut? – Mitnichten!

Denn sieht man auch hier die Gesamtzahl der toxischen Kredite, die europäische Banken Ende 2023 noch in ihren Büchern halten, muss man besorgt sein. Es sind immerhin noch 343 Milliarden Euro – und das nur bei den von der EZB beaufsichtigten Banken,[591] die wiederum alle miteinander vernetzt sind, auch mit den deutschen. Fakt: 15 Jahre nach der verheerenden Finanzkatastrophe und trotz zig Sicherungsmechanismen, lauern dieselben Gefahren immer noch in unserem Finanzsystem!

Ernüchternd: die Kreditmarktstudie 2023

Der Trend von notleidenden Krediten zeigt nach oben. Denn zu den Problemen von Darlehens- und Hypothekentilgungen kommen immer mehr ausstehende Konsumentenkredite. Die deutschen Verbraucher sind im Zahlungsverhalten bereits auf den zweitschlechtesten Platz in ganz Europa abgerutscht.[592]

Die Wirtschaftsprüfungsgesellschaft Ernst & Young gab letztes Jahr die *Kreditmarkstudie 2023* heraus, in der sie mehr als 120 »Banking Professionals« befragt hatte.[593] Das Ergebnis ist ernüchternd: 86 Prozent (!) der Entscheider halten Kreditausfälle künftig für wahrscheinlich oder eher wahrscheinlich.

So wollen sich Banken gegen Kreditausfälle schützen

Die Entscheider in den befragten Banken versuchen mit folgenden Möglichkeiten entgegenzusteuern, um toxische Kredite zu vermeiden:

- Stundungen (68 Prozent),
- Laufzeitenveränderung (43 Prozent),
- (Langfristige) Anpassung der Zins- und Tilgungsleistungen (40 Prozent),
- Zusätzliche Sicherheiten (25 Prozent),
- Überbrückungskredite (23 Prozent),
- Neue Kredite (17 Prozent),
- Anpassung von Vertragsklauseln (13 Prozent),
- Teilweiser oder vollständiger Schuldenerlass (2 Prozent).[594]

Risiken, auf die Banken keinen Einfluss haben

Weitere Kennzahlen aus den Befragungen, die im Zusammenhang mit dieser Publikation wichtig sind:

- **1.** 67 Prozent der Befragten erwarten, dass die **steigenden Energiepreise** kurz- bis mittelfristig zu Kreditausfällen führen werden.[595]
- **2.** 70 Prozent rechnen infolge der **Inflation** mit steigenden NPL-Quoten.[596]
- **3.** 54 Prozent befürchten weiterhin zeitverzögerte Insolvenzen aufgrund der Coronapandemie.[597]

Nichts gelernt: das Geschäft mit notleidenden Krediten

Was viele nicht wissen: Banken verkaufen Ihre Schulden. Ja, Sie haben richtig gelesen! Wenn Sie zum Beispiel Ihr Haus nicht mehr abbezahlen können, verkaufen viele Finanzinstitute Ihren faulen Kredit an globale Investoren.

Die Banken verkaufen die Kredite weit unter dem Wert der dahinterstehenden Immobilien. So bekommen sie immerhin einen Teil des Geldes zurück – und müssen für diese Kredite keine Eigenreserven mehr zurückhalten. Die Institute schnüren ganze Bündel (Portfolios) von faulen Krediten und bieten sie Investoren zu einem viel günstigeren Preis an als die Summe der einzelnen Kredite darin. Marktüblich (je nach Art des Kredites) sind zwischen 50 und 5 Prozent des ursprünglichen Wertes.[598]

Sobald eine Bank ihre faulen Kredite verkauft hat, belasten sie ihre Bilanz nicht mehr. Das Gefährliche: Die nicht gezahlten Forderungen verschwinden dann aber auch aus den Bereichen des Finanzmarktes, die der Bankenaufsicht unterliegen – hinein in ein Schattenbanksystem, das so gut wie nicht kontrolliert wird oder werden kann.[599] Die Gefahr neuer Crashs steigt damit exorbitant.

Die EU-Aufseher forcieren das Geschäft mit faulen Krediten

Basel III (siehe Kapitel »Die größten Herausforderungen für die Banken 2024«) hat es für Banken attraktiver gemacht, faule Kredite zu verkaufen. Der Grund ist – unabsichtlich – im Kontrollsystem der EU-Aufsicht zu finden:

- Banken müssen aufgrund der Basel-Vorschriften mehr Eigenkapital anhäufen, um Zahlungsausfälle durch faule Kredite abzufedern.
- Das Ziel: Wenn sich zu viele Haus- und andere Kredite anhäufen, die nicht bedient werden, gehen die Banken nicht mehr so schnell pleite, weil sie dafür mehr Eigenkapital zurücklegen müssen.
- Was die EU-Aufseher allerdings nicht beachtet haben: Die Banken werden durch mehr Eigenkapital handlungsunfähiger. Denn je mehr faule Kredite eine Bank in den Büchern stehen hat, umso weniger Geld kann sie für andere Geschäfte einsetzen (z. B. Kredite an andere Hauskäufer geben), da sie ihr Eigenkapital zurücklegen muss.
- Die Bank steht still und kann die Verluste auch nicht mehr durch neue Investitionen in profitablere Märkte ausgleichen.
- Der Verkauf der faulen Kredite ist daher eine gute Lösung für Banken.
- Aber der Markt ist äußerst intransparent. Niemand weiß, wie groß er genau ist und wer sich an den Geschäften beteiligt.[600]

So funktioniert der Handel mit faulen Krediten

Der *Tagesspiegel* hat dazu ein hervorragendes Schaubild erstellt, das ich Ihnen nicht vorenthalten will:

So funktioniert der Handel mit faulen Krediten

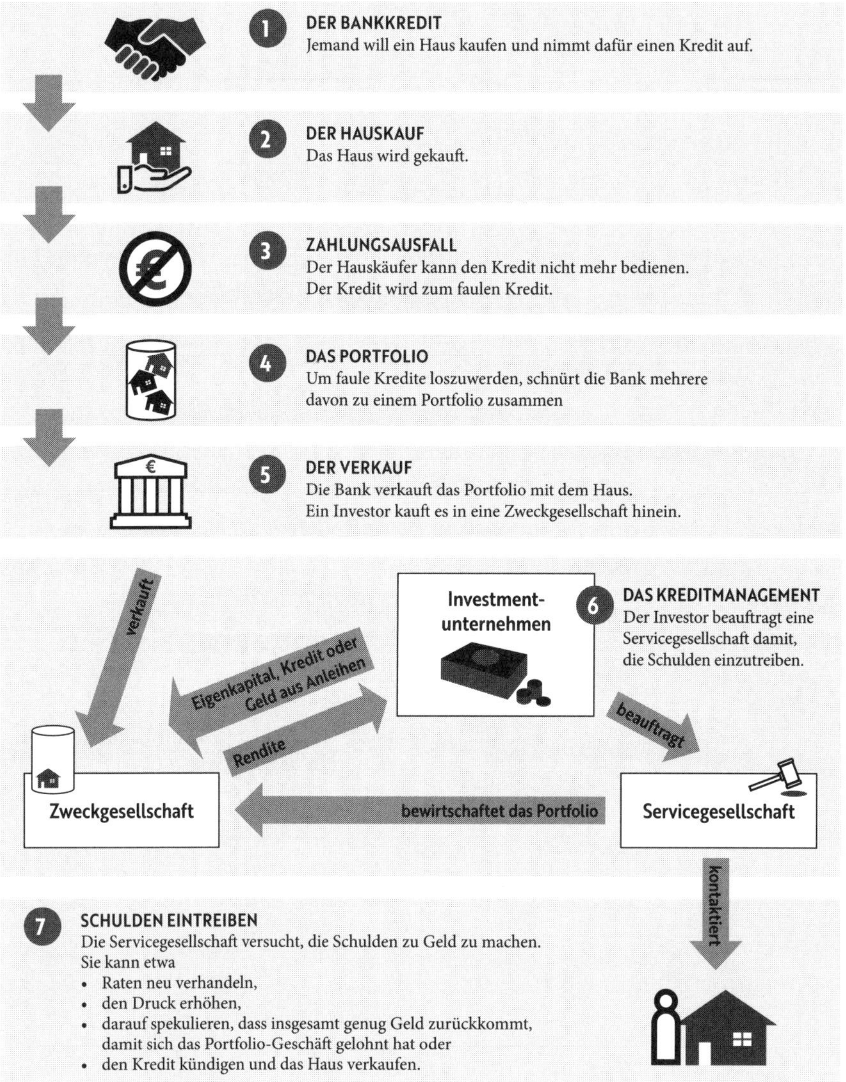

Ist der Handel vollzogen, schuldet der Hauskäufer das Geld nicht mehr der Bank, sondern einem neuen Unternehmen.

Quelle/Screenshot/Bildzitat: *Der Tagesspiegel* vom 28. Februar 2023[601]

Wir haben Folgendes gelernt: Um ihr Kreditrisiko und ihre finanzielle Stabilität zu bewerten, nutzen Banken NPL- und Kreditdeckungsquoten.

- Im Umkehrschluss: Eine höhere NPL-Quote deutet auf einen erhöhten Anteil notleidender Kredite im Portfolio hin.
- Eine niedrigere Deckungsquote ist ein Indikator für ein höheres Ausfallrisiko.[602]

Wie schon angedeutet: Viele Banken sind bestrebt, Kapital freizusetzen und ihre Bilanzen zu bereinigen. Daher verkaufen sie ihre notleidenden Kredite (NPLs). Schon seit längerer Zeit ist ein Anstieg von NPL-Transaktionen von bis zu 25 Prozent zu beobachten.[603]

Wir erinnern uns: Der Verkauf von faulen Kreditpaketen im Immobilienbereich, die von den Ratingagenturen dann auch noch positiv bewertet wurden, waren der Auslöser der Finanz-, Wirtschafts- und Schuldenkatastrophe 2008. Anscheinend hat man nicht viel daraus gelernt, denn die NPL-Quote im risikoreichen Immobiliensektor steigt.

NPL-Quote im Immobiliensektor im europäischen Vergleich

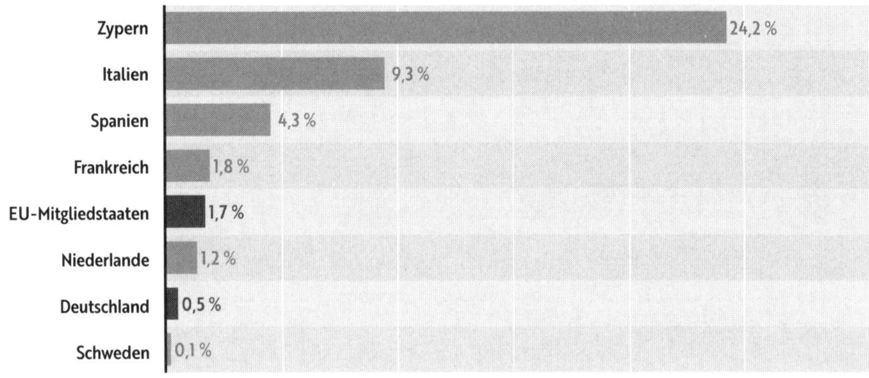

Quellen: Drooms und *Private Banking Magazine* (Stand: 2022)[604]

Wir erkennen, dass Italien, Spanien und das damals de facto bankrotte Zypern mit ihren Risikobanken immer noch eine hohe NPL-Quote in ihren Büchern haben. Risiken, für die auch Sie als deutscher Steuerzahler geradestehen müssen, sollte es wiederum zu einer Katastrophe kommen.

Lag die Quote von NPL-Krediten in der EU im Jahr 2023 bei 2 Prozent, erwarten Experten für 2024 einen rasanten Anstieg auf 3,1 Prozent.[605]

Alexandre Grellier warnte nicht umsonst: »Mit einem Auslaufen vieler staatlicher Entschuldungsprogramme, die während der Corona-Pandemie aufgelegt wurden, beobachtete Eurostat schon Ende 2022 eine neue Rekordzahl an Unternehmensinsolvenzen und Umstrukturierungen. Mit einer Verschärfung der wirtschaftlichen Lage werden auch diese Zahlen weiter steigen und je mehr Kreditnehmer ihre Kredite nicht mehr ablösen können, desto stärker wird die NPL-Quote steigen. Wirtschaftliche Unsicherheit, Inflation und hohe Zinssätze werden den Trend noch verstärken.«[606]

Notleidende Kredite werden derzeit gehandelt wie selten zuvor – insbesondere von Private-Equity- und Hedgefonds.[607]

Nach Einschätzung von Bank-Risikomanagern, die von der Frankfurt School of Finance and Management im Auftrag der Bundesvereinigung Kreditankauf und Servicing (BKS) befragt wurden, werden vor allem kleine und mittlere Unternehmen (KMU) für Kreditausfälle verantwortlich sein, gefolgt vom Bereich gewerbliche Immobilien.[608]

Tick … Tick … Tick …

TEIL 7

Wichtige Infos für Bankkunden

I. Wie sicher ist Ihre Bank?

Ratingagenturen geben »unabhängige« Urteile über die Ausfallwahrscheinlichkeit von Unternehmen, Regierungen und Finanzinstrumenten ab. Sie bewerten die Wahrscheinlichkeit, ob die genannten Akteure ihre Schulden zurückzahlen können. Zudem benoten sie Finanzprodukte. Das Ergebnis dieser Bewertung wird in einer Note – dem sogenannten »Rating« – ausgedrückt. Die Urteile der Ratingagenturen haben eine große Auswirkung auf die Verfügbarkeit von Krediten und die Kosten für die Kreditnehmer.[609] Sie entscheiden zudem über den Erfolg und das Scheitern von Anleihen, strukturierten Finanzprodukten, Unternehmen oder gar ganzen Ländern. Ratings werden auch zur Einschätzung der Sicherheit und Bonität von Banken herangezogen und geben Auskunft darüber, wie wahrscheinlich es ist, dass die jeweilige Bank in Zukunft in der Lage sein wird, Guthaben oder Kredite pünktlich zurückzuzahlen.

Die wichtigsten Ratingagenturen sind Standard & Poor's, Moody's oder Fitch, die in der Branche auch »The Big Three« genannt werden und seit Langem den Markt beherrschen.

Die Ratingagenturen gerieten jedoch selbst unter schweren Beschuss. Man gab ihnen eine Mitschuld an der Weltwirtschafts- und Finanzkrise, da sie »toxische« Finanzprodukte, bei deren Herstellung sie als Berater *selbst* mitgewirkt hatten, günstig bewerteten[610] und so deren Weiterverkauf legitimierten.

Heute wird den Ratingagenturen wieder Vertrauen geschenkt. Die Ratings sind nach wie vor ein interessanter Indikator für die Sicherheit einer Geldanlage.[611] Am Beispiel von **Standard & Poor's** möchte ich die verschiedenen Kennzahlen nun in einem Schaubild darstellen.

Rating	Bedeutung
AAA	Höchste Bonität / geringes Risiko
AA+	Sehr hohe Bonität / hohe Wahrscheinlichkeit für Erfüllung von Verpflichtungen
AA	
AA-	
A+	Gute bis befriedigende Bonität / geringfügig abhängig von der wirtschaftlichen Lage
A	
A-	
BBB+	Befriedigende Bonität / gegenwärtig stabile Lage, aber nicht vollständig gesichert
BBB	
BBB-	
BB+	Angespannte Bonität / Erfüllung der Verpflichtungen nur in stabilem Umfeld zu erwarten
BB	
BB-	
B+	Mangelhafte Bonität / kein langfristiges Investment
B	
B-	
CCC+	Ungenügende Bonität / akute Gefahr eines Zahlungsverzuges
CCC	
CCC-	
CC	Insolvenz / zahlungsunfähig
C	
D	

Quellen: Standard & Poor's und *Deltavalue.de*[612]

Die Kennzahlen des Ratings der Agentur **Fitch** unterscheiden sich etwas von denen von Standard & Poor's:

Rating	Bedeutung
AAA	Höchste Bonität / geringes Risiko
AA+	Sehr hohe Bonität / hohe Wahrscheinlichkeit für Erfüllung von Verpflichtungen
AA	
AA-	
A+	Gute bis befriedigende Bonität / geringfügig abhängig von der wirtschaftlichen Lage
A	
A-	
BBB+	Befriedigende Bonität / gegenwärtig stabile Lage, aber nicht vollständig gesichert
BBB	
BBB-	
BB+	Angespannte Bonität / Erfüllung der Verpflichtungen nur in stabilem Umfeld zu erwarten
BB	
BB-	
B+	Mangelhafte Bonität / kein langfristiges Investment
B	
B-	
CCC	Ungenügende Bonität / akute Gefahr eines Zahlungsverzuges
CC	
C	
RD	Voraussichtlicher Ausfall
D	Insolvenz / zahlungsunfähig

Quellen: Fitch und *Deltavalue.de*[613]

Mit diesen Rating-Kennzahlen können Sie die Sicherheit Ihrer Bank erkennen.

Ratings deutscher Banken (Auswahl):[614]

Name	Rating	Ratingagentur[615]
1822 direkt	A+	Fitch (2023)
Aareal Bank	A3	Moodys (2022)
	BBB-	Fitch (2023)[616]
Akbank	B-	Fitch (2023)
Bank 1 Saar Direkt	A1	S&P (2023)
BBB Bank	AA-	Fitch (2023)
Berliner Volksbank	A1	S&P (2023)
BMW Bank	A	S&P (2022)
	A2	Moodys (2022)
Comdirect Bank	A2	S&P (2023)
Commerzbank	A-	S&P (2023)
Creditplus Bank	A+	S&P (2022)
DAB Bank	A1	S&P (2023)
Darlehenskasse Münster	A1	S&P (2023)
Deutsche Apotheker & Ärztebank	Aa2	Moodys (2023)
	AA-	Fitch (2023)
Deutsche Bank	A-	S&P (2022)
	A1	Moodys (2022)
	A-	Fitch (2023)[617]
Deutsche Skatbank	AA-	Fitch (2023)
DKB	A1	Moodys (2021)
Edekabank	A1	S&P (2023)
EthikBank	A1	S&P (2023)
Evangelische Bank	A1	S&P (2023)
Fidor Bank	A	S&P (2022)
	A+	Fitch (2022)
Ford Money (Bank)	BBB-	Fitch (2023)[618]

→

Frankfurter Sparkasse	A+	Fitch (2023)
GEFA Bank	A	S&P (2023)
GLS Gemeinschaftsbank	AA-	Fitch (2023)
Grenke Bank	BBB	S&P (2023)
Hallertauer Volksbank	A1	S&P (2023)
Hamburger Sparkasse	Aa3	Moodys (2023)
	A+	Fitch (2023)
Hanseatic Bank	A	S&P (2023)
HypoVereinsbank	BBB+	S&P und Fitch (2023)[619]
IKB Deutsche Industriebank	BBB-	Fitch (2022)[620]
ING Bank	A2	Moodys (2021)
İşbank	B-	Fitch (2023)[621]
Kreissparkasse Köln	Aa3	Moodys (2021)
Kreissparkasse München	A2	Moodys (2023)
	A+	Fitch (2023)
Mainzer Volksbank	A1	S&P (2023)
Meine Bank	AA-	Fitch (2023)
Mercedes Benz Bank	A	S&P (2023)
	A2	Moodys (2023)
Mittelbrandenburgische Sparkasse	Aa2	Moodys (2023)
	A+	Fitch (2023)
Münchener Hypothekenbank	Aa3	Moodys (2023)
Nassauische Sparkasse	A+	Fitch (2023)
Noris Bank	A-	S&P (2022)
	A1	Moodys (2022)
	BBB+	Fitch (2022)
OLB Bank	Baa2	Moodys (2023)
Onvista Bank	A-	S&P (2023)

Ostsächsische Sparkasse	Aa2	Moodys (2023)
	A+	Fitch (2023)
pbb Direkt	BBB+	S&P (2023)
Postbank	A-	S&P (2022)
	A1	Moodys (2022)
	BBB+	Fitch (2022)[622]
ProCreditbank	BBB	Fitch (2022)[623]
PSA Direktbank (Stellantis Direktbank)[624]	BBB+	S&P (2022)
PSD Bank Karlsruhe-Neustadt	AA-	Fitch (2022)
PSD Bank Rhein-Ruhr	AA-	Fitch (2023)
PSD Bank RheinNeckarSaar	AA-	Fitch (2023)
Raiffeisenbank Schaafheim	A1	Moodys (2022)
	AA-	Fitch (2022)
Raiffeisenbank Straubing	AA-	Fitch (2023)
Raiffeisenbank Wittelsbacher Land	AA-	Fitch (2023)
Santander Deutschland	A	S&P (2022)
Sparda Bank Hessen	AA-	Fitch (2023)
Sparda Bank Nürnberg	AA-	Fitch (2023)
Sparda Bank Hannover	AA-	Fitch (2023)
Sparkasse Aachen	A2	Moodys (2023)
	A+	Fitch (2023)
Sparkasse Bremen	A+	Fitch (2023)
Sparkasse Hannover	A2	Moodys (2023)
	A+	Fitch (2023)
Sparkasse KölnBonn	Aa2	Moodys (2023)
	A+	Fitch (2023)

→

Sparkasse Nürnberg	A2	Moodys (2023)
	A+	Fitch (2023)
Sparkasse Pforzheim Calw	A+	Fitch (2023)
Stadtsparkasse Düsseldorf	A2	Moodys (2023)
	A+	Fitch (2023)
Stadtsparkasse München	Aa2	Moodys (2023)
	A+	Fitch (2023)
State Bank of India Frankfurt	Baa3	Moodys (2023)
Targobank	A+	S&P (2022)
	Aa3	Moodys (2022)
	AA-	Fitch (2022)
Volksbank Mainspitze	AA-	Fitch (2023)
Volksbank Marl-Recklinghausen	AA-	Fitch (2023)
Volksbank Mittweida	AA-	Fitch (2023)
Volksbank Raiffeisenbank		
Regensburg-Schwandorf	AA-	Fitch (2023)
Volkswagen Bank	A-	Fitch (2023)[625]
	BBB+	S&P (2022)[626]
VR Niederbayern-Oberpfalz		
Meine Bank	AA-	Fitch (2023)
VR-Perfekt	AA-	Fitch (2023)
VTB Direktbank	Baa3	Moodys (2022)
	BB+	S&P (2022)[627]
Ziraat Bank International Frankfurt	B3	Moodys (2022)
	B-	Fitch (2023)[628]

Quellen: Kritische Anleger, *Tagesgeldvergeich.net*[629]

Sie erkennen daran, dass keine der aufgeführten deutschen Banken die beste Ratingnote »AAA« erhält, einige jedoch die bedenkenswerten Noten im »B«-Bereich. Seien Sie also wachsam!

Die Seite Finanztip hat – bestätigend und ergänzend – noch zwei Kriterien aufgeführt, die ihrer Meinung nach ebenfalls bei der Bankenauswahl berücksichtigt werden sollten:

»1. Wir empfehlen nur Banken aus EU-/EWR-Ländern, deren Länder-Bonität von den großen Agenturen Moody's, Standard and Poor's (S&P) sowie Fitch mit den höchsten Noten ›AAA‹ oder ›AA‹ (beziehungsweise bei Moody's ›Aa2‹ oder besser) ausgezeichnet wird. Entscheidend ist, dass die Bank im entsprechenden Land einem Einlagensicherungsfonds gemäß EU-Richtlinie 2014/49/EU angehört. Für eine ausreichende Bonität genügt eine Mehrheit von zwei der drei Ratingagenturen, sofern die dritte Agentur nicht mehrere Stufen schlechter bewertet.«[630]

Und weiter:

»2. Wir empfehlen nur Banken, die seit mindestens zwei Jahren Einlagenprodukte wie Tagesgeld- oder Festgeldkonten für Kunden in Deutschland anbieten. Eine Karenzzeit von zwei Jahren schließt absolute Newcomer zunächst aus. Des Weiteren berücksichtigen wir nur Angebote in der Währung Euro.«[631]

Finanztip veröffentlichte auch eine Grafik von Banken in Ländern, in denen man aus Sicht der Redaktion Geld sicher anlegen kann:

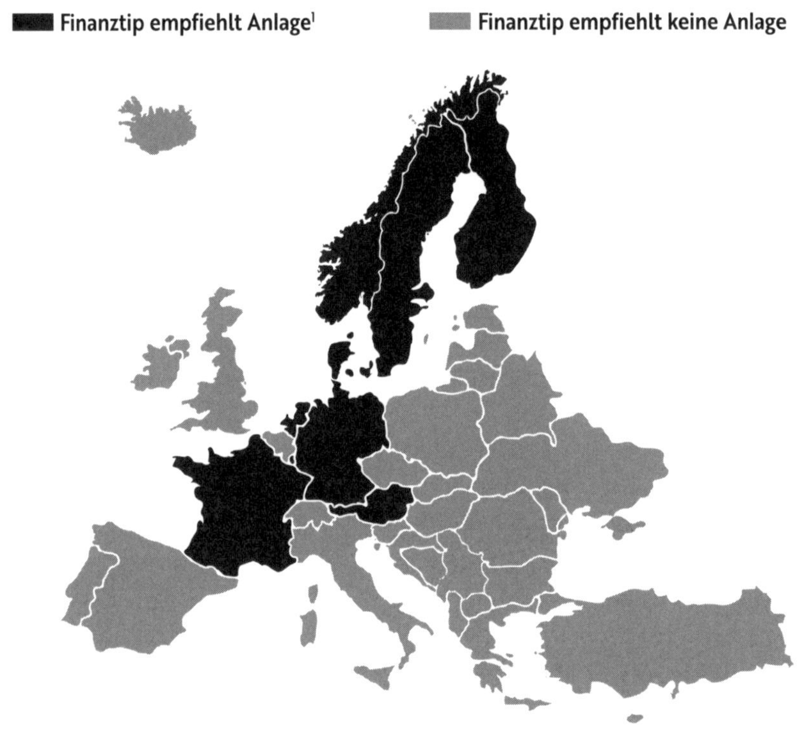

[1]Weitere Voraussetzung: Bank ist Teil eines Einlagensicherungsfonds gemäß EU-Richtlinie 2014/49/EU und macht seit mindestens zwei Jahren Tages- und/oder Festgeld-Angebote für Kunden in Deutschland.

Quelle/Screenshot (Bildzitat): Finanztip[632]

Letztendlich liegt die Entscheidung jedoch bei Ihnen. Niemand kann und will Ihnen Ihr Bauchgefühl oder Ihre bisherigen Erfahrungen mit Ihrer Bank (die durchaus jahrzehntelang sein können) streitig machen.

42 Billionen Euro! – Die Derivatebombe der Deutschen Bank

Ich gebe noch etwas zu bedenken, was unter dem Radar der Öffentlichkeit eigentlich nur Experten wissen. Einer davon ist der Finanzjournalist Oliver Baron. Er schreibt in seinem Artikel »Das unkalkulierbare Risiko der Banken« (Hervorhebungen durch mich):

»Wie groß die Risiken insgesamt sind, die in den Bilanzen der Banken schlummern, weiß derzeit kein Mensch. […] Der **Nominalwert aller Derivate** [siehe Kapitel ›Nach der Krise ist vor der Krise‹] etwa in den Büchern der **Deutschen Bank** beläuft sich auf den astronomischen Betrag von **42 Billionen EUR**, was mehr als dem **Zehnfachen des deutschen Bruttoinlandsproduktes** (BIP) entspricht, also dem Wert aller Waren und Dienstleistungen, die in Deutschland in einem Jahr hergestellt werden.«[633]

Und weiter: »Zwar weist die Deutsche Bank mit Recht darauf hin, dass es sich bei dem Betrag von 42 Billionen EUR um die Summe der Nominalwerte der Derivate handelt und **das tatsächliche Risiko aus den Produkten nur bei einem Bruchteil liegt,** weil bei vielen Positionen entsprechende Gegenpositionen existieren, die sich gegeneinander aufheben. **Doch wie groß die Risiken tatsächlich sind, kann wohl niemand (innerhalb und außerhalb) der Deutschen Bank wirklich beziffern,** einfach weil die Summen so astronomisch hoch sind.«[634]

Die *WirtschaftsWoche* schreibt zu diesem Thema: »Der riesige Umfang des Derivatebuchs bei der Deutschen Bank erklärt sich zudem daraus, dass viele Kontrakte sich gegenseitig aufheben – damit ist das tatsächliche Risiko deutlich kleiner.«[635]

Dennoch sollen, so das Magazin, die Marktwerte aller Derivate bei 1019 Milliarden Euro, also bei über 1 Billion Euro, liegen. Dies wäre das maximale Risiko bei Kollateralschäden am Markt, weshalb der IWF die Deutsche Bank als »riskanteste Bank der Welt« bezeichnete.[636]

Dennoch, auch wenn der Marktwert der Derivate, der sich in den Büchern der Deutschen Bank vom Nominalwert von 42 Billionen Euro auf etwas mehr als 1 Billion Euro reduziert, wäre eine Bankenrettung durch den Staat nicht möglich.

Bruno Massarelli, selbst Bankdirektor, schreibt: »Der Derivatemarkt [ist] nicht mehr jener [...], der 2008 seinen Höchststand erreicht hatte: In der Zwischenzeit ist die Gesetzgebung sehr streng und die Kontrollorgane [sind] sehr sensibel auf die Thematik geworden. Dennoch gibt es zumindest potenzielle Risiken. Das erste ist die Tatsache, dass ein großer Teil der Derivate an die Zinssätze gekoppelt ist, d. h. den geldpolitischen Entwicklungen der Zentralbanken ausgesetzt ist. Der zweite Grund ist die Tatsache, dass niemand weiß, wie hoch das Derivatengagement bei der Credit Suisse war. Das dritte hat damit zu tun, dass die Banken und das Finanzsystem durch diese gigantische Finanzstruktur so miteinander verflochten sind, dass potenzielle Ansteckungseffekte zunehmen, und zwar auf unvorhersehbare Weise.«[637]

Wie viele riskante Derivate schlummern noch in anderen deutschen oder europäischen Banken?

Tick ... Tick ... Tick ...

II. Wie sicher ist die Einlagensicherung?

Die Einlagensicherungssysteme weltweit

Die meisten Bankkunden, die ich kenne, sind sehr entspannt, wenn die Sprache auf eine Pleite ihrer Bank kommt. Ihr Hauptargument: Es gibt ja die Einlagensicherung, von dem her ist mein Geld ja sicher.

Ist das wirklich so? Entspricht dieses »Gefühl«, das die meisten Sparer haben und das eifrige Banker immer und immer wieder anbringen, auch der Realität? Diese Fragen werde ich in diesem Kapitel beantworten, und wir werden sehen, ob sich Ihr »Gefühl« nach dem Lesen verändert hat oder nicht.

Doch zunächst einmal möchte ich alle Einlagensicherungssysteme aufführen, die es aktuell gibt. Ich beginne mit Deutschland, dann folgt Europa und am Schluss der Rest der Welt.

Deutschland: gesetzliche Einlagensicherung

Die gesetzliche Einlagensicherung in Deutschland garantiert jedem Sparer einen rechtlichen Anspruch auf Entschädigung von maximal **100 000 Euro pro Kunde und je Institut** (nicht pro Konto!).[638] Das ist bereits das erste wichtige Kriterium, über das viele sich nicht im Klaren sind. Sie gehen nämlich davon aus, dass jedes Konto mit 100 000 Euro abgesichert ist. Stimmt nicht.

Hält ein Einleger beispielsweise 90 000 Euro auf einem **Sparkonto** und 50 000 Euro auf einem **Girokonto**, so werden ihm lediglich 100 000 Euro erstattet.[639]

Gibt es zwei Kontoinhaber (zum Beispiel ein Ehepaar), verdoppelt sich der Maximalbetrag der gesetzlichen Einlagensicherung auf 200 000 Euro. Geschützt sind nicht nur Einlagen in Euro oder sonstigen Währungen der EU-Mitgliedsstaaten, sondern in sämtlichen Währungen, wie beispielsweise US-Dollar oder Schweizer Franken.[640]

Unter bestimmten Bedingungen kann sich der Maximalbetrag für den Zeitraum von 6 Monaten nach Gutschrift auf bis zu **500 000 Euro** erhöhen – allerdings nur im Zusammenhang mit folgenden Lebensereignissen:

- Beträge aus Immobilientransaktionen privat genutzter Wohnimmobilien.
- Beträge, die soziale, gesetzlich vorgesehene Zwecke erfüllen und beispielsweise verknüpft sind mit Heirat, Scheidung, Renteneintritt, Ruhestand, Kündigung, Entlassung, Geburt, Krankheit, Pflegebedürftigkeit, Invalidität, Behinderung oder Tod.
- Auszahlung von bestimmten Versicherungsleistungen.
- Entschädigungszahlungen für gesundheitliche Schädigungen durch Gewalttaten oder Schäden durch zu Unrecht erlittene Strafverfolgungsmaßnahmen.[641]

Darunter fallen die gängigen Arten von Bankeinlagen wie Girokonten, Festgelder, Termin- oder Spareinlagen, aber auch Sparbriefe. Entschädigt werden neben Privatleuten auch Unternehmen. Geregelt ist all das im deutschen Einlagensicherungsgesetz, das die EU-Richtlinie zur Einlagensicherung umsetzt.

Durch die gesetzliche Anlegerentschädigung haben Sie im Schadensfall Anspruch auf **90 Prozent** Ihrer Forderungen aus **Wertpapiergeschäften,** maximal aber auf einen Betrag in Höhe von **20 000 Euro.** Ein Entschädigungsanspruch besteht, soweit die Gelder auf Euro oder die Währung eines EU-Mitgliedsstaates lauten.[642]

Apropos Wertpapiere: Bei **Aktien, Fonds, ETFs – bei Wertpapieren** greift weder die gesetzliche noch die freiwillige Einlagensicherung. Grund: Die Bank bewahrt das Portfolio nur auf. Geht die depotführende Bank pleite, zählen verwahrte Wertpapiere **nicht** zur Insolvenzmasse. Das heißt, der Inhaber kann sein Depot auf eine andere Bank übertragen. Das Verrechnungskonto des Depots wiederum fällt unter die gesetzliche Einlagensicherung.[643] Aber: Bis die Papiere in das Depot einer anderen Bank übertragen werden, kann man seine Aktien, ETFs oder Fonds nicht handeln, und man muss unter Umständen Kursverluste in Kauf nehmen.[644]

Die **Verrechnungskonten bei Brokern oder Banken** sind im Insolvenzfall ebenfalls geschützt. Nach geltendem europäischem Recht gibt es eine verpflichtende Einlagensicherung, die Ersparnisse bis zu einem Höchstbetrag von 100 000 Euro abdeckt. Problematischer wird es, wenn Anleger **Aktien, Anleihen oder Zertifikate der Pleitebank** oder des **insolventen Brokers** besitzen. Diese gehören zwar ebenfalls den Anlegern, werden im Regelfall aber wertlos. Da man als Aktionär Eigenkapitalgeber ist, muss man sich bei der Verteilung der Insolvenzmasse hinter allen anderen Gläubigern anstellen, bekommt also meistens nichts.[645]

Wer seiner Bank über **Anleihen** Geld geborgt hat, erhält bestenfalls einen Teil aus der Insolvenzmasse zurück. Die Höhe hängt auch davon ab, ob es sich um vorrangige oder nachrangige Anleihen handelt. Gleiches gilt für **Schuldverschreibungen** in Form von Zertifikaten. Zwar werden manche von ihnen als Sparbuchersatz gekauft, die Einlagensicherung greift hier aber nicht – ganz gleich wie gut sich der Basiswert in der Vergangenheit entwickelt hat.[646]

Für die Einlagensicherung zuständig sind Institutionen wie die Entschädigungseinrichtung deutscher Banken oder die Sicherungssysteme der Genossenschaftsbanken und Sparkassen. Sie müssen den Kunden spätestens 7 Arbeitstage nachdem ein Anspruch festgestellt wurde entschädigen.[647]

Deutschland: freiwillige Einlagensicherung der Banken

Die freiwillige Einlagensicherung der Privatbanken, ergänzt das gesetzliche System. **Sie schützt Einlagen über die gesetzliche Garantie hinaus.**

Es gibt zwei freiwillige Fonds: Einer ist beim Bundesverband deutscher Banken (BdB)[648] angesiedelt und der andere beim Bundesverband Öffentlicher Banken Deutschlands (VÖB).[649]

Aber: Diese freiwilligen Einlagensicherungen (auf die kein einklagbarer Rechtsanspruch besteht!)[650] greifen nur, wenn das zahlungsunfähige Institut auch Mitglied im BdB-Fonds oder im VÖB-Fonds ist. Der Schutz umfasst bei Privatleuten Girokonten, Termin- und Spareinlagen.

Die Höhe beim BdB-Fonds kann variieren, es sind aber mindestens **750 000 Euro je Kunde und Bank** (inklusive gesetzlicher Anteil). Das sind 15 Prozent der Untergrenze des haftenden Eigenkapitals bei Banken (**5 Millionen Euro**). Diese Obergrenze soll 2025 allerdings auf **3 Millionen Euro** sinken, und 2030 dann auf nur noch **1 Million Euro.** Auf diese Grenzen hatten sich die im BdB organisierten Banken nach der Greensill-Pleite im März 2021 geeinigt, nachdem die Entschädigung der Greensill-Kunden den Verband insgesamt fast 3 Milliarden Euro gekostet hatte[651] (siehe Kapitel »Deutschlands Pleitebanken«).

Der VÖB-Fonds gibt an, dass potenziell alle entschädigungsfähigen Einlagen abgedeckt seien, doch in der Praxis kann die Leistungsfähigkeit des Fonds begrenzend wirken. Wertpapiere gehören aber nicht dazu.[652]

Auf folgender Webseite finden Sie alphabetisch alle Banken, die der freiwilligen Einlagensicherung angehören, samt der Höhe des Sicherungsumfanges (inkl. gesetzlicher Einlagensicherung): *https://einlagensicherungsfonds.de/ueber-den-einlagensicherungsfonds/mitwirkende-institute/*.

Deutschland: Einlagensicherung bei Genossenschaftsbanken und Sparkassen

Sparkassen helfen sich bei Schieflagen gegenseitig. Dasselbe gilt für Genossenschaftsbanken, zu denen Volks- und Raiffeisenbanken, Sparda- und PSD-Banken sowie Kirchenbanken zählen.

Die Genossenschaftsbanken sind in der Institutssicherung des Bundesverbands der Deutschen Volksbanken und Raiffeisenbanken zusammengeschlossen. Dieser Institutsschutz soll verhindern, dass eine Mitgliedsbank pleitegeht. Ähnlich haben sich die Sparkassen in Deutschland organisiert. Das Sicherungssystem der Sparkassen-Finanzgruppe sichert den Fortbestand der beteiligten Institute.

Die Einlagensicherungen der Genossenschaftsbanken und Sparkassen sind freiwillig. Sie sollen die Pleite einer Mitgliedsbank verhindern, was sie sicherer macht. Genossenschaftsbanken und Sparkassen garantieren also im Rahmen ihrer jeweiligen Institutssicherung, dass sie kein Partnerunternehmen insolvent werden lassen. Dies bedeutet, dass **alle Vermögenswerte** geschützt sind.[653] Der rechtlich einklagbare Entschädigungsanspruch entspricht jedoch der gesetzlichen Einlagensicherung.[654]

Deutschland: Einlagensicherung bei Bausparverträgen

Das Geld in Bausparverträgen bei privaten Bausparkassen unterliegt ebenfalls der gesetzlichen Einlagensicherung. Kundengelder bis zur Maximalhöhe von **100 000 Euro** sind also gesichert. Bausparkassen sind im Regelfall ebenfalls Mitglieder eines privaten Sicherungsverbundes, der Schutz über die gesetzliche Grundlage hinaus bietet. Beispiele:

- Die Landesbausparkassen sind im Sicherungsverbund der Sparkassen-Finanzgruppe.

- Die Bausparkasse Schwäbisch Hall ist im Sicherungsverbund der Genossenschaftsbanken.
- Die meisten anderen privaten Bausparkassen sind Mitglied im Sicherungssystem der privaten Banken.[655]

Durch diese privaten Sicherungssysteme sind Kundengelder auch **über** 100 000 Euro hinaus bis zur Höchstgrenze des jeweiligen Verbundes geschützt. Allerdings auch hier ohne Rechtsanspruch.[656]

Europäische Union: Einlagensicherung in EU-Ländern

Noch gibt es keine übergreifende Einlagensicherung der EU oder des Euroraumes, solange die Bankenunion nicht vollendet ist (siehe Kapitel »Die europäische Bankenunion (2012–2024)«).

Allerdings gibt es einen Rahmen für die Einlagensicherung der einzelnen EU-Staaten. Alle EU-Mitglieder garantieren **100 000 Euro je Kunde und Bank**. Bis zu **500 000 Euro** schützen die EU-Staaten zudem befristet, wenn sie zentral für die Lebensführung gedacht sind. Beispiel: Geld aus dem Verkauf einer Privatimmobilie.

Wer sein Geld bei einer Bank im EU-Ausland anlegt, ist durch die EU-Einlagensicherung geschützt. Der Schutz wird aber nicht von der EU garantiert, sondern von der zuständigen Institution des jeweiligen Staates. Das bedeutet im Klartext: Ob nach einer Bankenpleite auch wirklich Geld fließt, hängt von der Zahlungskraft des Landes ab. Griechenland und Zypern lassen grüßen.[657]

Weltweit: Einlagensicherung außerhalb der EU

Bei Spar- und Festgeldeinlagen außerhalb der EU greift die Einlagensicherung des jeweiligen Landes. Die Bonität des Staates, in dem die Bank ansässig ist, sollte deshalb unbedingt beachtet werden. Die Werthaltigkeit der jeweiligen Sicherungsfonds hängt also vom Rating des jeweiligen Staates ab. Ist dessen Zahlungsfähigkeit eingeschränkt, nutzt am Ende auch dessen Einlagensicherung nichts mehr.[658] Hier einige Beispiele:

Länder	**Höchstbetrag der Entschädigung:**	
Australien	250 000 AUD	(ca. 150 000 Euro)
Neuseeland	50 000 NZD	(ca. 28 000 Euro)
Norwegen	2 000 000 NOK	(ca. 170 000 Euro)
Russland	1 400 000 RUB	(ca. 14 000 Euro)
Japan	10 000 000 JPY	(ca. 61 000 Euro)
Schweiz	100 000 CHF	(ca. 103 000 Euro)
USA	250 000 USD659	(ca. 230 000 Euro)
Kanada	100 000 CAD	(ca. 67 000 Euro)
China	500 000 Yuan	(ca. 64 000 Euro)
Indien	500 000 Rupien	(ca. 5500 Euro)
Südkorea	50 000 000 Won	(ca. 35 000 Euro)
Singapur	75 000 SGD	(ca. 51 000 Euro)
Argentinien	350 000 ARS	(ca. 900 Euro)
Brasilien	250 000 BRL	(ca. 46 000 Euro)
Mexiko	2 000 000 Pesos	(ca. 105 000 Euro)
Chile	3000 UF	(ca. 115 000 Euro)
Südafrika	100 000 Rand	(ca. 5000 Euro)
Nigeria	500 000 Naira	(ca. 600 Euro)
Kenia	500 000 Kenia-Schilling	(ca. 3000 Euro)
Ägypten	100 000 Ägyptische Pfund	(ca. 3000 Euro)

Quellen: *www.verivox.de, Wohnsitzausland.com*[660]

Das Länderrating ist also wichtig, denn es zeigt, wie hoch die Finanzkraft einzelner Länder ist. Nachfolgende Tabelle zeigt das Länderrating der Ratingagentur Standard & Poor's für die wichtigsten europäischen Länder:

Bonität	**Ratingnote**	**EU-Länder**	**Nicht-EU-Länder**
Erstklassig	AAA	Deutschland, Luxemburg, Niederlande, Dänemark, Schweden	Norwegen, Schweiz
Sehr hoch	AA+ bis AA-	Finnland, Österreich, Belgien, Frankreich, Estland, Irland, Slowenien, Tschechien	Großbritanien
Hoch	A+ bis A-	Lettland, Litauen, Slowakei, Spanien, Malta, Polen	Island
Für sicherheitsorientierte Anleger noch ausreichend	BBB+ bis BBB-	Bulgarien, Italien, Portugal, Kroatien, Rumänien, Zypern	
Für sicherheitsorientierte Anleger nicht mehr ausreichend	BB+ bis B-	Griechenland	Türkei, Serbien, Albanien, Nordmazedonien, Bosnien, Herzegowina

Quelle/Screenshot (Bildzitat): Standard & Poor's, *www.verivox.de*[661]

Weltweit: Einlagensicherung bei ausländischen Banken und Tochtergesellschaften

Kategorie 1: Deutsche Tochtergesellschaften ausländischer Banken

Eine deutsche Tochtergesellschaft einer Auslandsbank, die als eigenständiges Unternehmen in Deutschland registriert ist, unterliegt der deutschen und somit der europäischen Einlagensicherung. Diese sieht als Basisabsicherung eine Höhe von **100 000 Euro** je Anleger und Anlegerin vor.[662]

Kategorie 2: Banken als Zweigniederlassungen ausländischer Banken

Zweigniederlassungen ausländischer Banken in Deutschland, beispielsweise die der Consorsbank mit der französischen Mutter BNP Paribas, fallen grundsätzlich unter die europäische Einlagensicherung, mit einem Betrag von mindestens **100 000 Euro.** Eine solche Bank hat auch die Option, zusätzlich Mitglied in einer freiwilligen deutschen Sicherungseinrichtung zu sein.[663]

Achtung: Es sind auch Abweichungen möglich, so wie zum Beispiel bei der US-Bank J.P. Morgan, die in Frankfurt a. M. mit einer Filiale vertreten ist. Sie weist explizit darauf hin, dass Einlagenprodukte nicht durch die FDIC (Federal Deposit Insurance Corporation, Einlagensicherungsfonds der Vereinigten Staaten) abgesichert sind. Es empfiehlt sich daher, bereits im Vorfeld einer Anlage genau zu prüfen, ob tatsächlich die Voraussetzungen für eine Risikoübernahme im Ausland gegeben sind.[664]

Pläne der Europäischen Kommission für eine europäische Einlagensicherung (European Deposit Insurance Scheme)

Nach dem am 24. November 2015 veröffentlichten Vorschlag der Europäischen Kommission zur Änderung der Verordnung zum einheitlichen Abwicklungsmechanismus (Single Resolution Mechanism; SRM) soll ein European Deposit Insurance Scheme (EDIS) in drei zeitlich aufeinanderfolgenden Stufen errichtet werden. Im Folgenden sehen Sie, was die Europäische Kommission geplant hatte:

Erste Stufe: Rückversicherung (2017–2019)

Kommt es in der ersten Stufe zu einem Entschädigungsfall, muss zunächst der nationale Fonds für die Entschädigungsleistungen herangezogen werden. Sind alle nationalen Entschädigungsmittel aufgebraucht, stellt EDIS Liquidität bis zur Höhe von maximal 20 Prozent der Erstattungskosten bereit. Die nationalen Sicherungseinrichtungen müssen die EDIS-Mittel zurückzahlen.[665]

Zweite Stufe: Mitversicherung (2020–2023)

In der zweiten Stufe müssen die nationalen Einlagensicherungssysteme nach den Plänen der EU-Kommission die eigenen Mittel nur noch teilweise aufbringen, bevor sie auf EDIS zurückgreifen könnten. Damit wird eine schrittweise Risikoteilung über alle Teilnehmerstaaten eingeführt.[666]

Dritte Stufe: Vollversicherung (ab 2024?)

In dieser dritten Stufe soll ein zentraler Fonds gebildet werden, der die Einlagensicherungsfunktion im Ergebnis vollständig auf der Ebene der an der einheitlichen Bankenaufsicht (Single Supervisory Mechanism; SSM) teilnehmenden Mitgliedsstaaten übernehmen soll.

In der Vollversicherungsphase sollen die auf Grundlage der EU-Einlagensicherungsrichtlinie bisher national eingerichteten Einlagensicherungssysteme ab 2024 letztlich keine eigenständige Funktion mehr ausüben. Im Klartext:

Der Anteil der Beiträge der Institute, die bisher allein in nationale Sicherungseinrichtungen fließen, soll in den einzelnen Stufen sukzessive absinken, entsprechend sollen die Beiträge zunehmen, die in den EDIS-Gemeinschaftsfonds fließen.[667]

Die Pläne der EU-Kommission sehen vor, dass das auf europäischer Ebene bereits errichtete einheitliche Abwicklungsgremium (Single Resolution Board; SRB) die Durchführung der europäischen Einlagensicherung im Rahmen von EDIS zusammen mit den teilnehmenden nationalen Einlagensicherungssystemen (beziehungsweise der für die Verwaltung der teilnehmenden Einlagensicherungssysteme benannten Behörden) übernehmen soll.[668]

Für alle Euro-Staaten soll die Mitwirkung im Ergebnis verpflichtend sein, während sich Nicht-Euro-Staaten freiwillig der Teilnahme am SSM und damit automatisch auch am SRM sowie der gemeinsamen europäischen Einlagensicherung anschließen können[669] (siehe dazu auch das Kapitel »Die europäische Bankenunion (2012–2024)«).

Gegen diese Pläne laufen natürlich alle »solventen« Staaten Sturm, während die üblichen Verdächtigen (die südeuropäischen finanzschwachen Länder) eine gemeinsame Einlagensicherung begrüßen. Auch in Deutschland ist die Kritik an diesen Plänen groß. Sparkassen und Genossenschaftsbanken befürchten, dass mit ihren Geldern Schieflagen von Instituten in anderen Staaten aufgefangen werden.[670]

Der Streit unter den EU-Ländern geht derweil munter weiter. Eine Einführung einer gemeinsamen europäischen Einlagensicherung ist noch nicht absehbar, obwohl sie eigentlich für 2024[671] geplant ist.

Viele Sparer trauen der Einlagensicherung nicht

Unruhen, Krisenerscheinungen im Bankensektor und EU-Pläne, die Einlagensicherung zu vergemeinschaften, führen dazu, dass viele Deutsche dem Sicherungssystem der Kreditwirtschaft nicht mehr trauen. Das ergaben Umfragen.

Eine der letzten zu diesem Thema ist schon ein paar Monate her, aber seither dürfte sich die Stimmung noch verschlechtert haben. Nach einer Forsa-Umfrage

Ende März 2023 glauben nur noch 50 Prozent der Befragten, dass ihre Einlagen »sicher« seien, 46 Prozent hingegen hegen Zweifel an der Sicherheit ihrer Ersparnisse auf Bankkonten.[672]

Bankenpleite: Was bedeutet das für Sie?

Seit der Weltschulden-, Finanz- und Immobilienkrise ist nichts mehr unmöglich. Dass auch deutsche Banken in den letzten Monaten pleitegegangen sind, habe ich Ihnen im Kapitel »Deutschlands Pleitebanken« wohl eindringlich vor Augen geführt. Ich fasse noch einmal zusammen, was mit Ihren Einlagen geschieht, wenn Ihre Bank pleitegeht:

- **Ihre Tagesgeld-, Giro- und Festgeldkonten** sowie **Sparbücher** sind durch die Einlagensicherung bis 100 000 Euro abgedeckt.
- **Ihr Aktiendepot** ist Sondervermögen (geht nicht in die Insolvenzmasse ein) und kann daher auf eine neue Bank ohne Verlust übertragen werden.
- **Ihr XY-Bankanleihen-Depot** ist ebenfalls Sondervermögen und kann auf eine andere Bank übertragen werden. Aber durch die XY-Pleite ist es praktisch wertlos.
- **Ihr Depot mit Inhaberschuldverschreibung der XY-Bank** ist ebenso wertlos, da es nicht börsengehandelt und die Emittentin insolvent ist.
- **Gold- und Silbermünzen** in einem Bankschließfach gehören zwar Ihnen, aber im Fall einer Bankenpleite kann es lange dauern, bis Sie darauf Zugriff bekommen.
- **Investment- und Rentenfonds** haben ein Sondervermögen und sind damit zumindest größtenteils gegen eine Insolvenz abgesichert. Hinsichtlich der Erstattung muss eine Regelung über die Einlagensicherung getroffen werden. Der Fondsmanager darf in ein Unternehmen nicht mehr als 10 Prozent beziehungsweise 20 Prozent investieren. Im Pleitefall bleibt das Sondervermögen Eigentum der Anleger. Doch viele Fondsmanager nutzen Derivate, um ihre Aktienbestände abzusichern. Werden diese ausgerechnet von der

Bank herausgegeben, die Pleite ist, sieht es schlecht aus. Zudem stecken in Rentenfonds oft Bankanleihen, die im Pleitefall ebenfalls wertlos werden.
- **Schulden** (z. B. Kontoüberziehungen) müssen trotzdem beglichen werden.[673]

Übrigens: Betroffene brauchen für die Auszahlung der Entschädigung in aller Regel nichts zu unternehmen. Die jeweils zuständige Sicherungseinrichtung meldet sich von allein.[674]

Lektion für den Sparer:

Wenn Sie schon Gelder auf der Bank deponieren müssen, verteilen Sie sie auf verschiedene Banken. Halten Sie außerdem Cash zu Hause. Deponieren Sie für diesen Fall Bargeld für mindestens 8 Wochen in Ihrem heimischen Safe.

Es ist reine Mathematik, dass die Einlagensicherung NICHT sicher sein kann!

Um mein Argument zu untermauern, führe ich zunächst die Zahlen der Girokonten der größten Banken in Deutschland auf.

Die fünf größten Banken Deutschlands nach Girokonten (in Millionen):

Sparkassen	40,2[675]
Volksbanken/Raiffeisenbanken	17,9[676]
Deutsche Bank (inkl. Postbank)	12,0[677]
Commerzbank	11,0[678]
ING-DiBa	9,1

Die oben genannten Banken beziehungsweise Bankenverbünde betreuen damit rund 90 Millionen Konten. Laut Statista gibt es insgesamt (alle Finanzinstitute zusammen) rund **114 Millionen Girokonten** in Deutschland.[679]

Die Höhe der Einlagen bei deutschen Banken betragen 2,3 Billionen Euro.[680] Glauben Sie wirklich, dass jedes dieser Girokonten durch die Einlagensicherung gedeckt werden kann, wenn eine der größten Banken oder gar das ganze deutsche Bankensystem zusammenbricht?

Wenn eine Großbank oder bei einem Crash gleich mehrere Banken insolvent sind, werden die Mittel nicht ausreichen, um das »Versprechen« der Einlagensicherung – etwas anderes ist es nicht – zu halten.

Je nach Mittel, die noch zur Verfügung stehen, erhalten Sie dann nur einen Teil oder gar nichts mehr von Ihrem Vermögen – trotz Einlagensicherung. Vergessen Sie zudem nicht: Die Einlagensicherung ist zwar gesetzlich vorgeschrieben, aber NICHT vom Staat garantiert.[681]

Deshalb ist es nicht verwunderlich, dass die Politik das Gesetz zur Sanierung und Abwicklung von Instituten und Finanzgruppen erlassen hat. Die meisten sind sich nicht bewusst darüber, dass dies auch ein Enteignungsgesetz ist (siehe Kapitel »Angriff auf Ihr Sparkonto: Das Gesetz zur Sanierung und Abwicklung von Instituten und Finanzgruppen (SAG)«).

EXKURS:

Deutsche Banken können nicht gerettet werden!

Ich habe in diesem Buch die vielen Risiken aufgeführt, die von Banken und dem Finanzsystem immer noch ausgehen, was, wie wir gesehen haben, nach der Pleite der Credite Suisse sogar die einst als absolut »sicher« eingestufte Schweiz an den Abgrund gebracht hat. Abgesehen von den vielen Bankenpleiten in der Vergangenheit und der katastrophalen Immobilien-, Schulden- und Finanzkrise glauben dennoch viele Menschen, mit denen ich im Vorfeld gesprochen habe, nicht, dass das deutsche Bankensystem jemals in dieselben Schwierigkeiten geraten könnte. All jenen möchte ich noch ein einfaches Rechenbeispiel an die Hand geben:

- Die deutsche Bankenbranche gehört zu den größten der Welt.[682]
- Die Bilanzsumme der deutschen Banken beträgt rund 10,6 Billionen Euro.[683]
- Bei einem angenommenen Ausfall in Höhe von **nur** 15 Prozent der Bankbilanzsummen würde sich demnach ein Abschreibungsbedarf von 1,6 Billionen Euro ergeben.
- Wenn die öffentliche Hand die Risiken von 1,6 Billionen Euro schuldenwirksam übernähme, würde die Staatsverschuldung von rund 2,5 Billionen Euro (ohne explizite Verschuldung) um 64 Prozent (!) steigen.
- Schulden in dieser astronomischen Höhe wären nicht mehr zu bedienen. Weder der deutsche Staat noch irgendein europäischer Rettungsschirm könnte die Summe von 1,6 Billionen Euro stemmen, und das, wenn nur 15 Prozent der Bankbilanzsummen abgeschrieben werden müssten. Das deutsche und das europäische Bankensystem wären am Ende.

Denken Sie einfach mal genauer darüber nach.

III. Angriff auf Ihr Sparkonto: Das Gesetz zur Sanierung und Abwicklung von Instituten und Finanzgruppen (SAG)

Das SAG ist ein Gesetz, das bereits seit Anfang 2015 angewendet wird, medial aber so gut wie gar keine Beachtung fand und auch nicht findet. Es ist also Zeit, meine Leser darüber aufzuklären.

Das SAG enthält eine Reihe von Paragrafen, die regeln, wie ein in Schieflage geratenes Kreditinstitut saniert beziehungsweise abgewickelt wird.[684] Das Gesetz kann auch für private Anleger weitreichende Konsequenzen nach sich ziehen. Die Besonderheit hierbei ist, dass vorrangig Anteilsinhaber und Gläubiger an Verlusten und Abwicklungskosten der Banken beteiligt werden (sogenanntes Bail-in), bevor sogar Privatpersonen sowie kleine und mittlere Unternehmen mit Einlagen über 100 000 Euro herangezogen werden können.[685] § 89 SAG regelt das (siehe unten).

Kennen Sie diesen Paragrafen? Hat Ihr Bankberater schon einmal mit Ihnen darüber gesprochen? – Zu 100 Prozent nicht! Denn in § 5 SAG (»Verschwiegenheitspflicht«) ist festgehalten, dass alle Funktionsträger über das nach dem SAG ablaufende Verfahren Stillschweigen zu wahren haben.[686]

Marc Friedrich und Matthias Weik kommentieren dies auf *Telepolis* wie folgt: »Deswegen hören Sie auch nichts von dem Gesetz. Fragen Sie doch mal Ihren Vermögensverwalter, Banker oder Makler. Selbst wir müssten wahrscheinlich schweigen. Dies bedeutet aber auch, dass gemäß § 5 SAG alle Verfahrensbeteiligten per Gesetz zum Stillschweigen angehalten sind, selbst wenn sie die Systemgefährdung einer systemrelevanten Bank vermuten.«[687]

Die Voraussetzungen für die Abwicklung einer Bank

Im SAG sind die Voraussetzungen vorgeschrieben, um eine Bank überhaupt abzuwickeln. Diese sind:

Bestandsgefährdung

- Wenn eine Überschuldung oder Zahlungsunfähigkeit besteht beziehungsweise droht oder das Kreditinstitut derart gegen aufsichtsrechtliche Anforderungen verstößt, dass dies die Aufhebung der Erlaubnis des Instituts rechtfertigen.

Keine Beseitigung durch andere Maßnahmen möglich

- Die Bestandsgefährdung darf sich nicht ebenso sicher in vorgegebener Zeit durch andere Maßnahmen als durch die Abwicklung beseitigen lassen.
- Es gilt eine Frist von 6 Monaten, die auf Antrag des Instituts um bis zu 6 Monate verlängert werden kann.

Verhältnismäßigkeit

- Die Abwicklung ist ein erheblicher Eingriff in die Rechtspositionen der Betroffenen, daher sind daran besondere Voraussetzungen zu knüpfen.
- Sie muss zur Erreichung eines oder mehrerer Abwicklungsziele erforderlich und verhältnismäßig sein.
- Dieser Zweck darf nicht bereits durch die Durchführung eines Insolvenzverfahrens erreicht werden können (sogenanntes öffentliches Interesse).

Für den Fall, dass die Voraussetzungen gegeben sind, ergeht gemäß § 137 Abs. 1 SAG in Form einer Allgemeinverfügung eine Abwicklungsanordnung.[688]

Das zentrale Element der Abwicklung beziehungsweise Sanierung ist die **Beteiligung der Anteilsinhaber und Gläubiger.** Andere mögliche Abwicklungsinstrumente sind die Unternehmensveräußerung, die Übertragung auf ein Brückeninstitut und die Übertragung auf eine Vermögensverwaltungsgesellschaft.[689]

Der wichtigste Paragraf des Gesetzes zur Sanierung und Abwicklung von Instituten und Finanzgruppen für Sie als Bankkunde ist § 89. Er lautet wie folgt (Hervorhebungen durch mich):

§ 89 SAG: Instrument der Beteiligung der Inhaber relevanter Kapitalinstrumente

(1) Liegen bei einem Institut oder einem gruppenangehörigen Unternehmen die Abwicklungsvoraussetzungen gemäß § 62 oder § 64 vor, so hat die Abwicklungsbehörde nach Maßgabe der nachfolgenden Bestimmungen anzuordnen, dass relevante Kapitalinstrumente des Instituts oder des gruppenangehörigen Unternehmens in Anteile oder andere Instrumente des **harten Kernkapitals** am Institut oder am gruppenangehörigen Unternehmen **umgewandelt** werden oder im Fall des § 96 Absatz 1 Nummer 1 auch der **Nennwert** oder der **ausstehende Restbetrag von relevanten Kapitalinstrumenten** des Instituts oder des gruppenangehörigen Unternehmens **ganz oder teilweise herabgeschrieben** wird; im Fall des § 96 Absatz 7 kann eine Herabschreibung ohne Durchführung einer Umwandlung erfolgen. Eine Umwandlung oder Herabschreibung nach Satz 1 hat sich bei Vorliegen der Voraussetzungen des § 65 Absatz 1 auch auf berücksichtigungsfähige Verbindlichkeiten im Sinne des § 65 Absatz 4 zu erstrecken.

(2) Soweit bei Abwicklungsgruppen relevante Kapitalinstrumente und berücksichtigungsfähige Verbindlichkeiten im Sinne von § 65 Absatz 4 von der Abwicklungseinheit indirekt über andere Unternehmen in derselben Abwicklungsgruppe erworben wurden, wird die Herabschreibung oder Umwandlung zusammen mit der Herabschreibung oder Umwandlung auf Ebene des Mutterunternehmens des betreffenden Unternehmens oder auf der Ebene anderer Mutterunternehmen ausgeübt, die keine Abwicklungseinheiten sind.

(3) Bei einer Maßnahme nach Absatz 1 in Bezug auf eine Abwicklungseinheit oder in Ausnahmefällen und abweichend vom Abwicklungsplan in Bezug auf ein Unternehmen, das keine Abwicklungseinheit ist, wird der Betrag, der auf Ebene eines solchen Unternehmens gemäß § 96 **verringert, herabgeschrieben oder umgewandelt** wird, auf die Schwellenwerte angerechnet, die gemäß § 7a Absatz 3 des Restrukturierungsfondsgesetzes für das betreffende Unternehmen gelten.[690]

Folgendes Schaubild dokumentiert jene Finanzinstrumente, die vom Bail-in **ausgenommen** sind.[691]

Instrument	Beispiel
Nr. 1: Gedeckte Einlagen	Einlagen bis zu 100 000 Euro (bzw. im Einzelfall bis zu 500 000 Euro) Zu beachten ist hierbei, dass sich die Einlagen aus verschiedenen Positionen zusammensetzen können, wie Sparbücher, Giroguthaben, Festgeld, Tagesgeld, Termingeld, Sparverträge, Namensschuldverschreibungen und vorübergehende Liquidität aus Wertpapierdepots
Nr. 2: Besicherte Verbindlichkeiten	Gedeckte Schuldverschreibungen, insbesondere Pfandbriefe, besicherte Darlehen oder Derivate
Nr. 3: Verbindlichkeiten aus der Verwahrung von Kundenvermögen oder Kundengeldern	Zu Anlagezwecken verwaltete oder gehaltene Vermögenswerte von Privat- und Firmenkunden
Nr. 4: Verbindlichkeiten aus einem Treuhandverhältnis	Durchlaufende Kredite (Treuhandkredite, Verwaltungskredite, weitergeleitete Kredite), Konsortialgeschäft
Nr. 5: Verbindlichkeiten gegenüber anderen Instituten mit einer Ursprungslaufzeit von weniger als 7 Tagen	Interbanken-Refinanzierungsgeschäfte

Nr. 6: Verbindlichkeiten mit einer Restlaufzeit von weniger als sieben Tagen gegenüber Zahlungssystemen, Wertpapierliefer- und -abrechnungssystemen oder den Betreibern oder anderen Teilnehmern an solchen Systemen, wenn diese Verbindlichkeiten aus einer Teilnahme am System resultieren	Verbindlichkeiten gegenüber den Zahlungs- und Abrechnungssystemen von Eurex und Clearstream Banking sowie gegenüber Target und Euro-1
Nr. 7: Verbindlichkeiten gegenüber Beschäftigten aufgrund ausstehender Gehaltsforderungen, Rentenleistungen Geschäfts- oder Handelsgläubigern auf Grund von Lieferungen und Leistungen, die für den laufenden Geschäftsbetrieb des Instituts oder des gruppenangehörigen Unternehmens von westlicher Bedeutung sind Einlagensicherunssystemen aufgrund von Beitragspflichten	Verbindlichkeiten aus Arbeitsverträgen, Verbindlichkeiten aufgrund von Lieferungen und Leistungen, Verbindlichkeiten aus Mietverträgen; Beitragsverpflichtungen zu Einlagensicherungssystemen

Quelle/Screenshot (Bildzitat): BaFin; *tagesgeldvergleich.net*[692]

Anmerkungen:

Abweichend von der 100 000-Euro-Grenze beträgt die Deckungssumme 500 000 Euro, wenn 100 000 Euro durch Gutschriften folgender nicht regelmäßig ausgezahlter Beträge überschritten werden und der Einleger dies innerhalb der Frist glaubhaft macht:

- Beiträge aus Immobilientransaktionen von privat genutzten Wohnräumen.
- Beiträge, die soziale, gesetzlich vorgesehene Zwecke erfüllen und an bestimmte Lebensereignisse des Kunden geknüpft sind (Heirat, Scheidung, Renteneintritt, Ruhestand, Kündigung, Entlassung, Geburt, Krankheit, Pflegebedürftigkeit, Invalidität, Behinderung oder Tod).
- Beiträge, die auf Auszahlung von Versicherungsleistungen oder Entschädigungszahlungen beruhen.
- Zahlungen nach dem Recht anderer Staaten, die mit den vorherigen vergleichbar sind.[693]

Die Behörde kann im Einzelfall bestimmte berücksichtigungsfähige Verbindlichkeiten von der Gläubigerbeteiligung ausschließen.[694]

Tagesgeldvergleich.net schreibt: »Ein Bail-Out durch staatliche Institutionen ist beschränkt möglich. Genügen die vorherigen Mittel nicht, können weitere Geldmittel aus dem europäischen Abwicklungsfonds (Single Resolution Fund; kurz SRF) zur Verfügung gestellt werden. Dieser Fonds besteht aus den Beiträgen von Kreditinstituten und Wertpapierfirmen, der an der Bankunion teilnehmenden Mitgliedsstaaten. [...] Als letzte Maßnahme kann der betroffene Mitgliedsstaat einen Antrag auf direkte Bankenrekapitalisierung durch den Europäischen Stabilitätsmechanismus (= European Stability Mechanism; kurz: ESM) stellen [...]).«[695]

Tagesgeldvergleich.net hat zu den einzelnen Haftungsschritten ein aufschlussreiches Schaubild erstellt:

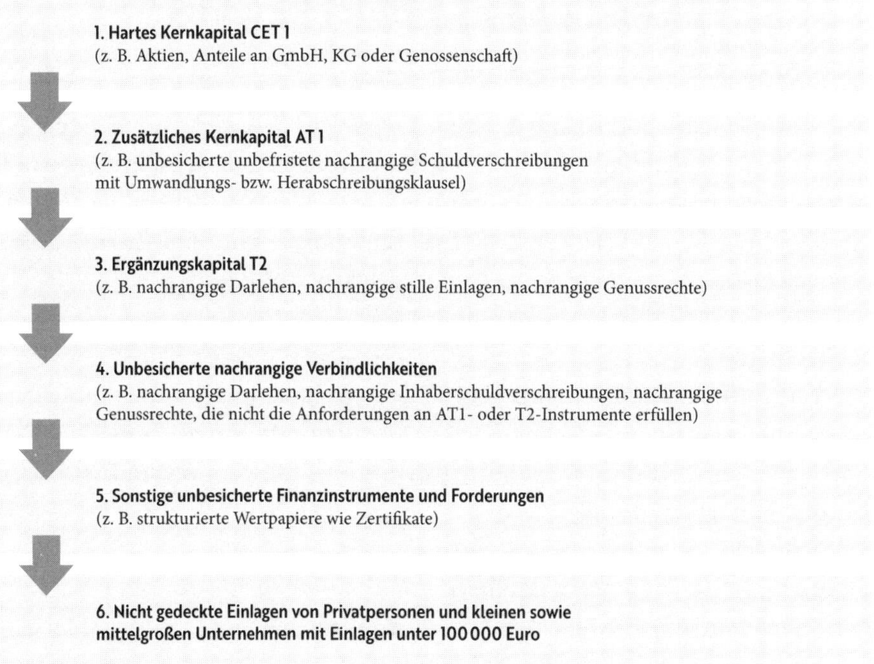
Haftungskaskade gemäß Sanierungs- und Abwicklungsgesetz

1. Hartes Kernkapital CET 1
(z. B. Aktien, Anteile an GmbH, KG oder Genossenschaft)

2. Zusätzliches Kernkapital AT 1
(z. B. unbesicherte unbefristete nachrangige Schuldverschreibungen mit Umwandlungs- bzw. Herabschreibungsklausel)

3. Ergänzungskapital T2
(z. B. nachrangige Darlehen, nachrangige stille Einlagen, nachrangige Genussrechte)

4. Unbesicherte nachrangige Verbindlichkeiten
(z. B. nachrangige Darlehen, nachrangige Inhaberschuldverschreibungen, nachrangige Genussrechte, die nicht die Anforderungen an AT1- oder T2-Instrumente erfüllen)

5. Sonstige unbesicherte Finanzinstrumente und Forderungen
(z. B. strukturierte Wertpapiere wie Zertifikate)

6. Nicht gedeckte Einlagen von Privatpersonen und kleinen sowie mittelgroßen Unternehmen mit Einlagen unter 100 000 Euro

Quelle/Screenshot (Bildzitat): Bankenverband; *tagesgeldvergleich.net*[696]

Anmerkungen zum Schaubild:

Sofern sämtliche Mittel einer Stufe herangezogen wurden, werden die Mittel der nächstunteren Stufe verwendet, bis die Verluste umfassend getilgt sind. Das bedeutet, dass die Mittel einer übergeordneten Stufe unzureichend sein müssen, bevor überhaupt auf die nächste Stufe zugegriffen werden darf.[697]

Was bedeutet das SAG für Bankgläubiger, Bankaktionäre und Bankkunden?

Aktionäre

Die Abwicklungsbehörde kann anordnen, dass der **Nennwert von Aktien ganz oder teilweise »herabgeschrieben« wird.** Im Vergleich dazu kann die Herabsetzung des Grundkapitals nur mit einer Dreiviertelmehrheit der Hauptversammlung beschlossen werden. Das Sanierungs- und Abwicklungsgesetz ermöglicht eine Umgehung dieser hohen Mehrheitsanforderung.[698]

Gläubiger

Die **Verbindlichkeiten** der Bank gegenüber den Gläubigern **können in Anteile oder andere Instrumente des harten Kernkapitals umgewandelt** werden oder nach dem **Nennwert von berücksichtigungsfähigen Verbindlichkeiten herabgeschrieben** werden.[699]

Privat- und Firmenkunden

Betroffen sind alle Privat- und Firmenkunden, die nicht ausgeschlossene Einlagen (siehe oben) **ab 100 000 Euro** beziehungsweise **im Einzelfall ab 500 000 Euro** führen. Relevant ist das für Unternehmen, auf deren Konten sich hohe Geldbeträge zur Zahlung von Gehältern und Rechnungen befinden. Die Behörde kann auch hier anordnen, dass **Einlagen in Anteile des harten Kernkapitals umgewandelt** werden oder der **Nennwert der Einlagen ganz oder teilweise heruntergeschrieben** wird.[700]

Das SAG ist ein Enteignungsgesetz für Sparer!

Durch das SAG sind also alle Privatkunden und Firmenkunden betroffen, die Einlagen ab 100 000 Euro (im Einzelfall 500 000 Euro) bei einer systemrelevanten Bank führen. Das gilt für das Sparbuch, Giroguthaben, Fest- und Tagesgeld, Sparverträge (auch vermögenswirksame Leistungen), Namensschuldverschreibungen und vorübergehend geparkte Liquidität auf dem Wertpapierdepot.[701] All das kann weniger wert oder ganz wertlos werden.

Anmerkungen:

- Die Ansprüche der betroffenen Aktionäre, Gläubiger und Kunden gelten als erfüllt, auch für den Fall, dass sich die Finanzen der Bank wieder stabilisieren.[702]
- Die Abwicklungsbehörde hat die Befugnis, den Wert der herabgeschriebenen **Verbindlichkeiten** wieder zu erhöhen.[703]
- Ein Widerspruchsverfahren ist ausgeschlossen. Eine Anfechtungsklage hat keine aufschiebende Wirkung.[704]

Interessanter- und dankenswerterweise habe ich auf der Seite der Volksbank Rhede Informationen zur Bankenabwicklung und deren Auswirkungen auf die Gläubiger gelesen, die ich Ihnen nicht vorenthalten möchte (Hervorhebungen durch mich):

»Wenn die Abwicklungsbehörde die beschriebenen Maßnahmen trifft, ist ein **Totalverlust des eingesetzten Kapitals der Anteilsinhaber und Gläubiger möglich.** Anteilsinhaber und Gläubiger von Finanzinstrumenten und Forderungen können damit den für den Erwerb der Finanzinstrumente und Forderungen aufgewendeten Kaufpreis zuzüglich sonstiger mit dem Kauf verbundener Kosten **vollständig verlieren.**

Bereits die bloße Möglichkeit, dass Abwicklungsmaßnahmen angeordnet werden können, kann den Verkauf eines Finanzinstruments oder einer Forderung auf dem Sekundärmarkt erschweren. Dies kann bedeuten, dass der Anteilsinhaber und Gläubiger **das Finanzinstrument oder die Forderung nur mit beträchtlichen Abschlägen verkaufen kann.** Auch bei bestehenden **Rückkaufverpflichtungen der begebenden Bank** kann es bei einem Verkauf solcher Finanzinstrumente zu einem **erheblichen Abschlag** kommen.«[705]

Schwacher Trost: Die Betroffenen haben jedoch einen Entschädigungsanspruch, wenn sie mehr verloren haben, als dies im Falle einer Insolvenz geschehen wäre.[706]

Ich wiederhole: Sparbücher, Giroguthaben und Termingelder sowie Tresor- und Schließfachvermögen werden durch das SAG im Insolvenzfall zur Befriedigung der Gläubiger der Bank herangezogen.[707] Zwar ist rechtlich einklagbar, dass Einlagen bis zu 100 000 Euro geschützt sind, aber bei einer Bankpleitewelle ist diese Haftung nicht haltbar und nicht bezahlbar (siehe Kapitel »Es ist reine Mathematik, dass die Einlagensicherung NICHT sicher sein kann!«).

Fazit: Nach dem SAG können Kundengelder für die Schieflagen »ihrer« Banken herangezogen werden. Das SAG ist also ein klares Enteignungsgesetz für Sparer. Das zeigt, wie groß die Angst vor einem großen Bankenpleiteflächenbrand schon ist.

IV. Achtung: Ihre Bankeinlagen sind keine gesetzlichen Zahlungsmittel!

»Geld regiert die Welt.« Jeder redet über Geld: Die Regierung, die Banken, die Unternehmen – ganz sicher auch Sie! Denn auch Sie haben Geld auf Ihrem Bankkonto, zahlen per Kreditkarte, Bankeinzug oder Überweisung. Milliarden werden so täglich von einem Konto auf ein anderes verbucht. Aber haben Sie schon einmal ernsthaft darüber nachgedacht, ob das Geld auf Ihrem Konto auch tatsächlich »Geld« ist?
Die meisten Menschen glauben das. Geld ist Geld, aber leider ist das nicht so!

Geld ist nicht Geld

Das, was Sie auf Ihrem Kontoauszug sehen, ist kein vollwertiges Geld! In Wahrheit handelt es sich nur um einen Schuldschein Ihrer Bank. Lediglich ein »Versprechen«, Ihnen Bargeld auszubezahlen. Es ist nämlich **kein** gesetzliches Zahlungsmittel![708]

Viele, mit denen ich im Vorfeld über dieses Buch und über genau dieses Thema gesprochen habe, waren genauso perplex wie Sie es jetzt wahrscheinlich sind. Sie alle glauben nicht, dass ihre Bankeinlagen kein vollwertiges Geld sind. Aber es ist, wie es ist: Ein gesetzliches Zahlungsmittel ist nur das von den Notenbanken herausgegebene Geld – Ihre Bankeinlagen sind es nicht!

Die Bundesbank schreibt: »Im Unterschied zu Banknoten und Münzen ist das Buchgeld jedoch kein gesetzliches Zahlungsmittel. Dennoch wird es im Geschäftsverkehr allgemein akzeptiert.«[709]

Nur weil es »akzeptiert« wird, ist Buchgeld ein Zahlungsmittel, aber kein gesetzliches. Buchgeld löst daher keinen Annahmezwang beim Gläubiger aus.[710] Die Empfängerbank fungiert lediglich als »Zahlstelle« des Gläubigers.[711]

Übersicht der Zahlungsmittel

Unbeschränkt gesetzliche Zahlungsmittel

Dies sind ausschließlich die Euro-*Banknoten*.[712]

Beschränkt gesetzliche Zahlungsmittel

Dies sind neben Euro-*Münzen* auch deutsche Euro-Gedenkmünzen, die nur bis zum Betrag von 100 Euro je Zahlung angenommen werden müssen. Diese Einschränkung gilt allerdings nicht für Bundes- und Landeskassen.[713]

Andere Zahlungsmittel

D-Mark: Die vormals deutschen Geldzeichen (Deutsche Mark, Pfennig) wurden zum 1. Januar 2002 vollständig durch auf Euro lautende Banknoten und Münzen ersetzt. Bis zum 31. März 2002 waren die Geschäfte verpflichtet, D-Mark und Euro als Zahlungsmittel zu akzeptieren. Seither gibt es keine Verpflichtung mehr. Bei einzelnen Unternehmen ist die Zahlung mit D-Mark auf freiwilliger Basis noch möglich.[714] Die D-Mark kann in Filialen der Deutschen Bundesbank in Euro umgetauscht werden.[715]

→

Giralgeld: Noch einmal, Giralgeld ist kein gesetzliches Zahlungsmittel. Es bewirkt eine Tilgung von Geldschulden **nur** bei Einverständnis des Gläubigers, das zum Beispiel durch Angabe einer Kontoverbindung auf Rechnungen oder anderen Formularen erteilt wird. Daher ist rechtlich eine bargeldlose Zahlung keine Erfüllung, sondern lediglich eine Leistung an Erfüllungsstatt.[716]

Ausländisches Geld: Auf fremde Währung lautendes Geld ist unabhängig von seiner Erscheinungsform im Inland **kein gesetzliches** Zahlungsmittel, obwohl es wie inländisches Geld auch Zahlungsmittelfunktion haben kann[717] (z. B. beim Umtausch in Euro).

Rechnungseinheiten: Sonderziehungsrechte (SZR) des Internationalen Währungsfonds (IWF) etc. sind ebenfalls keine gesetzlichen Zahlungsmittel.[718]

Nach »Treu und Glauben«

Giralgeld (auch »Buchgeld«) wird also nur aus »Gewohnheit« akzeptiert. Nur nach »Treu und Glauben« wird dieses Geld angenommen. § 242 BGB lautet: »Der Schuldner ist verpflichtet, die Leistung so zu bewirken, wie Treu und Glauben mit Rücksicht auf die Verkehrssitte es erfordern.«[719]

Ich gab mich bei meinen Recherchen mit dieser Erklärung jedoch nicht zufrieden. Zwar ist »Treu und Glauben« ein Rechtsgrundsatz, der unser Wirtschaftsleben schon lange bestimmt, aber was steckt wirklich dahinter?

Ich wollte es für Sie genauer wissen und forschte deshalb nach. Es fiel mir auf, dass »Treu und Glauben« unterschiedlich ausgelegt werden kann. Er ist also nicht zementiert! Es ist lediglich ein **Rechtsgrundsatz**, mehr nicht. Im Konfliktfall hat ein Richter die Interessenwertung vorzunehmen.[720]

Was aber heißt das? Heißt das, dass die Euros auf Ihrem Konto nur so lange es der Bundesbank, sprich dem Staat »gefällt«, auf der Bank wie Geld behandelt werden? Denn Sie haben keinen gesetzlichen Anspruch darauf, dass Ihr Buchgeld für alle Zeiten als Zahlungsmittel akzeptiert wird.

Doch ich habe noch Überraschenderes herausgefunden: Ausgerechnet die Banken, die mit Giralgeld handeln und schöpfen, akzeptieren es untereinander nicht als Zahlungsmittel. Im Interbankenverkehr wird nur Bargeld oder Guthaben bei der Zentralbank (Reserven) anerkannt.[721]

»Bankengeld« ist selbst für Banken untereinander kein Zahlungsmittel. Verrückt, oder?

V. Die dreisten Finanzlügen der Politik

Rund um Banken, Konten und Sparbücher gab und gibt es immer noch eine ganze Menge Lügen. Lügen der Politiker, um Sie zu beruhigen. Einige davon möchte ich in diesem Kapitel aufführen. Täglich kommen neue dazu, was ein separates Buch füllen würde.

Angela Merkel und Peer Steinbrück: »Ihre Spareinlagen sind sicher«

Am 5. Oktober 2008, kurz nach dem Ausbruch der Finanzkrise, trat Bundeskanzlerin Angela Merkel vor die Mikrofone der Journalisten und gab eine bis dahin einmalige historische Erklärung ab: »Wir sagen den Sparerinnen und Sparern, dass ihre Einlagen sicher sind. Auch dafür steht die Bundesregierung ein.«[722]

Das, was so scheinbar leicht von den Lippen der Kanzlerin kam, war für die Zuhörer und Zuschauer nichts anderes als eine faktische Staatsgarantie für alle Spareinlagen. Der Hintergrund für diese außergewöhnliche Zusicherung lag auf der Hand: Die Regierung wollte vermeiden, dass die Bankkunden nach der Hypo-Real-Estate-Katastrophe (siehe Kapitel »Deutschlands Pleitebanken«) ihre Konten plünderten und so ein Bankensterben und damit die Zerstörung unseres Finanzsystems auslösten. Genützt hat das nicht viel, denn bereits einen Tag **nach** der Ansprache von Angela Merkel sollen bundesweit etwa 4 Milliarden Euro Bargeld abgehoben worden sein, so die Fachjournalisten Daniel Haase und Gerd

Ewert: »Etwas mehr Angst und das System wäre kollabiert, denn – was viele nicht wissen: Mehr als 1000 Euro Bargeld pro Kopf gibt das gesamte Bankensystem nicht her.[723] Theoretisch kann die Bundesbank natürlich sofort nachdrucken lassen, praktisch ist dies aber kein Prozess, der in wenigen Sekunden abgewickelt werden könnte. Die Regierung wäre gezwungen, die Banken zumindest vorübergehend zu schließen beziehungsweise die Auszahlung von Bargeld bis auf Weiteres zu rationieren.«[724]

Mit Hunderten von Milliarden stand der Staat allein für die in der Finanzkrise angeschlagenen Banken ein. Aber was war mit dem kleinen Sparer? Galt die vollmundige Sparergarantie der damaligen Bundeskanzlerin und ihres Finanzministers überhaupt?

Die Antwort darauf ist ernüchternd: Als Staatsgarantie (also als *juristische* Haftung für die Spareinlagen der Bürger) hätte das Versprechen von Angela Merkel (CDU) und Peer Steinbrück (SPD) in ein **Gesetz** umgearbeitet werden müssen. Das war aber nie der Fall, denn vor einer tatsächlichen Haftung, die zu Papier gebracht werden sollte, scheuten die Protagonisten zurück.

Lediglich eine »politische Erklärung« sei das gewesen, ließ man seinerzeit verlauten. Die *Welt am Sonntag* hatte trotzdem vom Kanzleramt ein klares Bekenntnis zu der damals abgegebenen »Garantie« erwartet und nachgefragt. Die Antwort ist höchst aufschlussreich: »Die Frage stellt sich derzeit nicht, weil es keine Bedrohung für die Spareinlagen mehr gibt.«[725] – Wie bitte? Wieso brauchten dann die Banken und Landesbanken immer neue Milliarden vom Staat – und zwar noch Jahre hinaus?

Dann folgte ein Eiertanz vom Kanzleramt; die *Welt am Sonntag* schrieb weiter: »Aus dem Kontext der damaligen Äußerungen werde klar, dass sich die Garantie auf die akute Situation im Herbst 2008 und die damaligen Sorgen vieler Menschen bezogen habe. ›Eine Unendlichkeitsgarantie kann eine solche Erklärung natürlich nicht haben.‹ Ausdrücklich zurückgezogen, das wird betont, sei die Garantie jedoch nicht.«[726]

Galt und gilt die Sparergarantie nun oder nicht? Aus der Stellungnahme des Kanzleramtes heraus dürfte das wohl eher zu einer »Gefühlsfrage« werden.

Ich garantiere Ihnen: Im Zweifelsfall wird sich der Staat auf juristische Positionen zurückziehen, und die lauten: Es gibt kein Gesetz, in dem die Staatsgarantie für Spareinlagen verfestigt ist. Die damals so vollmundig abgegebene »Garantie« war nichts als ein Versprechen und rechtlich völlig unverbindlich, nur heiße Luft, um das »dumme« Volk zu beruhigen. Das gab einer der damaligen Protagonisten später sogar offen zu.

Lug und Betrug

2 Jahre nach dem vollmundigen Versprechen relativierte Ex-Finanzminister Peer Steinbrück im *Spiegel* (37/2010) seine gemeinsam mit der Kanzlerin gegebene Zusicherung.

Steinbrück sagte: »Es gab eine spürbare Verunsicherung, und die Leute begannen, ihr Geld von den Banken abzuheben. Dadurch sank die Liquidität der Kreditinstitute, was wiederum das Vertrauen in die Banken untergrub. Es drohte ein Teufelskreis, weswegen Kanzlerin Merkel und ich uns entschlossen haben, alle Spareinlagen staatlich zu garantieren. Es hat funktioniert. Fragen Sie mich nicht, was passiert wäre, wenn es nicht funktioniert hätte.«[727]

Der *Spiegel* fragte nach: »Doch, wir fragen Sie. Was hätten Sie gemacht, wenn die Garantie fällig geworden wäre?«

Steinbrück: »Gezahlt natürlich. Wir hätten das Parlament um die Bewilligung entsprechender Mittel bitten müssen. Hätten wir in solch einem Fall nicht zu unserer Zusage gestanden, wäre die Republik in ein Chaos gestürzt.«

Spiegel: »Aber die Garantiesumme hätte Hunderte Milliarden Euro umfasst.«

Steinbrück: »Möglicherweise. Deshalb haben wir unsere Zusage **konzentriert auf Spareinlagen.** Dabei haben wir am Sonntag **wohlweislich offengelassen, was unter dem Begriff Spareinlagen genau zu verstehen ist.**«

Spiegel: »Waren Sie sich in diesem Moment eigentlich aller Konsequenzen dieser Erklärung bewusst?«

Steinbrück: »Wir wussten, dass wir uns auf dünnem Eis bewegen. Um es deutlich zu sagen: **Für eine solche Zusage fehlte uns eigentlich die Legitimation.**

Es gab keine Rechtsgrundlage und keinen parlamentarischen Rückhalt. Ich wundere mich bis zum heutigen Tag, dass die Parlamentarier hinterher nie gefragt haben: Um Gottes willen, was habt ihr da eigentlich gemacht?«[728]

Diese überraschend ehrlichen Aussagen machen drei Dinge klar:

- 1. Das deutsche Volk, das dem Versprechen blind vertraute, wurde **wissentlich getäuscht,** weil nicht genau definiert war, was unter »Spareinlagen« zu verstehen ist.
- 2. Eine Garantie in solcher Höhe muss vom Parlament abgesegnet und in ein Gesetz gegossen werden, beides war nicht der Fall, also hatten die **Bundeskanzlerin und der Finanzminister juristisch *kein* Recht, diese Garantie zu geben.** Ob die Menschen, die ihre Vermögen verloren hätten, auch wirklich *alle* ihre Ersparnisse vom Staat zurückerhalten hätten, ist äußerst unwahrscheinlich.
- 3. Droht eine ähnliche Situation, wird sich der aufgeklärte Bürger wohl kaum ein zweites Mal an der Nase herumführen lassen und den Aussagen der Politiker und der Kanzlerin noch Glauben schenken.

Olaf Scholz: »Das Bankensystem ist stabil«

Es ist noch nicht so lange her, da gab auch Bundeskanzler Olaf Scholz (SPD) ein »Verdummungsstatement« über das Bankensystem in Europa ab. Beim EU-Gipfel am 24. März 2023 in Brüssel verbreitete er, genau wie seine Kollegen, die Botschaft, dass das EU-Bankensystem **stabil** sei.[729]

Dabei waren die zu diesem Zeitpunkt in Schieflage geratenen Banken in den USA und in Europa der Grund, warum sich die Staats- und Regierungschefs der EU-Staaten beinahe panikartig um eine Beruhigung der Finanzmärkte bemühten (siehe Kapitel »Das Pleitegespenst kehrt zurück«). Sie betonten demonstrativ die Krisenfestigkeit des Systems. Das Bankensystem in Europa sei sehr stabil und widerstandsfähig, erklärte Bundeskanzler Scholz nach dem Treffen in Brüssel.

Die EU habe strenge Regeln für die Aufsicht etabliert.[730]

Scholz sprach der Deutschen Bank demonstrativ sein Vertrauen aus, nachdem deren Aktien um mehr als 11 Prozent abgestürzt waren: »Es gibt keinen Anlass, sich irgendwelche Gedanken zu machen.«[731]

So ging es reihum: Frankreichs Präsident Emmanuel Macron betonte: »Die Eurozone ist die Region, in der die Banken am solidesten sind.« Die Präsidentin der Europäischen Zentralbank, Christine Lagarde, sagte, der Bankensektor sei stark und widerstandsfähig. Paschal Donohoe, der als Chef der sogenannten Eurogruppe alle EU-Staaten mit der Gemeinschaftswährung vertritt, erwähnte, der Bankensektor stelle sich dank der bisherigen Maßnahmen als sehr widerstandsfähig dar.[732]

Nur der belgische Premierminister Alexander De Croo tanzte aus der Reihe der »Volskverdummer« und betonte schon vor dem Gipfel, man sehe momentan keinen Grund zur Sorge. »Aber natürlich konnte sich vor einigen Wochen auch niemand von uns vorstellen, dass die US-amerikanische Silicon Valley Bank und die Credit Suisse in der Schweiz in solch gravierende Schwierigkeiten geraten könnten.« Das zeige, dass die Finanzstabilität schnell in eine Schieflage geraten könne. Auch wenn die Banken mit ihren Kapital- und Liquiditätspositionen im Moment gut aussähen – niemand wisse, was noch passieren könne.[733]

Scholz hat auch hier die Bürger, diplomatisch ausgedrückt, »angeschwindelt«, denn das Bankensystem ist mitnichten stabil! Die Gründe dafür sind Gegenstand dieser Publikation. Warum hat Scholz verschwiegen, dass

- seit 2018 immerhin sechs deutsche Banken pleitegingen (siehe Kapitel »Liste deutscher Bankenpleiten seit 1950«)?
- die EZB Banken beaufsichtigen muss?
- der Europäische Rechnungshof und die Bundesbank Alarm schlagen?
- Banken ihre Risikovorsorge zum Teil drastisch erhöhen mussten?
- immer noch faule Kredite in Höhe Hunderter Milliarden in deutschen Bankbilanzen schlummern?
- man aus Angst vor einem Bankenkollaps die Enteignungsklauseln CAC und das Enteignungsgesetz SAG erlassen hat?

- AT1s-Anleihen ein gigantisches Risiko für den Bankensektor darstellen?
- die 1 Billion Target-Forderungen im Crash-Fall zum Kollaps des deutschen Finanzsystems und des Staates führen können?

Warum hat Scholz all das und vieles mehr verschwiegen? Natürlich deshalb, weil er nichts mehr fürchtete als einen neuen Bank Run.

Doch mit den Beschwichtigungen und Beschönigungen ist der Bundeskanzler in guter Gesellschaft, denn schon vor ihm gab es Finanzsystem-Lügen, dass sich die Balken biegen.

Die sechs größten Politikerlügen zum Euro und zum Finanzsystem

Lüge 1: Altbundeskanzler Helmut Kohl bei der Einführung des Euro im Jahr 2001: »Dieses Geld wird eine große Zukunft haben.«[734]

- **Die traurige Wahrheit**: Der Euro hat seither rund 40 Prozent seines Wertes verloren.[735] Im Vergleich zum Gold sieht die Bilanz noch viel desaströser aus: Hier beträgt der Wertverlust sogar über 80 Prozent![736]

Lüge 2: Der damalige Chef der Eurogruppe, Jean-Claude Juncker, sagte im März 2010 zu den Milliarden-Rettungsmaßnahmen für die bankrotten Griechen: »Ich bin fest davon überzeugt, dass Griechenland diese Hilfe nie in Anspruch nehmen muss, weil das griechische Konsolidierungsprogramm in höchstem Maße glaubwürdig ist.«[737]

- **Die traurige Wahrheit**: Bis jetzt musste Griechenland gleich mehrfach gerettet werden (siehe Kapitel »Skrupellos gegen die eigenen Bürger (Griechenland 2009–2013)«).

Lüge 3: Der damalige Bundesfinanzminister Wolfgang Schäuble sagte im Juli 2010: »Die Rettungsschirme laufen aus. Das haben wir klar vereinbart.«[738]

- **Die traurige Wahrheit:** Mittlerweile ist der »vorübergehende« Euro-Rettungsschirm EFSF durch den permanenten Rettungsschirm ESM und viele weitere ersetzt worden (siehe Kapitel »Nach der Krise: So sollten Banken wieder sicher gemacht werden«).

Lüge 4: Griechenlands Ex-Regierungschef Georgios Papandreou sagte im März 2011: »Wir werden jeden Cent zurückzahlen. Deutschland bekommt sein Geld zurück – und zwar mit hohen Zinsen.«[739]

- **Die traurige Wahrheit:** Nur wenige Monate später kam der Schuldenschnitt. Mehrere Milliarden musste auch die deutsche Hypo Real Estate abschreiben, die Griechenland-Anleihen im Wert von rund 8 Milliarden Euro besaß. Durch die Verstaatlichung der Bank im Jahr 2009 trugen die deutschen Steuerzahler im Vergleich zu allen anderen Europäern in Mehrheit die Lasten.[740]

Lüge 5: Im August 2012 sagte Ex-EZB-Chef Jean-Claude Trichet: »Die Vorstellung, dass wir in Europa ein Liquiditätsproblem haben, ist komplett falsch.«[741]

- **Die traurige Wahrheit:** Schon damals fehlte es auf staatlichen Seiten vieler EU-Länder und im europäischen Bankensektor massiv an Kapital.[742]

Lüge 6: Der damalige Eurogruppen-Chef Jeroen Dijsselbloem verkündete am 25. März 2013, dass der »Fall Zypern« Modell für den Umgang mit drohenden Bankpleiten in der Zukunft stehen könnte. Er meinte damit eine Beteiligung von Kontoinhabern an der Rettung von Banken. Daraufhin brachen die Aktienmärkte ein. Dijsselbloem ruderte eiligst zurück und relativierte seine Aussagen.[743]

- **Die traurige Wahrheit:** Zwischenzeitlich ist die Beteiligung von Kontoinhabern zur Rettung von Banken in Deutschland zum Gesetz geworden (siehe Kapitel »Angriff auf Ihr Sparkonto: Das Gesetz zur Sanierung und Abwicklung von Instituten und Finanzgruppen (SAG)«).

Lektion für den Sparer:

Vertrauen Sie niemals haltlosen Versprechen von Regierungen oder Politikern – und schon gar nicht, wenn es um Finanzielles geht – schließlich ist es Ihr Geld!

SPEZIAL:

Was kann ich tun, wenn mein Konto gesperrt wird?

Kontosperrungen gibt es im heutigen Deutschland immer öfter. Nicht immer ist der Verdacht auf Geldwäsche der Grund, auch politisch unbequeme Äußerungen werden zum Anlass genommen, die Finanzen zu blockieren. Die neue Waffe gegen Systemkritiker heißt »De-Banking«. Nach Zensur- und Hausdurchsuchungen werden jetzt die Bankkonten von Personen mit unliebsamen Meinungen dichtgemacht, von einem Tag auf den anderen. Doch in dieser Publikation beschäftige ich mich nicht mit den Gründen – das soll an anderer Stelle geschehen –, sondern damit, was Sie tun können, wenn Ihr Konto plötzlich gesperrt wird. Die Seite Anwalt.de gibt dazu sehr gute Tipps. Folgende Ausführungen basieren darauf:

- Wenn Ihr Konto von der Bank gesperrt wurde, können Sie nicht mehr auf Ihr Guthaben zugreifen. Die Sperrung des Bankkontos kann auf Veranlassung der Zentralstelle für Finanztransaktionsuntersuchungen (FIU) oder einer Staatsanwaltschaft erfolgen.
- Anwalt.de (Hervorhebungen durch mich) schreibt: »Die meisten Bankinstitute verfügen über interne Richtlinien und Vorschriften zur Bekämpfung von Geldwäsche und haben nicht nur das Recht, ein Konto vorübergehend zu sperren, sondern auch die Pflicht, **beim kleinsten Verdacht auf Geldwäsche tätig zu werden**. Diese Vorschriften haben sich **verschärft**, sodass der Verdacht auf Geldwäsche immer häufiger ausgelöst wird und **Konten vorsorglich gesperrt** werden.«[744]

Das können die Gründe dafür sein:

- Überweisungen und andere Finanztransaktionen mit hohen Beträgen und/oder in rascher Folge, insbesondere über Ländergrenzen hinweg.
- Einzahlungen auf Bankkonten, die anschließend sofort in bar abgehoben werden.
- Deutliche Umsatzsteigerung der Geschäftstätigkeit ohne eine Erklärung für den Anstieg des Umsatzes.
- Kauf von Immobilien, insbesondere im Ausland und/oder anonymisiert.
- Auffällige Kreditkartenverwendung oder Geldbewegungen mit Kryptowährung. Strukturierte Zahlungsströme.
- Bereits bei Bargeldeinzahlungen von 2500 Euro lösen manche Banken den Alarm aus.

- Über die Kontosperrung wird man nicht informiert. Ist der Grund für die Kontosperre ein Geldwäscheverdacht, werden sämtliche Transaktionen ohne Ankündigung eingefroren. Um zu verhindern, dass der Verdächtige Verbrechensgewinne rechtzeitig abhebt und dem Zugriff der staatlichen Strafverfolgungsorgane entzieht, erfolgt die Kontosperre ohne Vorwarnung.
- Die Bank darf und muss bei ungewöhnlichen Auffälligkeiten – wie hohen Geldeingängen oder hohen Bargeldabhebungen – ein Konto sperren, da diese Transaktionen auf eine möglicherweise illegale Quelle (Geldwäsche) hindeuten.
- Während der Kontosperre werden weder Überweisungen noch Lastschriften ausgeführt, und auch das Abheben oder Zahlen mit der Bankkarte ist nicht möglich.
- Geld kann – soweit keine Habensperre vorgenommen wurde – weiter auf das Konto einbezahlt werden.
- In vielen Fällen führt die Sperrung aber auch zur Kontokündigung.
- Bei einer Kontosperre infolge einer Geldwäscheverdachtsmeldung kann das Konto von der Bank wieder freigegeben werden, wenn der dritte Werktag nach dem Versand der Meldung verstrichen ist, ohne dass die Durchführung der Transaktion durch die Zentralstelle für Finanztransaktionsuntersuchungen oder die Staatsanwaltschaft untersagt worden ist.

Das können Sie tun, wenn Ihr Konto plötzlich und unangekündigt gesperrt wurde:

- Nicht in Panik verfallen!
- Wenden Sie sich zuerst an Ihre Bank und fordern sie alle Informationen an, die Sie zur Kontosperre erhalten können. Damit wissen Sie unter Umständen, warum Ihr Konto überhaupt gesperrt worden ist. Vielleicht war Geldwäsche gar nicht der Grund, sondern Sie haben unwissentlich gegen Vorschriften der Bank oder des Gesetzgebers verstoßen? Vielleicht wurde Ihr Konto auch für illegale Transaktionen missbraucht, von denen Sie nichts wissen?
- Kooperieren Sie mit der Bank und stellen Sie alle Hintergründe der fraglichen Transaktionen bereit. Doch normalerweise werden Ihnen die Gründe für die Sperrung nicht offengelegt, und so fällt eine Rechtfertigung schwer.
- Nehmen Sie deshalb Kontakt zu einem Fachanwalt für Bank- und Kapitalmarktrecht auf.
- Dieser nimmt Kontakt mit der Bank auf.
- Besteht keine Rechtfertigung für die Kontosperre und keine Eilbedürftigkeit, kann er einen gerichtlichen Antrag auf Kontofreigabe einreichen.
- Der Anwalt kann unter gewissen Voraussetzungen auch eine einstweilige Verfügung erwirken und sogar die Finanzaufsicht BaFin einschalten. Ebenso kann er den Klageweg beschreiten, um beispielsweise Schadensersatz und Kostenübernahme zu fordern. Denn die Folgen einer Kontosperre sind oftmals groß. Gerade bei Unternehmern entsteht schnell großer Schaden, wenn Rechnungen und Löhne, Material, Steuern und Mieten nicht bezahlt werden können. Aber auch für Privatpersonen wird die Kontosperre schnell existenzbedrohend.
- Geht der Fachanwalt vor Gericht gegen eine Kontosperre vor, sind verschiedene Unterlagen notwendig:
  - Kontoumsatzanzeige der letzten 30 Tage.
  - Schriftverkehr zwischen dem Kunden und der Bank zu der Kontosperre.
  - Aufstellung, welche Kosten in den kommenden 4–10 Tagen dringend zu begleichen sind.
  - Eine Erklärung für die auffällige Transaktion nebst etwaiger Belege.[745]

So weit die Ausführungen zur Kontosperre. Es gibt viele verschiedene Fachanwälte zu dem Thema, die Sie im Internet finden.

VI. Der digitale Euro

Weltweit arbeiten Notenbanken an digitalem Zentralbankgeld

Der digitale Euro wird kommen, das ist so sicher wie das Amen in der Kirche. Die Europäische Zentralbank ist nämlich nicht die einzige Notenbank, die sich mit digitalem Geld beschäftigt. Dies ist ein globales Thema, und bis zum Jahr 2030 könnten bereits 24 solcher Währungen im Umlauf sein. Das ist jedenfalls das Ergebnis der jährlichen Umfrage der Zentralbank der Zentralbanken, der Bank für Internationalen Zahlungsausgleich (BIZ).[746]

Danach legte der Anteil der Zentralbanken, die sich mit digitalem Zentralbankgeld (Central Bank Digital Currency, CBDC) und Kryptoassets beschäftigen, von 90 Prozent auf 93 Prozent zu. 2017 hatte der Anteil bei gerade mal 65 Prozent gelegen. Gestiegen ist auch der Anteil der Zentralbanken, die innerhalb der nächsten 3 Jahre die Einführung einer eigenen Digitalwährung planen. Bisher verfügen vier Länder bereits über eigene Digitalwährungen, auf die auch die Bürger Zugriff haben:

- **1. Bahamas**
- **2. Die Organisation Ostkaribischer Staaten (darunter Grenada und Montserrat)**
- **3. Jamaika**
- **4. Nigeria**[747]

Man unterscheidet zwischen digitalem Zentralbankgeld, das allen Bürgern zugänglich ist (Retail CBDC), und solchem für den Interbanken-Zahlungsverkehr (Wholesale CBDC). Laut BIZ testet fast ein Viertel der Zentralbanken bereits digitales Zentralbankgeld für alle. Mehr als 80 Prozent sehen einen potenziellen Nutzen darin, sowohl ein Retail-CBDC als auch ein schnelles Zahlungssystem zu haben. Sollte sich die Entwicklung forstsetzen, könnten bis zum Jahr 2030 24 staatliche Digitalwährungen existieren – fünfzehn davon für die Bürger abrufbar und neun als Verrechnungseinheit zwischen den Geschäftsbanken.[748]

Zu nennen sind in diesem Zusammenhang zum Beispiel auch Schwedens »E-Krona-Projekt«, um die Ausgabe einer digitalen Zentralbankwährung zu untersuchen; der digitale Yuan von Chinas Zentralbank, der People's Bank of China (PBOC); der Digital Canadian Dollar der Bank of Canada und die Central Bank Digital Currency der Bank of Japan.[749] Auch die US-Zentralbank Fed beschäftigt sich intensiv mit einem digitalen Dollar.[750] Russland ist schon weiter: Die russische Zentralbank hat bereits 2023 die Einführung des digitalen Rubel bei dreizehn Banken in Angriff genommen. Ab 2025 soll er dann an alle interessierten Russen ausgegeben werden.[751]

Wer glaubt schon der EZB?

Mit welchen Lügen und Tricks die EZB versucht, das elektronische Geld auf Teufel komm raus durchzudrücken und was das für jeden von Ihnen bedeutet, davon handelt dieses Kapitel.

Ende 2023 läutete die EZB eine neue Phase an ihrer Arbeit zum digitalen Zentralbankgeld ein: Nach einer 2-jährigen **Untersuchungs**phase beschloss der EZB-Rat eine 2-jährige **Vorbereitungs**phase, um die Währung auf die Zukunft vorzubereiten.[752]

Eine Entscheidung über die Einführung ist damit formell aber noch nicht getroffen; doch das gilt als sehr wahrscheinlich.[753]

Als einen gewichtigen Grund für die Einführung des digitalen Euro gibt die EZB unter anderem die schwindende Nutzung von Bargeld an, was allerdings eine Lüge ist, wie folgendes Schaubild verdeutlicht:

Bargeld in vielen Euro-Ländern noch erste Wahl
Zum Einkauf verwendete Zahlungsinstrumente in verschiedenen Ländern
Anzahl der Transaktionen 2022 in Prozent

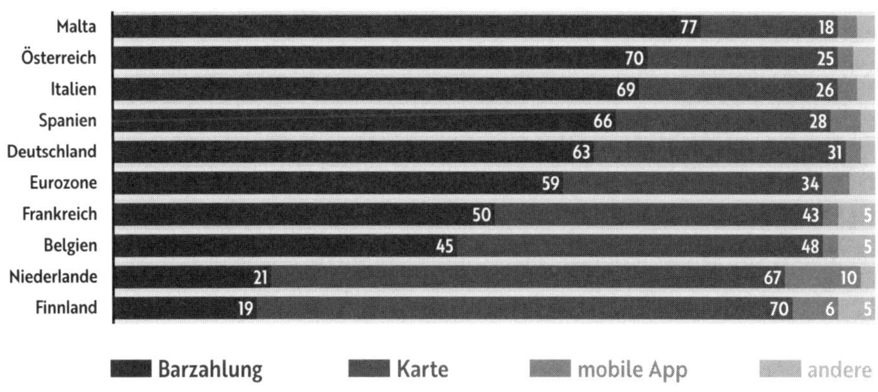

Quelle/Screenshot (Bildzitat): EZB, *Börsenzeitung*[754]

Sie erkennen, dass in der gesamten Eurozone fast 60 Prozent der Menschen noch Bargeld verwenden. Die EZB lügt also wissentlich und verrät damit, dass die Einführung des digitalen Euro ganz anderen Zielen dient. Ich komme noch darauf zurück.[755]

»Ein digitaler Euro würde die Effizienz europäischer Zahlungen steigern und zur strategischen Autonomie Europas beitragen«, sagte Fabio Panetta, EZB-Direktoriumsmitglied und Vorsitzender der Taskforce zum digitalen Euro. EZB-Präsidentin Christine Lagarde schloss sich dem natürlich an: »Wir müssen unsere Währung auf die Zukunft vorbereiten.«[756]

Außerdem will die EZB eine Alternative zu vorhandenen Zahlungsdienstleistern schaffen. Dadurch soll der Euroraum unabhängiger von – derzeit meist amerikanischen – privaten Anbietern werden.[757] Die EZB wirbt neben der Unabhängigkeit von Mastercard und Co. damit, dass das Bezahlen mit dem digitalen Euro kostenlos sein soll. Außerdem soll er auch offline funktionieren, Leuten selbst ohne Bankkonto zur Verfügung stehen und hohe Datenschutzstandards berücksichtigen.[758]

Doch die Gefahr ist groß, dass die Verbraucher ihr Geld als digitalen Euro bei der Zentralbank parken. Tun das Millionen, könnte die EZB sogar zahlungsunfähig werden, deshalb soll es ein Haltelimit geben. Die Rede ist von möglicherweise 3000 Euro, endgültig beschlossen ist aber noch nichts.[759]

Wann kommt der digitale Euro?

Der Entwurf des digitalen Euro sieht vor, dass dieser von beaufsichtigten Intermediären (Banken) bereitgestellt wird und so für Menschen und Unternehmen zugänglich wird. Seit 1. November 2023 wird das Regelwerk für den digitalen Euro erarbeitet, und es werden Anbieter ausgewählt, die eine Plattform und die Infrastruktur entwickeln könnten. Ende 2025/Anfang 2026 will der EZB-Rat dann entscheiden, ob er zur nächsten Phase übergeht[760] beziehungsweise ob der digitale Euro dann endgültig eingeführt wird.[761] Die Vorbereitungen für die Einführung sind allerdings erheblich, weshalb ich davon ausgehe, dass diese auf 2027 oder gar 2028 verschoben werden dürfte.

Aber nicht die EZB, sondern das Europäische Parlament und der Europäische Rat müssen über die Einführung des digitalen Euro entscheiden. Zum Teil sind auch Entscheidungen der nationalen Parlamente erforderlich.[762]

Doch die EZB treibt die Einführung voran: In seiner Sitzung am 15. Dezember 2023 beschloss der EZB-Rat, dass eigens für den digitalen Euro ein Direktorat (also eine eigene Behörde) aufgebaut werden soll. Das neue Direktorat soll dem Generaldirektorat Marktinfrastrukturen und Zahlungsverkehr unterstehen und hat am 1. Februar 2024 seine Arbeit aufgenommen.[763]

Verantwortlich für die Entwicklung des digitalen Euro ist die künftige Direktoratsleiterin Evelien Witlox. Die Niederländerin war von 2018 bis 2021 Global Director of Payments bei der ING. Bevor sie dort arbeitete, war sie General Manager für Produktmanagement und Innovation bei Equens SE (jetzt equensWorldline) und von 2014 bis 2016 Vorstandsmitglied bei der European Automated Clearing House Association (EACHA).[764]

»Die digitale Form von Bargeld«

Die EU-Kommission schlug bereits ein Gesetz vor, um den rechtlichen Rahmen für den digitalen Euro abzustecken. Sie lässt der EZB darin viel Freiraum. Der zentrale Aspekt soll die Verankerung als gesetzliches Zahlungsmittel sein. Das würde bedeuten, dass sämtliche Banken in der Eurozone ihren Kunden den digitalen Euro anbieten und alle Händler ihn akzeptieren **müssen.**[765]

Das EZB-Direktorium beteuerte, dass der digitale Euro sicherer sein werde als private Dienstleister, die den Markt dominieren.[766] EZB-Präsidentin Christine Lagarde sagte: »Wir müssen unsere Währung auf die Zukunft vorbereiten. Wir sehen einen digitalen Euro als eine digitale Form von Bargeld, mit der sämtliche digitalen Zahlungen kostenlos möglich sind und die die höchsten Datenschutzstandards erfüllt. Ein digitaler Euro würde parallel zum physischen Bargeld bestehen, das stets verfügbar sein wird, sodass niemand zurückgelassen wird.«[767]

Eine »digitale Form von Bargeld« verspricht Lagarde und lässt dabei unerwähnt, dass **richtiges** Bargeld Freiheit bedeutet, digitales Geld hingegen Kontrolle (siehe unten).

In ihrem Bericht mit dem Titel »A stocktake on the digital euro. Summary report on the investigation phase and outlook on the next phase«[768] vom 18. Oktober 2023 warb die EZB mit folgenden Vorteilen für die neue Währung:

- weithin akzeptiert und einfach zu verwenden;
- kostenlos für den Grundgebrauch;
- für alle digitalen Zahlungen im Euroraum verwendbar;
- keine Online-Verbindung erforderlich (kann auch offline verwendet werden);
- den größtmöglichen Schutz der Privatsphäre bietend;
- umfassend, niemanden zurücklassend;
- sofortige Abwicklung von Zahlungen;
- sicher;
- risikofrei (da von der Zentralbank ausgegebenes Geld);
- für Zahlungen an der Verkaufsstelle und von Person zu Person verwendbar;
- kein anderes digitales Zahlungsmittel biete alle diese Eigenschaften auf einmal. Der digitale Euro würde diese Lücke schließen.[769]

Die EZB will durch die Einführung des digitalen Euro die »Widerstandsfähigkeit Europas« stärken, und zwar auf drei Arten:

- 1. Mit dem digitalen Euro gebe es eine Zahlungslösung für den Euroraum unter europäischer Führung, was die »strategische Autonomie des gesamten europäischen Zahlungsökosystems« unterstütze.
- 2. Ein digitaler Euro könne sich auf seine eigene Infrastruktur beziehen und dadurch die Widerstandsfähigkeit des europäischen elektronischen Zahlungssystems im Falle von Cyberangriffen und technischen Störungen erhöhen.
- 3. Ein digitaler Euro als paneuropäische Plattform steigere die Effizienz des Zahlungsverkehrssystems, senke Kosten und fördere die Innovation.[770]

Die EZB betont zudem immer wieder, dass der digitale Euro als **zusätzliches** Angebot geplant sei und **nicht als Ersatz** für das Bargeld.[771] Wer dem vertrauen will, soll das tun, ich jedenfalls vertraue den EZB-Zusicherungen keine Sekunde lang.

Eine eigens dafür eingerichtete Gruppe für die Entwicklung des digitalen Euro, die »Rulebook Development Group« (RDG)[772] entwirft zurzeit einheitliche Regeln, Standards und Verfahren. Diese Gruppe setzt sich aus Fachleuten des Eurosystems – das sind die EZB und die nationalen Zentralbanken des Euroraums – sowie Marktvertretern zusammen, unter anderem von der Deutschen Bank, der Österreichischen Nationalbank und der Banque de France.[773]

Wer's glaubt: »Keiner hat vor, die Menschen zu überwachen«

Im Bericht der EZB heißt es zudem (Hervorhebungen durch mich): »Die **Zentralbank hat kein Interesse daran, das Zahlungsverhalten der Menschen zu überwachen,** und verfolgt keine kommerziellen Ziele. Sie hätte keinen Zugang zu personenbezogenen Daten, die eine **direkte** Identifizierung der Endnutzer ermöglichen würden, und würde diese auch nicht speichern. Mit dem digitalen Euro soll auch bei Offline-Zahlungen ein bargeldähnliches Maß an Privatsphäre erreicht werden, da er keine Validierung durch Dritte erfordert und lediglich auf der direkten Überweisung vom Zahler an den Zahlungsempfänger beruht. Darüber hinaus wäre der digitale Euro einfach zu bedienen, sodass auch diejenigen, die mit digitalen Geräten Schwierigkeiten haben, nicht auf der Strecke bleiben würden. Es würde ein Basisangebot zur Verfügung stehen, damit diejenigen, die sich keine Zahlungskarte leisten können oder kein Bankkonto haben, nicht ausgeschlossen werden.«[774] Doch Kritiker befürchten genau das:

- Überwachung des Zahlungsverhaltens.
- Zugang zu individuellen Daten durch die direkte Identifizierung des Endnutzers.
- Kontrolle der Sparvermögen.
- Im Krisenfall: Das Einfrieren der Konten.
- Weitergabe von Informationen an staatliche Institutionen (z. B. an das Finanzamt).

EZB-Präsidentin Christine Lagarde gab eine mögliche Kontrolle bereits unvermittelt zu, schreibt der Fachjournalist Norbert Häring: »[…] Ziel des digitalen Euros sei, Kontrolle auszuüben und die Bargeldobergrenze drastisch abzusenken, sodass alle Menschen für größere Transaktionen dazu gezwungen seien, die digitalen Alternativen zu nutzen. Auf diese Weise erhalten die Zentralbanken ein detailliertes Profil der Menschen.«[775]

Was wiederum Kritiker misstrauisch macht: In Sachen digitaler Euro pflegt das Eurosystem unter anderem eine enge Zusammenarbeit mit politischen Entscheidungsträgern und Gesetzgebern und tauscht sich in unterschiedlichen Gremien[776] regelmäßig mit ihnen aus.[777] Gesteuert wird das Ganze durch die »Task Force« für digitale Zentralbankwährungen, die dem EZB-Rat direkt Bericht erstattet. Die Task Force setzt sich wiederum aus Vertretern der EZB und der zwanzig nationalen Zentralbanken des Euro-Währungsgebietes zusammen und steht unter dem Vorsitz von EZB-Direktoriumsmitglied Fabio Panetta.[778]

Die EZB als Handlanger von Ökosozialisten?

Doch die EZB verrät sich selbst: Einerseits will sie durch den digitalen Euro keine Kontrollen ausüben, andererseits aber geht es bei dessen Einführung – wie wahnwitzig! – auch um Klimaschutz. Die EZB schreibt unter dem Titel »Der Klimawandel und die EZB« auf ihrer Homepage: »Der Klimawandel stellt eine Gefahr für unsere Wirtschaft und den Finanzsektor dar. Wir müssen prüfen, wie sich der Klimawandel und der Übergang zu einer CO_2-neutralen Gesellschaft auf unsere Wirtschaft auswirken. So können wir die Folgen berücksichtigen, die diese auf unsere Arbeit als Zentralbank und als Bankenaufsicht haben. Auf diese Weise können wir besser dafür sorgen, dass die Preise stabil und die Banken sicher bleiben.«[779]

Um die Umsetzung der grünen Ökoideologie zu forcieren, soll sogar die Bankenaufsicht eingesetzt werden: »Im Rahmen unserer Aufsichtsfunktion sorgen wir dafür, dass Banken ihre Risiken steuern. Dazu zählen auch die Risiken, die sich aus dem Klimawandel ergeben. Daher arbeiten wir im Rahmen unserer Klimaagenda daran, Klimaaspekte in unsere Aufsichtstätigkeiten einzubeziehen.«[780] Also doch Kontrolle!

Die EZB erweitert ihr Aufgabengebiet auf politische Themen, denn es geht dabei unter anderem um die CO_2-Bepreisung und ein nachhaltiges Finanzwesen, das von oben herab durchgedrückt werden soll (siehe Kapitel »Öko-Vorgaben bei Kapitalregeln (ESG) für Klimarisiken«). So macht sich die Zentralbank zum Handlager rot-grüner Ökosozialisten.

Risiken für Bankkunden

Eine weitere Kontrolle kann bei Einführung des digitalen Euro über eine elektronische Geldbörse (»Wallet«) erfolgen. Trickreich ist deshalb die Aussage, es werde keine Kontrolle über den **digitalen Euro** geben. Damit ist aber nicht ausgeschlossen, dass es eine Kontrolle der **Wallets** geben könnte.

Die EU-Kommission führt bereits Pilotprojekte für eine »EU-Brieftasche für digitale Identität« durch[781] (»Euro-App«). In dieser EU-Brieftasche **könnten** folgende Informationen gespeichert werden:

- digitale Identität,
- Bankkonto,
- Bildungszertifikate,
- Registrierung von Pre- und Postpaid-SIM-Kartenverträgen,
- Beantragung eines Reisepasses,
- der Zugang zu Sozialversicherungsleistungen,
- Guthaben in digitalen Euro.[782]

Der bereits benannte Fachjournalist Norbert Häring schreibt dazu (Hervorhebungen durch mich): »Wenn alle Bezahlvorgänge und viele weitere Aktionen der Bürger mit einer digitalen Identität verknüpft werden, lässt sich zuverlässig **vollautomatisch ein vollständiges Bild aller Bürger erstellen.** Es können verschiedenste Informationen automatisiert unter dieser einheitlichen Identität zusammengeführt werden. **Nicht umsonst werden digitale Identitäten von Geheimdiensten entwickelt und vorangetrieben.**[783] Gleichzeitig steigt auf diese Weise die Gefahr von Betrug, Datendiebstahl und damit verbunden die Gefahr, dass das Digitale Zentralbankgeld von Dritten gestohlen wird.«[784]

Außerdem kann dann für Privatpersonen und Unternehmen eine Obergrenze[785] an digitalen Euros in den Wallet festgelegt werden, um einem übermäßigen Abfluss von Einlagen bei den Banken entgegenzuwirken. Der gläserne Kunde, die totale Kontrolle!

Aber das ist noch nicht alles: Ein digitaler Euro kann dazu beitragen, auch Geldmenge, Zinssätze und Inflation effektiver zu kontrollieren. Darüber hinaus könnte die EZB wertvolle Dateneinblicke in das Ausgabeverhalten und die Wirtschaftstätigkeit der Bürger erhalten und so fundierte politische Entscheidungen ermöglichen.[786]

Weitere Bedenken zur Einführung eines digitalen Euro:

- Datenschutzbedenken, da die Zentralbank Zugriff auf Transaktionsdaten haben kann, was möglicherweise Auswirkungen auf die finanzielle Privatsphäre des einzelnen Bürgers hätte.[787]
- Anfällig für Cyberangriffe, Betrug und Hackerangriffe, was zu finanziellen Verlusten für die Bürger führen könnte.[788] Allein im Jahr 2022 sind immerhin Kryptowährungen im Wert von knapp 800 Milliarden US-Dollar gestohlen worden[789] (siehe dazu auch »Exkurs: Warum ich von Bitcoins und Kryptowährungen nichts halte«).
- Die Abhängigkeit von digitalen Zahlungssystemen könnte Probleme und Gefahren für Bürger schaffen.[790]
- Möglicherweise hätten nicht alle Bürger Zugang zu der erforderlichen Technologie oder Internetverbindung, um einen digitalen Euro zu nutzen, was die digitale Kluft verschärfen könnte.[791] Im Jahr 2023 nutzten 68 Millionen Deutsche ein Smartphone.[792] Im Umkehrschluss bedeutet das aber auch, dass gut 15 Millionen Deutsche (zumeist ältere Menschen) ein solches Gerät nicht nutzten. Zudem haben gut 5 Prozent der Deutschen keinen Zugang zum Internet.[793] Damit gibt es für Millionen Menschen Zugangshürden zum digitalen Euro. In ärmeren Ländern der EU ist der Anteil der Nutzer von Smartphones und des Internets noch geringer.[794]
- Die Einführung eines digitalen Euro könnte zu einer öffentlichen Kontrolle der Datenverarbeitungspraktiken führen.[795] EU-Kommissionspräsidentin Ursula von der Leyen gab dazu bereits 2020 Folgendes zu Protokoll: »Wir in Europa wollen ein Regelwerk, das den Menschen in den Mittelpunkt stellt. Die Kommission wird im nächsten Jahr ein entsprechendes Gesetz vorschlagen. Dazu gehört auch die Kontrolle über unsere persönlichen Daten, die wir heute viel zu selten haben. Jedes Mal, wenn eine Website uns auffordert, eine neue digitale Identität zu erstellen oder uns bequem über eine große Plattform anzumelden, haben wir in Wirklichkeit keine Ahnung, was mit unseren Daten geschieht. Aus diesem Grund wird die Kommission demnächst eine sichere europäische digitale Identität vorschlagen. Eine, der wir vertrauen

und die Bürgerinnen und Bürger überall in Europa nutzen können, um alles zu tun, vom Steuernzahlen bis zum Fahrradmieten. Eine Technologie, bei der wir selbst kontrollieren können, welche Daten ausgetauscht und wie sie verwendet werden.«[796]

Das richtige Gleichgewicht zwischen Datenschutz und Sicherheit zu finden ist ein entscheidender Aspekt bei der Gestaltung des digitalen Euro. Aber für mich geht das Thema noch viel weiter: Der Ausbau einer digitalen Währung kann früher oder später zur Einschränkung oder gar zum Verbot von Bargeld führen. Bargeld aber ist Freiheit und Unabhängigkeit. Bargeld entzieht sich staatlicher Kontrolle – und genau das wollen viele politische Akteure auf der europäischen Bühne seit vielen Jahren einschränken oder verhindern.

Dass die Einführung des digitalen Euro in Zusammenhang mit der Zurückdrängung des Bargelds steht, gaben Christine Lagarde und EZB-Direktoriumsmitglied Fabio Panetta auf einer Pressekonferenz indirekt zu: Der digitale Euro sei auch eine Vorbereitung auf die Zeit, in der Bargeld keine Rolle mehr spiele.[797]

Risiken für Banken und das Finanzsystem

- Der digitale Euro dürfte im Wesentlichen aus den Einlagen der Bürgerinnen und Bürger bei den Kreditinstituten gespeist werden.
- Werden diese Einlagen abgezogen und in digitale Euros auf einem Konto bei der EZB umgewandelt, verringert sich automatisch die Liquidität der Institute – mit negativen Folgen für die Möglichkeit der Banken, Kredite zu vergeben.
- Im ungünstigsten Fall könnte der digitale Euro eine Art digitalen Bank Run auslösen. Das wäre dann der Fall, wenn alle Kunden in einer Krise ihr Geld plötzlich abziehen wollen und es in digitales Zentralbankgeld umschichten könnten. Um dies zu verhindern, könnte ein rechtssicheres, niedriges dreistelliges Haltelimit sowie ein Verzinsungsverbot (um den übermäßigen Abfluss von Einlagen zu verhindern) eingeführt werden.[798]

- Zudem ist aus der Sicht der privaten Banken klar, dass es nicht Aufgabe der EZB sein kann, ein staatliches Bezahlverfahren zu betreiben. Denn das würde den Wettbewerb verzerren, die Erträge des europäischen Bankensektors schwächen und privatwirtschaftliche Innovationen hemmen. Deshalb plädieren sie dafür, dass die obligatorischen Vertriebswege für den digitalen Euro auf privatwirtschaftlichen Zahlungslösungen der Kreditinstitute basieren. Die EZB soll sich darauf beschränken, das Zahlungsmittel herauszugeben und die grundlegenden technischen Standards zu definieren.[799]

Aus Sicht der Banken ist besonders wichtig, dass die mögliche Einführung eines neuen Geldes intensiv auf mögliche Risiken für ein intaktes Finanzsystem untersucht werden muss. Dabei müssen die Rollen für Kreditinstitute und Zentralbank klar definiert sein.[800]

Zuspruch und Kritik (Beispiele)

Pro

- Der Digitalverband Bitkom sieht den digitalen Euro natürlich positiv, wie sollte es auch anders sein. Bitkom-Hauptgeschäftsführer Bernhard Rohleder sagt: »Ein digitaler Euro kann die Wettbewerbsfähigkeit und Souveränität Europas nachhaltig stärken.«[801]
- Die Europa-Union Deutschland, die deutsche Sektion der Union Europäischer Föderalisten, äußert sich ebenfalls positiv: »Wir sind von dem Nutzen des digitalen Euro für jeden einzelnen europäischen Bürger überzeugt«, erklärte die größte, überparteilich proeuropäische Bürgervereinigung. Die Erwartung sei, dass der digitale Euro sicherer, schneller und kostengünstiger sein werde als traditionelle Zahlverfahren. Er biete Komfort und Einfachheit bei grenzüberschreitenden Transfers und fördere damit den Binnenmarkt.[802]
- Eurogruppenchef Paschal Donohoe findet die Arbeit der EU-Kommission in Sachen digitaler Euro »exzellent«, sieht aber noch einen langen Weg bis zur Verwirklichung.[803]

Contra

- Umfragen in der Finanzbranche, dem Handel und unter den »normalen« Bürgern ergaben, dass ein erheblicher Teil des Marktes beim Thema digitaler Euro verunsichert ist.[804]
- CSU-Finanzexperte Markus Ferber kritisierte bereits im September 2023: »Der konkrete Mehrwert eines digitalen Euro für den Ottonormalbürger ist noch immer nur schwer erkennbar.«[805]
- Peter Bofinger, bis 2019 Mitglied des Sachverständigenrats, ist in seinem Gutachten für die österreichische Großsparkasse Erste Group klar: Der digitale Euro sei so unattraktiv wie alkoholfreier Wein, da keinerlei relevante Vorteile gegenüber bestehenden elektronischen Zahlungsanbietern bestünden.[806]
- Ignazio Angeloni, ehemaliger EZB-Direktor, benennt ein mögliches Motiv für die Einführung des digitalen Euro: »Wir haben etwas erlebt, das die Amerikaner fear of missing out nennen – die Angst nicht dabei zu sein und als technologisch rückständig zu gelten.«[807]
- Dr. Dieter Sauter, der Leiter des Wertdrucks bei der Bundesdruckerei GmbH: »In keinem Fall dürfen digitale Identitäten dazu dienen, Transaktionen zu kontrollieren und sie mit konkreten Personen zu verknüpfen.«[808]
- Auch die Sparkassen stehen dem digitalen Euro skeptisch gegenüber. Die Genossenschaftsbanken und Privatbanken haben ebenfalls Vorbehalte. In einer gemeinsamen Stellungnahme unter dem Dach der Deutschen Kreditwirtschaft (DK) mahnten die Verbände, der Gesetzesvorschlag der EU-Kommission habe »zahlreiche Bedenken bestätigt und sogar weiter verstärkt«.[809]
- Kritiker wie die freie Journalistin Martina Binnig, verweisen auf achgut.com darauf, dass mit einem digitalen Euro Strukturen geschaffen werden, »die trotz gegenteiliger Beteuerung eines Tages durchaus zur Kontrolle der Bürger genutzt werden könnten, denn ein digitales Zentralbankgeld könnte leicht mit anderen digitalen Daten wie beispielsweise dem persönlichen ökologischen Fußabdruck verknüpft werden«.[810]

- Heiner Herkenhoff, Hauptgeschäftsführer des Bundesverbands deutscher Banken (BdB), resümiert in der *Börsenzeitung:* »Ein digitaler Euro, der wenig Akzeptanz bei der Bevölkerung findet, wäre ein geldpolitisches Eigentor, das dem europäischen Finanzmarkt Schaden zufügen würde und das Vertrauen in die europäischen Institutionen gefährden könnte.«[811]

Für mich ist der digitale Euro ein währungspolitisches Experiment, das mit der Abschaffung des Bargeldes und dem Ende der finanziellen Freiheit der Bürger enden kann und vermutlich auch wird.

Dass meine Vermutung richtig ist, zeigt die Tatsache, dass die EU Mitte Januar 2024 – angeblich zur »Bekämpfung der Geldwäsche« – eine staatenübergreifende Bargeldgrenze von 10 000 Euro beschlossen hat. Die politische Einigung muss noch vom EU-Rat und vom Europaparlament formal bestätigt werden, was kein großes Hindernis sein wird. Die Bargeldobergrenze betrifft dann auch Barauszahlungen von Banken. Aber auch Anbieter von Kryptowährungen müssen Transaktionen von 10 000 Euro und mehr künftig kontrollieren, und Juweliere, Jachtverkäufer und Kunsthändler müssen die Daten ihrer Kunden erfassen. Wie das *Handelsblatt* berichtete, wollten mehrere Mitgliedsstaaten und Parlamentarier eine niedrigere Obergrenze von 3000 Euro. Als Kompromiss haben sich die Unterhändler auf das höhere Limit geeinigt. Aber für Barzahlungen ab 3000 Euro müssen sich Käufer künftig ausweisen.[812]

Der Fachjournalist Norbert Häring kommentierte: »Das gesetzliche Zahlungsmittel, das von der Notenbank der Währungsunion herausgegeben wird, wird also teilweise für illegal erklärt, zugunsten des digitalen Geldes, das private Banken herausgeben.«[813] Und weiter: »In der geplanten Form ist der digitale Euro abzulehnen. Er löst kein Problem, stellt aber ein Überwachungs- und Kontrollinstrument dar und birgt zudem das Risiko finanzieller Instabilität. Kleinere Veränderungen im Detail können den grundsätzlichen Problemen nicht abhelfen.«[814]

Die vollständige Abschaffung des Bargeldes scheint das Ziel zu sein. Kontrolle statt Freiheit! Deshalb wird die Bargeldobergrenze von 10 000 Euro nicht lange Bestand haben, sondern wird immer weiter gesenkt werden – garantiert!

VII. Angriff aufs Bargeld: Banken erschweren absichtlich das Geldabheben

Wie ich in Kapitel »Wer glaubt schon der EZB?« angeführt habe, zahlen 63 Prozent der Deutschen noch mit Bargeld. Doch vielleicht haben Sie es in Ihrer Stadt auch schon bemerkt: Immer mehr Banken schließen Filialen, und man kommt immer schwieriger an Bargeld. Die Filialschließungen der Banken nehmen zu, und damit verschwinden auch immer mehr Geldautomaten.

Die Postbank und die Deutsche Bank planen bis Mitte 2026 bundesweit einen weiteren Abbau von jeweils bis zu 250 Standorten.[815] Die Sparkassen und die Commerzbank haben ihr Netz an mehreren Standorten ebenfalls schon drastisch reduziert. Damit einhergehend werden seit 2021 immer mehr Geldautomaten abgebaut. Für viele Bankkunden wird es somit immer schwieriger, an Bargeld zu gelangen.[816] Gab es 2019 in Deutschland noch 58 000 Geldautomaten, sank deren Zahl bis 2021 auf etwas über 55 000.[817] Im Jahr 2023 sah das bei den vier größten Bankenverbünden wie folgt aus:

Geldautomatennetz		
Sparkassennetz alle Sparkassen, 1822 direkt, BW-Bank	ca. 21500	-1500
BankCard ServiceNetz u. a. 99 Prozent aller VR-Banken, Sparda-Banken, PSD-Banken, BBBank	ca. 15500	-2200
Cash Group Deutsche Bank, Commerzbank, Postbank, HypoVereinsbank	ca. 6000	-3000
CashPool u. a. Sparda-Banken, Santander Bank, Targobank, BBBank	ca. 2800	-400
Gesamt:	**45800**[818]	

Die Begründungen der Banken für das Erschweren von Bargeldinteraktionen (Abheben und Annahme von Bargeld) sind vielseitig. Hier einige davon:

- Die Anzahl der bargeldlosen Transaktionen weltweit steige rasant an.[819]
- Reduzierung der Kosten, vor allem auch der Infrastruktur.[820]
- Weniger Personal vorhalten.[821]
- Die Geldannahmen kosten die Banken jährlich knapp 2 Milliarden Euro.[822]
- Die Nachfrage an Bargeldgeschäften sei geringer.[823]

In Wahrheit gehört Bargeld zu den beliebtesten Bezahlmethoden der Deutschen. Doch stattdessen werden die Hürden beim Geldabheben immer größer.

Bei Direktbanken drohen bei Bargeldeinzahlungen hohe Gebühren.[824] Bei der ING, Deutschlands größter Direktbank, muss man mit 1,5 Prozent Gebühren des Einzahlungsbetrages rechnen. Das gilt auch für die DKB. Bei Comdirect entfallen hingegen Gebühren. Bei Sparkassen können die Gebühren unterschiedlich sein, bei den Volksbanken entfallen Kosten. Bei der Commerzbank ist die Einzahlung am Automaten kostenfrei, am Schalter werden pro Transfer 2,50 Euro fällig, genauso wie bei der Deutschen Bank. Bei der Targobank können Kunden täglich unlimitiert Geld einzahlen; das gilt zumindest für die Filialen der Bank und die hauseigenen Geldautomaten.[825]

In Wirklichkeit wollen die Banken also gar kein Bargeld mehr. Sie reiten damit auf der Welle der Politik, die das Bargeld früher oder später ganz abschaffen will, was auch die Einführung des digitalen Euro (siehe vorheriges Kapitel) belegt. Mein Kollege Michael Brückner hat den Kampf gegen das Bargeld in seinem bemerkenswerten Buch mit dem Titel *Angriff auf unser Bargeld* minutiös beschrieben: »Ein Angriff auf unser Bargeld ist ein Angriff auf unsere Freiheit!«[826] Dem ist nichts hinzuzufügen.

VIII. Auslandskonten: Pro und Contra

Ein Auslandskonto kann für manche eine gute Alternative oder eine Ergänzung sein. Private Gründe können ein Zweitwohnsitz sein, aber auch Familie und Freunde im Ausland, Auslandssemester oder berufliche Gründe wie regelmäßige Auslandsüberweisungen.

Die Vor-, aber auch Nachteile eines Auslandskontos erfahren Sie jetzt.

Allgemeines:

Ein Auslandskonto eignet sich **nicht** dafür, Steuern zu sparen oder Geld vor dem Finanzamt zu verstecken. Machen Sie also keine Experimente, die Sie später bereuen!

Ein Auslandskonto ist legal, allerdings müssen die Einnahmen korrekt versteuert werden, also auch in der Steuererklärung angegeben werden. Außerdem haben die Länder verschiedene Meldepflichten, die zu beachten sind. Machen Sie sich also damit vertraut, welche Regelungen für Sie speziell gelten.[827] Vergessen Sie nicht: Die steuerlichen und rechtlichen Pflichten in Deutschland bleiben bestehen, wenn Ihr Wohnsitz in Deutschland liegt. Im Ausland erzielte Zinserträge werden entsprechend ebenfalls in Deutschland versteuert.[828]

Man unterscheidet zwischen zwei verschiedenen Auslandskonten:

1. Offshore-Konten:

Das sind Konten, die *außerhalb* der EU bestehen; man spricht dabei auch von Offshore-Banking. Wer gerne Fernreisen unternimmt, kann mit diesem Konto auch im Ausland bequem Geld abheben.[829]

2. Onshore-Konten:

So nennt man Auslandskonten, die sich *innerhalb* der EU befinden. Durch den SEPA-Raum behandeln deutsche Banken diese Art von Konto wie ein Inlandskonto. Dies rechnet sich nur, wenn die Bank und deren Konditionen im Vergleich besser abschneiden als Banken vor Ort.[830]

Beispiele für Auslandskonten

Der Cross-Border-Tax-Experte Sebastian Sauerborn nennt einige Banken außerhalb der EU, bei denen man ein Konto eröffnen kann. Seine Liste basiert auf Erfahrungsberichten seiner Mandanten. Alle von ihm vorgestellten Konten können von Ausländern eröffnet werden, die nicht in dem Land leben. Die Reihenfolge der Banken ist willkürlich, wie Sauerborn in seinem Youtube-Video betont:[831]

1. HSBC (Jersey)

Bedingung: Ein Einkommen von mindestens 100 000 britischen Pfund (GBP) oder eine Einlage von 50 000 (GBP). Das Konto lässt sich in Pfund, Euro oder Dollar führen; zusätzlich gibt es Sparkonten mit bis zu neunzehn Währungen. Der Zugriff ist über Debitkarte, Onlinebanking oder App möglich.

2. Lloyds International (Isle of Man)

Bedingung: Ein Einkommen von mindestens 50 000 GBP oder eine Einlage von 25 000 GBP. Das Konto lässt sich ebenfalls in Pfund, Euro oder Dollar führen. Die Kontoführungsgebühren betragen 8 Euro im Monat. Man erhält Visa-Debitkarten in allen drei Währungen, zudem sind Online- und Telefonbanking möglich.

3. Barclays (Isle of Man)

Bedingung: Mindesteinlage von 100 000 GBP. Ab 250 000 GBP erhält man eine persönliche Betreuung. Kontoführung in Pfund, Dollar und Euro. Man bekommt eine Sterling-Debitkarte, zudem ist Onlinebanking möglich.

4. Yuh (Schweiz)

In der Schweiz gibt es jetzt ein Konto für alle, auch für Ausländer, so Sauerborn. Dies wird über die App »Yuh« organisiert. Yuh ist ein Zusammenschluss von Swissquote und PostFinance. Mindesteinlage: Keine. Es gibt keine Kontogebühren. Man erhält eine Yuh-Mastercard (Debitkarte). Banküberweisungen in Europa (SEPA) sind gebührenfrei. Geld außerhalb der Schweiz abheben kostet 4,90 CHF; zehn Währungen können getauscht werden.

5. Liechtensteinische Landesbank (Fürstentum Liechtenstein)

Bedingung: Eine Mindesteinlage von 50 000 Schweizer Franken (CHF), die aber in Investmentfonds der Bank investiert werden müssen und nicht als Kontoguthaben zur Verfügung stehen. Kontoeröffnung ist auch Online möglich, Online-Schalter, Livebanking, Telefonbanking. Laut Sebastian Sauerborn ist das wahrscheinlich die beste Lösung, um als Ausländer ein Konto in Liechtenstein zu eröffnen.

6. DBS Treasures (Singapur)

Bedingung: Mindesteinlage 350 000 Singapur Dollar (SGD), das sind etwa 240 000 Euro; dafür relativ einfach zu handhaben, interessante Investmentbanking-Möglichkeiten. Für Sauerborn die erste Wahl für vermögende Unternehmer und Investoren. Aber: Konto muss vor Ort und persönlich beantragt werden.

7. FV Bank (Puerto Rico)

Kontoeröffnung kann online ausgeführt werden. Es handelt sich um ein US-Konto und bietet diverse Steuervorteile. US-Banken nehmen bisher nicht an einem Informationsaustausch teil.

8. Chase Bank (USA)

Kontoeröffnung ist persönlich in jeder Filiale in den USA möglich. Bedingung: ITIN (US-Steuernummer) und physische Adresse (mindestens Postadresse in den USA).

9. Bank of America (USA)

Kontoeröffnung ist persönlich in jeder Filiale in den USA möglich. Bedingung: ITIN (US-Steuernummer) und physische Adresse (mindestens Postadresse in den USA).

Bei den aufgeführten Banken handelt es sich nur um Beispiele, die Ihnen zusagen können oder auch nicht. Ein Blick ins Internet eröffnet weitere Möglichkeiten. Was also spricht für und was gegen ein Auslandskonto?

Pro

- Rechtsanwalt Fabian Fritsch schreibt auf *www.anwalt.de:* »Ein sogenanntes Auslandskonto ist in jeder Beziehung so gut und so wichtig wie ein Inlandskonto – es ist zwar nicht notwendig, schadet aber auch nicht und hat in besonderen Konstellationen Vorteile gegenüber einem deutschen Konto und es gibt die unterschiedlichsten Dinge, die bei Anmeldung zu beachten sind.«[832]
- **Vorteil 1**: Das Vermögen bleibt bis zu einer anstehenden Verurteilung vor dem Zugriff durch Gläubiger, Insolvenzverwalter oder Ermittlungsbehörden wie dem Finanzamt bewahrt.
- **Vorteil 2**: Selbst wenn deutsche Behörden das inländische Bankkonto sperren, kann man über das Auslandskonto weiter den Lebensalltag bestreiten.[833]
- **Vorteil 3**: Banken außerhalb der EU sind dem Währungsrisiko weniger ausgesetzt, da der Euro wirtschaftlich anfällig ist. Ein Auslandsbankkonto verteilt also das Währungsrisiko und bietet in Wirtschaftskrisen zusätzliche Sicherheit. Das gilt aber nur für Länder, deren jeweilige Landeswährung stabiler oder gleich stabil ist wie der Euro, zum Beispiel der Schweizer Franken, die Norwegische Krone oder der US-Dollar.[834]
- **Vorteil 4**: In der EU werden bei zukünftigen Bankenkrisen die Anleger (mit mehr als 100 000 Euro auf dem Konto) zur Kasse gebeten, siehe Kapitel »Angriff auf Ihr Sparkonto: Das Gesetz zur Sanierung und Abwicklung von Instituten und Finanzgruppen (SAG)«. Ein Auslandskonto außerhalb der EU bietet Schutz vor dieser Enteignung.[835]
- **Vorteil 5**: Bei einem Auslandskonto kann das deutsche Finanzamt nicht mehr jedes Detail auf Ihrem Konto einsehen. Der automatische Informationsaustausch (nach OECD-Standards)[836] wird aber weiterhin einmal im Jahr die Eckdaten Ihres Kontos an das Finanzamt liefern. Die meisten Länder nehmen daran teil, außer beispielsweise die USA.[837] Dennoch ist das kein »Live-Zugriff«, den die Behörden auf ein deutsches Konto machen können. Ein gewisser Sichtschutz ist also gegeben.[838] Das ist insbesondere vor dem Hintergrund interessant, als dass die deutschen Finanzämter 2023 die Steuerzahler immer häufiger durch Kontoabfragen unter die Lupe genommen haben.

Insgesamt überprüfte die Steuerverwaltung 294 000-mal Konten, Depots und Schließfächer von Steuerzahlern – ein neuer Rekord. 2015 lag die Zahl der Kontoabfragen noch bei 98 000.[839] Sie sehen also, die staatliche Schnüffelei nimmt immer mehr zu.

- **Vorteil 6:** Ihre Schufa-Auskunft spielt beim Auslandskonto für die ausländische Bank keine Rolle. Sie gelten dort als unbelastet.[840]
- **Vorteil 7:** Das deutsche Finanzamt ist schnell dabei, Konten zu pfänden. Bei einem Auslandskonto sind dem Finanzbeamten allerdings die Hände gebunden.[841]
- **Vorteil 8:** Bezugsgrenzen für Bargeld oder limitierte Überweisungen in der Eurozone können mit einem Auslandskonto umgangen werden.[842]

Contra

Natürlich will ich dem Leser die Risiken eines Auslandskontos nicht verschweigen, denn auch hier ist nicht alles Gold was glänzt:

- **Risiko 1:** Die Entwicklung der Auslandswährung kann Verluste bescheren.
- **Risiko 2:** Politische und juristische Entwicklungen im Heimatland der Auslandsbank können Risiken generieren.
- **Risiko 3:** Es kann administrative Probleme geben, die zum Beispiel mit der Legitimation des Kontoinhabers oder anderer Konto-Verantwortlichen zusammenhängen können, zum Beispiel im Todesfall.[843]
- **Risiko 4:** Es besteht die Gefahr, dass die Regierung des Heimatlandes der Auslandsbank den Online-Kapitalverkehr einstellt und Kapitalverkehrskontrollen errichtet. Wie schnell das gehen kann, zeigen die Vorgänge in Zypern (siehe Kapitel »›Merkel, stirb!‹ (Zypern 2013)«).
- **Risiko 5:** Eventuelle Probleme kann man nur bedingt persönlich besprechen.

Ob für Sie ein Auslandskonto sinnvoll ist, richtet sich nach Ihrer individuellen Situation. Vorteile und Risiken sollten daher sorgfältig gegeneinander abgewogen werden.

TEIL 8

Warum Banken unsicher sind (Zusammenfassung)

Ich habe Ihnen gezeigt, dass es sich beim Thema »Bankenpleiten« um keine Verschwörungstheorie handelt, sondern dass es sie bis heute gibt. Dann habe ich Sie in die Vergangenheit geführt und beschrieben, wie unser komplettes Finanzsystem vor rund 15 Jahren am Abgrund stand. Ich habe analysiert, was die Menschen in den betroffenen Ländern an Vermögen verloren haben und wie sie bis heute für die Bankenpleiten zur Kasse gebeten werden.

Ich hatte im Vorwort geschrieben: »Die aktuelle Bankensituation ist schlimmer, als Sie denken – wenn Sie einen Blick hinter die Kulissen werfen.«

Diesen Blick hinter die Kulissen haben Sie nun hinter sich. Sie haben gesehen, dass auch hier der Schein trügt: Die Banken, ja unser ganzes Finanzsystem ist auch **aktuell** nicht »sicher«, was die Bankenkrise in den USA und in der Schweiz im Frühjahr 2023 eindringlich bewiesen haben dürfte. Ich möchte die Gründe für das marode Bankensystem noch einmal zusammenfassen.

17 Gründe, warum das Bankensystem nicht sicher ist:

- **1. Bankenunion:** Die Banken in der EU sind so unsicher, dass eine Bankenunion gegründet werden **muss.** Der Europäische Rat verklausuliert und beschönigt das wie folgt: »Ziel war es, dazu beizutragen, dass die europäischen Banken **robuster** werden […].«[844]

- **2. Die EZB ist die größte Risikobank der Welt:** Sie kaufte für rund 5 Billionen (!) Euro Anleihen privater und öffentlicher Schuldner (meist risikoreiche) auf. Zudem hält das Eurosystem einen Anteil der gesamten Staatsschuld der Eurostaaten von über 30 Prozent.[845] Gigantische Risiken, die für mich die EZB zur größten Risikobank der Welt machen!
- **3. Drohende Finanzkrise in Italien:** Das zwitschern bereits die Spatzen von den Dächern, denn die Reformen, die Italien im Rahmen eines gigantischen EU-Hilfsprogramms umsetzen muss, bleiben aus. Gleichzeitig aber steigt die Last zur Bedienung der Schulden, und so steigt die Nervosität. Italien hat immerhin einen Schuldenstand von rund 2,7 Billionen Euro (146 Prozent vom BIP) und gehört damit zu den am höchsten verschuldeten Industrieländern der Welt.[846] Die Entwicklung in Italien könnte tatsächlich dazu führen, die Stabilität der gesamten Eurozone zu gefährden. Italien ist die drittgrößte Wirtschaft der Eurozone und ein wichtiger Markt mit rund 60 Millionen Bürgern.[847] Eine Krise in Italien wäre auch eine ernsthafte Bedrohung für das europäische Finanzsystem.[848] Gerade deutsche und besonders französische Banken haben in Italien große Investments. Doch in der Folge einer Krise wäre mit einer Verkaufswelle von italienischen Staatspapieren und fallenden Kursen zu rechnen. Nicht nur italienische Banken, sondern auch Finanzinstitute in anderen Euro-Staaten würden in Mitleidenschaft gezogen, da sie Abschreibungen auf ihren Bestand italienischer Anleihen vornehmen müssten. Die Folgen wären für das europäische Finanzsystem kaum absehbar.[849]
- **4. Atombombe Zinswende:** Die EZB, die Bundesbank und die anderen Mitgliedsländer des Eurosystems haben in Nullzins-Zeiten insgesamt 4,5 Billionen Euro in Staatsanleihen investiert, die bei steigenden Zinsen nun drastisch an Wert verlieren.[850] Allein die Bundesbank hält zum Teil risikoreiche Staatsanleihen von 666 Milliarden Euro, und das bei nur 6 Milliarden Euro Eigenkapital. Durch die Zinswende droht ein Wertverlust von 66 Milliarden Euro, was die Bundesbank gefährlich verschulden könnte.[851]
- **5. Die EZB muss Banken beaufsichtigen:** Die Lage ist so prekär, dass die Europäische Zentralbank aufgrund verschiedener Risiken 110 Großbanken aus 21 Ländern

beaufsichtigen **muss,** da das Finanzsystem gefährdet werden könnte. In Deutschland sind das die Deutsche Bank und die Commerzbank.[852]

- **6. Der Europäische Rechnungshof und die Bundesbank schlagen Alarm:** Kreditrisiken, höhere Zinsen und eine sehr hohe internationale makroökonomische Unsicherheit sind die Gründe.[853] Wenn schon der Europäische Rechnungshof und die Bundesbank warnen, ist es mehr als nur fünf vor zwölf!
- **7. Der »kleine Bankencrash« in den USA und das Aus der Schweizer Giganto-Bank Credit Suisse** im Jahr 2023 sendeten neue Schockwellen durch das internationale Finanzsystem. Nur mit Mühe konnte eine neue Finanzkrise verhindert werden.
- **8. Das Fiat-Money-Monster ist nicht mehr zu zähmen:** Seit 1990, also binnen nur einer Generation, haben sich die Devisengeschäfte um 1390 Prozent gesteigert, die riskanten Finanzderivate sogar um 31 500 Prozent, man kann es sich kaum vorstellen. Die gehandelten Aktien haben sich um 2120 Prozent vervielfacht. Das bedeutet: Rund 3022 Billionen Dollar Fiat Money schwirren auf Konten und Bilanzen weltweit umher. Aber nur noch 3,45 Prozent des globalen Geldes sind mit Waren und Dienstleistungen »abgesichert«. Demgegenüber sind 96,65 Prozent des weltweiten Geldes und der Finanzinstrumente künstliches Fiat Money. Das bedeutet: Der Finanzsektor hat sich von der Güterwirtschaft weitgehend abgekoppelt. Die Haltung der Finanzmärkte und der Realwirtschaft könnte unterschiedlicher nicht sein: Während in der Wirtschaft *reale* Güter im Vordergrund stehen, werden an den Finanzmärkten *Erwartungen* gehandelt, die mit spekulativen Geschäften abgesichert werden. Doch so schnell, wie Geld durch Kreditschöpfung entsteht, kann es auch wieder verschwinden. Dennoch wird es jeden Tag mehr. Kurzum: Das Fiat-Money-Monster ist nicht mehr zu zähmen.[854]
- **9. Bankaktien haben massiv an Wert verloren:** Ich habe Ihnen aufgezeigt, dass die Aktien der größten deutschen Banken seit 2007 massiv an Wert verloren haben, teilweise bis zu rund 93 Prozent.[855]
- **10. Banken müssen ihre Risikovorsorge erhöhen:** Aufgrund der Krise bei Gewerbeimmobilien sind Banken gezwungen, ihre Risikovorsorge zu erhöhen.[856] Das sind keine guten Vorzeichen!

- **11. Das Eigenkapital der Banken ist niedrig:** Das sehen die Bankenaufseher natürlich anders. Doch die Fakten sprechen dagegen: Die Mindestkapitalanforderungen sind auf gerade mal 8 Prozent der risikogewichteten Aktiva der Bank festlegt. Dies umfasst die gesamten Aktiva einer Bank, multipliziert mit ihren jeweiligen Risikofaktoren (Risikogewichte). Das bedeutet nichts anderes, als dass eine Bank laut Mindestkapitalanforderungen 92 Prozent Fremdkapital, sprich Schulden, anhäufen darf.
- **12. Die Risiken der Banken sind größer als jemals zuvor:** – Marktrisiken – Liquidität – Bonität – Staatsanleihen – Politische und geostrategische Probleme (z. B. der Ukrainekrieg und der Nahostkonflikt) – Zinswende und stille Lasten – Öko-Vorgaben bei Kapitalregeln (ESG) für Klimarisiken.[857]
- **13. Finanzmarkt-Atombombe – AT1s-Anleihen:** Die Anleihen entwickelten sich zu einem riskanten und ertragsstarken Markt im Wert von Hunderten von Milliarden.[858] Und mittendrin: Na klar, deutsche Banken.
- **14. Finanzmarkt-Atombombe – Target-Forderungen:** Die Bundesbank hingegen verzeichnet einen **positiven** Target2-Saldo in Höhe von **1,041** Billionen Euro. Dies bedeutet, dass die Bundesbank über 1 Billion Euro grenzüberschreitende **Forderungen** gegenüber den anderen am Target2-System teilnehmenden Zentralbanken hat.[859] Sollte die Währungsunion zerbrechen, bleibt die Bundesbank auf ihren gesamten Forderungen gegenüber der EZB sitzen.[860] Dieser gigantische Verlust würde ihr Eigenkapital und ihre Neubewertungsreserven ausradieren. Die Bundesbank wäre umgehend bankrott. Die Bundesregierung käme nicht umhin, die deutsche Notenbank zu retten. Doch Verluste in Höhe von mehr als zwei nationalen Jahreshaushalten[861] wären nicht zu verkraften. Das würde umgehend auch den deutschen Staatsbankrott bedeuten.
- **15. Notleidende Kredite:** Über die Gesamtzahl der toxischen Kredite, die europäische Banken Ende 2023 noch in ihren Büchern halten, muss man besorgt sein. Es sind immerhin noch 343 Milliarden Euro – und das nur bei den von der EZB beaufsichtigten Banken.[862] Also auch 15 Jahre nach der Finanzkatastrophe und trotz zig Sicherungsmechanismen lauern dieselben Gefahren immer noch in unserem Finanzsystem. Mehr noch: Der weltweite Handel mit faulen Krediten floriert!

- **16. Die Derivatebombe der Deutschen Bank:** Wie groß die Risiken insgesamt sind, die in den Bilanzen der Banken schlummern, weiß derzeit kein Mensch. Der Nominalwert aller Derivate etwa in den Büchern der Deutschen Bank beläuft sich auf den astronomischen Betrag von 42 Billionen Euro, was mehr als dem Zehnfachen des deutschen Bruttoinlandsproduktes (BIP) entspricht, also dem Wert aller Waren und Dienstleistungen, die in Deutschland in einem Jahr hergestellt werden.[863] Die tatsächlichen Marktwerte aller Derivate liegen bei 1019 Milliarden Euro, also bei über 1 Billion Euro. Dies wäre das maximale Risiko bei Kollateralschäden am Markt, weshalb der IWF die Deutsche Bank als »riskanteste Bank der Welt« bezeichnete.[864] Dennoch, auch wenn sich der Marktwert in den Büchern der Deutschen Bank vom Nominalwert von 42 Billionen Euro auf etwas mehr als 1 Billion Euro reduziert, wäre eine Bankenrettung durch den Staat nicht möglich.
- **17. Deutsche Banken können nicht gerettet werden:** Die deutsche Bankenbranche gehört zu den größten der Welt.[865] Die Bilanzsumme der deutschen Banken beträgt rund 10,6 Billionen Euro.[866] Bei einem angenommenen Ausfall in Höhe von **nur** 15 Prozent der Bankbilanzsumme würde sich demnach ein Abschreibungsbedarf von 1,6 Billionen Euro ergeben. Wenn die öffentliche Hand die Risiken von 1,6 Billionen Euro schuldenwirksam übernähme, würde die Staatsverschuldung von rund 2,5 Billionen Euro (ohne explizite Verschuldung) um 64 (!) Prozent steigen. Schulden in dieser astronomischen Höhe wären nicht mehr zu bedienen.

Lektion für den Sparer:

Aufgrund der oben geschilderten Probleme ist für mich auch die Einlagensicherung **nicht** sicher (siehe Kapitel »Wie sicher ist die Einlagensicherung«). Ich wiederhole: Die Höhe der Einlagen bei deutschen Banken beträgt 2,3 Billionen Euro.[867] Glauben Sie wirklich, dass jedes dieser Girokonten durch die Einlagensicherung gedeckt werden kann, wenn eine der größten Banken zusammenbricht oder gar das ganze deutsche Bankensystem?

Wenn eine Großbank oder bei einem Crash gleich mehrere Banken insolvent gehen, werden die Mittel nicht ausreichen, um das »Versprechen« der Einlagensicherung – es ist nichts anderes – zu halten. Je nach Mittel, die noch zur Verfügung stehen, erhalten Sie dann nur einen Teil oder gar nichts mehr von Ihrem Vermögen – trotz Einlagensicherung.

Bedenken Sie: Wir befinden uns AKTUELL in einer Welt multipler Krisen, deren Auswirkungen noch einschneidender sein können als die der Wirtschafts- und Finanzkrise 2008.

Nachfolgend gebe ich Ihnen Strategien an die Hand, was Sie aufgrund der Gefahren, die im Bankensystem lauern, tun können.

TEIL 9

So schützen Sie sich vor dem Bankencrash

I. Ouvertüre: Der Euro enteignet Ihre Ersparnisse!

Die Enteignung durch die Einführung des Euro ging und geht immer noch in mehreren Etappen vor sich. Ich nenne Ihnen nun die Gründe, die (fast) alle politisch korrekt verschweigen werden. So soll das offizielle Bild des »guten« Euro mit allen Mitteln aufrechterhalten werden. Ähnliches geschieht jetzt schon mit der Heroisierung des digitalen Euro.

Hier die Gründe, weshalb der Euro schlecht für uns Deutsche ist:

- **Teuro**: Die neue Währung wurde schnell zum »Teuro«. Beim Umrechnen von einem Euro (= 1,95583 Mark) entstanden ungerade Zahlen, was viele Unternehmen dazu verleitete, die Preise zu erhöhen.
- **Kaufkraftverlust**: Bis zur Einführung haben deutsche Konsumenten von den Abwertungen anderer Länder profitiert. Das zeigte sich vor allem beim Reisen und bei den Importen. Seit dem Euro haben sich die Importe und die

Reisen verteuert. Grotesk: Will man heute billig Urlaub machen, muss man außerhalb des Euroraums reisen.[868]

- **Negativzinsen:** Der deutsche Sparer hat durch die Negativzinsphase pro Jahr rund 53 Milliarden Euro verloren.[869] Allein von 2010 bis 2019 betrug der Verlust 648 Milliarden Euro![870] *Focus Money* sprach in diesem Zusammenhang zu Recht von einer »kalten Enteignung«.[871]
- **Wohlstandsverlust I:** Was die meisten Euro-Fans nicht im Blick haben, ist der Wohlstandsverlust durch den Wirtschaftswachstumsrückgang. Seit Einführung des Euro musste nämlich eine gigantische Summe deutschen Steuergeldes zur Bezahlung der Leistungsbilanzdefizite anderer EU-Länder aufgebracht werden. Allein diese Summe beträgt rund 1 Billion (sic!) Euro![872] All das sind Gelder, die wir Deutschen durch den Euro nicht mehr zur Verfügung haben. Manche Kritiker argumentieren deshalb, dass mit dem Euro die »wertvolle« D-Mark zur Sanierung »wertloser« europäischer Währungen missbraucht wurde.
- **Wohlstandsverlust II:** Nach der Einführung des Euro profitierten die meisten anderen Länder von einem deutlich niedrigeren Zinsniveau. Die Folge: ein schuldenfinanzierter Boom. Die Zinsen für Deutschland, das an einem überhöhten Wechselkurs zur Euroeinführung litt, waren zu hoch. Die Folgen: Die Rezession dauerte hierzulande länger an, als es ohne den Euro der Fall gewesen wäre. Die Bundesregierung musste Ausgaben kürzen und Arbeitsmarktreformen durchführen, die zu geringeren Löhnen führten. Das Ergebnis: Die Einkommen der Durchschnittsbürger stagnierten mehr als 10 Jahre lang[873], ein gigantischer Wohlstandsverlust!
- **Wohlstandsverlust III:** Um die internationale Wettbewerbsfähigkeit wie vor dem Euro wiederzugewinnen, wurden Kosten gesenkt. Die stagnierenden Löhne führten wiederum zu weniger Steuereinnahmen, während die Exporte zulegten, weil die Binnennachfrage stagnierte. Auf den Binnenmarkt gerichtete Arbeitsplätze gingen verloren.[874]
- **Fehlende demokratische Kontrolle:** Durch die Einführung des Euro verloren die nationalen Zentralbanken ihre Befugnisse und agieren nur noch als Erfüllungsgehilfen der EZB. Seither regieren ein paar Hundert Finanziers, die nicht

demokratisch gewählt wurden und deren Gesichter man größtenteils in der Öffentlichkeit nicht kennt, über viele Hundert Millionen Menschen und legen die finanziellen Rahmenbedingungen fest. Die Finanziers verfügen über existenzielle Macht, etwa im Hinblick auf die Festlegung des Zinssatzes, für den die Menschen in der EU ihr Eigenheim finanzieren müssen, und vieles mehr.

- **Target2-Salden:** Target2 bezeichnet zinslose Überziehungskredite für Staaten im Eurosystem bei der EZB (siehe Kapitel »Finanzmarkt-Atombombe: Target-Forderungen«). Die Target2-Salden belaufen sich allein bei der Bundesbank für Forderungen gegenüber Ländern des europäischen Südens auf mehr als 1 Billion Euro.[875] Diese gewaltigen Forderungen werden bei einer Währungsreform entwertet,[876] im Klartext: Der deutsche Steuerzahler hätte das Nachsehen.
- **Wertverlust:** Bereits 2010 war 1 Euro nur noch 80 Cent wert, ein Kaufkraftverlust von 20 Prozent in nur 8 Jahren![877] Aktuell sieht das noch viel verheerender aus: Kostete am 1. Januar 2002 (bei der Einführung des Euro) 1 Unze Gold 310 Euro, sind es heute rund **2000 Euro.**[878] Gegenüber 1 Unze Gold hat der Euro also knapp 80 Prozent verloren, oder andersherum gesagt: Im Gegensatz zu Gold ist der Euro 80 Prozent weniger wert![879]

Die Deutschen rangieren in der Eurozone bezüglich des Durchschnittsverdienstes der Haushalte und des Immobilienbesitzes ganz unten. Das ist paradox, denn selbst griechische Haushalte sind im Durchschnitt doppelt, italienische viermal so reich[880] – und das unter anderem, weil die deutschen Steuerzahler die maroden EU-Staaten mitfinanzieren!

Trotz alledem verbreiten die Lückenmedien nur Lobgesänge über die europäische Einheitswährung. Doch für uns Deutsche ist Fakt: Der Euro enteignet uns Tag für Tag ein bisschen mehr und kostet uns Lebensstandard und Wohlstand![881] Und das vor dem Hintergrund eines instabilen europäischen Finanzmarktes, dessen Banken mit vielseitigen – mehr oder weniger dubiosen[882] – Rettungs- und Aufsichtsmaßnahmen gestützt und kontrolliert werden **müssen.**

II. Ohne Banken geht nichts, aber ...

Was kann man also tun, um einem kommenden Bankencrash zu trotzen und sein Vermögen dennoch zu schützen? Das ist die Frage aller Fragen, die mir bei meinen Recherchen unzählige Male gestellt wurde. Vorab: Ohne Banken geht nichts, denn sie sind in unserem Finanzsystem einfach zu tief involviert. Wir brauchen Banken, um unsere täglichen Abwicklungen zu bewerkstelligen, um Bargeld zu erhalten, um Gelder zu transferieren, Zahlungen abzuwickeln, Versicherungen und Kapitalanlagen am Laufen zu erhalten und vieles mehr. Dennoch kann man mehr Vorsicht walten lassen. Ich mache Ihnen dazu einige Vorschläge im Baukastensystem, die ich selbst seit vielen Jahrzehnten umgesetzt habe. Sie mögen damit einverstanden sein oder sie für ihre individuelle Situation als ungeeignet empfinden. Entscheiden müssen Sie, da niemand Ihre Bedürfnisse und Ihre Situation besser kennt, als Sie selbst.

III. Sachwert schlägt Geldwert

Der Euro ist eine ziemlich unsichere Sache, wie ich oben deutlich gemacht habe. Sein Wertverlust ist gigantisch. »Sachwerte« wie Aktien, Edelmetalle und Immobilieninvestments gewinnen hingegen an Wert. Vor allem in den Krisenzeiten, wie wir sie jetzt gerade erleben, in denen die Entscheidung, wie man sein Geld anlegt, von existenzieller Bedeutung sein kann.

Die Lösung liegt näher, als man vielleicht denkt: Man muss sein Geldvermögen in Werte umwandeln, die der Staat nicht sieht und die nichts mit Papieren zu tun haben. Denn alles, was auf Papieren gedruckt steht, ist ein Versprechen. Und Versprechen werden gebrochen. Gleichgültig, ob es Sparbücher, Geldkonten, Geldscheine, Zertifikate oder Lebensversicherungen sind.

Im Zweifelsfall hat man nämlich nur bedrucktes Papier. Außerdem muss dieses Papierversprechen irgendwo anerkannt, archiviert und dokumentiert sein, damit es nicht gefälscht werden kann. Es hinterlässt eine Aktenspur. Dadurch findet es aber auch der Staat. Er kann es beschlagnahmen oder für wertlos erklären – und das war's dann.

Echte Sachwerte hingegen tragen ihren Wert in sich. Wenn man Hunger hat, will man bestimmt nicht in einen Brot-Bezugsschein beißen, sondern in richtiges Brot.

Zu den Sachwerten im Zusammenhang mit meinen Überlegungen gehören:

- Aktien,
- Aktienfonds,
- Grünland und Äcker,
- Edelmetalle,
- Rohstoffe,
- Strategische Metalle,
- Seltene Erden,
- Holz.

Natürlich kommt es bei Sachwerten auch zu Wertschwankungen. Was aber zählt, ist der langfristige Erfolg.
Warum ich **aktuell** Immobilieninvestments auslasse, erkläre ich weiter unten.

Praxistipp 1:

Auch im Bereich der Sachwerte liegt die Kunst in der Diversifikation, der gesunden Risikostreuung. Alles auf ein Pferd zu setzen ist falsch!

Praxistipp 2:

Bei Inflation, Staatsbankrott, Währungsreform und Bankensterben ist der bessere Werterhalt der Sachanlagen gegenüber dem der Geldanlagen eindeutig. Setzen Sie also auch auf Sachwerte.

IV. Der eigene Tresor

Viele Menschen sind skeptisch, wenn ich ihnen sage, sie sollen sich einen eigenen Tresor anschaffen: zu teuer, zu kompliziert, ich habe keinen Platz und so weiter sind Ihre Argumente.

Ich stelle dann eine einfache Gegenfrage: Wie kommen Sie an Ihre Wertsachen, wenn die Banken geschlossen sind? – Dann herrscht oftmals Schweigen im Walde. Genau das ist aber der Punkt: Bankenschließungen gab es schon viele (siehe Kapitel »Bankencrashs sind keine Verschwörungstheorie« und »Deutschlands Pleitebanken«). In eine verschlossene Bank kann man nicht einfach hineinmarschieren und seine Wertsachen abholen. So einfach geht das nicht. Irgendwann kommen Sie vielleicht an Ihre Wertsachen in Ihrem Bankschließfach. Irgendwann vielleicht. Fragen Sie mal die Menschen in Griechenland oder auf Zypern, wie lange das gedauert hat.

Eine Alternative zum Bankschließfach ist für mich deshalb der eigene Tresor. Aber auch hier gibt es einiges zu beachten. Vor allem der Typ des Tresors und die darauf abzuschließende oder zu ergänzende Hausratsversicherung:

- Die Sicherheitsstufe Ihres Tresors ist maßgeblich für die Versicherungssumme (siehe unten).

Praxistipp 3:

- Stellen Sie zusammen, welche Werte Sie im Tresor lagern wollen.
- Rechnen Sie den Gesamtwert der Anlagen aus.
- Informieren Sie dann Ihre Hausratversicherung darüber. Ihr Berater kann Ihnen dann sagen, welche Sicherheitsstufe für Sie am besten ist und welcher Tresor für Sie infrage kommt.

Meine Erfahrung: Mein Versicherungsvertreter kam bei mir vorbei, nachdem er sich schon vorab meinen Tresortyp von seiner Versicherung bestätigen ließ. Dann fotografierte er den gesamten Tresorinhalt, den ich ausbreiten musste, und erstellte ein Protokoll, das wir beide gegenzeichneten. Wenig später erhielt ich eine Bestätigung, dass der Tresorinhalt versichert sei. Das bedeutet: Im Falle eines Brandes oder Diebstahls sind Ihre Edelmetalle und auch Ihr Bargeld abgesichert. Gleichzeitig haben Sie immer Zugriff auf diese Vermögensbestände. Auf einer Bank sind weder die Einlagensicherung noch der jederzeitige Zugriff im Krisenfall gewährleistet.

In einem Tresor bewahren Sie Ihre Wertgegenstände außerdem sicher vor Einbruch, Diebstahl, aber auch vor Feuer auf.

Grundsätzlich müssen Wertbehältnisse mit einem Eigengewicht von bis zu 1000 Kilogramm nach Herstellerangaben fest verankert werden. Dabei unterscheidet man zwischen frei stehenden und eingemauerten Wertschutzschränken.

Wenn Sie sich einen solchen Tresor kaufen wollen, sollte er mindestens 200 Kilogramm Gewicht haben. Alles, was leichter ist, bezeichnet die Polizei im Hinblick auf Einbrecher als »Spielerei«.

Praxistipp 4:

Geprüfte beziehungsweise zertifizierte Wertschutzschränke erkennen Sie an entsprechenden Plaketten (VdS oder ECB-S), die an den Türinnenseiten angebracht sind. Tresore nach diesen Normen sind typgeprüft. Damit ist eine gleichbleibende Qualität gewährleistet, die auch regelmäßig einer Kontrolle unterliegt.

ECB-, VdS-, RU- und EN-Klassifizierungen

Die Zertifizierungen durch ECB-S (C 01 für Einbruch und C 02 für Feuer) sowie VdS (2450), welche auf Basis der europäischen Norm EN 1143-1 erstellt worden sind, geben Ihnen die Garantie auf definierten Einbruch- beziehungsweise Feuerschutz in der jeweiligen Sicherheitsstufe.

Wertschutzschränke nach EN 1143-1 werden im Rahmen der Typprüfung einem Angriff mit mechanisch und thermisch wirkenden Werkzeugen auf Teil- und Volldurchbruch unterworfen.

Der Widerstandswert wird ausgedrückt in der Widerstandseinheit RU (Resistant Unit). Bei der Prüfung wird dieser RU-Wert aufgrund der gemessenen Durchbruchzeiten vom Prüfinstitut errechnet.

Versicherungsschutz, bei mindestens 300 Kilogramm Eigengewicht oder entsprechender Befestigung beziehungsweise fachgerechtem Einbau, bieten folgende Schränke:

Widerstandsgrad	Preis	Versicherte Gegenstände	Widerstandswert
Grad N/0	Ab 425 €	Privat: bis ca. 40 000 €	30 RU
		Gewerblich: bis ca. 10 000 €	
Grad I	Ab 500 €	Privat: bis ca. 65 000 €	50 RU
		Gewerblich: bis ca. 20 000 €	
Grad II	Ab 650 €	Privat: bis ca. 100 000 €	80 RU
		Gewerblich: bis ca. 50 000 €	

→

Grad III	Ab 1400 €	Privat: bis ca. 200 000 €	120 RU
		Gewerblich: bis ca. 100 000 €	
Grad IV	Ab 3300 €	Privat: bis ca. 400 000 €	180 RU
		Gewerblich: bis ca. 150 000 €	

Der für Sie geeignete Wertschutzschranktyp hängt davon ab, wie hoch der Wert der darin versicherten Gegenstände ist.

Nicht billig: Bitte rechnen Sie auch die Lieferkosten mit ein. Bis zum Aufstellungsort können sie 100–700 Euro betragen (je nach Gewicht). Die Verankerung des Tresors kostet dann noch einmal bis zu 70 Euro pro Bohrloch. Am besten verhandeln Sie diese Kosten beim Kauf.

Praxistipp 5:

Sie sollten sich einen Wertschutzschrank mit mindestens dem Widerstandsgrad II anschaffen. Begründung: Dieser wird von den meisten Versicherungen vorausgesetzt, wenn die zu versichernde Summe einer gewissen Höhe entspricht. Ein Tresor mit Grad II ist nur unwesentlich teurer als einer mit Grad 0, bietet dafür aber einen viel besseren Schutz vor Zerstörung durch Einbrecher.

Klären Sie deshalb Ihr Vorhaben mit der Versicherung ab.

Viele Versicherungen bieten eine Beratung an, was zum Schutz von Wertsachen in der Wohnung notwendig ist.[883]

Mit einem eigenen Tresor sind Sie auf jeden Fall unabhängig von Bankenschließungen und können jederzeit an Ihre Wertsachen.

V. Bankendiversifizierung

Wie oben schon erläutert: Ohne Banken geht in unserer finanztechnisch eng verwobenen Welt nichts mehr. Diese Tatsache muss man einfach akzeptieren. Dennoch kann man das Risiko einer Bankenpleite minimieren, wenn auch nicht ganz eliminieren. Vorsichtshalber sollten Sie deshalb nicht nur mit einer Bank zusammenarbeiten, sondern mit möglichst verschiedenen.

Praxistipp 6:

Ich empfehle die Streuung des Vermögens auf drei oder vier verschiedene Banken. Etwa eine Sparkasse, eine Volksbank, eine Privatbank und eine Bank im Ausland (siehe Kapitel »Auslandskonten: Pro und Contra«). So haben Sie bei der Pleite einer dieser Banken immer noch drei andere Eier im Korb und im Falle einer Nicht-EU-Bank noch die Chance, über jenen Teil des Vermögens, der dort auf dem Konto liegt, zu verfügen.

Es ist auch folgende Aufteilung möglich:

- **1. Bank: Geschäftskonto und eventuell Sparkonto**
- **2. Bank: Konto für alltägliche Zahlungen**
- **3. Bank: Vermögen I**
- **4. Bank: Vermögen II**
- **(5. Eigener Tresor)**

Natürlich liegt die Entscheidung letztendlich bei Ihnen. Apropos Diversifikation, diese ist ebenfalls wichtig bei der Anlage Ihres Vermögens. Dieses Thema behandle ich in den folgenden Kapiteln.

Ich möchte noch einmal betonen, dass die Tipps und Ratschläge allein meiner privaten Meinung und meinen Erfahrungen entsprechen. Manche von Ihnen werden das eine oder andere vielleicht ganz anders sehen oder gewichten. Ich bin ein **konservativer** Anleger und mein Motto ist: **Sicherheit vor Rendite, Kapitalerhalt vor Risiko.**

Ich erläutere Ihnen nun die Vor- und Nachteile der wichtigsten Sachwerte. Entscheiden Sie, ob meine Ausführungen Ihren Wünschen und Anforderungen entsprechen. Ich selbst habe viele Jahre lang Unternehmen und Privatleute beraten und kenne deshalb die Anforderungen und Wünsche vieler Menschen.[884] Im Unterschied zu den Älteren, für die Kapitalerhalt und eine gesicherte Rendite im Vordergrund stehen, wollen vor allem Jüngere Risiko und Megagewinne. Mit Letzterem kann und *will* ich nicht dienen, denn es ist und war nie mein Ziel, Geld aktiv zu vernichten oder in unkalkulierbare Risiken zu gehen.

VI. Aktien

Im Kapitel »Sachwert schlägt Geldwert« habe ich Ihnen die wichtigsten Sachwerte aufgeführt, auf die ich nun näher eingehen möchte. Dabei spielen Aktien eine große Rolle.

Im *Börsenlexikon* werden Aktien folgendermaßen definiert:

»Das Eigentum an einer Aktiengesellschaft ist in Bruchteile unterteilt, die durch Aktien verbrieft sind. Früher wurden Aktien mit einem Nennwert ausgegeben, der den nominalen Anteil am Grundkapital der Gesellschaft angab.« Seit ihrer Zulassung 1998 haben sich auch in Deutschland Aktien ohne Nennwert (Stückaktien) durchgesetzt, die den Anteil am Grundkapital in Prozent angeben. »Aktionäre haften in Höhe des Nennwerts der Aktien und werden durch die Zahlung von Dividenden am unternehmerischen Erfolg (Gewinn) der Aktiengesellschaft beteiligt. Im Rahmen der ordentlichen Hauptversammlung hat ein Aktionär die Möglichkeit, über die Gewinnverwendung etc. zu entscheiden. Während Stammaktien (›Stämme‹) dem Besitzer ein Stimmrecht pro Aktie zusichern, ist dies bei Vorzugsaktien (›Vorzüge‹) i. d. R.

nicht der Fall. Dafür wird eine etwas höhere Dividende als für Stammaktien gezahlt.«[885]

Als Aktionär einer Aktiengesellschaft (AG) sind Sie also direkt an einem Unternehmen beteiligt. Mit Aktien können Sie in der Regel höhere Renditen erwirtschaften als mit einem Sparbuch, Tagesgeld oder einer Lebensversicherung. Aber es gibt auch die Risiken von Kursschwankungen. Deshalb sollten Sie Aktien mittel- bis langfristig halten.

Aber Vorsicht: Aktien sind nicht gleich Aktien. Man kann damit reich oder arm werden, aber sich auch gegen kommende Krisen absichern. Sicherheit sollte Ihr Ziel sein, wenn Sie nicht zu den Zockern gehören wollen.

Praxistipp 7:

Setzen Sie auf Aktien namhafter Großkonzerne, die weltweit agieren und sämtliche Krisen in den vergangenen Jahrzehnten gut überstanden haben. Durch die globale Aufstellung der Unternehmen reduzieren Sie das Risiko lokaler Verwerfungen, die so von anderen Marktregionen abgefangen werden.

Praxistipp 8:

Wenn Sie an den laufenden Gewinnen beteiligt sein wollen, empfehle ich Ihnen Dividendenaktien. Bei Dividendenpapieren ist die Flexibilität sehr hoch. Dadurch lassen sich Gefahren verringern. Guten Unternehmen gelingt es auch in Krisenzeiten, Dividenden auszuschütten. Im Falle von Niedrigzinsphasen (wie wir sie viele Jahre lang hatten), sind Dividendenzahlungen den Zinsen weit überlegen.

Was ist eine Dividende?

Eine Dividende ist, vereinfacht ausgedrückt, eine Gewinnbeteiligung am Bilanzgewinn einer Aktiengesellschaft. Im Umkehrschluss: Dividenden hängen mit dem wirtschaftlichen Erfolg des Unternehmens zusammen. Sie können somit jedes Jahr unterschiedlich ausfallen. Die tatsächliche Höhe der

Dividendenzahlung wird bei der Hauptversammlung der Aktiengesellschaft festgelegt.

Dividenden bilden für Unternehmen ihrerseits eine Möglichkeit, ihre Gewinne mit den Aktionären zu teilen und Anreize für Investitionen in ihre Aktien zu schaffen.

Wer hat Anspruch auf eine Dividende?

Alle Aktionäre eines Unternehmens, das eine Dividende zahlt, haben grundsätzlich Anspruch auf eine Dividende. Der Anspruch besteht jedoch erst, wenn sie am Ex-Dividendentag (Ex Date) auch im Besitz der Aktien sind. Der Ex-Dividendentag ist der Tag, an dem eine Aktie ohne Anspruch auf die nächste Dividendenausschüttung gehandelt wird.

In Deutschland gilt, dass man die Aktien deshalb spätestens am Tag der Hauptversammlung kaufen sollte, denn einen Tag später (Ex Date), werden die Aktien bereits ex Dividende (ohne Dividende) gehandelt. Ein Abzug der Dividende vom Aktienkurs wird vorgenommen.

Beispiel:

Liegt der Kurs am Tag der Hauptversammlung bei 100 Euro und es wird eine Dividende von 5 Euro festgelegt, fällt der Aktienkurs am Ex Date auf 95 Euro.*

* Ohne Berücksichtigung anderer Kursbeeinflussungsfaktoren.

Achtung: Bei ausländischen Aktiengesellschaften können andere Stichtage und Fristen gelten, da sie Dividenden oftmals in anderen Intervallen ausschütten. An welche Fristen man sich halten muss, kann man in der Regel auf der Website des Unternehmens unter »Investor Relations« nachlesen.

Unternehmen sind jedoch nicht zur Auszahlung einer Dividende verpflichtet. Es gibt auch Aktiengesellschaften, die ihren Gewinn im Unternehmen belassen und das Kapital für Investitionen nutzen.

Wer entscheidet über die Dividende?

Normalerweise wird dies auf der jährlichen Hauptversammlung des Unternehmens vom Vorstand und den Aktionären beschlossen. Der Vorstand macht einen Vorschlag, den die Anteilseigner annehmen oder verhandeln können. Eine einfache Mehrheit der Aktionärinnen und Aktionäre reicht aus, um den Vorschlag anzunehmen und die Höhe der Dividende zu beschließen.

Wann werden Dividenden ausbezahlt?

Dividenden werden meistens am Ende eines jeweiligen Geschäftsjahres ausbezahlt. Manche Aktiengesellschaften nehmen Auszahlung aber auch halbjährlich, quartalsweise oder sogar monatlich vor.

Um festzustellen, wann eine Dividende ausgezahlt wird, kann man den Ex-Dividendentag überprüfen. Die Auszahlung der Dividende erfolgt dann in der Regel einige Wochen nach diesem.

Der genaue Zeitpunkt der Dividendenauszahlung wird vom Unternehmen festgelegt und auf der Hauptversammlung bekannt gegeben.

Wie werden Dividenden vergütet?

Die Dividendenzahlung (»Ausschüttung«) wird normalerweise in Form von Bargeld getätigt. Sie kann aber auch in Form von zusätzlichen Aktien oder anders erfolgen. Hier die verschiedenen Arten der Auszahlung:

- **Bardividende:** Die Barauszahlung wird auf das Konto des Aktionärs ausgeschüttet.
- **Stockdividende:** Aktionäre erhalten ihre Dividende als zusätzliche Aktien (Stockdividende). Diese werden deren Wertpapierdepot hinzugefügt.
- **Sachdividende:** Aktionäre erhalten ihre Dividende in Form von Dingen, etwa Produkte als Geschenk oder Rabatte, Aktien von Tochterunternehmen etc.
- **Vorzugsdividende:** Vorzugsaktionäre haben kein Stimmrecht, aber dafür ein Vorrecht und erhalten meist eine höhere Dividende als Stammaktionäre. Den Betrag, der über der Dividende für Stammaktionäre liegt, wird »Überdividende« genannt.
- **Abschlagsdividende:** Dabei handelt es sich um eine Vorauszahlung der Dividende, die jedoch erst nach Ablauf eines Geschäftsjahres möglich ist. Da die Abschlagsdividende in Deutschland nur unter bestimmten Voraussetzungen ausgezahlt werden kann, ist sie hierzulande eine Ausnahme.

Die Auszahlung der Dividende erfolgt automatisch. Auch Sachdividenden werden automatisch verschickt oder Ihnen gutgeschrieben.

Wie werden Dividenden berechnet?

In der Regel wird die Dividende pro Aktie berechnet, und zwar nach folgender Formel:

Die »Gesamtausschüttung« (der Betrag, den die AG insgesamt an Dividenden auszahlt) wird durch die Anzahl der ausgegebenen Aktien geteilt, um den Betrag pro Aktie zu bestimmen.

Beispiel:

Dividenden-Gesamtausschüttung:	20 Millionen Euro
Ausgegebene Aktien:	5 Millionen Stück
Dividende pro Aktie:	4 Euro

Was ist die Dividendenrendite?

Die Dividendenrendite wird in einer Kennzahl ausgedrückt, die das Verhältnis der Dividende zum aktuellen Aktienkurs misst. Sie gibt in Prozent an, wie viel Dividende ein Anleger im Verhältnis zum aktuellen Kurs einer Aktie erhalten würde. Die Dividendenrendite bewertet also die Attraktivität einer Dividendenaktie.

Beispiel:

Wenn ein Unternehmen 4 Euro pro Aktie ausschüttet und seine Aktien derzeit 100 Euro kosten, beträgt seine Dividendenrendite 4 Prozent.

Wie müssen Dividenden versteuert werden?

Ohne Versteuerung geht in Deutschland natürlich nichts. Da Dividenden Kapitalerträge darstellen, werden sie daher mit einer Abgeltungssteuer von 25 Prozent und einem Solidaritätszuschlag von 5,5 Prozent versteuert, hinzu kommt gegebenenfalls noch die Kirchensteuer.

- **Achtung:** Auf Kapitalerträge aus dem Ausland kann zusätzlich noch eine Quellensteuer fällig werden.

Mit einem Freistellungsauftrag können Anlegerinnen und Anleger bis zu 1000 Euro beziehungsweise 2000 Euro (Stand: 2024) als zusammenveranlagte Partner steuerfrei erzielen.

- **Ausnahmen:** Manche Unternehmen schütten ihre Dividenden nicht aus dem Bilanzgewinn aus, sondern aus Kapitalrücklagen. Dadurch sind diese steuerfrei. Das gilt für alle, die ihre Aktien bereits vor 2009 gekauft haben und immer noch halten.

- **Achtung:** Für alle Aktienkäufe, die ab dem 1. Januar 2009 getätigt wurden, sind die Ausschüttungen der Dividende aus Kapitalrücklagen nur formal steuerfrei. Denn sobald man die Aktien verkauft, werden alle bis dahin steuerfrei ausgezahlten Dividenden vom ursprünglichen Kaufpreis abgezogen. Dadurch wird die Differenz zwischen dem Kaufpreis und dem Verkaufspreis (Veräußerungsgewinn) größer, und es werden mehr Steuern fällig.
- **Anmerkung:** Neben Einzelaktien kann man auch in Dividendenfonds oder Dividenden-ETFs investieren. Damit kann man das Risiko auf verschiedene Unternehmen streuen.[886]

Trotz Versteuerung können Dividendenaktien ein Standbein einer auf Sachwerten basierenden Anlagestrategie sein.

Praxistipp 9:

Als sicherheitsorientierter Anleger sollten Sie Aktien nicht als kurzfristige Anlage (Spekulation!) ansehen, sondern diese mittelfristig halten. Die Haltedauer von Aktien beträgt rund 5–7 Jahre oder länger. Seien Sie in dieser Zeit entspannt und nehmen Sie die täglichen Kursveränderungen gelassen, da Sie auch noch andere Anlageklassen in Ihrem Portfolio haben. Dazu später mehr.

Die richtigen Unternehmen schaffen Werte, die sich auch in Krisenzeiten nicht in Luft auflösen. Das hat die Vergangenheit gezeigt. Aus welchen Faktoren die Unternehmen sein sollten, erfahren Sie im nächsten Tipp.

Praxistipp 10:

Ich persönlich setze auf Aktien, die die Grundbedürfnisse der Menschen abdecken. Dies ist gerade in schwierigen Zeiten sehr wichtig. Dazu habe ich analysiert, welche Branchen sich in den Krisen und Kriegen der letzten 120 Jahre profiliert haben, und bin zu folgendem Ergebnis gekommen:

- Lebensmittel und Getränke: Menschen müssen immer essen und trinken.
- Tabakwaren: Der Konsum von Tabakwaren nimmt in Krisenzeiten zu.

- Waffen und Militärausrüstungen: In schwierigen Zeiten wollen sich die Menschen schützen, aber auch Staaten rüsten auf, weil sie innere Unruhen oder äußere Konflikte fürchten. Unternehmen in diesen Bereichen kamen in der Vergangenheit gut weg. Man mag moralisch und ethisch dazu stehen wie man will.

Ich erkannte, dass Unternehmen, die die Grundbedürfnisse wie Essen und Trinken abdecken, die »Stress«-Genussmittel und Produkte zur Verteidigung produzieren, seit Anfang der 1900er-Jahre jede Wirtschaftskrise, jeden Krieg und sämtliche Naturkatastrophen viel besser überstanden haben als andere.

»Mode-Aktien« aus dem Telekommunikations- oder Internetbereich hingegen sind nichts für mich als konservativer Anleger, der auf Sicherheit und Krisenschutz Wert legt. Nach dem Crash werden die Unternehmen am ehesten wieder produzieren und Nahrungsmittel sowie sonstige Güter des täglichen Bedarfs herstellen, die dann dringend gebraucht werden. Von Google und Apple wird man nicht satt, wenn man Hunger hat – und wer weiß, ob es diese Unternehmen dann noch geben wird.

Dennoch sollten Sie in der Auswahl der Aktien vorsichtig sein, denn ein Großteil ist nicht in der Lage, Ihr Geld vor dem Crash zu schützen. Denn dazu gehören weitere Parameter, die ich nun ansprechen möchte.

Aktien mit zusätzlichem Krisenschutz

Wie oben schon erwähnt, ist Aktie nicht gleich Aktie. Sie ist nur dann ein Sachwert, wenn sie auch einen Inflationsschutz besitzt. Darum lege ich persönlich großen Wert auf einen zusätzlichen Krisenschutz.

Aktiengesellschaften mit speziellen Merkmalen haben in der Vergangenheit schon wenige Jahre nach einem Absturz wieder »Vor-Crash-Kurse« erreicht oder sogar überschritten. Doch dazu sollten sie bestimmte Bedingungen erfüllen.

Diese sind:

- Das Unternehmen sollte in der Lage sein, inflationsbedingte Kosten schnell auf seine Kunden abwälzen können. Legen Sie bei der Auswahl von krisensicheren Aktien deshalb besonderen Wert auf »starke« Marken.
- Das Unternehmen sollte global aufgestellt sein, was regionale Krisensituationen ausgleichen kann, wenn es sich um punktuelle Krisensituationen handelt. So reduzieren Sie Ihr Risiko.
- Das Unternehmen sollte schon lange am Markt bestehen, also gute und schlechte Zeiten hinter sich gebracht haben, das heißt im Klartext: ein Geschäftsmodell vertreten, das sich bewährt und in den vergangenen Krisen ausgezeichnet hat.
- Das Unternehmen sollte eine breite Produktpalette anbieten und am besten die Grundbedürfnisse abdecken (siehe »Praxistipp 10«).
- Das Unternehmen sollte nur rund 40 Prozent seines Cashflows reinvestieren. Dadurch bleibt ein ausreichender Puffer für Dividendenausschüttungen und Rücklagen. Das ist besonders in Inflationsphasen oder Pandemiezeiten wichtig, in denen die Kosten explodieren können, der Umsatz aber einbricht.
- Das Unternehmen sollte in der Vergangenheit *langfristig* Gewinne eingefahren haben.
- Der Aktienkurs sollte auch in der Vergangenheit langfristig steigende Tendenzen bewiesen haben.
- Das Unternehmen sollte eine niedrige oder gar keine Verschuldung aufweisen.
- Das Unternehmen sollte einen Eigenkapitalpuffer von mindestens 30 Prozent aufweisen.
- Das Unternehmen sollte unabhängig von Banken sein, sprich so wenig wie möglich Fremdkapital (Kredite) benötigen.

Aktien von Gesellschaften mit diesen Merkmalen, bieten einen bestmöglichen Krisenschutz. Aber ich wiederhole: Es gibt keine Garantien. Sie können lediglich das Risiko minimieren.

Praxistipp 11:

Sehen Sie Sachwertaktien als Langfristanlage und als Vermögensschutz für die Zeiten nach einem Crash an und nicht als kurzfristiges Spekulationsobjekt. Geben Sie sich selbst die Chance bei Kursschwankungen gut dazustehen und verkaufen Sie nicht panikartig.

Praxistipp 12:

Halten Sie einen Mix aus krisenresistenten deutschen und ausländischen Unternehmensaktien in Ihrem Depot. Sachwertaktien, die oben aufgeführte Merkmale erfüllen, sind ein wichtiges Standbein meiner Krisenschutzstrategie.

VII. Aktienfonds

In meiner früheren Tätigkeit als Finanz- und Vermögensberater ist mir wohl keine Frage so oft gestellt worden, wie diese: Sind Aktienfonds sinnvoll oder nicht. Da es Tausende verschiedener offener und geschlossener Fonds gibt, ist die Frage nicht nach »Schema F« zu beantworten, da objektiverweise jeder dieser Fonds gesondert analysiert werden müsste. Deshalb möchte ich mich an dieser Stelle nur allgemein zu den Vor- und Nachteilen äußern.

Vorteile

- Breite Streuung des Risikos: Dass alle in einem Fonds enthaltenen Unternehmen pleitegehen ist eher unwahrscheinlich.
- Cost-Average-Effekt (Durchschnittskosteneffekt): Ein Anleger kann bei fallenden Kursen für einen gleichbleibenden Betrag mehr Anteile und bei steigenden Kursen weniger Anteile kaufen. Damit erzielt er bei einem längerfristigen Fondssparplan einen günstigeren Durchschnittspreis für seine

Fondsanteile als bei einem einzelnen Kauf. Die Auswirkungen dieses »Cost-Average-Effekts« fallen umso stärker aus, je länger der Fondssparplan läuft und je volatiler der Kurs der Fonds ist, in die investiert wird.[887] Diese Theorie ist allerdings umstritten.
- Bessere Rendite als viele herkömmliche Anlagen.
- Gute Liquidität: börsentäglicher Handel möglich (Kursverlauf beachten).
- Geringe Kosten bei Indexfonds (da kein aktives Management).
- Fonds kann man zu einem fixen Betrag kaufen und auch mit wenig Geld einsteigen (z. B. ab 50 Euro monatlich).
- Einmalanlagen möglich.
- Sparpläne möglich.
- Sparraten können geändert werden.
- Jederzeitige Kündigung möglich.
- Freie Entscheidung über die Risiken und zu erwartende Rendite (Motto: Je höher das Risiko, umso höher die Rendite).
- Strenge staatliche Regulierung (Vorteil für »Sicherheitsbedürftige«).
- Als vermögenswirksame Leistungen verwendbar.

Nachteile

- Totalverlustrisiko (bei geschlossenen Fonds).
- Risiko von Immobilienblasen und Abwertungen der Immobilien (bei Immobilienfonds).
- Ausgabeaufschlag.
- Verwaltungsgebühren (bis zu 0,8 Prozent und 2 Prozent des jährlichen Anlagevolumens).
- Bei manchen Fonds 30–40 Prozent Gesamtkosten und -gebühren.
- Bei Themen- und Dachfonds hohe Gebühren (da verschiedene Managementebenen).
- Je nach Situation ist eine Nachschusspflicht (nach BGB) möglich (bei geschlossenen Fonds).

- Je nach Situation kann man steuerlich plötzlich als Unternehmer veranlagt werden und Gewerbesteuer zahlen müssen oder Einkünfte aus Vermietung und Verpachtung versteuern müssen (bei geschlossenen Fonds).
- Steuern.

Noch einmal zur Erinnerung:

Bei **Aktien, Fonds und ETFs – bei Wertpapieren** greift weder die gesetzliche noch die freiwillige Einlagensicherung. Grund: Die Bank bewahrt das Portfolio nur auf. Geht die depotführende Bank pleite, zählen verwahrte Wertpapiere **nicht** zur Insolvenzmasse. Das heißt, der Inhaber kann sein Depot auf eine andere Bank übertragen. Das Verrechnungskonto des Depots wiederum fällt unter die gesetzliche Einlagensicherung.[888] Aber: Bis die Papiere in das Depot einer anderen Bank übertragen werden, kann man seine Aktien, ETFs oder Fonds nicht handeln und muss unter Umständen Kursverluste in Kauf nehmen.[889]

Die **Verrechnungskonten bei Brokern oder Banken** sind im Insolvenzfall ebenfalls geschützt. Nach geltendem europäischem Recht gibt es eine verpflichtende Einlagensicherung, die Ersparnisse bis zu einem Höchstbetrag von 100 000 Euro abdeckt. Problematischer wird es, wenn Anleger **Aktien, Anleihen oder Zertifikate der Pleitebank** oder des insolventen Brokers besitzen. Diese gehören zwar ebenfalls dem Anleger, werden im Regelfall aber wertlos. Da man als Aktionär Eigenkapitalgeber ist, muss man sich bei der Verteilung der Insolvenzmasse hinter allen anderen Gläubigern anstellen, bekommt also meistens nichts.[890]

Wer seiner Bank über **Anleihen** Geld geborgt hat, erhält bestenfalls einen Teil aus der Insolvenzmasse zurück. Die Höhe hängt auch davon ab, ob es sich um vorrangige oder nachrangige Anleihen handelt. Gleiches gilt für **Schuldverschreibungen** in Form von Zertifikaten. Zwar werden manche von ihnen als Sparbuchersatz gekauft, die Einlagensicherung greift hier aber nicht – ganz gleich wie gut sich der Basiswert in der Vergangenheit entwickelt hat.

Fazit

Aktienfonds können *ein* Baustein sein. Allerdings würde ich bei der Auswahl darauf achten, dass möglichst viele Unternehmen aus den in »Praxistipp 10« beschriebenen Sektoren enthalten sind und auch viele Parameter des zusätzlichen Krisenschutzes abgedeckt sind. Ein Mix aus deutschen und internationalen Aktien kann das Risiko zusätzlich reduzieren.

Ich persönlich warne vor geschlossenen Fonds. Unternehmerische Beteiligungen – dazu gehören Schiffsfonds, geschlossene Immobilienfonds, Wind- und Solarfonds – sind rechtlich nur unbefriedigend geregelt und aufgrund ihrer geringen Streuung riskant. Es gab Fälle, bei denen Anleger nicht die in Aussicht gestellten Renditen erwirtschaftet oder gar ihr gesamtes Geld verloren haben. Seien Sie also besonders vorsichtig mit dieser Form von Fonds, und prüfen Sie das Kleingedruckte ganz genau. Eventuell ist auch die Hinzuziehung eines Steuerberaters ratsam.

VIII. Edelmetalle

Vorbemerkung

24 Prozent der globalen Zentralbanken wollen in den nächsten 12 Monaten ihre Goldbestände erhöhen. Allein im dritten Quartal 2023 erwarben diese Institutionen zusätzlich 337 Tonnen Gold. Besonders auffällig sind die Goldkäufe von Zentralbanken aus Schwellenländern wie China, Polen, der Türkei und Singapur.[891] Die Gesamtgoldproduktion stieg im dritten Quartal 2023 im Jahresvergleich um 6 Prozent, wobei die Minenproduktion einen Rekordwert von 2744 Tonnen erreichte.[892]

Ausgewählte Länder mit den größten Goldreserven (Stand 2023 in Tonnen):

Land	Tonnen
USA	8133
Deutschland	3352
Italien	2451
Frankreich	2436
Russland	2329
China	2113
Schweiz	1040
Japan	846
Indien	797
Vereinigtes Königreich	310
Österreich	280

Quelle: *Statista.com*[893]

Sie erkennen, dass Deutschland der zweitgrößte Goldbesitzer der Welt ist und zehnmal mehr des gelben Edelmetalls besitzt als etwa Großbritannien, und mehr als China und Indien zusammen.

Die Aufbewahrung von Gold durch die Zentralbanken dient als nationale Reserve für Krisenzeiten sowie als Risikoausgleich für Schwankungen des US-Dollars (Kurs des Goldes fällt bei steigendem Dollarkurs und umgekehrt), da Gold in Dollar gehandelt wird.[894]

Aber warum erzähle ich Ihnen das alles? Ganz einfach: Zentralbanken auf der ganzen Welt **trauen** Gold als Krisenabsicherungsinstrument. Tun Sie das auch?

Nur 14 Prozent der Deutschen besitzen nämlich Gold und/oder Silber.[895] Ein Fehler, wie ich meine. Mehr dazu jetzt.

Gold

Edelmetalle sind für mich ein wichtiger Baustein, um Ihr Vermögen in Krisenzeiten zu erhalten. Gold und Silber sind Werte an sich. Edelmetalle können nicht bankrottgehen. Mit Gold und Silber sind Sie zudem jederzeit liquide. Sie werden weltweit angenommen und haben einen definierten Preis. Dadurch sind Gold und Silber *die* ultimativen Waffen gegen Inflations-, Banken- und Währungskrisen.

Schon im Alten Ägypten konnte man für 1 Unze Gold 400 Laibe Brot eintauschen. Das ist heute nicht viel anders. Im antiken Griechenland kostete eine gute »Herrenausstattung« etwa eine halbe Unze Gold. Das ist heute noch so.

Gold gehört also zu den wenigen Dingen, die – egal, was kommt – Bestand und Wert haben.

Vertrauen ist gut, Gold ist besser

Von den rund 160 aktuellen Währungen wird Gold schon am längsten als Zahlungsmittel verwendet. Seit Jahrtausenden ist es das wertstabilste Edelmetall und genießt bis heute hohe Anerkennung.

Die erste Goldwährung wurde bereits 500 v. Chr. vom byzantinischen Kaiser Konstantin I. eingeführt. Er nannte sie »Solidus«. Die Währung überstand ganze 800 Jahre. Im Vergleich dazu: Den Euro gibt es als Bargeld gerade mal seit 22 Jahren, mit einer verheerenden Performance, die uns täglich ärmer macht (siehe Kapitel »Ouvertüre: Der Euro enteignet Ihre Ersparnisse«).

Als die Papierwährungen in der Vergangenheit ihren Wert verloren, blieb Gold stabil oder erhöhte seine Performance. Gold ist als Zahlungsmittel zudem auf der ganzen Welt anerkannt, was man vom »wertlosen« Papiergeld nicht gerade behaupten kann. Gott sei Dank gibt es keine Notenbanken, die Gold einfach so »nachdrucken« können.

Im Jahr 1717 wurde der Goldpreis zum ersten Mal festgelegt, und zwar von keinem Geringeren als dem berühmten Physiker und Astronomen Isaac Newton, der damals noch als Vorsteher des Münzamtes in Großbritannien fungierte.[896] 1971 wurde Gold zu einer frei handelbaren Währung, da es nicht mehr an den Dollar gebunden war und die US-Regierung den Goldpreis deregulierte.

1 Feinunze Gold (31 Gramm) kostete 1973 rund 106 Euro, heute sind es rund **2000 Euro.** Eine gigantische Kursentwicklung, und zwar unabhängig von Wirtschafts- und Finanzkrisen, Kriegen, Pandemien und politischen Umwälzungen. Gold ist deshalb ein *langfristiges* Krisensicherungsinstrument.

Gängige Goldmünzen sind:

- Krügerrand (Südafrika)
- Wiener Philharmoniker (Österreich)
- Maple Leaf (Kanada)
- American Eagle (USA)
- American Buffalo (USA)
- Britannia (Großbritannien)
- Kookaburra (Australien)
- Panda (China)
- Libertad (Mexiko)

Goldbestände sind endlich

Der Grund für die Preisentwicklung des gelben Edelmetalls ist seine Endlichkeit. Anders als beim »wertlosen« Papiergeld, das nach Belieben nachgedruckt werden kann und dann die Märkte überschwemmt (Fiat Money), sind die Goldressourcen in rund 20 Jahren aufgebraucht.

Die Vorkommen des gelben Edelmetalls sind endlich, denn der durchschnittliche Anteil an Gold in der Erdkruste beträgt nur etwa 4 Gramm pro 1000 Tonnen Gestein.[897] Nach Schätzungen wurden in der gesamten Menschheitsgeschichte bis heute um die 166 600 Tonnen Gold gefördert. Rund ein Drittel davon seit 1950. Nur 9 Prozent kommen als Münzen und Barren in Umlauf, aus dem Rest wird Schmuck hergestellt oder es wird industriell genutzt.[898]

Laut Statistik der US Geological Society sind weltweit noch etwa 51 000 Tonnen Gold in der Erde. Pro Jahr werden 2500 Tonnen gefördert. Die jährliche Minenproduktion beträgt 87 Millionen Unzen. Findet man keine neuen Vorkommen, sind die Goldressourcen demnach in rund 20 Jahren aufgebraucht.[899] Spätestens dann wird der Preis exorbitant steigen. Vertrauen Sie also der ältesten und beständigsten Währung der Welt.

In Deutschland ist Gold ein offizielles Zahlungsmittel. Aus diesem Grund ist es auch (noch) von der Mehrwertsteuer befreit.

Was aber hat es mit den »Papier-Edelmetallen« auf sich, die nicht physisch, sondern als Zertifikat zu erwerben sind?

»Papier-Edelmetalle«

Es werden und wurden verschiedene Papiere aufgelegt, die einerseits von einem anhaltenden Gold- und Silberboom profitieren sollen und ausschließlich für offensive Investoren gedacht sind. Kritiker hingegen sagen: »Wer Papier-Gold oder -Silber kauft, hat nichts verstanden.«

Es gibt unzählige solcher Papiere, mit denen Anleger an der Entwicklung der Edelmetall- oder Rohstoffpreise teilhaben können. Da wären zum Beispiel

- **ETCs (Exchange Traded Commodies)**: Dabei handelt es sich um börsengehandelte Fonds, die ausschließlich in Rohstoffe investieren. Die meisten bilden die entsprechenden Indizes ab. Der Anleger muss keine terminlich gebundenen Kontrakte eingehen oder sich die Rohstoffe liefern lassen. Die meistgehandelten ETCs sind Gold und Erdöl. Gehandelt werden sie an der Börse auf Xetra. Durch die Vorgabe von verschiedenen Orders bieten sich den Anlegern vielfältige Strategien für die Erwirtschaftung von Renditen.[900] Es gibt zwischenzeitlich auch ETCs, die – obwohl es Anleihen sind – keinem Ausfallrisiko mehr unterliegen.
- **ETFs (Exchange Traded Funds)**: Sie investieren ebenfalls in verschiedene Rohstoffklassen, sind aber nicht den Schuldverschreibungen zuzuordnen. Sie stellen Sondervermögen dar, demzufolge unterliegen sie nicht den Insolvenzrisiken wie die ETCs.

Was spricht für und was gegen Papier-Edelmetalle, ob sie nun mit Gold oder Silber besichert sind oder nicht?

Vorteile

- Niedrige Gebühren.
- Differenz zwischen An- und Verkauf durchschnittlich nur rund 0,1 Prozent
- Täglich handelbar.
- Kein Ausgabeaufschlag.
- Zusammensetzung des Fonds-Portfolios wird börsentäglich veröffentlicht
- Emittentenrisiko-Schutz bei Insolvenz, das angelegte Kapital wird als Sondervermögen geführt (bei ETFs). Unter dem Begriff Emittentenrisiko versteht man die Gefahr, dass ein Herausgebender von Wertpapieren seine Zahlungsverpflichtungen nicht mehr erfüllen kann.
- Vielfältige Strategien zur Erwirtschaftung von Renditen.

Nachteile

- Teilweise schwere Durchschaubarkeit.
- Liquidität ist laufzeitabhängig.
- Risiko durch Direktinvestment.
- Bei Insolvenz erschwertes oder gar kein Zugriffsrecht (bei ETCs).
- Nur in Ausnahmefällen physische Hinterlegung der Edelmetalle, dann mit Lagerkosten verbunden.
- Emittenten verfügen manchmal über wenig haftendes Eigenkapital.
- Bei Emittenten wird das Risiko auf den Käufer übertragen.
- Ausfallrisiko bei gegebenenfalls unterversichertem Goldbestand (bei ETCs).
- Bei Absicherung gegen das Währungsrisiko fällt eine Absicherungsgebühr an.
- Bei physischer Hinterlegung des Edelmetalls in einem Tresor fallen jährliche Gebühren an.

Mein Fazit zu »Papier-Edelmetallen«

Verbriefte Auslieferungsversprechen sind langfristig gesehen mit einem hohen Risiko versehen. Flapsig könnte man auch sagen: Stellen Sie sich vor, Sie stehen auf der untergehenden Titanic. Wollen Sie dann einen Rettungsring oder einen Berechtigungsschein zur Auslieferung eines Rettungsrings? Zertifikate sind ein auf Papier geschriebenes »Versprechen«, manche bezeichnen sie sogar als »Wettscheine«.

Papier-Edelmetalle eignen sich deshalb meiner Meinung nach nicht für die Absicherung gegen Notfälle oder gar für die Altersvorsorge, sondern sind etwas für offensive Anleger, die kurzfristig höhere Renditen erwirtschaften und höhere Risiken eingehen wollen.

Nur physisches Gold ist »richtiges« Gold, basta!

Offiziell wird Gold von den »Papiergeld-Fetischisten« verteufelt, denn es verleiht eine finanzielle Unabhängigkeit von den Banken, ihren Währungshütern und von der Politik.

Aber egal, was die Papierwährungen für Kapriolen schlagen, ob sie inflationieren oder eine Währungsreform kommt: Ihre Goldunzen im Tresor bleiben Unzen aus Gold. Basta.

Wie ich oben gezeigt habe, preisen Politiker und Banker Papierwährungen als »alternativlos« an, ihre eigenen Notenbanken kaufen aber immer mehr Gold auf. Wie passt das zusammen? Offenbar glauben sie immer weniger an den Wert des Papiergeldes, das sie selbst drucken. Euro und Dollar sind nämlich durch nichts gedeckt – außer dem Versprechen der Notenbanken. Diese können davon aber so viel drucken, wie sie nur wollen.

Während der Krisen in der Vergangenheit war die Nachfrage nach Gold schon sehr groß. Zwar schwankte der Preis im Laufe der Geschichte ganz erheblich, doch seit mehr als 5000 Jahren gewinnt Gold an Wert. Auch wenn es gelegentliche Rücksetzer gab und gibt.

Das bedeutet: Gold ist eine Sachwährung. Papiergeld sind wertlose Fetzen, die nur durch den Staat als Währung legitimiert werden.

Langfristig wird der Goldpreis weiter steigen

Dafür sprechen folgende Parameter:

- sinkende Minenproduktionen,
- steigende Schmucknachfrage in den Schwellenländern,
- steigende Industrienachfrage,
- steigende Käufe durch ETFs,
- Rückkäufe von alten Terminsicherungsgeschäften (»Produzenten-De-Hedging«),
- zunehmende geopolitische Risiken,
- rasant steigende Staatsverschuldungen,
- steigende Inflation,
- Angst vor neuen Staatsbankrotten,
- Angst vor Währungsreformen.

Während der Coronapandemie, aber auch seit Beginn des Ukrainekrieges stieg der Goldpreis in neue Höhen. Braucht man noch mehr Beweise?

Vorteile

Die Anlage in Gold hat viele Vorteile, die ich nun kurz skizzieren möchte:

- **Wertspeicher**: Im Durchschnitt lag die jährliche Förderung des Goldes in den letzten 100 Jahren bei 0,37 Gramm pro Kopf. Wenn die Zahl der Menschen steigt, die Goldmenge aber gleich bleibt, wird es keinen Wertverlust bei Gold geben. Unstrittig ist, dass die Bevölkerung weltweit zunehmen wird – aber die Menge an Gold ist endlich (siehe oben). Die Lücke zwischen dem Anstieg der

Weltbevölkerung und dem Goldpreis wird sich also immer mehr zugunsten des Edelmetalls verschieben.[901]

- **Rettungsanker:** Gold schafft Stabilität, Vertrauen und Sicherheit.
- **Inflationsschutz:** Gold ist ein Sachwert. Ein Gut beziehungsweise Güter sind Guthaben. Geld hingegen ist nur eine ausstehende Schuld.
- **Geldersatz und Schwarzmarktwährung:** Gold ist seit Jahrtausenden in Krisenzeiten als Geldersatz für den Warentausch einsetzbar.
- **Gold ist Gold:** 1 Gramm des gelben Edelmetalls ist überall auf der Welt gegen ein anderes Gramm austauschbar. Versuchen Sie das einmal mit dem »wertlosen« Papiergeld.
- **Kein Ausfallrisiko:** Hinter Gold steht kein Schuldner, der pleitegehen kann. Goldkritiker argumentieren, dass steigende Zinsen schlecht wären, weil Gold keine Zinsen bringe. Das ist in der Theorie zwar richtig, aber selbst wenn die Zinsen wieder steigen, ist dies für den Goldsparer kein Problem. Allgemein bedeuten höhere Zinsen nämlich eine schwächere Bonität der Schuldner und damit ein höheres Ausfallrisiko. Genau das ist bei Gold anders. Hinter ihm steht kein Schuldner, der pleitegehen kann. Es gibt kein Ausfallrisiko. Zudem ist die langfristige Goldperformance um ein Vielfaches höher als ein paar läppische Zinsen.
- **Rendite:** In der Vergangenheit stieg der Goldpreis *langfristig*: Im Jahr 1900 kostete 1 Feinunze rund 21 US-Dollar. Im Jahr 2000 waren es 289 USD, gegenwärtig sind es rund 2200 USD. Der US-Dollar hat gegenüber dem Gold seit 1971 um 98 Prozent abgewertet. Der Vergleich zum Euro ist ähnlich: Musste man 2002 für 1 Unze Gold noch 300 Euro bezahlen, stieg der Preis auf gegenwärtig rund 2000 Euro.
- **Absicherung gegen negative Realzinsen** (wenn die Inflationsrate über dem Sparzins liegt): »Geld«-Sparer erleiden dadurch Vermögensverluste. 100 Euro können – je nach Negativzinsen – dann auf dem Sparbuch nur noch 95 Euro (oder noch viel weniger) an Kaufkraft besitzen. Für Goldsparer sind negative Realzinsen jedoch gut. Denn der Goldpreis entwickelte sich in Phasen geringer oder gar negativer Realverzinsung am besten.
- **(Noch) Mehrwertsteuerfrei.**

- **»Verschwörungswährung«**: Noch amüsiert sich die Presse über die anachronistischen Goldbesitzer mit ihren »Weltuntergangsfantasien«. Das ist gut für Sie, denn dadurch kaufen weniger Menschen Gold.
- **Immun gegen Währungsreformen und Bankencrashs.**

Alle diese Vorteile haben Sie mit keiner einzigen Papiergeldwährung.

Nachteile

Natürlich gibt es – im wahrsten Sinn des Wortes – immer zwei Seiten einer Medaille. Hier die Nachteile von Gold:

- Unkomfortabel in der Anschaffung und Lieferung.
- Außer-Haus-Lagerung kostet Geld.
- Eventuell Anschaffung eines Tresors (siehe Kapitel »Der eigene Tresor«).
- Manipulationen des Goldpreises durch Notenbanken, Großinvestoren oder Regierungen sind nicht auszuschließen.[902]
- Wenn viele Investoren in Liquiditätsnot sind und ihre Goldpositionen verkaufen, fällt der Preis.
- Teilweise hohe Differenzen zwischen Ankauf- und Verkaufspreis.
- Registrierungspflicht für Käufe über 2000 Euro.[903]

Meiner Ansicht nach überwiegen jedoch die Vorteile.

Wird ein Goldverbot kommen?

Das ist die Frage, die mir in den letzten Jahren immer und immer wieder gestellt wurde. Viele Menschen, die in Gold investieren wollen, wurden und werden von Bankern und »Finanzberatern« in hohem Maße verunsichert, weil diese wollen, dass man in ihre Kapitalprodukte investiert. Viele dieser »Berater« argumentieren mit einem Goldverbot.

Die Angst davor ist nicht unbegründet: Denn wer physisches Gold besitzt, ist frei. Niemand kann sehen, wie viel man hat, und darum auch keine Steuern darauf erheben. Man kann es immer und überall einsetzen und bekommt dafür alles, was käuflich ist. Währungskrisen, Währungsreformen, Deflation und Inflation, die Instrumente des Staates zur Ausplünderung des Bürgers gehen an einem vorbei. Das aber verträgt sich nicht mit dem Interesse von Staaten und ihren Regierungen, die eine Währungskrise, Schuldenkrise oder Wirtschaftskrise durchmachen. Je tiefer die Krise ist, desto mehr will sich der Staat den Durchgriff auf Vermögen, Einkommen und Arbeitskraft des Bürgers sichern. Je mehr also die Bevölkerung in Schulden, Überwachung und Zwänge eingebunden ist, desto ungehinderter kann der Staat nach Gutdünken verfahren.

Theoretisch ist ein Goldbesitzverbot auch in Deutschland möglich. Unser Grundgesetz garantiert nach Artikel 14 das Eigentum und damit auch den freien Goldbesitz. Absatz 3 des Artikels schränkt jedoch ein, dass Enteignungen »zum Wohl der Allgemeinheit« zulässig sind.[904] Der Staat kann de facto alles holen! Ich behandle den Themenkomplex ausführlich in meinem Buch *Vorsicht Enteignung* (Rottenburg, 2020).

Dennoch brauchen Sie meiner Einschätzung nach *keine* Angst vor einem Goldverbot zu haben. Aber: Der Staat könnte durchaus ein Gold*handels*verbot verhängen.

Begründung: Eine Regierung kann in Krisenzeiten Zugriff auf die Vermögen wollen. Wie aber soll das der Staat bei Goldbesitzern anstellen? Goldbesitz zu verbieten und es zu beschlagnahmen ist nur schwer durchführbar, und die Erfahrungen aus dem Goldverbot in den USA der 1930er-Jahre haben gezeigt, dass dort in Wahrheit nur 30 Prozent des Edelmetalls staatlich requiriert werden konnten. Wie aber soll der Staat 42 Millionen deutsche Haushalte und 83 Millionen Menschen »durchsuchen«?

Deshalb bin ich der Überzeugung, dass nur ein anderer, weniger aufwendiger Weg bleibt: Repressalien gegen Edelmetallhändler. Das heißt: ein Goldhandelsverbot. Die rund 200 Münzhändler sind besser zu kontrollieren als ein Millionenvolk. Aber auch davor brauchen Sie als Goldbesitzer keine Angst haben, im Gegenteil: Der Wert des Goldes würde durch die Decke schießen, und Sie wären der Gewinner, wenn Sie es *vor* dem Goldhandelsverbot gekauft hätten.

Der Klügere denkt voraus und kauft Gold, bevor es zu einem Goldhandelsverbot kommen kann.

Machen wir uns nichts vor: Es wird keine schmerzfreie Lösung in einer neuen Banken-, Finanz- oder Wirtschaftskrise geben. Edelmetalle wie Gold und Silber sind jedoch die einzigen mobilen, weltweit akzeptierten, immer liquiden Formen eines Vermögens. Sie können niemals bankrottgehen, was sie seit Jahrtausenden bewiesen haben. Sie tragen kein Kreditausfallrisiko, können nicht beliebig vermehrt, kaum zerstört und vor staatlichem Zugriff verborgen werden. Edelmetalle verrotten nicht. Ihr Wert ist klar definiert, und aufgrund ihrer Wertdichte können größere Vermögenswerte auf kleinstem Raum untergebracht und transportiert werden.

Ist Gold inflationssicher?

An der Beantwortung dieser Frage scheiden sich ehrlicherweise die Geister. An dieser Stelle möchte ich meine persönliche Sicht der Dinge darlegen:

Gold besitzt eine langfristige Werthaltigkeit beziehungsweise eine konstant bleibende Kaufkraft. Bei einer Inflation vermehrt sich die Menge des umlaufenden Geldes. Der Goldpreis wird in Geldeinheiten gemessen. Bei einer Inflation steigt demnach auch der Goldpreis. Je nach Auf- und Abwertung einer Währung verändert sich der Preis des Goldes, aber der Wert bleibt konstant.

Langfristig gleicht der Goldpreisanstieg den Kaufkraftverlust durch Inflation aus. Aber *kurz-* und *mittelfristig* kann es durchaus Abweichungen zum realen Wert geben. Für mich bietet Gold deshalb *langfristig* einen Inflationsschutz. Vor allem in Krisenzeiten.

Die Frage, ob der Goldpreis gegenwärtig realistisch bewertet ist, lässt sich nicht mit Sicherheit beantworten. Dies ist von zu vielen Einflussfaktoren abhängig. Was aber nach menschlichem Ermessen sicher scheint: Gold wird langfristig seinen Wert steigern. Dafür sprechen die Parameter, die ich aufgezeigt habe. Vergessen Sie nicht: Die meisten Währungen, die nicht auf Gold basierten, gibt es nicht mehr.

Praxistipp 13:

Kaufen Sie Gold am besten in Form von 1-Unze-Münzen. Sie dienen als Wertaufbewahrungsmittel und Ersatzwährung in Krisenzeiten. Den richtigen Einstiegspunkt zu generieren ist allerdings wie ein Sechser im Lotto: Man wird ihn nicht finden.

Ich wiederhole: Es kann zu starken Wertschwankungen kommen. Sehen Sie das Edelmetall deshalb *nicht* als kurzfristiges Renditeobjekt an, sondern als langfristige Krisenabsicherung.

Praxistipp 14:

Stocken Sie Ihre Goldbestände auf, oder nehmen Sie Gold als ein weiteres Sachwert-Standbein (neben den bereits beschriebenen Aktien) in Ihr Portfolio.

Wenn Sie sich für den Kauf von physischem Gold entscheiden, sollten Sie sich an angesehene Gold- oder Edelmetallhändler halten. Diese bieten Edelmetalle in der Regel etwas billiger an als die Banken und haben auch häufig größere Lagerbestände. Das Internet bietet dazu gute Recherchemöglichkeiten, um die einzelnen Händler einschätzen zu können und einen ersten Preisüberblick zu erhalten.

Kaufen Sie Münzen im Wert von 1 Unze, sonst haben Sie einen zu großen Prägeaufschlag.

Noch eine Anmerkung zum Schluss dieses Kapitels: Gold performte 2023 in fast allen wichtigen Landesmärkten besser als die jeweiligen heimischen Aktienindizes. Eine Ausnahme war Deutschland: Während der Goldpreis um etwa 8,8 Prozent stieg, gewann der deutsche Leitindex DAX ca. 14,3 Prozent an Wert.[905] Sie erkennen daran, dass es nicht falsch ist, auf die richtigen Aktien **und** auf Gold zu setzen. Aber auch Silber gehört dazu, wie Sie jetzt sehen werden.

Silber

Silber wird auch als »Gold des kleinen Mannes« bezeichnet. Ähnlich wie das gelbe Edelmetall diente Silber schon in vielen frühen Gesellschaften als Zahlungsmittel.

In den USA existierte im 19. Jahrhundert ein Währungssystem, das durch Gold *und* Silber gedeckt war. Die Preise beider Edelmetalle entwickelten sich bis dahin *parallel* zueinander. Silber büßte aber seine Bedeutung ein, als der Übergang zur reinen Golddeckung vollzogen wurde. Sein absoluter und relativer Wert sank. Das ist bis heute so. Der Vorteil: Auch Menschen mit kleinem Geldbeutel können sich Silber für ihre Krisenabsicherung leisten.

Silberbestände sind endlich

Die weltweiten Silbervorkommen werden etwa fünfzehn- bis zwanzigmal höher geschätzt als die von Gold. Die Fördermenge beträgt etwa das Achtfache. Für eingefleischte »Silberfans« ist das ideale Edelmetall jenes, das über die Vermögenssicherung hinaus eine *steigende realwirtschaftliche Bedeutung* hat.

Dies trifft auf Silber zweifellos zu, denn die Industrie braucht immer mehr davon. Etwa in Leitpasten von RFID-Transpondern, Nano-Silber in antibakteriellen Anwendungen, Silber-Zink-Akkumulatoren in mobiler Informations- und Kommunikationstechnologie, Silber-Katalysatoren in alkalihaltigen Brennstoffzellen oder bei OLED-Displays, Farbstoffzellen und solarthermischen Kraftwerken. Die Bedeutung des Silbers wird in der Realwirtschaft weiter zunehmen. Die Ressourcen sind aber in knapp 30 Jahren so gut wie aufgebraucht. Wenn ein Produkt endlich, die Nachfrage aber groß ist, wird der Preis langfristig steigen.

Bis heute versuchen Fachleute einen »fairen« Preis für Silber festzulegen. Dies geschieht meist über einen Vergleich mit historischen Preisrelationen zu Gold. Bei einem Verhältnis von 1:50 würde man also für 1 Feinunze Gold 50 Feinunzen

Silber erhalten. Im Durchschnitt der letzten *Jahrhunderte* lag dieses Verhältnis, Schätzungen zufolge, zwischen 1:10 und 1:20.[906]

Rendite: Im Jahr 1970 betrug der durchschnittliche Preis pro Unze Silber 1,76 US-Dollar. Heute rangiert er bei rund **25 US-Dollar.**

Wird ein Silberverbot kommen?

Ähnlich wie bei Gold haben manche Anleger auch Angst vor einem kommenden Silberverbot. Dieses ist für mich aber aus denselben Gründen wie bei Gold schwer denkbar. Der Markt ist zu klein. Ein Verbot durchzusetzen und zu kontrollieren würde aus staatlicher Sicht vermutlich mehr kosten als einbringen.

Dazu kommt noch ein anderes Argument, das im Vergleich zu einem Goldverbot schwerer wiegt: Der industrielle Verbrauch von Silber ist hoch, weil es in der Industrie vielfach verwendet wird. Auch ein Teilverbot ist daher unwahrscheinlich. Warum sollte die Industrie Silber besitzen dürfen, der Privatinvestor jedoch nicht?

Zudem ist Silber umsatzsteuerpflichtig, weil der Staat es nicht als Edelmetall, sondern als Industrierohstoff wie Kupfer oder Stahl betrachtet. Dies bestätigt auch die Auffassung der BaFin, dass physische Edelmetalle generell nach dem Kreditwesengesetz keine Finanzinstrumente darstellen. All das sind für mich also Gründe, warum ich nicht an ein Silberverbot glaube.

Vorteile

Die Anlage in Silber hat ähnliche Vorteile wie die in Gold:

- **Wertspeicher:** Auch die Menge an Silber ist endlich.
- **Rettungsanker:** Silber schafft Stabilität, Vertrauen und Sicherheit.
- **Inflationsschutz:** Silber ist ein Sachwert. Ein Gut beziehungsweise Güter sind Guthaben. Geld hingegen ist nur eine ausstehende Schuld.

- **Geldersatz und Schwarzmarktwährung:** Silber ist seit Jahrtausenden in Krisenzeiten als Geldersatz für den Warentausch einsetzbar. Es ist sogar noch eine bessere Krisenwährung als Gold. Stellen Sie sich vor, Sie wollen nach der Abschaffung des Euro oder einer Währungsreform ein Stück Fleisch beim Metzger kaufen. Sie bezahlen mit einer Goldmünze im Wert von dann vielleicht **1800 Euro** oder noch viel mehr. Wie soll der Metzger Ihnen herausgeben? 1 Unze Silber ist deshalb praktischer.
- **Silber ist Silber:** 1 Gramm des Edelmetalls ist überall auf der Welt gegen ein anderes Gramm austauschbar.
- **Kein Ausfallrisiko:** Hinter Silber steht kein Schuldner, der pleitegehen kann.
- **Rendite:** Wie oben schon erwähnt, stieg der Silberpreis in der Vergangenheit langfristig.
- **»Verschwörungswährung«:** Silber eignet sich hervorragend als Krisenwährung, weil sich der Wert einer Unze zur täglichen Grundversorgung eignet (siehe oben).
- **Immun gegen Währungsreformen und Bankencrashs.**
- **Kann jederzeit verkauft werden.**

Nachteile

- Unkomfortabel in der Anschaffung und Lieferung.
- Lagerung kostet Geld (Tresor, Schließfach).
- Ausgabeaufschlag, der mit sinkendem Gewicht steigt.
- Manipulationen des Silberpreises durch Notenbanken, Großinvestoren oder Regierungen sind nicht auszuschließen.
- Teilweise hohe Differenzen zwischen Ankauf- und Verkaufspreis.
- Mehrwertsteuer.
- Nachfrage ist konjunkturabhängig, da Silber hauptsächlich ein Industrierohstoff ist.
- Abgeltungssteuerpflichtig bei Verkauf.
- Registrierungspflicht für Käufe (siehe Gold).

Praxistipp 15:

Silber ist für mich nicht nur ein Werterhaltungsmittel gegenüber wertlosem Papiergeld, sondern auch *die* Krisenwährung. Für den Krisenfall sollten Sie daher 1-Unze-Silbermünzen als Zahlungsmittel und Gold als Vermögenssicherung verwenden.

Aber: Der Silbermarkt schwankt. Sie sollten das Investment daher nicht als kurzfristiges Renditeobjekt sehen, sondern als operativen Schutz.

Trotz allem spielt Silber bei den Vermögensanlagen der Deutschen (fast) keine Rolle.

Exklusiv: Vergleich zwischen Gold und Silber

Kennen Sie den Spruch: »Silber wird verbraucht, während Gold verstaubt«? Die Unterschiede der Edelmetalle jetzt exklusiv für Sie recherchiert:

Vergänglichkeit

Gold ist fast unzerstörbar, rostet nicht und lässt sich nur mit einer speziellen Säuremischung zersetzen. Reines Gold hingegen ist hart, *Silber* ist weicher und wird in der Industrie verwendet.[907] Wird es nicht luftdicht gelagert, bildet sich auf seiner Oberfläche nach einiger Zeit Silberfluid, das heißt, es läuft schwarz an. Gold- und Silbermünzen sollten deshalb stets in Kapseln oder Röhren aufbewahrt werden.

Transport und Lagerung

Gold besitzt einen sehr hohen Wert, deshalb lassen sich auch größte Vermögen leicht transportieren, zum Beispiel passt der Gegenwert von 30 000 Euro in eine Zigarettenschachtel. *Silber* ist bei gleicher Anlagesumme etwa sechzigmal schwerer als Gold, deshalb ist der Transport von größeren Mengen nicht so leicht zu bewerkstelligen.

- **Ergebnis:** Gold ist in Sachen Mobilität und Lagerung gegenüber Silber klar im Vorteil.

Kosten

Gold ist (noch) von der Mehrwertsteuer befreit, *Silber* hingegen nicht.

- **Ergebnis:** Die Mehrwertsteuer auf Silbermünzen sind Kosten, die man bei Gold nicht hat.

Wertsteigerung

Gold wird vor allem in der Schmuckindustrie nachgefragt. Sein nominaler Wert steigt bei Inflation und die Nachfrage bei Unsicherheiten im Finanz- und Geldsystem. Die Minenproduktion von Gold ist auf *lange* Sicht hin rückläufig. Der Goldpreis ist zudem ein Indikator für die Entwertung des Papiergeldes.

Silber gilt gegenüber Gold als unterbewertet, wenn man die Preisrelation der beiden Edelmetalle über die vergangenen Jahrhunderte hinweg betrachtet.

- **Ergebnis:** Für kurzfristige und renditesuchende Anleger ist Silber nicht so interessant wie Gold, denn die Mehrwertsteuersätze müssen erst einmal erwirtschaftet werden. Die Wertsteigerung bei Gold dürfte auch in Zukunft höher als bei Silber sein.

Knappheit

Gold ist unvergänglich. Das meiste jemals geförderte Gold ist noch vorhanden (außer das in der Industrie verbrauchte).

Silber wird gegenüber Gold immer knapper, da es auch industriell verbraucht wird.

- **Ergebnis:** Es gibt zwar mehr Silber, aber durch die industrielle Nutzung wird es immer knapper.

Risiken

Gold war in den USA schon Gegenstand verschiedener staatlicher Repressalien, zum Beispiel das Goldverbot von 1933 oder die Zeit des Goldstandards in den 1970er-Jahren, aber Gold war jahrhundertelang auch ein wichtiger Bestandteil von Währungssystemen.

Silber gilt vor dem Zugriff des Staates als »sicherer«, da es ein wichtiger Industrierohstoff ist.

- **Ergebnis:** Gold ist risikoreicher als Silber, jedenfalls was staatliche Repressalien anbelangt.

»Krisengeld«

Gold hat bereits seit Jahrtausenden bewiesen, dass es in schweren Krisen wie Krieg oder Hyperinflation sehr schnell sehr hohe Werte annehmen kann. Hier kommt ihm seine große Wertdichte zugute, weil sich große Vermögen leicht von Ort zu Ort schaffen lassen.

Silber, vor allem Münzen, könnten sich als Ersatzwährung und Krisengeld Nummer eins entwickeln, weil sich deren Wert zur täglichen Grundversorgung eignet, was beim Gold nicht der Fall ist.

- **Ergebnis:** Silber eignet sich als operative Krisenwährung für den täglichen Gebrauch besser als Gold. Gold hingegen ist ein besserer Vermögensspeicher.

Mein Fazit zu Gold und Silber

Gold und *Silber* eignen sich gleichermaßen, um sich gut gegen eine Inflation, einen Bankencrash oder eine Währungsreform abzusichern. Obwohl der Goldpreis von steigenden Systemrisiken besser profitiert als Silber und weithin als »sicherer Hafen« gilt, ist in Krisenzeiten mit Silbermünzen als »Gold des kleinen Mannes« eher als Ersatzwährung zu rechnen. Es gibt meiner Ansicht nach keine andere Möglichkeit, die Kaufkraft Ihres Vermögens zu erhalten, ohne es auch in Edelmetalle anzulegen. Physisches Silber ist also neben Gold ein MUSS in jedem Portfolio.

Wie eine Edelmetallanlage aussehen kann

Sie werden sich nun berechtigt fragen, wie eine strukturierte Edelmetallanlage aussehen *kann*.

Ich bevorzuge 1-Unze-Münzen im Portfolio von Silber und Gold. Natürlich kann man diese Einteilung individuell verändern. Zwar wird von Experten manchmal auch empfohlen, Gold- und Silberbarren zu kaufen, aber im Krisenfall sind diese – im wahrsten Sinne des Wortes – nur sehr schwer zu transportieren und dienen in dieser großen Stückelung eben meist nicht als Zahlungsmittel, weil es schwierig sein dürfte, auf ein Kilo Gold oder Silber herauszugeben.

Praxistipp 16:
Kaufen Sie pro Woche 1 oder 2 Unzen Silber, um sich ein kleines Sicherheitspolster zu schaffen. Sie können Ihre Rücklagen dann nach und nach mit den viel teureren Goldmünzen aufstocken.

Eine Anlage in Edelmetalle ist auf jeden Fall empfehlenswert, das hat die Vergangenheit mehrfach gezeigt: Währungen kamen und gingen, Gold und Silber blieben.

Lassen Sie sich vom Auf und Ab der Edelmetallkurse nicht beirren. Wenn Sie verstanden haben, warum Sie einen Teil Ihres Vermögens in dieser Anlageklasse sichern müssen, dann sollten Sie die Eurozahlen pro Unzen genauso wenig interessieren wie die Anzahl an Kauri-Muscheln, die Sie dafür bekämen. Denn der Sinn besteht darin, Ihr Vermögen vor Inflation, Zwangsabgaben, Enteignung, Steuern und Bankenschließung zu retten.

Praxistipp 17:
Deponieren Sie Ihre Edelmetalle *nicht* auf einer Bank. Ein Zugriff auf Bankschließfächer kann im Notfall schnell und effektiv erfolgen. Nach *geltendem* Recht muss zwar jede Bank Ihre Edelmetalle an Sie herausgeben, auch wenn die Bank pleitegeht, weil Edelmetalle nicht zu den Bankeinlagen gehören, aber ich vertraue dem Staat nicht. Rechtsgrundlagen kann man in Krisenzeiten (siehe Coronapandemie) schnell ändern. Die Ereignisse in Griechenland und Zypern haben Ihnen außerdem gezeigt, wie schnell und skrupellos ein Staat gegen Ihr Vermögen angehen kann, wenn er selbst vor dem Bankrott steht.

Bewahren Sie Ihre Unzen an einem anderen Ort auf. Etwa in einem geheimen Tresor oder in irgendeinem anderen Versteck. Sie können es auch vergraben oder im Notfall einschmelzen. Oder Ringe, Türknäufe und Klinken, die wie Dekorationsgegenstände aus Messing aussehen, daraus gießen. Es gibt viele Möglichkeiten, Edelmetalle vor dem Zugriff von Räubern oder eines gierigen Staates zu »verstecken«. Seien Sie kreativ!

IX. Immobilien

Bis zum Amtsantritt der Ampel habe ich auch Immobilieninvestments oder die eigene Immobilie als Crash-Vorsorge empfohlen. Der rot-grüne Heizungs- und Sanierungswahn macht aber jegliche Einschätzung für die Zukunft unmöglich. Bisher gut bewertete Immobilien können quasi über Nacht viel weniger wert sein, da sie den Sanierungszwängen der Ökosozialisten nicht mehr entsprechen und somit auf dem Markt nicht mehr bestehen können.

Einer Studie des Kieler Instituts für Weltwirtschaft (IfW) zufolge, die Mitte Februar 2024 veröffentlicht wurde, sind die Preise für Wohnimmobilien in Deutschland im vergangenen Jahr auf ein historisches Tief gefallen: Eigentumswohnungen verbilligten sich demnach um 8,9 Prozent, Einfamilienhäuser um 11,3 Prozent und Mehrfamilienhäuser um 20,1 Prozent. Gemessen an der aktuellen Kaufkraft sei die Wertminderung noch mal rund 5 Prozent höher.

Noch nie seit Beginn der Kaufpreissammlungen in den 1960er-Jahren fielen die Immobilienpreise so schnell so stark.[908]

Auch die Krise bei den Büroimmobilien lässt zurzeit keine seriöse Einschätzung zu. Ich möchte Ihnen deshalb keine Glaskugel-Empfehlungen geben, wie viele »Scharlatane« das in diesen unsicheren Zeiten tun, und auf eine Krisenschutzempfehlung durch Immobilieninvestments verzichten. Ehrlich währt am längsten …

X. Grün- und Ackerland

Anders als bei den Immobilien sieht es bei landwirtschaftlich nutzbaren Flächen aus. Deren Nachfrage hat in den letzten Jahren stark zugenommen. Immer mehr Anleger möchten sich mit dem »Sachwert Land« vor Wirtschafts- und Finanzkrisen schützen.

Vor dem Kauf von Äckern, Wiesen und Weiden sollten Sie deshalb einige Dinge beachten, sonst laufen Sie Gefahr, zu viel zu bezahlen:

- Land ist nicht gleich Land: Die Preisspannen bei landwirtschaftlich nutzbaren Flächen sind riesig. Was Sie bezahlen müssen, hängt von unterschiedlichsten Faktoren ab: von der Lage des Grundstücks, der Größe, dem Klima in der Region, der Erreichbarkeit, der Bodenqualität und der Nutzung. So ist Ackerland beispielsweise teurer als Weideland.

Praxistipp 18:

Informieren Sie sich im »Liegenschaftsbuch« über die Parzelle/n, die Sie kaufen möchten. Dort erfahren Sie, welche Art Boden Sie erwartet.

- Bei großen Flächen bezahlen Sie für den Quadratmeter mehr als bei kleinen. Begründung: Bauern versuchen in aller Regel, große zusammenhängende Flächen zu kaufen. Denn diese lassen sich effizienter bewirtschaften. Kleine Flächen sind deshalb nicht so begehrt. Der Quadratmeterpreis ist niedriger.

Praxistipp 19:

Wenn Sie mehrere kleine Grundstücke erwerben, bezahlen Sie für diese in der Regel weniger als für eine gleich große zusammenhängende Fläche.

Nutzungsmöglichkeiten

Für Grünland und Ackerflächen stehen Ihnen verschiedene Nutzungsmöglichkeiten zur Verfügung:

- Anlage,
- Vermögensschutz,
- Verpachtung,
- Spekulation,
- als Acker,
- als Weide für Rinder, Schafe, Ziegen etc.,
- als Fläche für den Obstanbau,
- für einen Reiterhof etc.

Bei der Verpachtung erzielen die Landbesitzer im Durchschnitt 2–3 Prozent Rendite, vielleicht auch etwas mehr.

Praxistipp 20:

Vorsicht beim Kauf von Landflächen: Wenn Sie Humusboden erwerben, ist Ackerbau mitunter nicht sinnvoll. Umgekehrt bietet sich bei Lössböden Getreideanbau an. Informieren Sie sich deshalb über die Beschaffenheit des Landes. Und über seine mikrobiotische Zusammensetzung: Auch, weil schlecht Informierte unter Umständen überdüngten oder toten Boden kaufen.

Achtung: Ist Ihr Land möglicherweise bereits verplant? Ist es bereits Teil einer geplanten Autobahn- oder Eisenbahntrasse? Dann müssen Sie es unter Umständen nach dem Erwerb gleich wieder verkaufen. Es verliert an Wert.

Sehen Sie sich deshalb in Ihrem Regierungspräsidium den Raumordnungsplan an, in Ihrer Gemeinde den Flächennutzungsplan. Dann sind Sie auf der sicheren Seite.

Vorteile

- **Echter Wert:** Das eigene Stück Land ist im wahrsten Sinne des Wortes etwas Handfestes. Im Gegensatz zu Papierwährungen oder Finanztiteln ist ein Totalverlust ausgeschlossen.
- **Keine hohen Instandhaltungskosten:** Als Immobilienbesitzer muss man regelmäßig Renovierungs- und Instandhaltungsarbeiten vornehmen. Solche Kosten bleiben Ihnen als Besitzer von Acker- oder Grünland erspart, wenn Sie das Land nicht selbst bewirtschaften.
- **Langfristiger Wertzuwachs:** Agrarland wird angesichts der Bevölkerungszunahme immer wichtiger. Aber die landwirtschaftlich nutzbaren Flächen schrumpfen zunehmend.

Praxistipp 21:

Erwerben Sie Agrarland möglichst bei der Gemeinde. Dort bekommen Sie es häufig billiger als bei Maklern oder privaten Anbietern. Bauern können aber beim Verkauf bevorzugt behandelt werden.

Nachteile

- **Schnelles Geld lässt sich mit Agrarland nicht machen:** Sie müssen sich darüber im Klaren sein, dass die Preise langfristig steigen und Ihr Kapital deshalb über mehrere Jahre gebunden ist.
- **Arbeitsaufwand:** Was im Einzelnen auf Sie zukommt, hängt davon ab, wie Sie Ihr Land nutzen. So kann es notwendig werden, dass Sie Unkraut jäten oder den Boden umgraben (lassen) müssen.
- **Selbstbewirtschaftung kostet Geld:** Über die Höhe der Kosten entscheidet die Art Ihrer Bewirtschaftung. Wenn Sie zum Beispiel einen gebrauchten Traktor kaufen möchten, sollten Sie Kosten von mindestens 5000 bis 10 000 Euro einkalkulieren. Für neue Maschinen können Sie sogar 100 000 Euro aufwärts bezahlen.

Mein Fazit

Sie sollten sich sehr genau mit den Besonderheiten dieses Investments auseinandersetzen, wenn Sie die Absicht hegen, landwirtschaftlich nutzbare Flächen zu erwerben. Wiesen, Weiden und Äcker sind eine langfristige Anlage und binden Ihr Kapital auf ziemlich lange Zeit. Andererseits dient das Grünland als Sachwert Ihrem Vermögenserhalt und wird Ihnen im Laufe der Jahre zusätzliche Renditen bringen.

XI. Holz

Die Nachwirkungen der Coronapandemie, die Konflikte in der Ukraine und in Nahost sowie die desaströse Politik der deutschen Regierung machen es Investoren immer schwieriger, ihre Gelder gut und sicher anzulegen. Deshalb wird

Hölzern und Waldstücken als Kapitalanlage immer mehr Beachtung geschenkt. Aber was ist dran an diesen Investments?

Edelmetalle sind für viele Anleger *der* Rettungsanker schlechthin. Aber welche Alternativen gibt es, wenn man sein Geld mittel- bis langfristig vor Verlusten schützen und noch in andere Sachwerte anlegen möchte? *Eine* Möglichkeit ist die Investition in Holz. Für Holzinvestments gibt es folgende Möglichkeiten:

- offene Fonds,
- geschlossene Fonds,
- Direktanlagen,
- Zertifikate,
- Holz-Aktienfonds,
- Einmalinvestition,
- Sparpläne.

Auch sogenannte »Forstinvestments« locken mit guten Renditen. Bei manchen erwirbt der Anleger durch Beteiligungen Anteile an zertifizierten Baumbeständen, aus speziellen Plantagen, die als Bezugsquellen für tropisches Edelholz dienen und damit zur Entlastung des Regenwaldes beitragen sollen.

Besonders in Indonesien wird massiv die Werbetrommel gerührt, um Investoren für eine Aufforstung von Industriehölzern zu finden. In diesem Land befinden sich die größten Torfmoorwälder der Welt, insgesamt rund 21 Millionen Hektar. Die Sprecher der Marketingfirmen argumentieren, dass Indonesien neben dem warmen Klima ein sehr starkes Vorkommen an Torfboden hat, der besonders dazu geeignet ist, Kohlenstoff aufzunehmen. Sehr große Teile Indonesiens liegen brach und könnten laut Aussage der Marketingexperten mit beliebigen Baumsetzlingen für die Papier- und Möbelindustrie bepflanzt werden. Auch hier locken diverse Fonds mit unterschiedlichen Versprechen, auf die ich im Einzelnen nicht eingehen möchte.

Aber es geht nicht nur um die begehrten Edelhölzer, sondern auch um ganz »normales« Naturholz für die Möbelproduktion, Sägewerke, aber auch für Brenn- und Papierholz.

»Material« gibt es hierzulande (noch) genug: Denn fast ein Drittel des Bundesgebietes (immerhin 11,1 Millionen Hektar) sind bewaldet. Davon sind rund 7 Millionen Hektar in privater beziehungsweise körperschaftlicher Hand. Schon vor Jahren haben Möbelhäuser, Papierfabriken und Energieunternehmen begonnen, Wälder zu kaufen, um den Rohstoff, den sie benötigen, selbst zu produzieren. Auch die Nachfrage nach Forstflächen hat zugenommen. Wie hoch der Gewinn ist, den ein Waldstück abwirft, hängt jedoch vom Baumbestand ab.

Sogenannte »Waldfonds« decken diese Nachfrage ab. Investmentunternehmen versprechen eine gute jährliche Rendite bei einer Einhaltung der ökologischen Richtlinien sowie der Erfüllung hoher Qualitätsstandards. Aber ohne Risiken geht es auch hier nicht: Die Nachfrage und somit der Preis für Holz und Holzprodukte (Papier, Zellstoff, Pappe, Bauholz etc.) kann auch sinken. Zudem brauchen Bäume viel Zeit, um auszuwachsen. Währenddessen muss mit Stürmen und anderen Naturkatastrophen, Schädlingsbefall und Feuer gerechnet werden, was die Investition schnell in ein Desaster führen kann. Hinzu kommt, dass eine eigene Kontrolle über den angepriesenen Baumbestand nur erschwert durchgeführt werden kann.

Investments in Holz haben aber noch eine andere Kehrseite: Die bewaldeten Flächen der Erde, ihre »grüne Lunge«, schwindet rasant. Vor allem Tropenwälder werden immer weiter abgeholzt. Die gerodeten Flächen werden aber nicht mehr neu aufgeforstet, sondern als Rinderweiden oder Plantagen zum Anbau von Zuckerrohr, Sojabohnen oder Ölpalmen genutzt. Immer weniger Wälder können Kohlendioxid in Kohlenstoff umwandeln. Die in den Tropen lebenden Wildtiere verlieren mehr und mehr an Lebensraum. Laut der Aussage von Experten verringert sich die Fläche der tropischen Wälder jedes Jahr in einem Umfang, der mit der Größe Griechenland vergleichbar ist. Die Differenzierung zwischen »waldfördernden« und »waldzerstörenden« Investments dürfte für einen Laien also sehr schwierig sein.

Vorteile

- Durch Sachwert gesicherte Anlagen.
- Inflationsschutz.
- Marktwachstumsaussichten.
- Geringe Volatilität (Schwankungen).

Nachteile

- Bewertungsrisiko.
- Fehleinschätzung beim Investment möglich.
- Bei Fremdwährungen gegebenenfalls Wechselkursrisiken.
- Teils hohe Kosten.
- Unternehmensbeteiligung (bei manchen Anbietern).
- Rohstoffabhängig.
- Nachfrageabhängig.
- Bäume brauchen viel Zeit, um zu wachsen.
- Naturrisiken: Schädlingsbefall, Feuer, Hochwasser etc.
- Kontrolle ist schwierig.
- (Meist) langfristige Anlage.

Mein Fazit

Eine Investition in Naturholz sollte auf jeden Fall langfristig gesehen und genau bedacht werden. Es winken attraktive Renditen, die aber auch mit Risiken einhergehen. Meiner Meinung nach gibt es noch zu wenig Erfahrungen mit Forstinvestments, die tatsächlich ausgelaufen sind. Ob man sie also unbedingt ins Portfolio nehmen will, sollte jeder nach seiner Risiko-Rendite-Erwartung und seiner ethischen Einstellung selbst entscheiden.

XII. Rohstoffe

Rohstoffe (»Commodities«) sind in der Natur vorkommende Ressourcen, die noch nicht weiterverarbeitet wurden. Auch Edelmetalle gehören zu den Rohstoffen.

Die Märkte dafür entstanden bereits vor rund 160 Jahren in den USA. Etwa achtzig Kaufleute gründeten im April 1848 die Chicago Board of Trade. 1851 begann dann der Terminhandel mit landwirtschaftlichen Gütern. Zum ersten Mal hatten Farmer zudem die Möglichkeit, ihre Ernten und Fleischprodukte schon im Voraus (»forward«) verkaufen zu können. Die Produzenten sicherten sich somit gegen fallende und die Händler gegen steigende Preise ab. Ein Prinzip, das bis heute seine Gültigkeit hat.

Nachwachsende Rohstoffe und erneuerbare Energien (Soft Commodities)

A. Viehzucht/-mast, Fischerei etc.:

- Mastrinder
- Mastschweine
- Kastrierte Jungbullen
- Geflügel
- Schafe
- Häute
- Tierische Fette
- Molkereiprodukte
- Schafwolle
- Fisch

B. Ackerbau und Forstwirtschaft:

- Kartoffeln
- Weizen
- Hafer
- Gerste
- Roggen
- Mais
- Reis
- Hirse
- Raps
- Sojabohnen
- Zuckerrüben
- Bauholz
- Kautschuk
- Kaffee
- Tee
- Kakao
- Früchte
- Baumwolle
- Fruchtsaft
- Palmöl
- Zuckerrohr

C. Erneuerbare Energien:

- Sonnenergie
- Windkraft
- Wasserkraft
- Erdwärme
- Methangas (Rindermist)
- Holz
- Getreide
- Raps
- Rapsöl
- Ethanol (aus Zuckerrohr, Mais, Palmöl, Weizen etc.)

Diese Rohstoffe sind zeitlich unbegrenzt verfügbar, jedoch durch die Faktoren Flächenbedarf, Klima, naturräumliche Begebenheiten, Produktionsaufwand und Investitionskosten beschränkt.

Fossile Brennstoffe und Metalle (Hard Commodities)

A. Fossile Brennstoffe:

- Rohöl/Raffinerieprodukte (Diesel, Benzin, Kerosin, Gasöl, Heizöl)
- Erdgas
- Kohle

- **B. Metalle:** ***Industriemetalle:***
- Aluminium
- Kupfer
- Bronze
- Blei
- Nickel
- Zink
- Zinn
- Eisen und Stahl
- Selen
- Chrom
- ***Edelmetalle:***
- Gold
- Silber
- Platin
- Palladium
- Rhodium
- Ruthenium
- Osmium
- ***Radioaktive Metalle:***
- Uran

Diese Rohstoffe sind durch ihre Abbauwürdigkeit endlich.

Erst in den letzten Jahrzehnten wurden Rohstoffe als Anlageklasse erschlossen, da es deutschen Banken bis zum Jahr 1997 verboten war, mit Rohstoffen zu handeln. Rohstoffe werden an speziellen Rohstoffbörsen (Kassa- und Terminbörsen) gehandelt.

Manche von Ihnen wird es wundern, dass ich diese Anlageklasse empfehle, die gewisse Risiken birgt und sich mit meiner konservativen Strategie eigentlich nicht so richtig in Einklang bringen lässt. Aber: Den *optimalen* Ein- und Ausstiegskurs bekommen Sie sowieso nie.

Mein Argument (dem Sie, wenn Sie skeptisch sind, folgen können oder auch nicht, was völlig legitim ist): Die Knappheit der Rohstoffe wird aufgrund der wachsenden Weltbevölkerung und der begrenzten Vorkommen zunehmen. Dadurch werden die Preise steigen und die Aktien neue Hochs erreichen. Doch wie bei den Edelmetallen ist auch hier Ihre Geduld gefragt.

Vorsicht: Spekulationsgeschäfte!

Auch die Spekulationsgeschäfte großer Fonds und Anleger dürfen an dieser Stelle nicht unerwähnt bleiben. Auch sie treiben die Nahrungsmittelpreise in die Höhe und sorgen dafür, dass am anderen Ende der Kette immer mehr Menschen Hunger leiden, weil sie sich Lebensmittel nicht mehr leisten können.

Es sind beileibe nicht mehr *nur* Wetterfaktoren, die den Preis in die Höhe treiben, sondern auch die Großinvestoren (wie Hedgefonds und Investmentbanken)[909], die mit ihren exzessiven Spekulationsgeschäften aus dem Lebensmittelmarkt einen Finanzmarkt machen. Es gibt auch Investoren, die Rohstoffe in gigantischen Mengen horten, um den Preis nach oben zu treiben und dann zu verkaufen. Bei solchen »Geschäften« winken Millionen- und Milliardengewinne.

Die Angst vor einer weltweiten Rezession im Zuge der Nachwirkungen der Coronapandemie und der aktuellen Kriege (Lieferengpässe) haben auch Auswirkungen auf die Rohstoffmärkte. Wie ich schon erläutert habe, ist der Markt heutzutage nicht mehr von den kleinen Privatanlegern, sondern hauptsächlich von großen Investoren beherrscht, wodurch der Rohstoffhandel hoch spekulativ geworden ist.

Die Preisentwicklung hängt immer mehr von den Großanlegern ab, und deren Handeln lässt sich nicht vorhersehen, da dieses wiederum von politischen und ökonomischen Veränderungen bestimmt wird. Zu alldem kommen noch wetterbedingte Faktoren, die ebenso unberechenbar erscheinen (ich meine damit nicht den rot-grünen Klimawahn). Deshalb ist ein Engagement in Rohstoffe keine leichte Entscheidung.

Anlagemöglichkeiten

Seit etlichen Jahren gibt es Finanzprodukte im Rohstoffbereich, mit denen auch Privatanleger schon mit kleinen Beträgen am Rohstoffhandel teilhaben können. Dies kann durch zeitlich limitierte oder unbefristete Papiere geschehen. So können Sie in Rohstoffe anlegen:

- **Rohstoffaktien** sind ein Investment, die mit all den Vor- und Nachteilen den Gesetzen der Aktienbörse unterliegen.
- **Rohstofffutures** sind börsengehandelte Terminkontrakte mit der Möglichkeit zur direkten Partizipation an den Rohstoffmärkten.
- **Exchange Traded Funds (ETFs)** können direkt in einen Rohstoffindex auf Fondsbasis investieren.
- **Rohstofffonds** investieren ihr Kapital an den Terminmärkten.
- **Rohstoffzertifikate** beziehen sich in der Regel auf Futures und teilen das Risiko oft in verschiedene Rohstoffe auf, indem sie Rohstoffkörbe (zum Beispiel »Basket« oder »Strategie«) anbieten. Der Käufer (Inhaber) des Zertifikats nimmt an der zukünftigen Wertentwicklung teil.

Was spricht also für und was gegen Rohstoffe als Kapitalanlage?

Vorteile

- Gute Ertragspotenziale.
- Begrenzt vorhandenes Angebot (bei manchen Rohstoffen).
- Risikostreuung.
- Inflationsschutz.
- Neue Nachfragen (z. B. Mais für Biosprit).
- Anbauflächen werden knapper.

Nachteile

- Abhängig von Angebot und Nachfrage oder gesetzliche Regelungen.
- Konjunkturabhängig.
- Spekulationsgeschäfte.
- Emittentenrisiko (Analyse der Emittentenbonität ist daher sinnvoll).
- Bewertungsrisiko.
- Fehleinschätzung beim Investment möglich.
- Zum Teil große Schwankungen bei der Preisentwicklung.
- Bei Fremdwährungen gegebenenfalls Wechselkursrisiken.
- Teils hohe Kosten.
- Naturrisiken (u. a. Klima- und Wetterrisiko).
- Abhängig vom Ernteergebnis.
- Die Entwicklung neuer Technologien können althergebrachte Rohstoffe überflüssig machen.

Praxistipp 22:

Sehen Sie Rohstoffinvestments als Anlage für die Zeit *nach* der Krise an. Denn Produktion ist ohne Rohstoffe undenkbar. Zudem bieten sie Inflationsschutz. Denn: Rohstoffe und Energieträger stehen am Anfang der Wertschöpfungskette, und so können gestiegene Preise direkt weitergegeben werden. Das verleiht Rohstoffunternehmen eine enorme Preismacht. Rohstoffe werden immer gebraucht und genutzt werden.

Praxistipp 23:
Die derzeitige Abkühlung der Weltwirtschaft kommt aufgrund der multipolaren Krisen nicht überraschend. Dadurch sinken auch die Kurse für *manche* Rohstoffe, andere wiederum boomen.

Mein Fazit

Rohstoffe haben sich als Anlageklasse auch bei uns fest etabliert. Investitionen *können* eine profitable Vermögensanlage sein, die allerdings von vielen Faktoren abhängig ist, die man selbst nicht beeinflussen kann. So ist ein nicht zu unterschätzendes Rendite-Risiko gegeben. Zwar sind alle weltweit knappen Rohstoffe als Vermögensanlage interessant, aber neue Rohstofffunde oder die Entwicklung solcher können die Preise in der Zukunft beeinträchtigen. Doch es gibt eine Vielzahl von Akteuren auf den Rohstoffmärkten, und die Nachfrage ist schwer zu kalkulieren. Es kommt zudem auf die richtige Streuung an. Ob Sie für die Strukturierung Ihres Vermögens Rohstoffe in Ihr Portfolio übernehmen wollen oder nicht, hängt daher in erster Linie von der individuellen Gewichtung Ihres Nutzen-Risikos ab.

Praxistipp 24:
Ich persönlich bevorzuge Rohstoffaktien. Zertifikate, Futures und ETFs sind mir zu risikoreich.

Ich wiederhole: Meine Empfehlungen sind *nicht* auf *kurzfristige* Spekulationen ausgelegt, sondern auf Ihre *mittel-* bis *langfristige* Vermögenssicherung. Rohstoffe sind nur *ein* kleiner Teil meiner Strategie der Streuung.

Rohstoffe folgen eigenen Trends. Dadurch stehen sie nur wenig mit anderen Anlageprodukten in Wechselbeziehung. Das macht sie für Ihre Portfoliodiversifikation geeignet.

Aktien von Rohstoffunternehmen sind sehr schwankungsanfällig. Doch sie bergen auch eine gute Wertentwicklung in sich. Allerdings gibt es Rohstoffe, die sich von anderen abheben. Einer davon ist Öl.

Rohöl

Rohöl bleibt (noch) eine wichtige Option im Rohstoffsegment. Das ist einfach zu erklären:

- Rohöl bildet nach wie vor die größte Energiekomponente, ist der Motor jeder Wirtschaft und wird auch weiterhin eine zentrale Rolle in der Energieversorgung spielen. Klima-Fetischisten hin oder her.
- Ohne Rohöl geht nichts, denn das »schwarze Gold« steht am Anfang der Wertschöpfungskette. Ohne Rohöl gibt es kein Wachstum.
- Der Anteil von Rohöl am weltweiten Produktionsvolumen sämtlicher Rohstoffe beträgt fast 45 Prozent. Damit gilt Rohöl als der wichtigste Rohstoff der Welt.[910]
- Es herrschen zunehmende Ängste vor Versorgungsengpässen durch strategische Risiken, was die Preisentwicklung beeinflussen wird. Das haben wir beispielsweise im Januar 2024 gesehen, als die Huthis vom Jemen aus Tankschiffe im Roten Meer beschossen haben.
- Auch wenn es nicht immer so aussieht: Rohöl hat ein Aufwärtspotenzial, da die langfristige Nachfrage durch den steigenden Pro-Kopf-Verbrauch gegeben ist.
- Der Ölverbrauch soll Schätzungen nach von 85 Millionen Barrel pro Tag auf 105 Millionen Barrel bis zum Jahr 2030 steigen – und das trotz der Förderung alternativer Energien.

Die wichtigsten Rohölsorten sind:

- Brent Crude Oil (Brent),
- West Texas Intermediate (WTI),
- Dubai Fateh.

Der größte Einbruch des Preises in den letzten 5 Jahren erfolgte im April 2020 im Zuge der Coronapandemie.[911] Die weltweite Geopolitik, Klimaveränderungen und die globalen Konjunkturaussichten nehmen großen Einfluss auf die Preisentwicklung. Die Ölpreise sind somit stärkeren Schwankungen unterlegen. Bezüglich der langfristigen Perspektive bin ich jedoch optimistisch.

Als Beispiel dient die Rohölsorte Brent: 1976 lag der Preis für ein Barrel bei 12,80 US-Dollar, 2023 waren es 82,81 US-Dollar.[912]

Für 2024 erwarten Experten, dass die Rohölpreise der Sorte Brent sogar die 100-Dollar-Marke überschreiten könnten. Dies sei jedoch abhängig von entscheidenden geopolitischen Faktoren, die den Markt beeinflussen, wie:

- Spannungen im Nahen Osten,
- Angriffe auf Schiffe im Roten Meer,
- mögliche Eskalationen durch den Iran, Taiwan und China,
- dem anhaltenden Streit zwischen Venezuela und Guyana.[913]

Mein Fazit

Erneuerbare Energien hin oder her. Ich bin der festen Überzeugung, dass die Menschheit in den nächsten Jahrzehnten nicht ohne Öl auskommen wird. Auch noch in 20 Jahren werden über 80 Prozent der weltweiten Energie für Verkehrsmittel aus Erdöl gewonnen werden. Auf Dauer wird es »billiges« Erdöl also gar nicht geben, denn neue Technologien verursachen viel höhere Kosten als die klassische Förderung.

Praxistipp 25:

Für Sie als Anleger interessant: Erdölunternehmen können Preissteigerungen in Inflationsszenarien umgehend an ihre Kunden weitergeben. So gesehen besitzen manche Investments in Rohöl einen Inflationsschutz.

Rohöl sollte *ein* Standbein Ihrer Absicherung in der Anlageklasse der Rohstoffe sein. Am besten kaufen Sie Discount-Zertifikate auf Öl oder investieren in die Aktien von Ölgesellschaften. Die größten sind die britische BP, die niederländisch-britische Royal-Dutch-Shell, der französische Konzern Total oder die amerikanische ExxonMobil.

XIII. Bergbau- und Minenunternehmen

Neben dem Rohöl gibt es auch noch andere Grundstoffe, in die Sie investieren können. Dazu gehören:

- Erze,
- Mineralien,
- Diamanten,
- Kohle etc.

Große Konzerne wie Anglo American oder BlackRock World Mining sind die großen Player in diesem Segment.

Naturstoffe werden *immer* gebraucht. Ohne sie ist die Produktion von Gütern nicht möglich. Sie generieren Wachstum und sorgen für Wohlstand. Das wird sich auch in Zukunft nicht ändern.

Auch hier gilt: Preiserhöhungen können in Inflationsszenarien umgehend an die Kunden weitergegeben werden. Knappe Güter werden dadurch teurer. So bieten auch diese Rohstoffe einen Inflationsschutz.

XIV. Seltene Erden

Seltene Erden und Edelmetalle gehören zu den wichtigen Rohstoffen, denn sie bilden die Basis der Elektroindustrie und vielen anderen Industrien.

Der Großteil der sogenannten »Seltenen Erden«[914] wird zum Beispiel aus dem Reich der Mitte importiert. Während China noch vor kurzer Zeit diese wertvollen Metalle an den Rohstoffbörsen verkaufte, wird deren Export immer wieder beschränkt und somit eine künstliche Verknappung geschaffen, die die Preise auf immer neue Rekordhöhen klettern lässt.

Der Begriff »Seltene Erden« hat nichts mit anderen Planeten zu tun und auch nicht damit, dass sie selten auf der Erde zu finden sind, sondern bezeichnet Metalle, die aufgrund ihrer ähnlichen chemischen Zusammensetzung gemeinsam in der dritten Gruppe des Periodensystems stehen. Sie werden auch »Lanthanoide« oder »Seltenerdmetalle« genannt. Die Elemente wurden zuerst in seltenen Mineralien gefunden und aus diesen in Form ihrer Oxide (Sauerstoffverbindung, früher »Erden« genannt) isoliert, daher die Bezeichnung.

Dank der Ionenchromatographie (analytische Methode, um Stoffe zu trennen) können die Seltenen Erden nun, wenn auch sehr aufwendig, im industriellen Maßstab abgespalten werden. Ihre zunehmend große Bedeutung im weltweiten Metallhandel ist unbestritten. Ich möchte Ihnen nun *einige* der wichtigsten Seltenen Erden kurz vorstellen:

- **Lanthan** ist ein Allrounder, kommt sehr häufig vor und ist flexibel nutzbar: Kameralinsen und optische Gläser werden mit ihm hergestellt, ebenso findet es Verwendung als Magnetwerkstoff bei höheren Temperaturen. Zum Einsatz kommt es auch als Elektrode in magnetohydrodynamischen Generatoren, als Bestandteil eines Zündsteins und als Legierungsmetall.
- **Cer** ist pyrophor, kann also in der Luft Feuer fangen, und es kommt auf der Erde sechsmal so häufig vor wie Blei. Es wird in Katalysatoren verwendet, wo es das Kohlenmonoxid reduzieren soll, und ist auch ein beliebtes Legierungselement bei der Aluminium- und Stahlherstellung. Cer ist ebenso in LEDs zu

finden und wird zukünftig möglicherweise bei der Herstellung von Wasserstoff durch Solarenergie eine wichtige Rolle spielen.

- **Yttrium** gehört streng genommen gar nicht zu den Lathanoiden, wird aber allgemein zu den Seltenen Erden gezählt. Es wird in der Mikrowellenelektronik, in Speicherchips, Nickel-Kobalt-Magneten oder im Flugzeugbau verwendet. Zudem ist es in der Lambdasonde (zur Reduzierung von schädlichen Autogasen) von Fahrzeugen enthalten.
- **Neodym** hat hervorragende magnetische Eigenschaften. Neodym-Magneten sind die stärksten der Welt. Die Schmuckindustrie nutzte die Anziehungskraft zum Beispiel für Ohrringverschlüsse, ohne dass man sich vorher Löcher stechen lassen musste. Neodym wird aber auch in Hochleistungslasern, Lautsprechern, Kopfhörern, in der Kernspintomografie und in der Glasindustrie verwendet.
- **Samarium**oxid wird in der Glasindustrie und für starke Magnete verwendet.
- **Europium** ist nicht magnetisch, dafür hat es viel mit Leuchtkraft zu tun. Die rote Farbe in Leuchtstofflampen stammt von Europium. Auch wird es für Strahlenschutzkeramiken in der Reaktortechnik und in foliendünnen Supraleitern verwendet. Es ist das leichteste aller Schwermetalle.

Gemein haben alle Seltenen Erden, dass sie in der Industrie benötigt und auch zukünftig eine wichtige Rolle spielen werden. Allerdings ist ihre Wertentwicklung ebenfalls konjunkturabhängig, so wie bei allen Industrierohstoffen. Dennoch bieten sie eine Alternative oder eine Ergänzung zu den Edelmetallen und gelten als Sachwerte.

Vorteile

- Alternative oder Ergänzung zu Edelmetallen.
- Die Metalle lagern physisch in Tresorräumen und sind versichert (je nach Anbieter).

- Bei Insolvenz des Anbieters bleiben die Metalle das Eigentum des Käufers, Zugriff durch Gläubiger ist nicht möglich (Eigentumsbestätigung und Hinterlegung durch 100 Prozent physisch vorhandene Ware).
- Gute Renditeaussichten.
- Bei einem guten Anbieter entsprechen die Metalle dem Industriestandard (= bestimmte Reinheit), um sicherzustellen, dass sie bei einem eventuellen Verkaufswunsch des Eigentümers schnellstmöglich veräußerbar sind.
- Je nach Anbieter: auch zu Hause zu lagern.
- Inflationssicher.
- Nicht an der Börse gehandelt – Angebot und Nachfrage bestimmen den Preis (je nach Anbieter).
- Besichtigung der Ware möglich (je nach Anbieter).
- Jederzeit veräußerbar (über Anbieter meist kostengünstiger, da andere Händler eventuell eine teure Analyse erstellen); Vortagsmarktpreis abzüglich Einstandspreis und Abschlag des Anbieters = Gewinn oder Verlust.
- Kein Finanzprodukt, sondern Handelsware.
- Kein Emittentenrisiko wie beispielsweise bei Rentenpapieren.

Nachteile

- Vorkommen ist nur auf wenige Länder begrenzt.
- Mittelfristiger Anlagehorizont von 5 bis 10 Jahren.
- Abschlag bei Verkauf kann hoch sein (ausgehend vom tagaktuellen Preis).
- Jährliche Lagergebühren ab 40 Euro und mehr pro Warenkorb (je nach Anbieter).
- Umsatzsteuerpflichtig bei Auslieferung.
- Nachfrage ist konjunkturabhängig.
- Preisänderung bei Verstaatlichung der Förderunternehmen möglich.
- Politische Instabilität in Förderländern kann Investition bedrohen.

XV. Strategische Metalle

Ohne strategische Metalle funktioniert heutzutage ebenfalls (fast) nichts mehr. Sie sind sozusagen die »Mutter aller Sachwerte«. Ohne sie gäbe es zum Beispiel keine Computer, Handys, Autos, Häuser oder Hosen. Und dennoch werden sie kaum beachtet.

Anders die Chinesen, die sich in vielen Förderländern alle verfügbaren Rohstoffe sichern, weil sie heute schon die größten Verbraucher vieler Metalle sind und rund ein Viertel des weltweiten Angebots für sich in Anspruch nehmen. Die Nachfrage an metallischen Rohstoffen ist ungebrochen, was Preissteigerungen beweisen. Ein weiterer Grund liegt in der Vergangenheit und ist auf die mangelnde Investitionsbereitschaft zur Erschließung neuer Minen begründet. Neue Vorkommen zu fördern dauert Jahre, deshalb ist in absehbarer Zeit nicht damit zu rechnen, dass die Minengesellschaften ihr Angebot erhöhen werden.

Die Situation an den Finanzmärkten zeigt, dass physisches Eigentum von Sachwerten, wie zum Beispiel strategische Metalle oder Edelmetalle, eine höhere Sicherheit bieten als ein geldwertes Zertifikat irgendeiner Bank. Strategische Metalle decken die wichtigsten Schlüsselindustrien ab und sind für (fast) alle Zukunftstechnologien unverzichtbar.

Deutschland ist *komplett* abhängig von Metallimporten. Die stetige Verbesserung der Technologien wird auch in Zukunft die Notwendigkeit der Metalle garantieren. Ein interessantes Investmentprodukt ist Platin.

Platin

Platin ist sehr selten und sehr teuer. Schon jetzt ist das grauweiße Edelmetall der größte Konkurrent von Gold – und wird es wohl auch bleiben.

Gold erzielt immer neue Rekordpreise. Doch es gibt noch andere Edelmetalle, die sich vor dem Hintergrund des gestiegenen Interesses an krisensicheren Anlagen rapide verteuern. Eines davon ist Platin.

Platin ist ein grauweißes, schweres, schmied- und dehnbares Metall, das sich zudem sehr korrosionsbeständig zeigt. Der Name leitet sich vom spanischen Wort *platino* ab, einer Verkleinerungsform von *plata* (Silber). Platin wurde vermutlich erstmals um 3000 v. Chr. im alten Ägypten bei der Schmuckherstellung verwendet.

Platin kommt auf der Erde ungefähr dreißigmal seltener vor als Gold. Jährlich werden global rund 175 Tonnen des Edelmetalls gefördert, was etwa nur 6 Prozent der Goldförderung entspricht.

Im Gegensatz zu Gold besteht bei Platin ein höherer Bedarf durch die Industrie. Seit den 1980er-Jahren wird es unter anderem auch im Katalysatorbau verwendet. Es wandelt giftiges Kohlenmonoxid und unverbrannte Kohlenwasserstoffe in Kohlendioxid und Wasser um. Schon jetzt werden 50 Prozent der weltweiten Minenförderungen zur Produktion von Katalysatoren gebraucht.

Doch auch der Platinpreis verändert sich rasant. Kostete 1 Feinunze 1970 noch 180 US-Dollar, waren es 1990 schon 536 und im Jahr 2000 dann 800, aktuell liegt er bei rund **920 US-Dollar.**

Weitere wichtige strategische Metalle:

- **Indium** findet man heute im iPhone, in allen Displays, im Handy, im Flachbildschirm und am Computer. Weitere Verwendungen: Lager in Triebwerken, Touchscreens, Medizintechnik, Solartechnologie, Leuchtdioden, Apparatebau, Lote und Spezialbeschichtungen.
- **Gallium** ist in der Halbleitertechnik unabdingbar. In zahlreichen Verbindungen findet man es auch in vielen Leuchtdioden (LEDs), elektronischen Hochfrequenzbauteilen, integrierten Schaltkreisen, Laser, Solarzellen zur Stromversorgung von Satelliten, Legierungszusätzen und Flüssigmetall-Wärmeleitpasten. Das Metall ist sehr selten.
- **Hafnium** ist sehr korrosionsbeständig und hat die einmalige Eigenschaft, Elektronen in die Luft abzugeben. Es wird auch in Kernreaktoren und in Computerchips eingesetzt, wo es allmählich Silizium ablöst, da es weniger Leckströme verspricht.

- **Wismut** wird für Legierungen und in der Pharmaindustrie eingesetzt, etwa in einem Magenmittel. Es hat ähnliche Eigenschaften wie Schwermetalle, ist aber (nach bisherigem Forschungsstand) ungiftig. Daher dient es auch als Bleiersatzstoff. Zudem wird es verwendet in: antiseptischen Brandsalben und Puder, Magentherapeutika, Blutstillungspuder, Röntgenkontrastmittel, optischen Gläsern, hochwertigen Lacken, Kunststoffen, Druckfarben und Kühlmittel für Kernreaktoren.
- **Tantal** findet man in Kondensatoren für Handys und Autos, Computern, Spielekonsolen und medizinischen Geräten. Weil Tantal mit 3017 °C einen sehr hohen Schmelzpunkt besitzt, wird es auch als Hochtemperaturlegierung etwa bei Flugzeugturbinen verwendet. In der Chirurgie wird es dank seiner Ungiftigkeit als Implantat (Knochennägel, Prothesen, Kieferschrauben) eingesetzt, da es mit Körperflüssigkeiten nicht reagiert.
- **Tellur** ist weich und spröde und lässt sich damit perfekt zu Pulver verarbeiten. Es wird als Legierungselement für die Stahl-, Gusseisen-, Kupfer- und Bleiherstellung sowie für die Kabelindustrie und für DVD- und Blu-ray-Beschichtungen verwendet, zudem kommt es bei Fotovoltaikanlagen und bei Glas- und Keramikfarben zum Einsatz.
- **Kobalt** wird überwiegend aus Kupfer- oder Nickelerzen gewonnen. Kobaltstahl ist eine der härtesten Legierungen, die es überhaupt gibt, und wird zum Beispiel für Bohraufsätze und Fräsen verwendet. Aber auch im Maschinenbau, in Schiffschrauben oder Flugzeugturbinen, für Katalysatoren, Akkus, als Spurenelement in der Medizin und als hitzefeste Farbe wird es verwendet. Kobalt ist somit ein strategisch äußerst wichtiges Metall.
- **Molybdän** gilt als Industriemetall mit herausragenden Eigenschaften. Man findet es in Superlegierungen, Ventilen, Turbinenschaufeln der Luft- und Raumfahrt, in der chemischen Industrie, bei Bohrern und Fräsen, in Katalysatoren für Erdöl verarbeitende Betriebe und als Röntgenkontrastmittel.
- **Germanium** kommt nur in sehr geringen Konzentrationen vor, meistens als Nebenprodukt bei der Kupfer- und Zinkherstellung. Seine Einsatzmöglichkeiten sind beschränkt, da es von Silizium verdrängt wurde. Bis dahin wurde es als führendes Material in der Elektronik als Halbleiter eingesetzt. Heute

wird es in der Glasfaser- und Infrarotoptik verwendet, ebenso als Wafer für Solarzellen, bei Nachtsichtgeräten, in der Hochfrequenztechnik und als Katalysator zur Herstellung von PET-Flaschen.

- **Chrom** wurde früher als Farbpigment und in der Chromgerberei eingesetzt. Eine andere wichtige Verwendung findet es bei der Hartverchromung von Gusseisen und Kupfer sowie als Dekorverchromung auf Stoßstangen, Alufelgen und Armaturen. Der Chrom-Vanadium-Stahl gilt als besonders hart und langlebig. Chrom fließt auch bei der Herstellung von rostfreiem Stahl ein. Weitere Verwendungen: in Schaufeln von Gas-Turbinen; als Werkstoff für Formplatten sowie Press- und Schlagsenken; bei Apparateteilen in der chemischen, medizintechnischen und Lebensmittelindustrie sowie als härtende Oberflächenbeschichtung für Walzen und Kolben.
- **Zirkonium** bindet Gase und hat eine hohe Durchlässigkeit für Neutronen. Das macht es ideal als Hüllrohrmaterial für Brennelemente in Atomkraftwerken, für die Desoxidation und Entschweflung von Stählen, für feuerfeste Keramiken, für Elektrolyt in Feststoffoxidbrennstoffzellen und als Getter für Vakuumpumpen. Zirkoniumdioxid (Zirkonia) ist zudem das beliebteste Imitat von Diamanten.

Strategische Metalle sind also eine interessante Alternative oder Ergänzung zu anderen Sachwerten. Dennoch gibt es auch hier Licht und Schatten. Die Vor- und die Nachteile sind mit denen der Seltenen Erden identisch (siehe oben).

Mein Fazit zu Seltenen Erden und strategischen Metallen

Seltene Erden und strategische Metalle sind Sachwerte und *können* je nach Portfolio eine Ergänzung oder Alternative zu Edelmetallen sein. Die Kosten und Gebühren sind im Vergleich zu Lebensversicherungen etc. günstiger. Die Risiken sind überschaubar. Aber auch hier gilt: Es ist reine Spekulation, wie sich die Weltkonjunktur in den nächsten Jahren entwickeln wird (Kriege, Pandemien, Bankencrashs, Staatsbankrotte). Zudem stammt die überwiegende Menge an Seltenen Erden aus China. Peking hat also die Kontrolle über einen großen Teil des Weltmarktes. Wird die Ausfuhr deutlich reduziert, steigt der Preis, im umgekehrten Fall sinkt er. Die Abhängigkeit des Marktes und des Preises vom Goodwill einer einzelnen Regierung darf nicht unterschätzt werden. Auch die konjunkturellen Hochs und Tiefs sind zu berücksichtigen.

EXKURS:

Warum ich von Bitcoins und Kryptowährungen nichts halte

Bitcoins und Kryptowährungen sind in aller Munde, und die Gier der Menschen beweist wieder einmal, wie planlos man sein gesamtes Vermögen auf höchst spekulative Weise aufs Spiel setzen kann.

Ja, es gibt einige Beispiele, bei denen Menschen durch Bitcoins reich geworden sind. Diese Beispiele werden immer und immer wieder genannt. Nicht genannt werden hingegen die Tausenden von Anlegern, die ihr ganzes Geld verloren haben. Ich bekomme täglich Zuschriften von Lesern, die unbedingt bei Bitcoins einsteigen und von mir wissen wollen, was ich davon halte.

Meine Antwort ist kurz und knapp: nicht viel.

Bitcoins sind eine spekulative Währung, die durch nichts gedeckt ist. Es ist eine reine Hackerwährung. Hier *meine* Gründe, warum ich davon nicht viel wissen will:

- Es gibt keine materielle Deckung durch Gold oder Geldreserven einer Zentralbank. Das virtuelle Geld ist reines Spekulationsgut.
- Bitcoins sind nicht 100 Prozent sicher vor Hackern, egal was man Ihnen sagt. Hacker schaffen alles. Das Argument der Bitcoin-Sicherheitsfanatiker: Da die Blockchain-Technologie dezentral und verteilt sei, können Hackerangriffe sicher abgewehrt werden. Nur ein 51-Prozent-Angriff könne die Blockchain aus dem Gleichgewicht bringen. Dies sei jedoch »unwahrscheinlich«, wird argumentiert. Vielleicht nach jetzigem Kenntnisstand, aber was ist in 5, 10 oder 15 Jahren? Wallets, die zur Aufbewahrung von Kryptowährungen dienen,

sind hingegen einfacher zu hacken als die Blockchain. Entsprechend gibt es immer wieder erfolgreiche Hackerangriffe auf Personen und Webseiten.[915]

- Es wird nur eine bestimmte Anzahl von Bitcoins generiert. Bei der Gründung wurde nämlich die maximale Stückzahl von 21 Millionen festgelegt.[916] Schätzungen zufolge sind bereits fast 20 Millionen Stück im Umlauf.[917]
- Die Schwankungen sind hoch. Schnelle Gewinne sind möglich, aber nur mit einem extrem hohen Risiko. Vor allem unerfahrene Anleger gehen große Risiken ein und können alles verlieren. Prominentes Beispiel: Im November 2023 gab EZB-Chefin Christine Lagarde zu, dass ihr Sohn sich mit Kryptowährungen verzockt hatte: »Er hat fast alles Geld verloren, das er investiert hat.«[918]

Apropos EZB: Lagarde hat sich in der Vergangenheit stets für eine starke Regulierung von Cyberdevisen ausgesprochen. Die EU hat sich bereits 2022 auf eine Regulierung von Kryptowährungen verständigt. Das Regelwerk mit dem Namen »Markets in Crypto-Assets« (MiCA) trat im Juni 2023 in Kraft. Die komplette Umsetzung der Verordnung dauert voraussichtlich aber noch bis Ende 2024. Die MiCA-Regulierung soll aber nur ein erster Schritt sein.[919]

Die führenden Staaten im Bitcoin-Mining im Jahr 2023:

▪ Vereinigte Staaten	35,4 Prozent
▪ Kasachstan	18,1 Prozent
▪ Russland	11,23 Prozent
▪ Kanada	9,55 Prozent
▪ Irland	4,68 Prozent
▪ Malaysia	4,58 Prozent
▪ **Deutschland**	**4,48 Prozent**
▪ Iran	3,1 Prozent

Quelle: World Population Review[920]

Ich für meinen Teil habe schon vor Jahren einmal eine kleine Summe in Kryptowährungen angelegt, um es zu testen. Ergebnis: 0,00 Rendite.

Meine Skepsis wird durch neue Recherchen von *Report24.news* geteilt. Im Artikel mit dem Titel »Die verborgene Oligarchie von Bitcoin: Wenige Besitzer kontrollieren einen gewaltigen Reichtum« heißt es:

»Seit der Erfindung von Bitcoin im Jahr 2009 hat sich die Kryptowährung zu einem globalen Phänomen entwickelt. Mit über 190 Millionen Nutzern weltweit scheint Bitcoin ein Paradebeispiel für eine dezentralisierte und demokratische Finanzwelt zu sein. Doch ein genauerer Blick offenbart das genaue Gegenteil: Ein kleiner Kreis von Individuen und Institutionen kontrolliert einen erheblichen Teil des gesamten Bitcoin-Vermögens. Das nährt auch den Verdacht auf regelmäßige Manipulation.«[921] Und weiter:

»Demnach sind aktuell 71,5 Prozent der Bitcoins auf nur 2 Prozent der Adressen verteilt. Dabei ist zu beachten, dass Riesen wie BlackRock sehr interessiert und involviert im Bitcoin-Handel sind.[922] Wie viele Anteile der Kryptowährung sie insgesamt kontrollieren, ist nicht klar ersichtlich. Offizielle Verlautbarungen gehen von 1–2 Prozent Eigentümerschaft durch BlackRock, State Street und Vanguard aus.[923] Eine andere Publikation sprach im Mai 2023 davon, dass BlackRock der drittgrößte Bitcoin-Eigentümer der Welt sei[924] – mit 118 300 BTC im Wert von heute 5 Milliarden US-Dollar.«[925] Weiter:

»Diese Konzentration von Bitcoin in den Händen weniger stellt eine Herausforderung für das propagierte Ideal der Dezentralisierung dar. Während Bitcoin als demokratisches und dezentralisiertes Finanzsystem konzipiert wurde, zeigt die Realität, dass ein großer Teil des Reichtums und der Macht in den Händen einer kleinen Elite liegt. Diese Konzentration kann zu Marktmanipulationen führen und die Stabilität der Währung beeinträchtigen. Dabei ist zu berücksichtigen, dass Bitcoin ein Fantasiegebilde ist, eine reine Luftblase, die auf dem guten Glauben jener beruht, die darin investieren.«[926]

Neben Bitcoins gibt es noch Hunderte andere Kryptowährungen, die fast alle nach dem gleichen Prinzip arbeiten und geschaffen wurden. Lassen Sie eine Investition besser bleiben. Ich kenne Menschen, die sogar Kredite dafür aufgenommen und dann alles verloren haben. Vergessen Sie niemals: Was Hacker erfinden, können Hacker auch wieder zerstören. Was Hacker anrichten können, zeigte sich beispielsweise am 9. Januar 2024:

»Falschmeldung sorgt für Aufruhr – Krypto-Kurse explodieren nach Börsen-Hack«[927] schrieb die *Bild*.

Was war passiert?

Hacker verschafften sich Zugriff auf den X-Account (ehemals Twitter) der US-Börsenaufsicht SEC. Das hatte sofort Auswirkungen auf die Kurse. Die Hacker verkündeten die Zulassung der Bitcoin-Spot-ETFs. Anleger könnten dann einfach ihr Aktiendepot in Kryptowährungen investieren. Die Folge: Die Kurse der Kryptowährung Bitcoin stiegen rasant: In kürzester Zeit sprang der Bitcoin-Kurs um 1000 Dollar auf 48 000 Dollar.[928] Einige wenige machten Riesengewinne. Verstehen Sie, was ich meine?

Dennoch: Am 10. Januar 2024 erlaubte die US-Börsenaufsicht neue Indexfonds auf den Bitcoin. Nun können amerikanische Kunden mit Indexfonds (ETFs) schnell und einfach in den Bitcoin investieren. Der amerikanische Anlegerschützer Dennis Kelleher warnt davor, dass wahrscheinlich auch die Finanzstabilität untergraben werde, aber Kryptos seien »schlimmer als Casino-Chips«.[929]

Die Analyseplattform CoinGecko veröffentlichte Ende Januar 2024 eine Studie, nachdem von 24 000 Bitcoin-Marken schon 14 039 nicht mehr aktiv waren. Viele davon entpuppten sich zudem als Lug und Trug.[930]

Der *Spiegel* schrieb: »Tatsächlich weiß niemand, wie sich der Bitcoin-Kurs künftig entwickelt. Kritiker verweisen darauf, dass der intrinsische Wert der virtuellen Münzen bei null liegt. So gesehen ist jeder Kauf eine Wette darauf, dass sich ein Käufer findet, der einen noch höheren Preis für die Coins bezahlt. Die Rede ist von der ›Greater Fool Theory‹: Selbst mit heißer Luft lässt sich Geld verdienen, solange sich ein noch größerer Trottel findet, der sie für einen höheren Preis abkauft.«[931]

Wie schon angesprochen, steigt die Gefahr von Cyberangriffen auf Banken, aber auch auf Hackerwährungen Tag für Tag. Auch die EZB bekommt langsam kalte Füße und schlug am 9. Februar 2024 Alarm: Hackerangriffe bedrohen unsere Finanzsysteme. Mit einem Fragenkatalog von 476 Fragen will die EZB die Banken auf Herz und Nieren prüfen, denn ein erfolgreicher Angriff **könnte das gesamte System zum Erliegen** bringen und Millionen Menschen finanziell in die Knie zwingen. »Wie ein Dominostein könnte plötzlich ein Stein nach dem anderen im System fallen«[932], wie der Fachjournalist Patrick Langendorf in *The Epoch Times* schreibt.

Auch Mark Branson, der Chef der deutschen Finanzaufsicht BaFin warnte davor, dass die Gefahr von Cyberangriffen steige und die Abhängigkeiten von einigen großen IT-Dienstleistern wachsen würden.[933]

Im Bericht der BaFin schildert die Behörde einen Fall aus den USA, der die Auswirkungen aufzeigen soll und den Patrick Langendorf wie folgt zusammenfasst:

»Anfang November war die ›ICBC Financial Services‹, eine US-Tochter der chinesischen Bank ICBC, einer Erpresserattacke der Hackergruppe Lockbit zum Opfer gefallen. Die Bank ist klein, doch der Angriff hatte Auswirkungen weit über sie hinaus. Da die Bank als Clearingstelle für den Handel mit US-Schatzbriefen diente, kam dieser teilweise zum Erliegen. Nur kurzfristig, doch andere Banken konnten nicht mehr nachvollziehen, wie viele Papiere sie halten und wie groß die Risiken in den eigenen Büchern waren. Im Wertpapierhandel ist das ein großes Problem. Wenn Banken ihre Risikopositionen nicht mehr kennen, geht das schnell an die Existenz, da keiner mehr die Zahlungsfähigkeit des Hauses einschätzen kann. Ein solches Desaster im Kernbankensystem ist der größte anzunehmende Ernstfall für jeden Bankenaufseher.«[934]

Die Gefahr von Hackerangriffen auf Banken ist also real. Die Gefahr von Angriffen auf Hackerwährungen ebenfalls. Ich als konservativer Anleger, der Risiken so gut wie ausschließen oder minimieren will, halte deshalb nichts von den »Trottel-Währungen« Bitcoin & Co., mit denen man seinen gesamten Einsatz in Sekundenschnelle verlieren kann. Für manche mag das antiquiert oder altmodisch klingen, weswegen ich antworte: Mein konservatives Sachwert-Portfolio macht seit Jahrzehnten Gewinne, und zwar ohne Bitcoin.

XVI. So kann Ihr Bankencrash- und Krisenschutzportfolio aussehen

Wie Sie gesehen haben, beruhen *meine* Empfehlungen für den Schutz Ihres Vermögens in der Hauptsache auf konservativen Sachwertanlagen. Das vorgeschlagene Portfolio ist konservativ, sachwertorientiert und nutzt dennoch verschiedene Anlagestrukturen, um Ihre Erträge möglichst inflations- und krisensicher zu erwirtschaften. Gleichzeitig sichern Sie sich Liquidität und die Chance, an neuen Märkten teilzuhaben.

Praxistipp 26:

Eine **breite** Streuung ist dabei wichtig. Verlassen Sie sich nicht nur auf Edelmetalle oder Aktieninvestments. Bei meinem Portfolio investieren Sie in sieben Anlageklassen. So können eventuelle Verluste untereinander ausgeglichen werden. Frei nach dem Motto: »Wer streut, fällt nicht!«

So **kann** Ihr individuelles Vermögens- und Krisenschutzportfolio aussehen:

▪ Konjunkturunabhängige Aktien	25 Prozent
▪ Gold	25 Prozent
▪ Aktienfonds	15 Prozent
▪ Silber	15 Prozent
▪ Ackerland und/oder Holz	10 Prozent
▪ Strategische Metalle und/oder Seltene Erden	5 Prozent
▪ Rohstoffe	5 Prozent
▪ Immobilieninvestments	0*

* Wie ich im Kapitel »Immobilien« bereits beschrieben habe, ist eine Einschätzung des Immobilienmarktes aufgrund der derzeitigen Geisterfahrerpolitik nicht möglich. Ansonsten würde ich Immobilieninvestments mit 15 Prozent ins Portfolio nehmen, Gold und konjunkturunabhängige Aktien auf 20 Prozent reduzieren, Aktienfonds auf 10 Prozent.

Es handelt sich dabei nur um einen Vorschlag. Auch kann sich die globale Situation schnell ändern und so die obige Gewichtung verschieben.

Hier noch weitere Praxistipps:

Praxistipp 27:

Wie Sie Ihre *persönliche* Portfoliozusammenstellung vornehmen, hängt von Ihren individuellen Zielen, Wünsche und Ihrer individuellen Situation ab.

Praxistipp 28:

Wichtig: Überprüfen Sie die Zusammensetzung Ihres Portfolios von Zeit zu Zeit, und reagieren Sie auf sich verändernde Umstände.

Praxistipp 29:

Es ergibt keinerlei Sinn, Geld anzulegen, wenn Sie noch eine hohe Schuldenlast haben. Tilgen Sie diese bitte zuerst, und halten Sie sich zurück, neue Schulden zu machen.

Praxistipp 30:

Halten Sie eine Barreserve von bis zu *sechs Monatseinkommen* als *Notgroschen* im *eigenen Safe*. Das schützt vor Zwangsabgabe und Bankenschließungen.

Praxistipp 31:

Seien Sie sich bewusst: Kein Finanzprodukt kann eine hohe Rendite mit maximaler Sicherheit und hoher Liquidität garantieren.

Praxistipp 32:

Schwimmen Sie gegen den Strom, und seien Sie besonnen! Menschen sind Herdentiere. Sie tun das, was alle tun. Ist Gold »in«, kaufen alle Gold. Sind Aktien »out«, verkaufen alle Aktien. Machen Sie dieses Herdenspiel nicht mit! Schwimmen Sie gegen den Strom und handeln Sie anders als die Masse. Vor allem aber: Seien Sie besonnen und überlegt.

→

Praxistipp 33 (nicht ganz ernst gemeint):

Wenn Sie zu denjenigen gehören, die gerne risikoreich »zocken«, empfehle ich eine viel einfachere Methode als ein sicherheitsbewusstes Vermögensmanagement: Gehen Sie ins nächste Casino und setzen Sie alles auf Schwarz oder Rot.

Ihre Chance beträgt dann fast 50 Prozent (wenn nicht die Null gespielt wird), dass Sie Ihren Einsatz verdoppeln. Natürlich gilt das auch, um Ihr Geld zu verlieren. Aber das ist jedenfalls transparenter und nicht so zeitraubend, als wenn Sie tagtäglich bei der Analyse der Börsenentwicklung tausend Tode sterben und dafür keine Nerven haben ☺.

Praxistipp 34:

Denken Sie auch an die Bankendiversifizierung, also die Übertragung Ihrer Vermögenswerte auf möglichst viele Institute und eventuell auch auf die Eröffnung eines Auslandskontos. Ein eigener Tresor ist ebenfalls sinnvoll.

Noch ein letztes offenes Wort: Die Verantwortung für die Gestaltung Ihrer Vermögensanlage und die sich daraus ergebenden Konsequenzen haben letztendlich Sie selbst zu tragen.

Es ist äußerste Vorsicht bei Investmententscheidungen gefordert. Die weltweite Situation zeigt, dass das physische Eigentum von Sachwerten eine höhere Sicherheit bieten kann als ein Papiergeldvermögen. Das hat uns die Vergangenheit eindringlich vor Augen geführt.

Ich hoffe, ich konnte Ihnen wertvolle Tipps geben, wie Sie Ihr Vermögen und die Zukunft Ihrer Familie auch in diesen schwierigen Zeiten schützen können. Ich wünsche Ihnen das Beste und vor allem gute Gesundheit.

Quellen und Anmerkungen

Die Links in den Quellenangaben wurden zum Zeitpunkt der Recherche geprüft und verifiziert. Bei Redaktionsschluss waren die Quellen alle aufrufbar. Sollte dies nach der Drucklegung nicht mehr der Fall sein, so können Online-Artikel oft noch über die Wayback Machine des Internetarchivs (*https://archive.org/web/*) aufgefunden werden. Für Links, die nach der Veröffentlichung von den Seitenbetreibern gelöscht oder verändert wurden, übernehmen Verlag und Autor keine Verantwortung.

1 Röpke, Wilhelm: *Die Lehre von der Wirtschaft*, Erlenbach/Zürich/Stuttgart 1958, S. 131.
2 Haase, Daniel; Ewert, Gerd: »Staatsbankrott & Währungsreform«, in: *Das Edelmetall & Rohstoffmagazin* 2009/2010, Neustadt a. d. Orta, 2009, S. 92.
3 *https://www.focus.de/finanzen/gastbeitrag-von-gabor-steingart-nach-pleite-der-silicon-valley-bank-erklaert-star-oekonom-sinn-wie-es-nun-weitergeht_id_188290844.html.*
4 *https://finanzmarktwelt.de/bankenkrise-top-analyst-fuer-anleihen-warnt-288143/.*
5 Zur Verfügung gestellt von der Wirtschaftsberatung Euronetwork.
6 *https://www.euronetwork.de/pages/die-ursachen.php; https://de.wikipedia.org/wiki/Liste_von_UnternehmenszusammenbrProzentC3ProzentBCchen_und_-skandalen; https://www.manager-magazin.de/unternehmen/banken/a-877700.html; https://www.northchannelbank.de/.*
7 *https://www.techbook.de/shop-pay/payment-services/insha-bank-betrieb-eingestellt.*
8 Vgl. Grandt, Michael: *Der Staatsbankrott kommt*, Rottenburg 2010, S. 81 ff.
9 Ebd.
10 Ebd.
11 Quelle: *Der große Crash* (ZDF, Ausstrahlung am 10.09.2009).
12 Quelle: Thomson Financial Datastream, in: *Der Spiegel*, 48/2009, S. 78.
13 Quelle: EZB-Statistik, in: *Der Spiegel*, 48/2009, S. 81.
14 *Der Spiegel*, 48/2009, S. 75.
15 *Handelsblatt* vom 8. Dezember 2009.
16 Quelle: Bloomberg, in: *Handelsblatt* v. 5. November 2009.
17 *Handelsblatt* vom 4. Januar 2010.
18 Quelle: Thomson Financial Datastream, in: *Der Spiegel* 14/2009.
19 *Der Spiegel* 18/2009, S. 42.
20 Quelle: IWF.
21 *Handelsblatt* vom 4. Januar 2010.

22 Vgl. Euler Hermes; FDIC; Challenger, Grey & Christmas; Commerzbank Research; Bloomberg; US-Regierung; *Handelsblatt*.
23 *Der Spiegel* 48/2009, S. 78.
24 Ebd., S. 79.
25 *Handelsblatt* vom 5. November 2009.
26 *http://www.welt.de/finanzen/schulden-kinder/article3612007/Wenn-ein-ganzes-Land-pleite-ist.html?query=bankrottProzent20island.*
27 *https://web.archive.org/web/20090705095115/http://www.tagesschau.de/ausland/island210.html.*
28 *http://www.welt.de/finanzen/article4255129/Grossaktionaere-pluenderten-offenbar-Kaupthing-Bank.html.*
29 *http://www.welt.de/welt_print/article2550311/Island-ist-bankrott.html.*
30 *http://www.wiwo.de/politik-weltwirtschaft/islands-angst-vor-dem-staatsbankrott-373666/.*
31 *http://www.wiwo.de/politik-weltwirtschaft/islands-angst-vor-dem-staatsbankrott-373666/.*
32 *Handelsblatt* vom 6. Januar 2010.
33 *http://www.welt.de/wirtschaft/article3345420/Island-verstaatlicht-die-letzte-grosse-Bank.html.*
34 *https://web.archive.org/web/20090705095115/http://www.tagesschau.de/ausland/island210.html.*
35 *Handelsblatt* vom 9. Dezember und 22. Dezember 2009.
36 *Handelsblatt* vom 10. Dezember 2009.
37 *Handelsblatt* vom 9. Dezember 2009.
38 Ebd.
39 *https://web.archive.org/web/20091113011749/http://www.sueddeutsche.de/wirtschaft/556/493898/text/.*
40 *Handelsblatt* vom 11. Januar 2010.
41 *https://www.reuters.com/article/idUSBEE61J04K/.*
42 *Handelsblatt* vom 30. November 2010.
43 Grandt, Michael: *Der Staatsbankrott kommt*, Rottenburg 2010.
44 *Handelsblatt* vom 30. November 2010.
45 *Handelsblatt* vom 16. Dezember 2010.
46 Ebd.
47 *Handelsblatt* vom 7. August 2012.
48 Grandt, Michael: *Deutschland vor dem Kollaps*, Rottenburg 2013, S. 129 ff.
49 *Handelsblatt* vom 27. Mai 2013.
50 *http://www.dw.de/zweiter-schuldenschnitt-fProzentC3ProzentBCr-athen-wird-kommen/a-16340215.*
51 *https://web.archive.org/web/20090705095115/http://www.tagesschau.de/ausland/island210.html.*
52 *WirtschaftsWoche* Nr. 23 vom 3. Juni 2013.
53 Ebd.
54 Ebd.
55 *https://www.handelsblatt.com/politik/international/staatsfinanzen-griechenland-reduziert-seine-schuldenquote-so-stark-wie-kein-anderes-eu-land/29134462.html.*
56 Ebd.

57 *https://www.bild.de/politik/ausland/politik-ausland/griechenland-wunder-premierminister-mitsotakis-wir-sind-zurueck-86523310.bild.html.*
58 Ebd.
59 Ebd.
60 *https://www.arbeitsagentur.de/news/arbeitsmarkt.*
61 *https://www.bild.de/politik/ausland/politik-ausland/griechenland-wunder-premierminister-mitsotakis-wir-sind-zurueck-86523310.bild.html.*
62 Ebd.
63 Ebd.
64 *https://www.bundesfinanzministerium.de/Web/DE/Themen/Europa/Der_Euro/Europaeische_Zentralbank/europaeische_zentralbank.html.*
65 *Welt am Sonntag* vom 28. Dezember 2010.
66 *Handelsblatt* vom 18. Februar 2013.
67 Ebd.
68 Vgl. *tagesschau.de* vom 18. März 2013.
69 Quellen: *http://deutsche-wirtschafts-nachrichten.de/2013/03/26/explosive-stimmung-in-zypern-tausend-studenten-vor-dem-parlament/*; *http://deutsche-wirtschafts-nachrichten.de/2013/03/26/kapital-macht-rueber-die-russen-sind-raus-aus-zypern/*; *http://www.welt.de/wirtschaft/article114721094/Zyprer-duerfen-nur-noch-100-Euro-taeglich-abheben.html*; *http://www.tagesanzeiger.ch/wirtschaft/konjunktur/Arbeitslosigkeit-Armut-und-eine-ZombieWirtschaft/story/29801079*; *http://deutsche-wirtschafts-nachrichten.de/2013/03/25/euro-chef-dijsselbloem-kuendigt-weitere-haircuts-an/*; *http://www.stuttgarter-zeitung.de/inhalt.zypern-loesung-auch-berlin-koennte-banken-kurzfristig-schliessen.072bd4ae-5358-445f-9dd5-6606bab69fdc.html*; *http://deutsche-wirtschafts-nachrichten.de/2013/03/26/bank-of-cyprus-der-schneeball-rollt-ins-mittelmeer/*; *http://deutsche-wirtschafts-nachrichten.de/2013/03/26/chaos-in-bruessel-dijsselbloem-gegen-dijsselbloem/*; *http://eurodemostuttgart.wordpress.com/2013/03/25/zypern-fratze-der-euro-diktatur-enteignungen-ohne-parlamentsbeschluss/*; *http://www.mmnews.de/index.php/wirtschaft/12498-zypern-totalrasur*; *http://fortunanetz.de/?lesen=KW132613a#KW132613a.*
70 Quellen: *http://deutsche-wirtschafts-nachrichten.de/2013/03/19/in-letzter-minute-zypern-politiker-pluenderten-ihre-bank-konten/*; *http://deutsche-wirtschafts-nachrichten.de/2013/03/16/schaeuble-bankeinlagen-sind-eine-sensible-sache-daher-macht-man-es-am-wochenende/*; *http://deutsche-wirtschafts-nachrichten.de/2013/03/19/merkel-die-banken-in-zypern-bleiben-geschlossen/*;

http://diepresse.com/home/wirtschaft/eurokrise/1377961/Zypern_Ablehnung-der-Zwangsabgabe-so-gut-wie-fix?_vl_backlink=/home/wirtschaft/eurokrise/1356757/index.do&direct=1356757; *http://deutsche-wirtschafts-nachrichten.de/2013/03/19/entsetzen-in-bruessel-zypern-lehnt-zwangs-hilfe-ab/*; *https://web.archive.org/web/20130322024401/http://www.handelsblatt.com/politik/deutschland/parlamentsabstimmung-zyperns-regierungspartei-laesst-rettungspaket-platzen/7954300.html*; *https://www.spiegel.de/wirtschaft/zypern-parlament-stimmt-ueber-zwangsabgabe-ab-a-889714.html.*

71 Quellen: *http://deutsche-wirtschafts-nachrichten.de/2013/03/20/merkel-deutschland-will-eine-loesung-fuer-zypern/*; *http://deutsche-wirtschafts-nachrichten.de/2013/03/20/bundesregierung-beruft-sondersitzung-ein/*; *http://deutsche-wirtschafts-nachrichten.de/2013/03/20/crash-gefahr-ezb-verschiebt-zahlung-von-not-krediten-an-zypern/*; *http://deutsche-wirtschafts-nachrichten.de/2013/03/20/schaeuble-zweifelt-ob-banken-in-zypern-ueberhaupt-wieder-oeffnen-koennen/*; *https://www.welt.de/newsticker/news2/article109822355/Trittin-will-rueckwirkende-Vermoegensbesteuerung-einfuehren.html*; *https://web.archive.org/web/20170411114424/https://www.infowars.com/banking-chief-calls-for-15-looting-of-italians-savings/*; *http://deutsche-wirtschafts-nachrichten.de/2013/03/19/spanien-hyper-nervoes-minister-bankguthaben-unter-100-000-euro-sind-heilig/.*

72 *http://deutsche-wirtschafts-nachrichten.de/2013/03/26/explosive-stimmung-in-zypern-tausend-studenten-vor-dem-parlament/.*

73 Ebd.

74 *http://www.tagesschau.de/wirtschaft/zypern478.html.*

75 Quellen: *http://deutsche-wirtschafts-nachrichten.de/2013/03/26/explosive-stimmung-in-zypern-tausend-studenten-vor-dem-parlament/*; *http://deutsche-wirtschafts-nachrichten.de/2013/03/26/kapital-macht-rueber-die-russen-sind-raus-aus-zypern/*; *http://www.welt.de/wirtschaft/article114721094/Zyprer-duerfen-nur-noch-100-Euro-taeglich-abheben.html*; *http://www.tagesanzeiger.ch/wirtschaft/konjunktur/Arbeitslosigkeit-Armut-und-eine-ZombieWirtschaft/story/29801079*; *http://deutsche-wirtschafts-nachrichten.de/2013/03/25/euro-chef-dijsselbloem-kuendigt-weitere-haircuts-an/*; *http://www.stuttgarter-zeitung.de/inhalt.zypern-loesung-auch-berlin-koennte-banken-kurzfristig-schliessen.072bd4ae-5358-445f-9dd5-6606bab69fdc.html*; *http://deutsche-wirtschafts-nachrichten.de/2013/03/26/bank-of-cyprus-der-schneeball-rollt-ins-mittelmeer/*; *http://deutsche-wirtschafts-nachrichten.de/2013/03/26/chaos-in-bruessel-dijsselbloem-gegen-dijsselbloem/*;

http://eurodemostuttgart.wordpress.com/2013/03/25/zypern-fratze-der-euro-diktatur-enteignungen-ohne-parlamentsbeschluss/; *http://www.mmnews.de/index.php/wirtschaft/12498-zypern-totalrasur*; *http://fortunanetz.de/?lesen=KW132613a#KW132613a.*

76 *Handelsblatt* vom 23. April 2013.

77 *https://web.archive.org/web/20130424025035/http://www.t-online.de/wirtschaft/schuldenkrise/id_63075456/zypern-zwangsabgabe-trifft-auch-hilfsorganisationen.html.*

78 *http://www.tagesschau.de/wirtschaft/zypern-bundestag104.html.*

79 Vgl. *http://deutsche-wirtschafts-nachrichten.de/2013/06/27/eurogruppe-einigt-sich-erst-zahlen-aktionaere-und-glaeubiger-dann-die-sparer/.*

80 Vgl. Pressemitteilung der EU-Kommission »Council agrees position on bank resolution« vom 27. Juni 2013, *http://www.consilium.europa.eu/uedocs/cms_data/docs/pressdata/en/ecofin/137627.pdf.*

81 *Handelsblatt* vom 20. Juni 2013.

82 *http://deutsche-wirtschafts-nachrichten.de/2013/06/28/erneute-panik-in-zypern-kapitalflucht-trotz-kontrollen/.*

83 *https://www.ginmon.de/wiki/zypernkrise/.*

84 Ebd.

85 *http://www.forbes.com/lists/.*

86 *https://www.bpb.de/kurz-knapp/lexika/das-junge-politik-lexikon/320279/fauler-kredit/.*

87 *https://www.sueddeutsche.de/wirtschaft/hypo-real-estate-die-hre-ist-von-aussen-zerstoert-worden-1.3429201.*

88 Grandt, Michael: *Der Staatsbankrott kommt*, Rottenburg 2010, S. 81 ff. (Quellen jeweils *Handelsblatt*; die Zahlen basieren auf der Summe aus Abschreibungen, Risikovorsorge und Handelsverlusten).

89 Ebd.

90 *Handelsblatt* vom 4. Januar 2010.

91 Grandt, Michael: *Der Staatsbankrott kommt*, Rottenburg 2010, S. 81 ff. (Quellen jeweils *Handelsblatt*; die Zahlen basieren auf der Summe aus Abschreibungen, Risikovorsorge und Handelsverlusten).

92 Ebd.

93 Ebd.

94 Ebd.

95 Ebd.

96 Ebd.

97 Ebd.

98 Ebd.

99 Ebd.

100 Allgemein gibt die Marktkapitalisierung den aktuellen Börsenwert eines Unternehmens wieder und errechnet sich aus der Multiplikation des Aktienkurses mit der Zahl der ausgegebenen Aktien, *https://de.statista.com/statistik/daten/studie/165637/umfrage/marktkapitalisierung-von-banken-in-europa/.*

101 Ebd.

102 *https://freeassange.rtde.me/nordamerika/191594-us-staatsschulden-auf-neuem-rekordhoch/.*
103 *https://freeassange.rtde.me/wirtschaft/170763-warum-zahlungsausfall-usa-fuer-westlichen/.*
104 *https://freeassange.rtde.me/nordamerika/191594-us-staatsschulden-auf-neuem-rekordhoch/.*
105 *https://www.ceicdata.com/de/indicator/france/government-debt--of-nominal-gdp.*
106 *https://freeassange.rtde.me/nordamerika/191594-us-staatsschulden-auf-neuem-rekordhoch/.*
107 Ebd.
108 *https://freeassange.rtde.me/europa/191985-zeitbombe-eu-schulden-tickt/.*
109 Ebd.
110 Ebd.
111 Ebd.
112 Ebd.
113 Vgl. *Financial Times*, zitiert in: *https://freeassange.rtde.me/europa/191468-financial-times-wirtschaft-eurozone-sieht/.*
114 Rede von Viktor Orbán auf dem Kongress der Fidesz-Partei, zitiert in: *https://freedert.online/meinung/187944-eu-bereitet-sich-auf-das-ende-vor/.*
115 Vgl. Abschlussbericht G20 Summit Seoul (2010), zitiert in: ebd.
116 Vgl. Abschlussbericht G20 Summit Pittsburgh (2009), zitiert in: ebd.
117 *https://www.bundesfinanzministerium.de/Monatsberichte/2019/03/Inhalte/Kapitel-3-Analysen/3-2-finanzmarktregulierung_pdf.pdf?__blob=publicationFile&v=3.*
118 Ebd.
119 Ebd.
120 *https://safe-frankfurt.de/fileadmin/user_upload/editor_common/Communication/news/SAFE_Studie_Finanzmarktregulierung.pdf.*
121 Ebd.
122 Die Liquiditätsdeckungsquote ist im Bankwesen eine im Zuge von Basel III etablierte betriebswirtschaftliche Kennzahl zur Bewertung des kurzfristigen Liquiditätsrisikos von Kreditinstituten.
123 Mit NSFR soll ein Mindestbestand an langfristiger Refinanzierung sichergestellt werden. Außerdem soll die Inkongruenz zwischen den Fristenstrukturen von Aktiv- und Passivgeschäften begrenzt werden.
124 *https://safe-frankfurt.de/fileadmin/user_upload/editor_common/Communication/news/SAFE_Studie_Finanzmarktregulierung.pdf.*
125 Ebd.
126 Ebd., S. 23 ff.
127 Siehe Abschlussberichte G20 Summit London (2009), G20 Summit Pittsburgh (2009) und G20 Summit Seoul (2010), zitiert in: *https://safe-frankfurt.de/fileadmin/user_upload/editor_common/Communication/news/SAFE_Studie_Finanzmarktregulierung.pdf*, S. 32 ff., sowie Europäische Kommission: Progress of financial reforms (ebd.).
128 Ebd.
129 Ebd.
130 Ebd.
131 Ebd.

132 Der Basiswert (auch Underlying genannt) bezeichnet den Wert (z. B. ein Wertpapier, eine Währung, ein Index oder Rohstoff), der einem Derivat wie einer Option, einem Future, einem Warrant oder aber einem strukturierten Produkt zugrunde liegt.
133 Währung im Original: Schweizer Franken.
134 *https://www.postfinance.ch/de/privat/beduerfnisse/anlagewissen/was-sind-derivate.html.*
135 Die London Interbank Offered Rate, kurz Libor, ist der Referenzzinssatz im internationalen Interbankengeschäft.
136 *https://www.postfinance.ch/de/privat/beduerfnisse/anlagewissen/was-sind-derivate.html.*
137 *https://safe-frankfurt.de/fileadmin/user_upload/editor_common/Communication/news/SAFE_Studie_Finanzmarktregulierung.pdf.*
138 Hedgefonds sind aktiv verwaltete Investmentfonds, deren Geschäftszweck in alternativen Investments besteht und die deshalb höhere Finanzrisiken eingehen als klassische Investmentfonds (vgl. Eilenberger, Guido: *Lexikon der Finanzinnovationen*, Berlin 1996, S. 213).
139 *https://safe-frankfurt.de/fileadmin/user_upload/editor_common/Communication/news/SAFE_Studie_Finanzmarktregulierung.pdf.*
140 Ebd.
141 Makroprudenzielle Instrumente sind Maßnahmen, die auf die Erhaltung der Stabilität des Finanzsystems abzielen. Die Maßnahmen können je nach Verbindlichkeit und rechtlicher Eingriffstiefe in weiche, mittlere und harte Instrumente unterteilt werden.
142 *https://www.bundesbank.de/de/aufgaben/finanz-und-waehrungssystem/finanz-und-waehrungsstabilitaet/begriffe-und-definitionen/begriffe-und-definitionen-600020.*
143 *https://safe-frankfurt.de/fileadmin/user_upload/editor_common/Communication/news/SAFE_Studie_Finanzmarktregulierung.pdf.*
144 Ebd., S. 45.
145 *https://www.eba.europa.eu/eba-publishes-results-its-2023-eu-wide-stress-test.*
146 *https://blogs.pwc.de/de/regulatory/article/238754/eba-veroeffentlicht-ergebnisse-ihres-stresstests-2023/.*
147 *https://www.eba.europa.eu/eba-publishes-results-its-2023-eu-wide-stress-test*; *https://blogs.pwc.de/de/regulatory/article/238754/eba-veroeffentlicht-ergebnisse-ihres-stresstests-2023/.*
148 Ebd.
149 Ebd.
150 Vgl. dazu auch: Thorsten Wittmann, *https://www.youtube.com/watch?v=cED6MbgSXKo.*
151 *https://www.washingtonpost.com/opinions/2023/07/11/banks-fed-stress-test-interest-rates/.*
152 Ebd.
153 *https://www.diepresse.com/16795774/bankenstresstests-im-test.*
154 Moral Hazard = wörtlich: »moralisches Wagnis«; ein im Zusammenhang mit internationalen Finanzkrisen benutzter Terminus, der zum Ausdruck bringen soll, dass private Wirtschaftsakteure, insbesondere Gläubiger, Kredite vergeben, ohne angemessen auf Kreditrisiken zu achten, weil sie hoffen, dass im Falle des Ausfalls internationale Organisationen, insbesondere der *Internationale Währungsfonds* (IWF) und die *Weltbank*, für eine Schadensregulierung geradestehen werden (Zitat aus: *Gabler Bankenlexikon; https://www.gabler-banklexikon.de/definition/moral-hazard-59952*).

155 *https://safe-frankfurt.de/fileadmin/user_upload/editor_common/Communication/news/SAFE_Studie_Finanzmarktregulierung.pdf.*
156 *https://www.consilium.europa.eu/de/policies/banking-union/.*
157 Ebd.
158 Ebd.
159 Ebd.
160 CRD IV und V: Die Richtlinie enthält Vorschriften über Kapitalpuffer, Vergütungen und Bonuszahlungen an Bankmitarbeiter, Beaufsichtigung und Unternehmensführung.
161 CRR I und II: Aufsichtsanforderungen für Eigenkapital, Liquidität und Kreditrisiken von Wertpapierfirmen und Kreditinstituten (ebd.), *https://www.consilium.europa.eu/de/policies/banking-union/.*
162 *https://www.consilium.europa.eu/de/policies/banking-union/.*
163 *https://www.consilium.europa.eu/de/press/press-releases/2023/06/27/banking-sector-provisional-agreement-reached-on-the-implementation-of-basel-iii-reforms/.*
164 *https://www.consilium.europa.eu/de/policies/banking-union/.*
165 Ebd.
166 *https://www.bundesbank.de/resource/blob/597954/fcf7328940de422b2bc0548fdcefe2a9/mL/2015-12-einlagensicherung-data.pdf*, S. 3.
167 *https://www.consilium.europa.eu/de/policies/banking-union/.*
168 Ebd.
169 Ebd.
170 Ebd.
171 Ebd.
172 Ebd.
173 *https://www.gabler-banklexikon.de/definition/total-loss-absorbing-capacity-81552.*
174 *https://sp-unternehmerforum.de/was-ist-tlac/.*
175 *https://www.consilium.europa.eu/de/press/press-releases/2022/10/04/daisy-chains-council-adopted-a-revised-bank-resolution-framework/.*
176 *https://eur-lex.europa.eu/legal-content/EN/TXT/PDF/?uri=CELEX:32022R2036&from=DE.*
177 *https://www.consilium.europa.eu/de/policies/banking-union/.*
178 Ebd.
179 *https://www.consilium.europa.eu/de/infographics/infographics-srm/.*
180 Ebd.
181 *https://www.dw.com/de/neuer-anlauf-eu-soll-bankenunion-vollenden/a-65363615.*
182 Ebd.
183 Ebd.
184 Ebd.
185 Ebd.
186 Ebd.
187 *https://www.tagesschau.de/wirtschaft/finanzen/eu-banken-einlagensicherung-lindner-100.html.*
188 Ebd.
189 *https://www.dw.com/de/neuer-anlauf-eu-soll-bankenunion-vollenden/a-65363615.*

190 *https://www.bundesfinanzministerium.de/Web/DE/Themen/Europa/Der_Euro/Europaeische_Zentralbank/europaeische_zentralbank.html.*
191 Der Anteil der Deutschen Bundesbank beläuft sich auf rund 21 Prozent am gezeichneten und 26 Prozent am eingezahlten Kapital der EZB, vgl. *https://www.bundesfinanzministerium.de/Web/DE/Themen/Europa/Der_Euro/Europaeische_Zentralbank/europaeische_zentralbank.html.*
192 *https://www.tagesgeldvergleich.net/statistiken/ezb-anleihekaeufe.html.*
193 In Deutschland geben der Bund und die Bundesländer Bundesanleihen oder Bundeswertpapiere heraus, *https://www.sparkasse.de/pk/ratgeber/finanzplanung/investieren/in-wertpapiere-investieren/staatsanleihen-kaufen.html.*
194 *https://www.springerprofessional.de/notenbanken/staatsanleihe/ezb-baut-anleiheprogramme-nur-langsam-ab/25214164.*
195 Ebd.
196 Die Zahlen für 2023 liegen noch nicht vor.
197 Laut Leibniz-Zentrum für Europäische Wirtschaftsforschung Mannheim (LEW), *https://www.springerprofessional.de/notenbanken/staatsanleihe/ezb-baut-anleiheprogramme-nur-langsam-ab/25214164.*
198 *https://www.faz.net/aktuell/finanzen/anleihekaeufe-ezb-hat-ein-portfolio-von-fuenf-billionen-euro-18299173.html.*
199 *https://www.springerprofessional.de/notenbanken/staatsanleihe/ezb-baut-anleiheprogramme-nur-langsam-ab/25214164.*
200 Ebd.
201 Ebd.
202 Ebd.
203 Ebd.
204 *https://deutsche-wirtschafts-nachrichten.de/705957/melonis-italien-wird-zur-gefahr-fuer-europas-finanzsystem.*
205 Ebd.
206 Ebd.
207 *https://www.wiwo.de/politik/deutschland/geldpolitik-der-bundesrechnungshof-warnt-vor-verlusten-der-bundesbank-/29222190.html.*
208 Ebd.
209 Ebd.
210 Ebd.
211 *https://www.tichyseinblick.de/meinungen/bundesbank-rekapitalisierung/.*
212 Ebd.
213 Ebd.
214 Ebd.
215 Ebd.
216 Ebd.
217 *https://finanzmarktwelt.de/bundesbank-mit-22-milliarden-euro-verlust-ausgleich-durch-rueckstellungen-und-ruecklagen-302181/.*

218 *https://www.handelsblatt.com/finanzen/banken-versicherungen/banken/kredit-verspielt-warum-die-bankenkrisen-nicht-aufhoeren/29053402.html*; *https://www.hanswernersinn.de/de/warum-bankenkrisen-nicht-aufhoeren-hb-24032023.*

219 *https://de.statista.com/statistik/daten/studie/1374048/umfrage/bilanzsumme-der-global-systemrelevanten-banken/.*

220 Ebd.

221 Art. 6 Abs. 3 Richtlinie zur Durchführung und Qualitätssicherung der laufenden Überwachung der Kredit- und Finanzdienstleistungsinstitute durch die Deutsche Bundesbank (AufsichtsRL).

222 *https://www.fsb.org/wp-content/uploads/P271123.pdf.*

223 *https://de.statista.com/themen/606/bankenbranche/?kw=&crmtag=adwords&gclid=-EAIaIQobChMI-tWHh7m0ggMV7VRIAB2TLwrSEAAYASAAEgLYbvD_BwE#topicOverview.*

224 Ebd.

225 *https://www.nfs-netfonds.de/blog/details/bankensterben-kommt-unweigerlich/.*

226 *https://de.statista.com/themen/606/bankenbranche/?kw=&crmtag=adwords&gclid=-EAIaIQobChMI-tWHh7m0ggMV7VRIAB2TLwrSEAAYASAAEgLYbvD_BwE#topicOverview.*

227 Ebd.

228 *https://www.nfs-netfonds.de/blog/details/bankensterben-kommt-unweigerlich/.*

229 Ebd.

230 Vgl. *https://www.sparkasse.de/ueber-uns.html*; ohne die sechs Landesbanken und die DekaBank; *https://www.bafin.de/SharedDocs/Downloads/DE/Jahresbericht/dl_jb_2022.pdf?__blob=publicationFile&v=2.*

231 *https://www.dgrv.de/news/zahlen-und-fakten-2023/.*

232 Zum Beispiel: Verordnung (EU) Nr. 575/2013 des Europäischen Parlaments und des Rates vom 26. Juni 2013 über Aufsichtsanforderungen an Kreditinstitute und Wertpapierfirmen und zur Änderung der Verordnung (EU) Nr. 646/2012; *https://eur-lex.europa.eu/legal-content/DE/TXT/?uri=CELEX:32013R0575.*

233 *https://www.nfs-netfonds.de/blog/details/bankensterben-kommt-unweigerlich/.*

234 Ebd.

235 *https://www.mckinsey.com/capabilities/risk-and-resilience/our-insights/bringing-basel-iv-into-focus.*

236 *https://www.compatibl.com/insights/risk-south-africa-2019-recap/.*

237 *https://www.bafin.de/SharedDocs/Veroeffentlichungen/DE/Meldung/2020_21_Corona_andereBehoerden/meldung_2020_11_04_corona_virus_102_BCBS_Basel-III-Implementierungsdatum.html.*

238 Der Output Floor legt fest, inwieweit der Eigenkapitalbedarf maximal von dem Niveau abweichen darf, welches sich für dieselben Risiken bei Anwendung des Kreditrisiko-Standardansatzes ergäbe. Basel III legt einen Output Floor von 72,5 Prozent fest. Das bedeutet: Der Eigenkapitalbedarf darf um maximal 27,5 Prozent niedriger sein als die Höhe des nach dem Kreditrisiko-Standardansatz ermittelten Eigenkapitalbedarfs; vgl. *https://www.gabler-banklexikon.de/definition/output-floor-81786.*

239 *https://www2.deloitte.com/de/de/pages/financial-services/articles/umsetzung-basel-iv-eu.html.*

240 *https://www.der-bank-blog.de/weichen-einigung-basel-iv/regulierung-aufsicht/37702867/.*
241 *https://www.diw.de/de/diw_01.c.413293.de/presse/glossar/leverage_ratio.html.*
242 *https://www.compatibl.com/model-validation-consultancy/.*
243 *https://www.nfs-netfonds.de/blog/details/bankensterben-kommt-unweigerlich/.*
244 Ebd.
245 Ebd.
246 *https://www.mehrwertsteuerrechner.de/notenbanken/ezb-leitzins/.*
247 Ebd.
248 Ebd.
249 *https://www.nfs-netfonds.de/blog/details/bankensterben-kommt-unweigerlich/.*
250 Ebd.
251 *https://www.selbstchef.de/news/struktur-2020-deutsche-bank-auf-schrumpfkurs.*
252 *https://www.nfs-netfonds.de/blog/details/bankensterben-kommt-unweigerlich/.*
253 Hammer, Thomas: »Trügerische Sicherheit«, *http://www.zeit.de/online/2008/18/querdax-pfandbriefe-duesselhypo*; 25. April 2008.
254 *https://www.focus.de/finanzen/news/einlagensicherung-muss-einspringen-wie-bei-lehman-mitten-in-deutschland-droht-eine-bankenpleite_id_4538690.html.*
255 Ebd.
256 *https://www.bafin.de/SharedDocs/Downloads/DE/Jahresbericht/dl_jb_2022.pdf?__blob=publicationFile&v=2,* S. 47.
257 Anleihen der Abwicklungsgesellschaft Heta Asset Resolution AG.
258 *https://www.aareal-bank.com/duesseldorfer-hypothekenbank-ag.*
259 *https://www.allianz.com/de/investor_relations/mitteilungen/ir-meldungen/archiv_2008/page10.html.*
260 *Financial Times Deutschland* vom 7. Januar 2009, S. 23.
261 *Handelsblatt.com* vom 19. Dezember 2008.
262 *Die Tageszeitung (taz)* vom 11. Dezember 2008, S. 9.
263 *Die Tageszeitung (taz)* vom 8. Januar 2009, S. 8.
264 *https://www.zeit.de/online/2009/03/commerzbank-teilverstaatlicht.*
265 *Financial Times Deutschland* vom 26. Januar 2009, S. 15.
266 *https://archive.ph/20120730150404/http://www.ftd.de/unternehmen/finanzdienstleister/:Bad-Bank-Commerzbank-plant-M%FCllkippe/470239.html.*
267 *https://www.spiegel.de/wirtschaft/unternehmen/schwache-zahlen-griechenland-krise-halbiert-commerzbank-gewinn-a-817051.html.*
268 *https://www.n-tv.de/wirtschaft/Commerzbank-kann-loslegen-article3272206.html.*
269 *https://www.sueddeutsche.de/wirtschaft/rettung-in-der-finanzkrise-commerzbank-zahlt-die-steuerzahler-aus-1.1623081.*
270 *https://www.dw.com/de/commerzbank-will-10000-stellen-streichen/a-56373862.*
271 *https://www.wiwo.de/politik/europa/europaeische-bankenaufsicht-ezb-ueberwacht-21-deutsche-banken/10117534.html.*
272 *https://web.archive.org/web/20081209002828/http://boerse.ard.de/content.jsp?key=dokument_315094.*

273 »Germany: Ravenous For Bad Debt – Workout veteran Lone Star is thriving by buying up Germany's troubled loans«, in: *Business Week*, März 2005.

274 »Hypo Real Estate – Die Drecksbank«, in: *http://www.stern.de/wirtschaft/finanzen-versicherung/finanzen/:Hypo-Real-Estate-Die-Drecksbank/654302.html;* 10. Februar 2009.

275 Ebd.

276 »Bund hofft auf Durchbruch bei der HRE«, *http://www.spiegel.de/wirtschaft/0,1518,622884,00.html;* 6. Mai 2009.

277 *Der Spiegel* 20/2009, S. 64.

278 Ebd.

279 »Private Altersvorsorge am Ende?«, in: *Monitor* (ARD) vom 6. April 2009.

280 Ebd.

281 »Wenn die Bank Insolvenz ginge …«, in: *Plusminus* (ARD) vom 17. März 2009.

282 Ebd.

283 Ebd.

284 *http://www.welt.de/die-welt/article3698377/Staat-greift-sich-die-Hypo-Real-Estate.html.*

285 *http://www.wallstreet-online.de/nachrichten/nachricht/2750170.html.*

286 Seit 2018 die Finanzagentur GmbH der Bundesrepublik Deutschland, *https://www.hyporealestate.com/Corporate_Governance/Corporate_Governance_Bericht_HRE_2022_FINAL.pdf.*

287 *http://www.sueddeutsche.de/wirtschaft/riesiger-verlust-fuer-bad-bank-zombiebank-kostet-steuerzahler-zehn-milliarden-euro-1.1400113.*

288 *https://www.hyporealestate.com/index.html.*

289 *https://www.hyporealestate.com/Corporate_Governance/Verpflichtungserklaerung_HRE_Rahmenvertrag_16_12_2015.pdf.*

290 Ebd.

291 Ebd.

292 Insgesamt wurden an die Aktionäre der Depfa Bank rund 67 Millionen neue HRE-Aktien ausgegeben. Zu diesem Zweck hatte die HRE das Grundkapital durch die Nutzung des genehmigten Kapitals um rund 201 Millionen Euro gegen Sacheinlage erhöht; *https://www.finanznachrichten.de/nachrichten-2007-10/9142687-hypo-real-estate-group-schliesst-uebernahme-der-depfa-ab-015.htm.*

293 *https://www.finanznachrichten.de/nachrichten-2007-10/9142687-hypo-real-estate-group-schliesst-uebernahme-der-depfa-ab-015.htm.*

294 *https://www.tagesgeld.org/.*

295 Vgl. »Staat bekommt alle Pfandbriefbank-Aktien los«, *Handelsblatt.com* vom 22. Juli 2015.

296 *https://www.handelsblatt.com/finanzen/banken-versicherungen/banken/ausstieg-begonnen-hre-reduziert-anteile-an-pbb-deutsche-pfandbriefbank-deutlich/22569714.html.*

297 Pressemitteilung der Finanzagentur GmbH vom 12. August 2021.

298 Vgl. Deeg, Richard: *Finance Capitalism Unveiled. Banks and the German Political Economy*, Michigan 1999, S. 82.

299 *https://www.yumpu.com/de/document/read/3292293/geschaeftsbericht-2002-pdf-1421k-westlb.*

300 *https://web.archive.org/web/20090416195409/http://www.westlb.de/cms/sitecontent/westlb/ueber_uns/de/wir_ueber_uns.standard.gid-N2FkNDZmMzU4OWFmYTIyMWM3N2Q2N2Q0YmU1NmI0OGU_.html.*

301 *https://web.archive.org/web/20090204195559/http://www.westlb.de/cms/sitecontent/westlb/ui/de/news/newscontainer/news_2008/neu.standard.gid-N2FkNDZmMzU4OWFmYTIyMWM3N2Q2N2Q0YmU1NmI0OGU_.html.*

302 *https://www.finanznachrichten.de/nachrichten-2008-12/12624408-rheinische-post-westlb-will-vom-bund-zweistelligen-milliarden-betrag-007.htm.*

303 Vgl. Welter, Thomas: *Die Bedeutung einer Bad Bank für Kreditinstitute*, München 2007, S. 70 ff., *http://www.uniset.ca/lloydata/grmcna.htm.*

304 *https://www.bgbl.de/xaver/bgbl/start.xav?startbk=Bundesanzeiger_BGBl&jumpTo=bgbl109s1980.pdf#__bgbl__Prozent2FProzent2F*Prozent5BProzent40attr_idProzent3DProzent27bgbl109s1980.pdfProzent27Prozent5D__1699010598637.*

305 SoFFin: Pressemitteilung vom 17. Juni 2010.

306 *https://www.zeit.de/wirtschaft/unternehmen/2010-11/westLB.*

307 *https://web.archive.org/web/20121108161151/http://www.stuttgarter-zeitung.de/inhalt.westlb-weg-fuer-westlb-zerschlagung-frei.2d91d4b6-c1f3-4a0d-ad87-904fa7a4f461.html*; *https://web.archive.org/web/20151224120428/http://www.bafin.de/SharedDocs/Downloads/DE/Liste/Unternehmensdatenbank/dl_li_ki_gesamt.html*; Brenner, Hans-Dieter: »Helaba wird zur festen Größe in Nordrhein-Westfalen und Brandenburg«, in: *Börsen-Zeitung Spezial,* Nr. 198 vom 13. Oktober 2012, S. 12.

308 Ebd.

309 *https://www.spiegel.de/wirtschaft/urteil-bad-bank-der-westlb-muss-fuer-cum-ex-steuerschulden-geradestehen-a-a77347d0-c6e1-45f5-860b-9ad1d0809ebb?sara_ecid=soci_upd_wbMbjhOSvViISjc8RPU89NcCvtlFcJ.*

310 *https://www.faz.net/aktuell/finanzen/cum-ex-keine-auskuenfte-ueber-deals-der-westlb-19125613.html.*

311 Hollenstein, Oliver: »HSH Nordbank: Abgebrannt«, in: *Die Zeit* vom 24. Mai 2017.

312 *https://web.archive.org/web/20080924202603/http://www.ftd.de/unternehmen/finanzdienstleister/:Weiterer-Millionenverlust-HSH-schreibt-abermals-500-Mio-ab/417615.html.*

313 *https://web.archive.org/web/20081025232116/http://www1.ndr.de/wirtschaft/hshnordbank104.html.*

314 *https://web.archive.org/web/20101204204333/http://www.hsh-nordbank.de/de/presse/pressemitteilungen/2008/press_release_detail_24964.jsp.*

315 *https://www.wiwo.de/unternehmen/landesbanken-hsh-nordbank-schuettet-trotz-krise-70-millionen-an-investoren-aus/5142096.html.*

316 *https://www.finanznachrichten.de/nachrichten-2009-02/13193792-roundup-kiel-und-hamburg-beschliessen-rettungspaket-fuer-hsh-nordbank-016.htm.*

317 *https://web.archive.org/web/20110925085504/http://www.ndr.de/regional/schleswig-holstein/hsh217.html.*

318 *https://web.archive.org/web/20120131002712/http://inn-hh.de/images/kpmghshbil_445.jpg.*

319 *https://web.archive.org/web/20160216171954/https://www.hsh-nordbank.de/de/presse/pressemitteilungen/2013/press_release_detail_4180928.jsp.*

320 *https://www.zeit.de/2017/24/cum-ex-steuerbetrug-steuererstattungen-ermittlungen.*

321 *https://www.sueddeutsche.de/wirtschaft/hsh-nordbank-cum-ex-1.5343958.*

322 *https://web.archive.org/web/20150819125100/http://www.ndr.de/nachrichten/HSH-Nordbank-Millionen-Bussgeld-fuer-Panama-Geschaefte,hshnordbank730.html.*

323 *https://web.archive.org/web/20160810100430/https://www.hsh-nordbank.de/de/presse/pressemitteilungen/2015/press_release_detail_7909312.jsp.*

324 *NDR-Nachrichten* vom 9. Dezember 2015.

325 *https://www.n-tv.de/wirtschaft/HSH-Nordbank-geht-an-US-Investoren-article20312782.html.*

326 *https://www.hsh-nordbank.de/de/presse/pressemitteilungen/pressemeldung-11810096/.*

327 Exner, Ulrich: »HSH-Nordbank: Cerberus schlägt für eine Milliarde Euro zu«, in: *Die Welt* vom 28. Februar 2018.

328 *https://www.tagesgeldvergleich.net/ratgeber/entschaedigungsfall-einlagensicherung.html#a-maple.*

329 Ebd.

330 Informationen aus erster Hand finden Sie im Buch von Dan McCrum: *House of Wirecard. Wie ich den größten Wirtschaftsbetrug Deutschlands aufdeckte und einen Dax-Konzern zu Fall brachte*, Berlin 2022.

331 Im Unterschied zu *Kreditkarten* wird der Betrag bei *Debitkarten* nicht am Monatsende, sondern sofort abgebucht; vgl. *https://www.americanexpress.com/de-de/kampagnen/guide/kreditkarten/nutzung-tipps/unterschied-debit-karten-kreditkarten-6473.*

332 Am 25. Juni 2020 stellte Wirecard einen Insolvenzantrag wegen drohender Zahlungsunfähigkeit und Überschuldung.

333 *https://www.sueddeutsche.de/wirtschaft/wirecard-verkauf-santander-1.5117660.*

334 Ebd.

335 *https://www.cio.de/a/santander-uebernimmt-wirecard-kerngeschaeft,3647024.*

336 *https://www.wdb-abwicklung.de/.*

337 *https://financefwd.com/de/ruuky-insolvenz/.*

338 *https://www.techbook.de/shop-pay/neobank-ruuky-insolvenz-1.*

339 *https://financefwd.com/de/ruuky-insolvenz/.*

340 *https://financefwd.com/de/pockid-ruuky-rebranding/.*

341 *https://financefwd.com/de/ruuky-insolvenz/.*

342 Ebd.

343 *https://www.techbook.de/shop-pay/neobank-ruuky-insolvenz-1.*

344 Ebd.

345 *https://www.boerse-online.de/nachrichten/geldundvorsorge/diese-deutsche-traditionsbank-ist-pleite-sparer-betroffen-finanzaufsicht-schreitet-ein-20326153.html.*

346 *https://www.juve.de/verfahren/schultze-braun-verwaltet-north-channel-bank/.*

347 *https://www.handelsblatt.com/politik/deutschland/steuern-sparen-so-bestehlen-uns-superreiche-eine-anleitung-in-6-schritten/26621762.html?utm_source=google&utm_medium=ads&utm_campaign=paidcontent_search_misc&utm_term=&gclid=CjwKCAjwq9mLBhB2EiwAuYdMtWhDJtWRWcX7sjuKbquZZFD3MsJEC3HS-YMrgUdWMPZeAqC95ucwDxoCDMUQAvD_BwE&ticket=ST-6105919-QtRdeBfefTX5oekaXMZj-cas01.example.org.*

348 Vgl. *https://www.zeit.de/2021/41/olaf-scholz-cum-ex-affaere-spd-staatsanwaltschaft-koeln/seite-3#die-dunkle-seite-box-1-6-tab.*
349 Zitiert auf: *https://www.boerse-online.de/nachrichten/geldundvorsorge/diese-deutsche-traditionsbank-ist-pleite-sparer-betroffen-finanzaufsicht-schreitet-ein-20326153.html.*
350 *https://www.northchannelbank.de/presse/aktuelles-pressemeldungen/insolvenzverfahren-eroeffnet/.*
351 *https://www.juve.de/verfahren/schultze-braun-verwaltet-north-channel-bank/.*
352 *https://www.tagesschau.de/wirtschaft/finanzen/ezb-bankenaufsicht-kredite-kreditrisiken-kritik-europaeischer-rechnungshof-banken-100.html.*
353 *https://www.bankingsupervision.europa.eu/ecb/pub/pdf/ssm.listofsupervisedentities202312.en.pdf.*
354 *https://www.bafin.de/SharedDocs/Downloads/DE/Jahresbericht/dl_jb_2022.pdf?__blob=publicationFile&v=2,* Tabelle S. 44.
355 Ebd.
356 *https://www.tagesschau.de/wirtschaft/finanzen/ezb-bankenaufsicht-kredite-kreditrisiken-kritik-europaeischer-rechnungshof-banken-100.html.*
357 Ebd.
358 Ebd.
359 Ebd.
360 *https://www.mdr.de/nachrichten/thueringen/west-thueringen/wartburgkreis/vr-bank-bad-salzungen-schmalkalden-unterschriften-ausserordentliche-generalversammlung-100.html; https://www.mdr.de/nachrichten/thueringen/west-thueringen/wartburgkreis/vr-bank-bad-salzungen-schmalkalden-verluste-sicherungsfonds-100.html.*
361 Ebd. und *https://www.handelsblatt.com/finanzen/banken-versicherungen/banken/volks-und-raiffeisenbank-effenberg-bank-muss-von-genossenschaftssektor-gestuetzt-werden/100001154.html.*
362 *https://www.bild.de/regional/thueringen/thueringen-aktuell/zoff-um-millionen-verlust-bank-beben-in-suedthueringen-86130396.bild.html.*
363 *https://www.spiegel.de/wirtschaft/effenberg-bank-volksbank-bad-salzungen-schmalkalden-versinkt-im-bilanzchaos-a-e4db27df-2b00-47d9-8f28-49ce1b0d2f0a?context=issue.*
364 *https://www.handelsblatt.com/finanzen/banken-versicherungen/banken/genossenschaftsbank-effenberg-bank-mitglieder-erzwingen-extra-generalversammlung/100006383.html; https://www.spiegel.de/wirtschaft/effenberg-bank-volksbank-bad-salzungen-schmalkalden-versinkt-im-bilanzchaos-a-e4db27df-2b00-47d9-8f28-49ce1b0d2f0a?context=issue.*
365 *https://www.vrb-meinebank.de/content/dam/f0956-0/pdf/geschaeftsberichte/Offenlegungsbericht_2021.pdf; https://www.spiegel.de/wirtschaft/effenberg-bank-volksbank-bad-salzungen-schmalkalden-versinkt-im-bilanzchaos-a-e4db27df-2b00-47d9-8f28-49ce1b0d2f0a?context=issue.*
366 *https://www.mdr.de/nachrichten/thueringen/west-thueringen/wartburgkreis/vr-bank-hilfe-volks-raiffeisen-100.html*
367 *https://www.mdr.de/nachrichten/thueringen/west-thueringen/wartburgkreis/vr-bank-bad-salzungen-schmalkalden-verluste-sicherungsfonds-100.html; https://www.handelsblatt.com/finanzen/banken-versicherungen/banken/volks-und-raiffeisenbank-effenberg-bank-muss-von-genossenschaftssektor-gestuetzt-werden/100001154.html.*

368 *https://www.nzz.ch/finanzen/kollaps-der-silicon-valley-bank-ld.1730117.*
369 *https://www.tagesschau.de/wirtschaft/finanzen/first-republic-bankenkrise-aktie-kurseinbruch-101.html.*
370 *https://www.nzz.ch/finanzen/kollaps-der-silicon-valley-bank-ld.1730117.*
371 Ebd.
372 *https://www.business-leaders.net/finanzkrise-2023-bankenkollaps-deutsche-banken-auch-in-gefahr/.*
373 *https://www.infosperber.ch/wirtschaft/kapitalmarkt/ubs-bnp-und-deutsche-bank-sind-chronisch-unterkapitalisiert/.*
374 *https://www.test.de/Bankenkrise-Banken-in-Schwierigkeiten-5980501-0/.*
375 Ebd.
376 *https://www.fdic.gov/.*
377 Ebd.
378 Ebd.
379 *https://www.dw.com/de/credit-suisse/t-65008420.*
380 *https://www.test.de/Bankenkrise-Banken-in-Schwierigkeiten-5980501-0/.*
381 *https://www.finma.ch/de/news/2023/07/20230724-mm-archegos/.*
382 Ebd.
383 *https://www.spiegel.de/wirtschaft/unternehmen/suisse-secrets-credit-suisse-hatte-laut-medienbericht-autokraten-und-kriminelle-als-kunden-a-b707f317-d4d7-41c1-be91-83d5945922d0.*
384 *https://www.faz.net/aktuell/finanzen/credit-suisse-macht-7-3-milliarden-franken-verlust-18665069.html.*
385 *https://www.snb.ch/de/publications/communication/press-releases/2023/pre_20230319_1.*
386 Ebd.
387 *https://www.nfs-netfonds.de/blog/details/bankensterben-kommt-unweigerlich/.*
388 *https://www.test.de/Bankenkrise-Banken-in-Schwierigkeiten-5980501-0/.*
389 Ebd.
390 *https://www.tagesschau.de/wirtschaft/finanzen/ubs-uebernimmt-credit-suisse-103.html.*
391 *https://www.test.de/Bankenkrise-Banken-in-Schwierigkeiten-5980501-0/.*
392 *https://freeassange.rtde.me/europa/186468-kein-schmutziges-geld-mehr-fuer/.*
393 *https://www.tagesschau.de/wirtschaft/finanzen/ubs-uebernimmt-credit-suisse-103.html.*
394 *https://www.test.de/Bankenkrise-Banken-in-Schwierigkeiten-5980501-0/.*
395 Ebd.
396 *https://www.nfs-netfonds.de/blog/details/bankensterben-kommt-unweigerlich/.*
397 *https://www.tagesschau.de/wirtschaft/finanzen/ubs-uebernimmt-credit-suisse-103.html.*
398 *https://www.hanswernersinn.de/de/warum-bankenkrisen-nicht-aufhoeren-hb-24032023.*
399 *https://www.bild.de/geld/wirtschaft/wirtschaft/deutsche-banken-sind-betroffen-benkos-mega-schuldenliste-86740608.bild.html.*
400 Ebd.
401 Ebd.
402 *https://www.deutsche-finanzagentur.de/wsf/wirtschaftsstabilisierungsfonds/wsf-auf-einen-blick.*

403 *https://www.bild.de/geld/wirtschaft/wirtschaft/deutsche-banken-sind-betroffen-benkos-mega-schuldenliste-86740608.bild.html.*

404 *https://www.infosperber.ch/wirtschaft/kapitalmarkt/nein-auch-julius-baer-hat-das-rad-nicht-neu-erfunden/.*

405 Ebd.

406 Ebd.

407 Ebd.

408 *https://www.capital.de/wirtschaft-politik/benkos-privatvermoegen-trotz-signa-insolvenz-durch-stiftung-geschuetzt-34340666.html.*

409 *https://www.forbes.com/profile/rene-benko/?sh=7564f4e563c6.*

410 *https://safe-frankfurt.de/fileadmin/user_upload/editor_common/Communication/news/SAFE_Studie_Finanzmarktregulierung.pdf*, S. 32 ff., 120 ff.

411 Ebd., S. 120, 160.

412 Ebd., S. 120.

413 *https://bernd-roebers.de/wp-content/uploads/pdf/Fakten_Vermoegen.pdf.*

414 Ebd.

415 Vgl. Neuberger, Doris: *Kreditvergabe durch Banken: Mikroökonomische Theorie und gesamtwirtschaftliche Implikationen*, Tübingen 1994.

416 Kluge, Friedrich: *Etymologisches Wörterbuch der deutschen Sprache*, Berlin 1960, S. 244.

417 Krugman, Paul; Wells, Robin: *Volkswirtschaftslehre*, Stuttgart 2010, S. 962.

418 Vgl. dazu Templar, Richard: *Die Regeln des Reichtums*, Kulmbach 2011, S. 20 ff.

419 Frey, Yoshi: *Die gläubigen Schuldner*, Norderstedt 2005, S. 13.

420 Adam Smith (1723–1790); Begründer der Nationalökonomie; sein Hauptwerk: *Der Wohlstand der Nationen: Eine Untersuchung seiner Natur und seiner Ursachen* (1776).

421 Zitiert nach Krugman, Paul; Wells, Robin: *Volkswirtschaftslehre*, Stuttgart 2010, S. 963.

422 Templar, Richard: *Die Regeln des Reichtums*, Kulmbach 2011, S. 22 ff.

423 Krugman, Paul; Wells, Robin: *Volkswirtschaftslehre*, Stuttgart 2010, S. 964 f.

424 Ebd., S. 962.

425 Ebd., S. 965.

426 Piper, Nikolaus: *Geschichte der Wirtschaft*, Weinheim/Basel 2007, S. 33.

427 *http://worldfacts.us/China-Chengdu.htm.*

428 Wer sich eingehender mit der Geschichte des Geldes beschäftigen möchte, dem empfehlen ich: Jung, Alexander; Pieper, Dietmar; Traub, Rainer (Hrsg.): *Geld macht Geschichte*, München 2010. Gebhardt, Selma: *Von der Kaurimuschel zur Kreditkarte*, Kiel/Berlin 1998. North, Michael: *Das Geld und seine Geschichte*, München 1994. North, Michael: *Von Aktie bis Zoll*, München 1999. Schnaas, Dieter: *Kleine Kulturgeschichte des Geldes*, München 2010. Weimer, Wolfram: *Geschichte des Geldes*, Frankfurt a. M./Leipzig 1992. Zarlenga, Stephen: *Der Mythos vom Geld*, Zürich 1999. Simmel, Georg: *Philosophie des Geldes*, Frankfurt a. M. 2003.

429 Julius Robert (1814–1878); erster Hauptsatz der Thermodynamik.

430 Vgl. Grandt, Michael: *Der Staatsbankrott kommt*, Rottenburg 2010, S. 57 ff.

431 Ebd.

432 Wilhelm Röpke (1899–1966), deutscher Ökonom.

433 Röpke, Wilhelm: *Die Lehre von der Wirtschaft*, Erlenbach/Zürich/Stuttgart 1958, S. 128.
434 Grandt, Michael: *Der Staatsbankrott kommt*, Rottenburg 2010, S. 58.
435 Ebd.
436 Frey, Yoshi: »Finanzsystem ein Betrugsmodell?«, *https://liebeangelamerkel.de/wp-content/uploads/Finanzsystem-ein-Betrugsmodell.pdf.pdf.*
437 *http://derstandard.at/1285200656759/derStandardat-Interview-Banken-erfinden-Geld-aus-Luft.*
438 Röpke, Wilhelm: *Die Lehre von der Wirtschaft*, Erlenbach/Zürich/Stuttgart 1958, S. 131.
439 Dies ist von Land zu Land unterschiedlich.
440 *http://www.monetative.org/?page_id=61.*
441 Vgl. Koslowski, Peter: *Ethik der Banken und der Börse*, Tübingen 1997; Wandel, Eckhard: *Banken und Versicherungen im 19. und 20. Jahrhundert*, München 1998.
442 *https://www.gold.de/goldstandard/.*
443 Der Begriff leitet sich dabei vom lateinischen Ausdruck *Fiat Lux* (»Es werde Licht«) ab.
444 Vgl. Mankiw, Gregory: *Principles of Economics*, o. O. 2008, S. 659.
445 Terres, Paul: *Die Logik einer wettbewerblichen Geldordnung*, Siebeck 1999, S. 42 f.
446 Ausführlich in: Davies, Glyn: *A History of Money: From Ancient Times to the Present Day*, o. O. 2002, S. 183 und Grousset, Rene: *Empire of the Steppes: A History of Central Asia*, o. O. 1939, S. 377.
447 Vgl. Shenoy, Sudha: »A Note on Government Monopoly of Money in Theory and History«, in: F. A. Hayek: *Choice in Currency*, o. O. 1976, S. 36 ff.
448 Ebd.
449 Ebd.
450 Zarlenga, Stephen: *Der Mythos vom Geld*, Zürich 1999, S. 473 f.
451 Die Bundesrepublik Deutschland schließt sich aufgrund des verlorenen Zweiten Weltkrieges erst im Jahr 1949 dem Bretton-Woods-System an.
452 *https://web.archive.org/web/20100411220220/http://www.bundesfinanzministerium.de/nn_53848/DE/BMF__Startseite/Service/Glossar/B/015__Bretton__Woods.html?__nnn=true?__nnn=true.*
453 Ebd.
454 Ebd.
455 Engdahl, William: *Der Untergang des Dollar-Imperiums*, Rottenburg 2009, S. 296.
456 *WirtschaftsWoche* vom 11. April 2009 (Quelle: Morgan Stanley).
457 *https://www.deraktionaer.de/artikel/gold-rohstoffe/paukenschlag-neue-gold-waehrung-ab-august-20335330.html.*
458 *https://www.deraktionaer.de/artikel/gold-rohstoffe/ueberraschung-doch-keine-neue-goldwaehrung-20338291.html.*
459 6 Billionen Dollar am Tag; *https://www.onvista.de/ratgeber/devisen-ratgeber/was-sind-devisen-295591.*
460 Quellen: IWF, BIZ, WFE, HB-Research, *Handelsblatt* vom 9. September 2011; 6 Billionen Dollar am Tag; *https://www.onvista.de/ratgeber/devisen-ratgeber/was-sind-devisen-295591*; *https://www.dbresearch.de/PROD/RPS_DE-PROD/PROD0000000000527181/OTC-DerivatehandelProzent3A_Erste_Anzeichen_einer_Verlager.xhtml*;

https://de.statista.com/statistik/daten/studie/239389/umfrage/volumen-des-weltweiten-aktienhandels/;
https://de.statista.com/statistik/daten/studie/159798/umfrage/entwicklung-des-bip-bruttoinlandsprodukt-weltweit/.

461 Er selbst wird ebenfalls kritisiert, weil er sich zusätzlich als »Lebensenergieforscher« und »Bioenergetiker« bezeichnet.

462 Senf, Bernd: *Der Nebel um das Geld*, Kiel 2009, S. 86 ff.

463 Ebd.

464 Ebd.

465 Ebd.

466 Vgl. zu diesem Kapitel: Emminger, Otmar: »Die Entwicklung des Wechselkurses von der ›sakrosankten‹ Parität zum flexiblen Instrument der Währungspolitik«, in: Wissenschaftlicher Beirat des Institutes für bankhistorische Forschung (Hrsg): Bankhistorisches Archiv 1/1986, *Zeitschrift für Bankengeschichte*, Frankfurt a. M. 1986, sowie Krugman, Paul R.; Obstfeld, Maurice: *Internationale Wirtschaft. Theorie und Politik der Außenwirtschaft*, München 2009, S. 425, 453 f., 855 ff.

467 *https://www.boersen-zeitung.de/banken-finanzen/eu-bankenabwicklung-besteht-vor-gericht.*

468 Ebd.

469 Schlusskurs.

470 Durchschnitt.

471 *https://www.boerse.de/historische-kurse/Deutsche-Bank-Aktie/DE0005140008.*

472 *https://www.boerse.de/historische-kurse/Commerzbank-Aktie/DE000CBK1001.*

473 *https://www.boerse.de/historische-kurse/ING-Groep-Aktie/NL0011821202.*

474 *https://www.boerse.de/historische-kurse/UniCredit-Aktie/IT0005239360.*

475 *http://www.welt.de/finanzen/article112468144/Euro-Staaten-beschliessen-Enteignungsklausel.html.*

476 Ebd.

477 Vgl. Michael Grandt: *Deutschland vor dem Kollaps*, Rottenburg 2013, S. 91 ff.

478 Beschlossen wurde die Einführung dieser Klauseln im Zuge der Verhandlungen über die Einführung des permanenten Rettungsschirms ESM. Damit sollte die Grundlage dafür gelegt werden, bei künftigen Umschuldungen vor einer Klagewelle durch renitente Kleinanleger geschützt zu sein, vgl. *http://www.welt.de/finanzen/article112468144/Euro-Staaten-beschliessen-Enteignungsklausel.html.*

479 *https://www.welt.de/finanzen/article112468144/Euro-Staaten-beschliessen-Enteignungsklausel.html*;
https://deutsche-wirtschafts-nachrichten.de/2019/03/16/sorgen-um-umschuldungs-klauseln-europas-staatsanleihen-sind-uebertrieben;
https://www.focus.de/finanzen/experts/weik_und_friedrich/geld-in-gefahr-naechste-schritte-enteignung-und-hoehere-steuern_id_4453095.html.

480 *https://www.aerztezeitung.de/Wirtschaft/Staatsanleihen-ohne-Rueckzahlungsgarantie-375750.html.*

481 *https://bernd-roebers.de/wp-content/uploads/pdf/Fakten_Vermoegen.pdf.*

482 Ebd.

483 *https://www.welt.de/finanzen/article112468144/Euro-Staaten-beschliessen-Enteignungsklausel.html.*

484 Vgl. dazu: Grandt, Michael: *Deutschland vor dem Kollaps*, Rottenburg 2010, S. 93 ff., mit den dortigen Quellenangaben, *http://www.welt.de/finanzen/article13688452/Lebensversicherung-wird-unsichere-Angelegenheit.html*;
http://www.welt.de/wirtschaft/article13687530/Euro-Rettungspaket-koennte-zur-Mogelpackung-werden.html;
http://www.zeit.de/wirtschaft/2012-05/deutschland-anleihen-nullzins;
http://www.manager-magazin.de/finanzen/boerse/0,2828,782379-2,00.html; *http://www.n-tv.de/ratgeber/Geld-anlegen-in-der-Krise-article4018886.html*;
http://www.welt.de/finanzen/article112468144/Euro-Staaten-beschliessen-Enteignungsklausel.html;
http://www.institutional-money.com/news/uebersicht/artikel/wir-reagieren-grossinvestoren-bei-einer-enteignung-durch-die-hintertuer-durch-cac-klauseln/?no_cache=1&cHash=0aeb588ca22d6ccbe9e23d67a802be0b;
http://www.welt.de/finanzen/article112468144/Euro-Staaten-beschliessen-Enteignungsklausel.html.

485 *https://www.welt.de/finanzen/article112468144/Euro-Staaten-beschliessen-Enteignungsklausel.html.*

486 *https://wertpapierdepot.net/boersenlexikon/collective-action-clause/.*

487 Zitiert aus dem *FAZ.net. Börsenlexikon*: *https://boersenlexikon.faz.net/definition/risikovorsorge/.*

488 *https://finanzmarktwelt.de/immobilienbanken-einbruch-im-neugeschaeft-291294/.*

489 *https://www.infosperber.ch/wp-content/uploads/2024/02/cppi.png.*

490 *https://www.boersen-zeitung.de/banken-finanzen/muenchener-hyp-verdreifacht-risikovorsorge.*

491 *https://www.boersen-zeitung.de/banken-finanzen/aareal-bank-erhoeht-risikovorsorge-deutlich*; *https://www.iz.de/unternehmen/news/-aareal-bank-stockt-ihre-risikovorsorge-auf-2000021058.*

492 *https://www.handelsblatt.com/finanzen/banken-versicherungen/banken/gewerbeimmobilien-hoehere-risikokosten-krise-bei-bueroimmobilien-setzt-banken-zu/100000683.html.*

493 *https://finanzmarktwelt.de/pfandbriefbank-und-aareal-bank-von-ratingagenturen-herabgestuft-301161/.*

494 Ebd.

495 *https://www.handelsblatt.com/finanzen/banken-versicherungen/banken/pbb-die-deutsche-pfandbriefbank-kuerzt-ihre-gewinnprognose/100000656.html.*

496 *https://www.handelsblatt.com/finanzen/banken-versicherungen/banken/gewerbeimmobilien-hoehere-risikokosten-krise-bei-bueroimmobilien-setzt-banken-zu/100000683.html.*

497 *https://www.boersen-zeitung.de/banken-finanzen/landesbanken-sorgen-fuer-moegliche-ausfaelle-im-immobiliengeschaeft-vor.*

498 Ebd.

499 Ebd. sowie *https://www.handelsblatt.com/finanzen/banken-versicherungen/banken/sparkassensektor-landesbanken-bilden-400-millionen-euro-an-vorsorge-fuer-immobilien/29370278.html.*

500 Ebd.
501 Ebd.
502 *https://de.statista.com/statistik/daten/studie/244093/umfrage/risikovorsorge-der-deutschen-bundesbank/.*
503 Neuere Zahlen lagen beim Drucktermin des Buches noch nicht vor.
504 *https://de.statista.com/statistik/daten/studie/244093/umfrage/risikovorsorge-der-deutschen-bundesbank/.*
505 Ebd.
506 *https://www.spiegel.de/wirtschaft/bundesbank-muss-eine-milliarde-euro-aus-risikovorsorge-anzapfen-a-c44f1551-41d2-4aa9-85f0-2977f2a8f0cc.*
507 Ebd.
508 *https://finanzmarktwelt.de/gewerbeimmobilien-in-der-krise-bafin-warnt-vor-problemen-291120/.*
509 Ebd.
510 Ebd.
511 *https://www.spiegel.de/wirtschaft/bundesbank-muss-eine-milliarde-euro-aus-risikovorsorge-anzapfen-a-c44f1551-41d2-4aa9-85f0-2977f2a8f0cc.*
512 *https://www.jll.de/de/presse; https://freeassange.rtde.me/wirtschaft/192580-krise-bei-gewerbeimmobilien-geht-weiter/.*
513 Ebd.
514 *https://www.handelsblatt.com/finanzen/geldpolitik/finanzstabilitaetsbericht-bundesbank-fordert-banken-zu-hoeherer-risikovorsorge-auf-sorge-vor-verschaerfung-der-energiekrise/28829058.html.*
515 Zahlen für 2023 lagen bei Manuskriptabgabe noch nicht vor.
516 *https://finanzmarktwelt.de/bafin-fintech-290552/.*
517 *https://www.ecb.europa.eu/pub/financial-stability/fsr/special/html/ecb.fsrart202311_02~75cf0710b9.de.html.*
518 Ebd.; *https://www.axinocapital.de/make-money/artikel/ezb-wertverfall-von-immobilien-eine-gefahr-fuers-finanzsystem.*
519 *https://www.handelsblatt.com/finanzen/banken-versicherungen/finanzaufsicht-immobilienkrise-koennte-einzelne-banken-in-schwierigkeiten-bringen/100007115.html.*
520 Bericht der BBC, zitiert in: *https://freeassange.rtde.me/asien/194320-genug-ist-genug-gericht-ordnet-aufloesung-von-chinesischen-immobilienriese-evergrande-an/.*
521 *https://www.tagesschau.de/wirtschaft/weltwirtschaft/china-evergrande-100.html.*
522 Ebd.
523 *https://www.bankingsupervision.europa.eu/about/ssmexplained/html/hold_capital.de.html.*
524 Ebd.
525 Vgl. *https://www.bankingsupervision.europa.eu/about/ssmexplained/html/hold_capital.de.html.*
526 Ebd.
527 Ebd.
528 *https://www.youtube.com/watch?v=cED6MbgSXKo.*
529 *https://www.bankingsupervision.europa.eu/about/ssmexplained/html/hold_capital.de.html.*
530 Ebd.
531 Ebd.

532 *https://www.tagesschau.de/wirtschaft/finanzen/bankenrisiken-101.html.*
533 Ebd.
534 Ebd.
535 Ebd.
536 Ebd.
537 Ebd.
538 *https://www.boersen-zeitung.de/banken-finanzen/bundesbank-warnt-banken-spaetfolgen-der-zinswende.*
539 Ebd.
540 Ebd.
541 Ebd.
542 Ebd.
543 *https://de.statista.com/statistik/daten/studie/6809/umfrage/wohnungsbaukredite-an-privatpersonen-in-deutschland/.*
544 *https://web.archive.org/web/20240111080713/https://www.eba.europa.eu/publications-and-media/press-releases/eba-recommends-enhancements-pillar-1-framework-capture.*
545 *https://finanzmarktwelt.de/banken-in-der-eu-erhalten-erste-oeko-vorgaben-bei-kapitalregeln-287312/.*
546 Ebd.
547 Ebd.
548 *https://finanzmarktwelt.de/deutsche-bank-kohle-kredite-288142/*; *https://www.db.com/news/detail/20231019-deutsche-bank-publishes-initial-transition-plan-and-further-net-zero-targets-for-high-emitting-sectors?language_id=3.*
549 Ebd.
550 Ebd.
551 *https://www.db.com/news/detail/20231019-deutsche-bank-publishes-initial-transition-plan-and-further-net-zero-targets-for-high-emitting-sectors?language_id=3.*
552 *https://finanzmarktwelt.de/deutsche-bank-kohle-kredite-288142/.*
553 *https://finanzmarktwelt.de/ing-deutschland-trennt-sich-von-klimasuender-kunden-286923/.*
554 Ebd.
555 *https://finanzmarktwelt.de/banken-in-der-eu-erhalten-erste-oeko-vorgaben-bei-kapitalregeln-287312/.*
556 *https://www.climatepartner.com/de/wissen/glossar/environmental-social-governance-esg.*
557 Ebd.
558 *https://finanzmarktwelt.de/banken-in-der-eu-erhalten-erste-oeko-vorgaben-bei-kapitalregeln-287312/.*
559 *https://finanzmarktwelt.de/ezb-droht-banken-strafzinsen-an-weil-sie-umwelt-auflagen-zu-wenig-beachten-291340/.*
560 Ebd.
561 Ebd.
562 Ebd.

563 Mehr zu diesem Thema finden Sie auf *https://finanzmarktwelt.de/wie-sich-die-ezb-ihre-zustaendigkeit-fuers-klima-zurecht-bastelt-286954/.*

564 *https://finanzmarktwelt.de/bankenkrise-top-analyst-fuer-anleihen-warnt-288143/.*

565 Ebd.

566 Ebd.

567 Ebd.

568 Ebd.

569 Ebd.

570 Ebd.

571 Ebd.

572 Ebd.

573 Ebd.

574 Ebd.

575 Vgl. Grandt, Michael: *Deutschland vor dem Kollaps*, Rottenburg 2010, S. 204 ff.

576 *https://de.statista.com/statistik/daten/studie/233130/umfrage/target2-salden-der-bundesbank/.*

577 Die Erklärung zum Target2-System stammt von der Seite *https://de.statista.com/statistik/daten/studie/233130/umfrage/target2-salden-der-bundesbank/.*

578 *https://www.bundesbank.de/de/aufgaben/themen/anleihekaeufe-haben-massgeblichen-einfluss-auf-den-target2-saldo-762106.*

579 Ebd.

580 Stand Juli 2023, zum Datum der Manuskriptabgabe waren keine neueren Daten veröffentlicht; *https://de.statista.com/statistik/daten/studie/233148/umfrage/target2-salden-der-euro-laender/.*

581 Ebd.

582 *https://de.statista.com/statistik/daten/studie/233130/umfrage/target2-salden-der-bundesbank/.*

583 *https://www.bundesbank.de/de/aufgaben/themen/anleihekaeufe-haben-massgeblichen-einfluss-auf-den-target2-saldo-762106.*

584 Quellen: Antwort der Bundesregierung auf die Kleine Anfrage der Abgeordneten Dr. Gerhard Schick, Dr. Thomas Gambke, Britta Haßelmann, weiterer Abgeordneter und der Fraktion BÜNDNIS 90/DIE GRÜNEN – Drucksache 17/8272 –;
http://dipbt.bundestag.de/dip21/btd/17/085/1708524.pdf;
https://web.archive.org/web/20130206211711/http://www.bundesbank.de/Navigation/DE/Kerngeschaeftsfelder/Bankenaufsicht/Solvabilitaet/Eigenmittel/eigenmittel.html;
http://www.spiegel.de/wirtschaft/soziales/top-oekonom-hans-werner-sinn-der-mann-und-die-milliarden-bombe-a-817004.html;
http://www.faz.net/aktuell/wirtschaft/europas-schuldenkrise/bundesbankbilanz-schlesinger-kritisiert-die-bundesbank-11133470.html;
http://www.faz.net/aktuell/wirtschaft/europas-schuldenkrise/schuldenkrise-ist-target-2-nur-ein-suendenbock-11964519.html;
http://www.wiwo.de/politik/europa/euro-krise-wo-liegt-das-risiko-fuer-deutschland/6277238-5.html; *http://www.wiwo.de/politik/europa/euro-krise-target-salden-draengen-deutschland-an-den-abgrund/6277238.html*;
http://www.zeit.de/2012/45/Bilanz-Europaeische-Zentralbank-Hans-Werner-Sinn;

https://web.archive.org/web/20120506014243/http://www.querschuesse.de/target2-salden/; *https://web.archive.org/web/20170317093133/http://www.rottmeyer.de/die-target-2-salden-kommen-deutschland-teuer-zu-stehen/*; *http://www.spiegel.de/wirtschaft/soziales/die-target-falle-von-hans-werner-sinn-auf-verlorenem-rechnungsposten-a-859508.html*; *https://web.archive.org/web/20120504100220/http://www.ftd.de/politik/europa/:diskussion-ueber-target-salden-wie-sich-bundesbank-und-ifo-chef-in-der-sinn-frage-annaehern/70017201.html*; *http://www.sueddeutsche.de/wirtschaft/target-salden-der-bundesbank-brisante-milliarden-1.1300848.*

585 *https://de.statista.com/statistik/daten/studie/233130/umfrage/target2-salden-der-bundesbank/.*

586 Die Ausgaben im Bundeshaushalt 2023 waren in einer Höhe von rund 476,3 Milliarden Euro veranschlagt; *https://www.bundesfinanzministerium.de/Monatsberichte/2023/02/Inhalte/Kapitel-3-Analysen/3-1-sollbericht-2023.html.*

587 Siehe dazu Grandt, Michael: *Vorsicht Enteignung! Der Griff nach Ihrem Vermögen*, Rottenburg 2020.

588 Vgl. Grandt, Michael: *Der Staatsbankrott kommt!*, Rottenburg 2010.

589 *https://www.boersen-zeitung.de/meinung-analyse/truegerisch-niedrige-zahlen-fuer-faule-kredite.*

590 Vgl. Mitteilung der EBA vom 23. November 2023; *https://www.boersen-zeitung.de/meinung-analyse/truegerisch-niedrige-zahlen-fuer-faule-kredite.*

591 Ebd.

592 Ebd.

593 *https://assets.ey.com/content/dam/ey-sites/ey-com/de_de/news/2023/04/ey-kreditmarktstudie-2023.pdf.* 3.

594 Ebd., S. 13.

595 Ebd., S. 16.

596 Ebd., S. 17.

597 Ebd., S. 18.

598 *https://interaktiv.tagesspiegel.de/lab/so-funktioniert-der-intransparente-handel-mit-den-faulen-krediten/.*

599 Ebd.

600 Ebd.

601 *https://interaktiv.tagesspiegel.de/lab/so-funktioniert-der-intransparente-handel-mit-den-faulen-krediten/.*

602 Vgl. Grellier, Alexandre: »Non-Performing-Loans – Die Lust von Investoren auf ›faule Kredite‹«, *https://www.private-banking-magazin.de/non-performing-loans-npl-investments-faule-kredit-gefragt/.*

603 Ebd.

604 Ebd.

605 *https://www.ey.com/de_de/news/2023/12/kreditnachfrage-in-der-eurozone.*

606 Vgl. Grellier, Alexandre: »Non-Performing-Loans – Die Lust von Investoren auf ›faule Kredite‹«, *https://www.private-banking-magazin.de/non-performing-loans-npl-investments-faule-kredit-gefragt/.*

607 Ebd.

608 *https://www.immobilienmanager.de/geldfluss-versiegt-09052023.*

609 Vgl. Memo 08/691, Brüssel 12. November 2008; *http://europa.eu/rapid/pressReleasesAction.do?reference=MEMO/08/691&format=PDF&aged=0&language=DE&guiLanguage=fr.*

610 Genauer in: Grandt, Michael: *Der Crash der Lebensversicherungen*, Rottenburg 2009, S. 93 ff.

611 *https://www.kritische-anleger.de/banken-ratings/.*

612 *https://www.deltavalue.de/sp-ratings/.*

613 *https://www.deltavalue.de/fitch-ratings/.*

614 Viele deutsche Geldhäuser haben kein aktuelles Rating, oder es liegt schon einige Jahre zurück, was nicht mehr aussagekräftig ist, weshalb sie von mir nicht mehr berücksichtigt wurden.

615 Mit dem jeweils aktuellen Ratingjahr, das recherchiert werden konnte.

616 *https://www.fitchratings.com/research/banks/fitch-affirms-aareal-at-bbb-outlook-negative-25-10-2023.*

617 *https://www.handelsblatt.com/finanzen/banken-versicherungen/banken/banken-fitch-stuft-deutsche-bank-hoch-auf-a-/29236664.html.*

618 *https://www.fitchratings.com/research/corporate-finance/fitch-upgrades-ford-ford-credit-idrs-to-bbb-outlook-stable-06-09-2023.*

619 *https://web.archive.org/web/20230205230239/https://www.kritische-anleger.de/hypovereinsbank/festgeld/.*

620 *https://www.fitchratings.com/entity/ikb-deutsche-industriebank-ag-80360513.*

621 *https://www.fitchratings.com/entity/turkiye-is-bankasi-as-80089738.*

622 *https://www.kritische-anleger.de/postbank/zinssparen/.*

623 *https://www.fitchratings.com/entity/procredit-bank-ag-96474683.*

624 Im November 2023 wurde der Name der Bank umgeändert; *https://tagesgeld.rechner.handelsblatt.com/rechner/handelsblatt2/anbieter-infos.aspx?bid=309&pid=578&d=2.*

625 *https://www.fitchratings.com/entity/volkswagen-ag-80460968.*

626 *https://www.vwfs.com.br/content/dam/bluelabel/valid/www-vwfs-com-br/rating/An%C3%A1liseDetalhada_BancoVolkswagen_2022.pdf.*

627 *https://www.spglobal.com/ratings/en/research/articles/220228-research-update-vtb-bank-downgraded-to-bb-from-bbb-vtb-capital-downgraded-to-bb-from-bb-on-watch-12294879.*

628 *https://www.fitchratings.com/entity/turkiye-cumhuriyeti-ziraat-bankasi-as-80089907.*

629 *https://www.kritische-anleger.de/banken-ratings/; https://www.tagesgeldvergleich.net/ratgeber/banken-ratings.html.* Auf diesen Seiten sind auch internationale Banken aufgeführt.

630 *https://www.finanztip.de/sichere-banken/.*

631 Ebd.

632 Ebd.

633 *https://stock3.com/news/das-unkalkulierbare-risiko-der-banken-12268942.*

634 Ebd.

635 *https://www.wiwo.de/unternehmen/banken/deutsche-bank-derivate-furchterregende-zahlen/14648562-5.html.*

636 Ebd.

637 Massarelli, Bruno: »Die 5 größten Risiken für die europäischen Banken«; *https://de.linkedin.com/pulse/die-5-gr%C3%B6%C3%9Ften-risiken-f%C3%BCr-europ%C3%A4ischen-banken-bruno-massarelli.*

638 *https://www.bafin.de/DE/Verbraucher/Bank/Einlagensicherung/einlagensicherung_node.html.*

639 *https://www.bvr-institutssicherung.de/.*

640 *https://www.bafin.de/DE/Verbraucher/Bank/Einlagensicherung/einlagensicherung_node.html.*

641 Ebd.

642 Ebd.

643 *https://www.ftd.de/finanzen/finanzcheck/einlagensicherung-deutschland-nach-bankenpleiten-2023-so-sicher-ist-ihr-geld/.*

644 *https://www.dasinvestment.com/was-passiert-wenn-der-depot-anbieter-pleitegeht/.*

645 Ebd.

646 Ebd.

647 Mehr Infos auf *www.bafin.de*, *www.bundesbank.de*, *www.edb-banken.de*, *www.bvr-institutssicherung.de*, *www.dsgv.de.*

648 *https://einlagensicherungsfonds.de/.*

649 *https://www.voeb-es.de/startseite.*

650 *https://www.bafin.de/DE/Verbraucher/Bank/Einlagensicherung/einlagensicherung_node.html.*

651 *https://www.tagesschau.de/wirtschaft/verbraucher/spareinlagen-bankenkrise-forsa-101.html.*

652 Vgl. *www.bundesbank.de*;
www.voeb-es.de;
www.einlagensicherungsfonds.de;
www.test.de;
https://www.bafin.de/DE/Verbraucher/Bank/Einlagensicherung/einlagensicherung_node.html;
https://einlagensicherungsfonds.de/ueber-den-einlagensicherungsfonds/mitwirkende-institute/.

653 *https://www.verbraucherzentrale.de/wissen/geld-versicherungen/sparen-und-anlegen/risiko-und-einlagensicherung-fragen-und-antworten-zur-geldanlage-5417.*

654 *https://www.dsgv.de/sparkassen-finanzgruppe/sicherungssystem.html; https://www.bvr-institutssicherung.de/.*

655 *https://www.verbraucherzentrale.de/wissen/geld-versicherungen/sparen-und-anlegen/risiko-und-einlagensicherung-fragen-und-antworten-zur-geldanlage-5417.*

656 Ebd.

657 *https://www.bundesfinanzministerium.de/Content/DE/FAQ/harmonisierte-europaeische-einlagensicherung.html*; *https://www.ftd.de/finanzen/finanzcheck/einlagensicherung-deutschland-nach-bankenpleiten-2023-so-sicher-ist-ihr-geld/.*

658 *https://www.verivox.de/geldanlage/ratgeber/einlagensicherung-bei-auslaendischen-banken-1119687/.*

659 Nur für Mitgliedsbanken der Federal Deposit Insurance Corporation (FDIC).

660 *https://www.verivox.de/geldanlage/ratgeber/einlagensicherung-bei-auslaendischen-banken-1119687/*; *https://www.wohnsitzausland.com/banking/einlagensicherung-weltweit-im-vergleich* sowie Umrechnungskurse zur Manuskriptabgabe.

661 Tabelle auf der Seite *https://www.verivox.de/tagesgeld-festgeld/laenderrating/.*

662 *https://www.verivox.de/geldanlage/ratgeber/einlagensicherung-bei-auslaendischen-banken-1119687/.*

663 Ebd.

664 Ebd.

665 Ebd.

666 Ebd.

667 Ebd.

668 Ebd.

669 Ebd.

670 *https://de.nachrichten.yahoo.com/roundup-ezb-vize-fehlende-gemeinsame-151905374.html?guccounter=1&guce_referrer=aHR0cHM6Ly93d3cuZ29vZ2xlLmNvbS8&guce_referrer_sig=AQAAAN70Rs1Yry9jqj5TelgwYAGOav1nRJJbqfPAbr6p_WrhD8NVIkCODT7J7_0DjmQOPEJ3u-cmmxfT0C7VmDVyxKki9kOnzkq3JJKpRpTVGbxVmxeCIfhH_7MGV6K9hYFKTncfwUj8bZINMuF4T2g9AHygC_iVPXw-foHfnljdQF8Z.*

671 *https://www.bundesbank.de/resource/blob/597954/fcf7328940de422b2bc0548fdcefe2a9/mL/2015-12-einlagensicherung-data.pdf.*

672 *https://www.tagesschau.de/wirtschaft/verbraucher/spareinlagen-bankenkrise-forsa-101.html.*

673 *https://www.bz-berlin.de/ratgeber/ist-mein-geld-bei-einer-bankenpleite-geschuetzt.*

674 Ebd.

675 *https://de.statista.com/statistik/daten/studie/196678/umfrage/anzahl-der-girokonten-bei-sparkassen-in-deutschland-seit-2007/.*

676 *https://de.statista.com/statistik/daten/studie/71940/umfrage/volksbanken-und-raiffeisenbanken-anzahl-der-mitglieder/.*

677 *https://www.boersen-zeitung.de/banken-finanzen/deutsche-bank-will-von-postbank-kunden-geliebt-werden.*

678 *https://www.commerzbank.de/media/de/presse/presentations/Faktenblatt.pdf.*

679 *https://de.statista.com/statistik/daten/studie/38041/umfrage/anzahl-der-girokonten-in-deutschland-nach-bankengruppe/.*

680 *https://www.boersen-zeitung.de/banken-finanzen/wuermeling-befuerchtet-finanzierungsluecken-d629face-1c6d-11ec-842f-73562a0ee452.*

681 Vgl. *WirtschaftsWoche* Nr. 28 vom 9. Juli 2012 und Nr. 17 vom 22. April 2013; *https://www.verbraucherzentrale.de/wissen/geld-versicherungen/sparen-und-anlegen/risiko-und-einlagensicherung-fragen-und-antworten-zur-geldanlage-5417.*

682 *https://de.statista.com/statistik/daten/studie/187500/umfrage/entwicklung-der-bilanzsumme-der-banken-in-deutschland-seit-2003/.*

683 Ebd.

684 *https://www.tagesgeldvergleich.net/ratgeber/sanierungs-und-abwicklungsgesetz.html.*

685 *https://www.tagesgeldvergleich.net/ratgeber/sanierungs-und-abwicklungsgesetz.html.*

686 § 5 SAG Verschwiegenheitspflicht: (1) Die bei der Abwicklungsbehörde, bei der Aufsichtsbehörde, bei dem Bundesministerium der Finanzen und bei anderen nationalen Behörden beschäftigten Personen dürfen die ihnen bei ihrer Tätigkeit im Rahmen dieses Gesetzes bekanntgewordenen Informationen im Sinne des § 4 Absatz 1 nicht unbefugt offenbaren oder

verwerten. Dies gilt auch, wenn die Bediensteten der vorbezeichneten Behörden nicht mehr im Dienst sind oder ihre Tätigkeit im Rahmen dieses Gesetzes beendet haben. Gleiches gilt für andere Personen, welche im Wege dienstlicher Berichterstattung Kenntnis von den in Satz 1 bezeichneten Informationen erhalten.

(2) Absatz 1 gilt für die folgenden Personen oder die bei den folgenden Stellen tätigen Personen entsprechend:

1. Einlagensicherungssysteme und bei ihnen tätige Personen;
2. potentielle Erwerber, die von den im Rahmen dieses Gesetzes tätigen anderen nationalen Behörden kontaktiert oder von den Abwicklungsbehörden angesprochen wurden;
3. Rechnungsprüfer, Wirtschaftsprüfer, vereidigte Buchprüfer, Rechtsberater, sonstige professionelle Berater, Bewerter und andere von den Abwicklungsbehörden, von anderen im Rahmen dieses Gesetzes tätigen Behörden oder von potentiellen Erwerbern unmittelbar oder mittelbar hinzugezogene Experten;
4. vorläufige Verwalter gemäß § 38 und den Sonderverwalter nach § 87;
5. die von der Abwicklungsbehörde ernannten Mitglieder der Geschäftsleitung und des Aufsichts- oder Verwaltungsorgans eines Brückeninstituts oder einer Vermögensverwaltungsgesellschaft vor, während oder nach ihrer Ernennung;
6. sonstige Personen oder Stellen, die unmittelbar oder mittelbar, dauerhaft oder zeitweise Dienstleistungen für die Abwicklungsbehörde, für die im Rahmen dieses Gesetzes tätigen national zuständigen Behörden und für die in den Nummern 1 bis 5 genannten Personen, Stellen oder Behörden erbringen oder erbracht haben;
7. die Mitarbeiter und Mitarbeiterinnen der nachgelagerten Führungsebene und die Mitglieder der Geschäftsleitung und des Aufsichts- oder Verwaltungsorgans der in den Nummern 1 bis 6 genannten Personen, Stellen oder Behörden vor, während oder nach ihrer Ernennung und Bedienstete oder ehemalige Bedienstete der unter den Nummern 1 bis 6 genannten Personen, Stellen oder Behörden.

(3) Die Abwicklungsbehörde, die Aufsichtsbehörde, das Bundesministerium der Finanzen und andere nationale Behörden, welche im Rahmen dieses Gesetzes tätig werden, Einlagensicherungssysteme sowie Brückeninstitute und Vermögensverwaltungsgesellschaften haben in ihrem jeweiligen Bereich interne Geheimhaltungsregelungen vorzusehen, welche den Regeln der §§ 4 bis 10 weitgehend entsprechen. Insbesondere ist sicherzustellen, dass Informationen im Sinne des § 4 Absatz 1 nur an Personen gelangen, welche unmittelbar mit dem Abwicklungsprozess befasst sind.

(4) Die Verschwiegenheitspflicht steht einer Weitergabe oder Verwertung von Informationen im Sinne von § 4 Absatz 1 Nummer 1 dann nicht entgegen, wenn die Kreditinstitute, gruppenangehörigen Unternehmen oder sonstigen Dritten, deren Belange durch die Weitergabe oder Verwertung berührt sind, in die Weitergabe oder Verwertung ausdrücklich eingewilligt haben und die Informationen nicht im Interesse der zuständigen Behörden geheim zu halten sind.

(5) Bei Verletzung der Verschwiegenheitspflicht gelten die allgemeinen Haftungs- und Schadensersatzregeln. Hinsichtlich der Inanspruchnahme eines Beschäftigten der Abwicklungsbehörde, Aufsichtsbehörde oder einer im Rahmen des Gesetzes tätigen national zuständigen Behörde gelten die Regelungen des § 181; *https://www.gesetze-im-internet.de/sag/__5.html.*

687 *https://www.telepolis.de/features/Komplette-legale-Enteignung-per-Gesetz-4579663.html?seite=all.*
688 Vgl. § 62 Abs. 1–2 SAG.
689 *https://www.tagesgeldvergleich.net/ratgeber/sanierungs-und-abwicklungsgesetz.html.*
690 *https://www.gesetze-im-internet.de/sag/__89.html.*
691 Vgl. § 91 Abs. 2 Nr. 1–7 SAG.
692 *https://www.tagesgeldvergleich.net/ratgeber/sanierungs-und-abwicklungsgesetz.html.*
693 Vgl. § 91 Abs. 2 Nr. 1 SAG; § 8 Abs. 2 Nr. 1 a–d EinSiG; *https://www.tagesgeldvergleich.net/ratgeber/sanierungs-und-abwicklungsgesetz.html.*
694 Vgl. § 92 Abs. 1 SAG.
695 *https://www.tagesgeldvergleich.net/ratgeber/sanierungs-und-abwicklungsgesetz.html.*
696 Ebd.
697 Ebd.
698 Vgl. §89 SAG; §222 AktG; *https://www.tagesgeldvergleich.net/ratgeber/sanierungs-und-abwicklungsgesetz.html.*
699 § 90 Nr. 1 SAG; § 90. Nr. 2 SAG; *https://www.tagesgeldvergleich.net/ratgeber/sanierungs-und-abwicklungsgesetz.html.*
700 § 90 Nr. 1 SAG; § 90 Nr. 2 SAG; *https://www.tagesgeldvergleich.net/ratgeber/sanierungs-und-abwicklungsgesetz.html.*
701 *https://www.telepolis.de/features/Komplette-legale-Enteignung-per-Gesetz-4579663.html?seite=all.*
702 Vgl. § 99 Abs. 1-. 3 SAG.
703 Vgl. § 99 Abs. 3 SAG; § 75 Abs. 4 SAG.
704 Vgl. § 150 Abs. 1 SAG.
705 *https://www.volksbank-rhede.de/privatkunden/sparen-geldanlage/service/bail-in.html.*
706 Vgl. § 147 SAG.
707 Ebd.
708 Vgl. Toussaint, Guido: *Das Recht des Zahlungsverkehrs im Überblick*, Berlin 2009, S. 11; *https://www.geld-und-geldpolitik.de/banken-und-buchgeld-kapitel-3.html.*
709 *https://www.bundesbank.de/resource/blob/892594/8b6981d1f6c32d213428aa16b5e20d9e/mL/geld-und-geldpolitik-kapitel3-data.pdf*, S. 50.
710 Toussaint, Guido: *Das Recht des Zahlungsverkehrs im Überblick*, Berlin 2009, S. 11.
711 BGHZ 72, 316, 318.
712 Vgl. § 14 I 2 BBankG.
713 Vgl. §§ 2, 3 MünzG.
714 *https://praxistipps.focus.de/mit-dm-bezahlen-hier-koennen-sie-noch-mit-d-mark-einkaufen_151843.*
715 *https://www.mein-grimm.de/aktuelle-nachrichten/nachrichten-detail/bezahlen-mit-d-mark.html.*
716 Definition nach dem *Gabler Bankenlexikon*: »Erbringen einer anderen als der aufgrund Vertrags geschuldeten Leistung durch den Schuldner (z. B. Übertragung von Buchgeld durch Überweisung anstelle von Bargeld, Annahme einer Sachleistung statt Geldes). Nur wenn der Gläubiger mit dieser Art der Leistung einverstanden ist, tritt Erfüllung (§ 362 BGB) ein. Der Gläubiger

verliert dann den Anspruch auf die ursprüngliche Leistung gemäß § 364 I BGB, anders als bei der Leistung erfüllungshalber (vgl. § 364 II BGB)«, siehe *https://www.gabler-banklexikon.de/definition/leistung-erfuellungs-statt-59583.*

717 *https://www.gabler-banklexikon.de/definition/gesetzliche-zahlungsmittel-58396.*

718 Ebd.

719 *https://www.gesetze-im-internet.de/bgb/__242.html.*

720 *https://www.bpb.de/kurz-knapp/lexika/lexikon-der-wirtschaft/20875/treu-und-glauben/.*

721 *https://www.econstor.eu/bitstream/10419/179533/1/1024270009.pdf*, S. 5.

722 *Welt am Sonntag* vom 28. Oktober 2008.

723 Quelle: Bundesbank.

724 Haase, Daniel; Ewert, Gerd: »Staatsbankrott & Währungsreform«, in: *Das Edelmetall- & Rohstoffmagazin* 2009/2010, Neustadt a. d. Orta, 2009, S. 92.

725 *Welt am Sonntag* vom 28. Oktober 2008.

726 Ebd.

727 *Der Spiegel* 37/2010.

728 Ebd. (Hervorhebungen durch den Autor).

729 *https://www.tagesschau.de/wirtschaft/finanzen/eu-gipfel-finanzen-103.html.*

730 Ebd.

731 Ebd.

732 Ebd.

733 Ebd.

734 *https://www.mdr.de/heute-im-osten/euro340.html.*

735 *https://www.flossbachvonstorch.at/de/news/wertverlust/.*

736 *https://de.goldbroker.com/news/seit-seiner-einfuhrung-hat-der-euro-gegenuber-gold-85-seines-wertes-verloren-2641.*

737 *https://www.focus.de/finanzen/boerse/politische-maerchenstunde-hoechste-ns-18-monate_id_2100536.html.*

738 *https://www.wolfgang-schaeuble.de/die-rettungsschirme-laufen-aus-das-haben-wir-klar-vereinbart/.*

739 *https://www.welt.de/wirtschaft/article12929963/Griechen-wollen-Deutschland-jeden-Cent-zurueckzahlen.html.*

740 Grandt, Michael: *Deutschland vor dem Kollaps*, Rottenburg 2010, S. 127 ff.

741 *https://www.wiwo.de/politik/europa/schuldenkrise-die-zehn-groessten-euro-luegen/6987602.html#image.*

742 Ebd.

743 *https://www.sueddeutsche.de/wirtschaft/zypern-helfer-dijsselbloem-in-der-kritik-waehle-deine-worte-weise-1.1633569.*

744 *https://www.anwalt.de/rechtstipps/alles-wissenswerte-zur-kontosperre-was-tun-wenn-das-konto-ploetzlich-gesperrt-ist-208719.html.*

745 Grundlage dieses Kapitels ist die Seite *https://www.anwalt.de/rechtstipps/alles-wissenswerte-zur-kontosperre-was-tun-wenn-das-konto-ploetzlich-gesperrt-ist-208719.html.*

746 Die letzte Umfrage wurde im Juli 2023 veröffentlicht.

747 *https://www.boersen-zeitung.de/konjunktur-politik/ezb-nicht-allein-fast-alle-notenbanken-arbeiten-an-digitalem-zentralbankgeld.*
748 Ebd.
749 *https://www.mehrwertsteuerrechner.de/notenbanken/digitaler-euro/.*
750 *https://www.federalreserve.gov/publications/files/money-and-payments-20220120.pdf.*
751 *https://www.n-tv.de/wirtschaft/Russland-bringt-digitalen-Rubel-an-den-Start-article24328255.html.*
752 *https://www.boersen-zeitung.de/startseite/ezb-schreitet-bei-digitalem-euro-voran.*
753 Ebd.
754 *https://www.boersen-zeitung.de/konjunktur-politik/noch-viele-offene-fragen-beim-digitalen-euro.*
755 *https://www.boersen-zeitung.de/startseite/ezb-schreitet-bei-digitalem-euro-voran.*
756 *https://www.boersen-zeitung.de/konjunktur-politik/noch-viele-offene-fragen-beim-digitalen-euro.*
757 Ebd.
758 Ebd.
759 Ebd.
760 *https://www.boersen-zeitung.de/startseite/ezb-schreitet-bei-digitalem-euro-voran.*
761 *https://www.mehrwertsteuerrechner.de/notenbanken/digitaler-euro/.*
762 *https://www.faz.net/aktuell/finanzen/digitaler-euro-welche-vorteile-es-fuer-den-verbraucher-gibt-19251199/digitaler-euro-19207919.html.*
763 *https://apollo-news.net/verwaltungseinheit-geschaffen-ezb-treibt-einfuehrung-des-digitalen-euro-voran/.*
764 Ebd.
765 *https://www.boersen-zeitung.de/konjunktur-politik/paypal-laesst-ezb-aufhorchen.*
766 Ebd.
767 Zitiert auf *https://www.achgut.com/artikel/niemand_hat_die_absicht_die_geldfluesse_zu_ueberwachen.*
768 *https://www.ecb.europa.eu/paym/digital_euro/investigation/profuse/shared/files/dedocs/ecb.dedocs231018.de.pdf.*
769 Ebd. sowie *https://www.achgut.com/artikel/niemand_hat_die_absicht_die_geldfluesse_zu_ueberwachen.*
770 Ebd.
771 *https://www.boersen-zeitung.de/konjunktur-politik/beim-digitalen-euro-sind-noch-viele-fragen-offen.*
772 *https://www.ecb.europa.eu/paym/intro/news/html/ecb.mipnews230303_1.de.html.*
773 Die einzelnen Mitglieder der RDG können hier eingesehen werden: *https://www.ecb.europa.eu/paym/intro/news/ecb.mipnews230215_annex.de.pdf.*
774 *https://www.achgut.com/artikel/niemand_hat_die_absicht_die_geldfluesse_zu_ueberwachen.*
775 *https://norberthaering.de/geldsystem/feistel-lazic/*; Video dazu: *https://www.youtube.com/watch?v=E0cDIJdg9ac.*
776 Etwa das Euro Retail Payments Board.
777 *https://www.ecb.europa.eu/paym/digital_euro/governance/html/index.de.html.*

778 Ebd.

779 *https://www.ecb.europa.eu/ecb/climate/html/index.de.html.*

780 Ebd.

781 *https://digital-strategy.ec.europa.eu/de/policies/eudi-wallet-implementation.*

782 Ebd. sowie *https://www.achgut.com/artikel/niemand_hat_die_absicht_die_geldfluesse_zu_ueberwachen.*

783 *https://norberthaering.de/macht-kontrolle/digitale-eu-identitaet/.*

784 *https://norberthaering.de/geldsystem/feistel-lazic/.*

785 *https://www.ecb.europa.eu/paym/digital_euro/how-it-works/html/index.de.html.*

786 *https://www.mehrwertsteuerrechner.de/notenbanken/digitaler-euro/.*

787 Ebd.

788 Ebd.

789 TRMLabs: *https://web.archive.org/web/20231118162635/https://finanzmarktwelt.de/digitale-zentralbankwaehrungen-bundesdruckerei-warnt-mit-klaren-worten-291675/.*

790 *https://www.mehrwertsteuerrechner.de/notenbanken/digitaler-euro/.*

791 Ebd.

792 *https://de.statista.com/statistik/daten/studie/198959/umfrage/anzahl-der-smartphonenutzer-in-deutschland-seit-2010/.*

793 *https://www.destatis.de/DE/Themen/Gesellschaft-Umwelt/Einkommen-Konsum-Lebensbedingungen/IT-Nutzung/Tabellen/nutzung-internet-onlinekaeufe-geschlecht-alter-mz-ikt.html.*

794 *https://norberthaering.de/geldsystem/feistel-lazic/.*

795 *https://www.mehrwertsteuerrechner.de/notenbanken/digitaler-euro/.*

796 *https://ec.europa.eu/commission/presscorner/detail/de/SPEECH_20_1655.*

797 *https://norberthaering.de/bargeld-widerstand/lagarde-cbdc/*; *https://finance.ec.europa.eu/events/high-level-conference-towards-legislative-framework-enabling-digital-euro-citizens-and-businesses-2022-11-07_en*; *https://finance.ec.europa.eu/document/download/830ef0bb-4fd3-4657-914d-ef19f4b8f1af_en?filename=finance-events-221107-programme_en_4.pdf.*

798 *https://www.boersen-zeitung.de/konjunktur-politik/beim-digitalen-euro-sind-noch-viele-fragen-offen.*

799 Ebd.

800 *https://www.boersen-zeitung.de/konjunktur-politik/beim-digitalen-euro-sind-noch-viele-fragen-offen.*

801 *https://www.boersen-zeitung.de/konjunktur-politik/noch-viele-offene-fragen-beim-digitalen-euro.*

802 Ebd.

803 *https://www.boersen-zeitung.de/konjunktur-politik/paypal-laesst-ezb-aufhorchen.*

804 *https://www.boersen-zeitung.de/konjunktur-politik/noch-viele-offene-fragen-beim-digitalen-euro.*

805 *https://www.boersen-zeitung.de/konjunktur-politik/paypal-laesst-ezb-aufhorchen.*

806 *https://jungefreiheit.de/wirtschaft/2023/e-euro-in-der-praxis/.*

807 Ebd.

808 *https://www.bundesdruckerei.de/de/innovation-hub/was-bringt-eine-cbdc-und-wo-lauern-risiken.*

809 *https://www.boersen-zeitung.de/konjunktur-politik/paypal-laesst-ezb-aufhorchen.*

810 *https://www.achgut.com/artikel/niemand_hat_die_absicht_die_geldfluesse_zu_ueberwachen.*
811 *https://www.boersen-zeitung.de/konjunktur-politik/beim-digitalen-euro-sind-noch-viele-fragen-offen.*
812 *https://freeassange.rtde.me/europa/193215-eu-beschluss-gegen-bargeld-nur/; https://www.handelsblatt.com/finanzen/banken-versicherungen/geldwaeschegesetz-eu-beschliesst-bargeldobergrenze-von-10000-euro/100008123.html.*
813 *https://norberthaering.de/bargeld-widerstand/eu-bbargeldobergrenze-iwf/.*
814 *https://norberthaering.de/geldsystem/feistel-lazic/.*
815 *https://www.verdi.de/themen/nachrichten/++co++6bd99fe6-7ca9-11ee-a6d1-001a4a16012a.*
816 *https://www.techbook.de/shop-pay/payment-services/banken-schliessen-filialen-bargeld-abheben.*
817 *https://de.statista.com/statistik/daten/studie/6703/umfrage/anzahl-der-geldautomaten-in-deutschland-seit-dem-jahr-1996/.*
818 Dazu kommen noch die Geldautomaten der Banken, die nicht in diesen Bankenverbünden sind; *https://www.kontofinder.de/blog/warum-es-immer-weniger-geldautomaten-gibt/.*
819 *https://de.statista.com/statistik/daten/studie/71256/umfrage/anzahl-bargeldloser-transaktionen-weltweit/.*
820 *https://www.techbook.de/shop-pay/payment-services/banken-schliessen-filialen-bargeld-abheben.*
821 Ebd.
822 *https://www.mckinsey.de/publikationen/2019-09-09---digital-payments-in-germany#/.*
823 Ebd.
824 *https://www.techbook.de/shop-pay/bargeld-einzahlen-bank-konto.*
825 Ebd.
826 Brückner, Michael: *Angriff auf unser Bargeld,* Rottenburg 2023.
827 *https://www.youtube.com/watch?v=US__ab5hNVY.*
828 *https://qonto.com/de/blog/business/geschaeftskonto/konto-im-ausland-eroeffnen.*
829 Ebd.
830 Ebd.
831 *https://www.youtube.com/watch?v=US__ab5hNVY.*
832 *https://www.anwalt.de/rechtstipps/konto-im-ausland-vorteile-und-nachteile-208303.html.*
833 Ebd.
834 Vgl. Cross-Border-Tax-Experte Sebastian Sauerborn auf: *https://www.youtube.com/watch?v=US__ab5hNVY.*
835 Ebd.
836 Common Reporting Standards (CRS).
837 Die Liste weiterer Länder, die nicht am Informationsaustausch teilnehmen, ist hier einzusehen: *https://thebanks.eu/articles/countries-which-will-not-automatically-exchange-account-information.*
838 Vgl. Cross-Border-Tax-Experte Sebastian Sauerborn auf: *https://www.youtube.com/watch?v=US__ab5hNVY.*
839 *https://www.computerbild.de/artikel/cb-News-Finanzen-Achtung-Kontrolle-Kontoabfragen-durch-Finanzamt-nehmen-zu-36250463.html.*
840 *https://www.helpster.de/auslandskonto-sehen-sie-die-vorteile-und-nachteile_93221.*
841 Vgl. »6 Vorteile eines Auslandskontos außerhalb der Eurozone«; *https://www.youtube.com/watch?v=M1RTqj4kxcY.*

842 Ebd.

843 *https://www.anwalt.de/rechtstipps/konto-im-ausland-vorteile-und-nachteile-208303.html.*

844 *https://www.consilium.europa.eu/de/policies/banking-union/.*

845 Ebd.

846 *https://deutsche-wirtschafts-nachrichten.de/705957/melonis-italien-wird-zur-gefahr-fuer-europas-finanzsystem.*

847 Ebd.

848 *https://www.tichyseinblick.de/meinungen/bundesbank-rekapitalisierung/.*

849 *https://deutsche-wirtschafts-nachrichten.de/705957/melonis-italien-wird-zur-gefahr-fuer-europas-finanzsystem.*

850 Ebd.

851 *https://www.tichyseinblick.de/meinungen/bundesbank-rekapitalisierung/.*

852 *https://www.tagesschau.de/wirtschaft/finanzen/ezb-bankenaufsicht-kredite-kreditrisiken-kritik-europaeischer-rechnungshof-banken-100.html.*

853 Ebd.

854 Quellen: IWF, BIZ, WFE, HB-Research, *Handelsblatt* vom 9. September 2011; 6 Billionen Dollar am Tag; *https://www.onvista.de/ratgeber/devisen-ratgeber/was-sind-devisen-295591*; *https://www.dbresearch.de/PROD/RPS_DE-PROD/PROD0000000000527181/OTC-DerivatehandelProzent3A_Erste_Anzeichen_einer_Verlager.xhtml*; *https://de.statista.com/statistik/daten/studie/239389/umfrage/volumen-des-weltweiten-aktienhandels/*; *https://de.statista.com/statistik/daten/studie/159798/umfrage/entwicklung-des-bip-bruttoinlandsprodukt-weltweit/.*

855 *https://www.boerse.de/historische-kurse/Commerzbank-Aktie/DE000CBK1001.*

856 Siehe Kapitel »Die Gewerbeimmobilienbombe – Die Risikovorsorge steigt«.

857 Siehe Kapitel »Die Risiken der Banken«.

858 *https://finanzmarktwelt.de/bankenkrise-top-analyst-fuer-anleihen-warnt-288143/.*

859 *https://de.statista.com/statistik/daten/studie/233130/umfrage/target2-salden-der-bundesbank/.*

860 Ebd.

861 Die geplanten Ausgaben im Haushaltsjahr 2023 beliefen sich auf eine Summe von 476,3 Milliarden Euro; *https://www.bundesfinanzministerium.de/Monatsberichte/2023/02/Inhalte/Kapitel-3-Analysen/3-1-sollbericht-2023.html.*

862 Ebd.

863 *https://stock3.com/news/das-unkalkulierbare-risiko-der-banken-12268942.*

864 Ebd.

865 *https://de.statista.com/statistik/daten/studie/187500/umfrage/entwicklung-der-bilanzsumme-der-banken-in-deutschland-seit-2003/.*

866 Ebd.

867 *https://www.boersen-zeitung.de/banken-finanzen/wuermeling-befuerchtet-finanzierungsluecken-d629face-1c6d-11ec-842f-73562a0ee452.*

868 Vgl. Stelter, Daniel: »Zehn Gründe, warum wir die Verlierer des Euro sind«, in: Otte, Max: *Weltsystem Crash*, München 2020, S. 336 ff.

869 *https://web.archive.org/web/20170218162701/http://www.focus.de/finanzen/boerse/80-prozent-kaufkraftverlust-wie-sich-das-geld-der-deutschen-langsam-aufloest_id_4268471.html.*

870 *https://www.handelsblatt.com/finanzen/geldpolitik/geldpolitik-sparer-verlieren-648-milliarden-euro-durch-niedrigzinsen/24341874.html?ticket=ST-2721953-lhWysH7CxqrtuzcaYtJx-ap5.*

871 *https://web.archive.org/web/20170218162701/http://www.focus.de/finanzen/boerse/80-prozent-kaufkraftverlust-wie-sich-das-geld-der-deutschen-langsam-aufloest_id_4268471.html.*

872 Eigene Schätzung (das Wirtschaftswachstum betrug bis zur Einführung des Euro von 1960 bis 2001 durchschnittlich 2,9 Prozent p. a., danach im Schnitt jeweils nur noch 1,2 Prozent p. a., ein Verlust von jährlich 1,7 Prozent; Quelle: Veränderung des preisbereinigten Bruttoinlandsprodukts, Statistisches Bundesamt; *https://de.statista.com/statistik/daten/studie/2112/umfrage/veraenderung-des-bruttoinlandprodukts-im-vergleich-zum-vorjahr/.*

873 Stelter, Daniel: »Zehn Gründe, warum wir die Verlierer des Euro sind«, in: Otte, Max: *Weltsystem Crash*, München 2020, S. 337.

874 Ebd.

875 Otte, Max: *Weltsystem Crash*, München 2020, S. 43.

876 Ebd., S. 163.

877 *https://www.bild.de/politik/wirtschaft/euro-ist-seit-waehrungsunion-nur-noch-80-cent-wert-11137984.bild.html.*

878 *https://www.boerse.de/historische-kurse/Gold/XC0009655157.*

879 *https://www.faz.net/aktuell/finanzen/finanzmarkt/kaufkraft-in-gold-ist-der-euro-80-prozent-weniger-wert-16447725.html.*

880 Quelle: »Europäische Zentralbank«, in: Otte, Max: *Weltsystem Crash*, München 2020, S. 341.

881 Vgl. Stelter, Daniel: »Zehn Gründe, warum wir die Verlierer des Euro sind«, in: Otte, Max: *Weltsystem Crash*, München 2020, S. 339.

882 Beispiel: Anleihenkauf der EZB.

883 Quelle zu diesem Kapitel: »Sicher Leben 4/2018«, *Krisenratgeber*, Verlag für die Deutsche Wirtschaft, Bonn.

884 Die Tipps basieren *auch* auf meiner Broschüre *So schützen Sie sich vor dem Corona-Staatsbankrott*, erschienen bei den Deutschen Konservativen, Hamburg 2021.

885 *http://boersenlexikon.faz.net/aktie.htm.*

886 Quellen zu den Ausführungen über Dividenden: *https://www.weltsparen.de/glossar/dividende/*; *https://www.forbes.com/advisor/de/geldanlage/dividendenrendite-berechnen/.*

887 *https://wertpapierdepot.net/boersenlexikon/cost-average-effekt/.*

888 *https://www.ftd.de/finanzen/finanzcheck/einlagensicherung-deutschland-nach-bankenpleiten-2023-so-sicher-ist-ihr-geld/.*

889 *https://www.dasinvestment.com/was-passiert-wenn-der-depot-anbieter-pleitegeht/.*

890 Ebd.

891 *https://freeassange.rtde.me/schweiz/191531-goldverkauf-schweiz-kostspielige-entscheidung-inmitten/.*

892 Ebd.

893 *https://de.statista.com/statistik/daten/studie/156673/umfrage/laender-mit-den-groessten-goldreserven/.*

894 Ebd.
895 *https://de.statista.com/statistik/daten/studie/199639/umfrage/formen-der-geldanlage-der-deutschen/.*
896 Sir Isaac Newton (1643–1727), englischer Naturforscher und Verwaltungsbeamter. Aufgrund seiner Leistungen in der Physik und der Mathematik gilt er als einer der bedeutendsten Wissenschaftler aller Zeiten (vgl. Westfall, Richard: *Isaac Newton – eine Biographie*, Heidelberg/Berlin 1996).
897 Lide, David R. (Hrsg.): *CRC Handbook of Chemistry and Physics*, 90. Auflage, CRC Press, Boca Raton, Florida, 2009, Section 14, »Geophysics, Astronomy, and Acoustics; Abundance of Elements in the Earth's Crust and in the Sea«.
898 *http://www.handelsblatt.com/finanzen/boerse-maerkte/anlagestrategie/plan-b-gold-die-aelteste-waehrung-der-welt/6785870-6.html.*
899 Laut Statistik der US Geological Society.
900 *http://www.finanznews-123.de/etcs-als-anlageform-nutzen/.*
901 Ulfkotte, Udo: *Mit Gold durch die Krise*, Rottenburg 2011, S. 30 ff.
902 Vgl. Müller, Jürgen: *Gewinnen mit Gold und Silber*, Rottenburg 2007, S. 45 ff.
903 Dazu *feingoldhandel.de:* »Bisher war es möglich, bis zu einem Wert von 10 000 Euro anonym Edelmetalle zu kaufen. Sofern der erworbene Betrag die Grenze überschreitet, gilt eine erweiterte Dokumentations- und Ausweispflicht. Das bedeutet, dass die persönlichen Daten des Käufers schriftlich festgehalten werden – zum Beispiel mittels einer detaillierten Rechnung. Doch nun kommen weitere Änderungen des Geldwäschegesetzes auf potenzielle Anleger zu: Seit Januar 2020 liegt die Bargeldschwelle lediglich bei 2000 Euro. […] Auch weiterhin ist es Ihnen möglich, in beliebiger Menge Goldbarren zu kaufen. Die Verschärfung der Richtlinien für ein anonymes Tafelgeschäft sorgt lediglich dafür, dass Sie ab einem Betrag von 2000 Euro Ihre Identität offenlegen müssen und im Transparenzregister aufgenommen werden«; *https://feingoldhandel.de/geldwaeschegesetz-gwg-welche-aenderungen-kommen-auf-anleger-zu.* Sie haben auch keine Chance, wenn Sie als Kunde Münzen für zum Beispiel 1900 Euro kaufen und einen Monat später noch einmal für 1900 Euro, denn dann besteht laut Gesetz ein inhaltlicher Zusammenhang, und der Händler ist wiederum verpflichtet, Ihre Daten festzuhalten (vgl. *https://topkonzept-blog.de/2020/01/wie-sie-anonym-2020-gold-und-silber-kaufen-konnen/.*
904 Art. 14 GG: »(2) Eigentum verpflichtet. Sein Gebrauch soll zugleich dem Wohle der Allgemeinheit dienen. (3) Eine Enteignung ist nur zum Wohle der Allgemeinheit zulässig. Sie darf nur durch Gesetz oder auf Grund eines Gesetzes erfolgen, das Art und Ausmaß der Entschädigung regelt. Die Entschädigung ist unter gerechter Abwägung der Interessen der Allgemeinheit und der Beteiligten zu bestimmen. Wegen der Höhe der Entschädigung steht im Streitfalle der Rechtsweg vor den ordentlichen Gerichten offen«; *http://www.gesetze-im-internet.de/gg/art_14.html.*
905 *https://de.statista.com/statistik/daten/studie/1168091/umfrage/vergleich-der-performance-von-gold-mit-ausgewaehlten-aktienindizes/.*
906 Beike, Rolf; Schlütz, Johannes: *Finanznachrichten lesen – verstehen – nutzen*, Stuttgart 2010, S. 864.
907 *https://www.juwelo.de/edelsteinlexikon/gold-silber-platin-titan/.*
908 *https://www.ifw-kiel.de/de/publikationen/aktuelles/greix-immobilienpreise-sind-2023-in-historisch-einmaligem-ausmass-gefallen/.*

909 Im Jahr 1999 öffnete die Commodities Future Trading Commission der USA die Future-Märkte weitgehend, vgl. *Der Spiegel* 35/2011, S. 77.

910 Schätzung der US-Investmentbank Goldman Sachs; vgl. *http://www.finanzen.net/rohstoffe/oelpreis.*

911 *https://www.finanzen.net/rohstoffe/oelpreis.*

912 *https://de.statista.com/statistik/daten/studie/1123/umfrage/rohoelpreisentwicklung-uk-brent-seit-1976/.*

913 *https://freeassange.rtde.me/wirtschaft/192526-wohlstand-oder-ruin-was-wir-von-der-weltwirtschaft-2024-erwarten-koennen/.*

914 Seltene Erden: Scandium, Yttrium, Lanthan, Cer, Praseodym, Neodym, Promethium, Samarium, Europium, Gadolinium, Terbium, Dysprosium, Holmium, Erbium, Thulium, Ytterbium und Lutetium.

915 *https://www.bitpanda.com/academy/de/lektionen/kann-eine-kryptowahrung-wie-bitcoin-gehackt-oder-stillgelegt-werden/.*

916 *https://de.statista.com/statistik/daten/studie/283301/umfrage/gesamtzahl-der-bitcoins-in-umlauf/.*

917 Ebd.

918 *https://www.bild.de/politik/ausland/politik-ausland/sohn-von-ezb-chefin-lagarde-verzockt-sich-mit-kryptowaehrung-86210306.bild.html.*

919 Ebd.

920 *https://www.techopedia.com/de/60-statistiken-zum-bitcoin-mining-und-energieverbrauch-im-juni-2023-alles-wissenswerte.*

921 *https://report24.news/die-verborgene-oligarchie-von-bitcoin-wenige-besitzer-kontrollieren-einen-gewaltigen-reichtum/.*

922 *https://www.finanzen.net/nachricht/devisen/neue-aera-der-krypto-investitionen-blackrock-und-sec-im-dialog-ueber-bitcoin-etfs-13083612.*

923 *https://www.linkedin.com/pulse/how-much-bitcoin-owned-blackrock-state-street-vanguard-mayaba/.*

924 *https://www.thestreet.com/crypto/investing/is-blackrock-already-the-third-largest-bitcoin-holder-in-the-world.*

925 *https://report24.news/die-verborgene-oligarchie-von-bitcoin-wenige-besitzer-kontrollieren-einen-gewaltigen-reichtum/.*

926 Ebd.

927 *https://www.bild.de/geld/wirtschaft/wirtschaft/falschmeldung-sorgt-fuer-aufruhr-krypto-kurse-explodieren-nach-boersen-hack-86698968.bild.html.*

928 Ebd.; am 10. Januar 2024 genehmigte die US-Börsenaufsicht Bitcoin-Fonds; *https://www.bild.de/geld/wirtschaft/wirtschaft/kryptowaehrung-us-boersenaufsicht-genehmigt-bitcoin-fonds-86712202.bild.html.*

929 *https://www.spiegel.de/wirtschaft/sec-entscheidung-was-es-mit-dem-hype-um-bitcoin-etf-auf-sich-hat-a-c50409d5-6903-4e3e-bdce-73f267507ba5?context=issue.*

930 *https://www.coingecko.com/de;*
https://freeassange.rtde.me/international/193650-ueber-haelte-kryptowaehrungen-sind-ausgestorben/.

931 *https://www.spiegel.de/wirtschaft/sec-entscheidung-was-es-mit-dem-hype-um-bitcoin-etf-auf-sich-hat-a-c50409d5-6903-4e3e-bdce-73f267507ba5?context=issue.*

932 *https://www.epochtimes.de/wirtschaft/finanz/angst-vor-systemabsturz-hackertest-fuer-europas-banken-a4586870.html?utm_source=koppreport&utm_medium=web&utm_campaign=nowall.*

933 *https://www.bafin.de/SharedDocs/Downloads/DE/Fokusrisiken/2023_Fokusrisiken.html.*

934 *https://www.epochtimes.de/wirtschaft/finanz/angst-vor-systemabsturz-hackertest-fuer-europas-banken-a4586870.html?utm_source=koppreport&utm_medium=web&utm_campaign=nowall.*